JN298691

発達科学ハンドブック 5

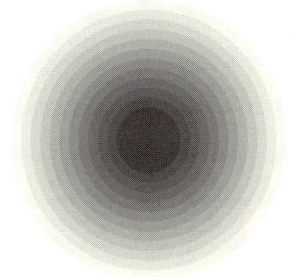

社会・文化に生きる人間

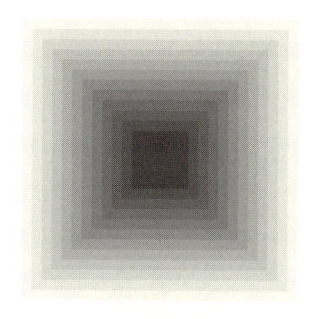

日本発達心理学会［編］／氏家達夫・遠藤利彦［責任編集］

新曜社

『発達科学ハンドブック』発刊にあたって

　日本発達心理学会は発足以来，すでに20年以上を経て，会員数も当初の400名台から約10倍の4,200名台に至るまでになりました。会員も当初の研究者中心であったのが，有能な実践家，臨床家の方々の参加も得て，その研究活動も基礎研究から実践研究まで大きく展望を広げてきたところです。今や学会員は研究・実践において社会的責務も大いに高まってきているのが現状であります。

　それだけに，それらの諸研究を遂行するうえで基盤となる諸理論の吟味，あるいは先行諸研究の概念化を行うことの重要性がますます求められていると同時に，広範になってきた諸領域の展望を行うことの難しさも痛感されるところであります。

　そこで，学会としては2007年に理事長諮問の検討会（後に，出版企画委員会に昇格）を設けて，学会員に寄与し得る発達心理学研究の展望をどう行えばよいか吟味を重ねてきました。その結果，1989年の学会発足の記念として多数の有志で編纂した福村出版刊『発達心理学ハンドブック』を基盤に，それ以降のおよそ20年間における発達心理学研究の動向を中心に展望すること，しかし，単に情報の追加をするのではなく，この間の発達心理学研究の発展を反映した新たな発想を提起すべく，『発達科学ハンドブック』として，新構想のもとに新たに編纂し直すことになりました。

　新名称に込められた意図には，学会設立の大きな要因ともなった隣接諸領域との積極的交流を通しての「発達学」構築への気運と模索が，この20年において世界的展開を見せ始め，「発達科学」として統合化され始めているということがあります（第1巻序章参照）。当学会としても，発達心理学を「発達科学」の重要な位置を占めるものとしてその方向性を明示していくことで総合科学である「発達科学」への貢献を目指していきたいとの願いを本書の新構想に込めており，それが以下のような本ハンドブックの構成の特徴となって現れています。

(1) 本ハンドブックを，当学会が責任をもって編集にあたることで，日本および世界の発達心理学，発達科学領域の研究と実践の動向を展望するだけでなく，新たな動向を創造していくことを目指した経常的な学会活動へと転化させる媒体として位置づける。
(2) 上記の意図を実行に移すために，本ハンドブックは複数巻で構成することとし，総論の2巻を頭に据えて，3巻以降は進化し続ける米国の *Handbook of*

Child Psychology（Wiley 刊）のようなテーマ領域ごとに展望する巻として，今後の研究動向の進展に基づき随時追加していくことができる構成とした．

具体的には，総論の2巻においては，〈理論・方法論概説〉（第1巻）と〈研究法概説〉（第2巻）から成っており，発達心理学および発達心理学に影響を及ぼした隣接諸領域の理論的，方法論的基盤をもとに発達科学への道筋について概説を行うことに焦点を絞った．

3巻以降のテーマ領域ごとの展望巻では，今回は比較的広範なテーマを扱う4領域を選択，〈発達研究における時間の扱い方〉（第3巻），〈発達の認知的，情動的，生物学的（生命科学的，脳科学的）側面〉（第4巻），〈発達の社会・文化的側面〉（第5巻），〈発達を支援する発達臨床・障害科学論，保育・教育論〉（第6巻）から構成されている．

(3) 今後はおよそ10年ごとに既存巻の構成・内容を改訂していくとともに，経常的に新企画巻を追加していくことで，定期的展望を意欲的に進めることとする．
(4) さらに，本ハンドブックの内容から，詳細な展開が必要と思われるジャンルについて単行本発刊を企画・提案していく．
(5) そのため，毎年の年次大会において出版企画委員会主催の展望シンポジウムを企画したり，機関誌『発達心理学研究』の特集テーマを機関誌編集委員会と共同提案しながら，各ジャンルについての経常的な研究動向の展望を通して，それらを10年ごとの改訂，あるいは適当な時期に新領域についてハンドブック化していくといった方法論をとっていく．

以上のような当学会の意図と経常的，将来的なハンドブック発展計画を含む本ハンドブック構成について深甚なご理解をいただき，出版をお引き受けくださった新曜社の塩浦暲社長，編集実務をご担当いただいた田中由美子さんには心からの御礼を申し上げる次第です．

2011年2月吉日

日本発達心理学会
日本発達心理学会出版企画委員会

目　次

『発達科学ハンドブック』発刊にあたって　i

序　章　社会・文化に生きる人間　1 ──────────── 氏家達夫

第1節　社会とは何か？　1
第2節　社会と文化　2
第3節　生物学的要因　3
第4節　発達の場としての社会　4
第5節　2つの視点　5
第6節　本書の構成　6

第Ⅰ部　総説

第1章　発達を支える社会文化的基盤　10 ──────── 氏家達夫

第1節　子どもは何をどこで身につけるか？　11
第2節　子どもはどのようにそれらを身につけるか？　16
第3節　文化について　21

第2章　「ヒト」と「人」：
生物学的発達論と社会文化的発達論の間　25 ──── 遠藤利彦

第1節　プロローグ──「生まれか育ちか」問題の現在　25
第2節　性の発達に見る「生まれと育ち」　26
第3節　発達的行動遺伝学の逆説　30
第4節　環境の役割に対する再評価　35
第5節　「育ち」は「生まれ」を通して
　　　　──エピジェネティクスが含意するもの　38
第6節　エピローグ──「生まれ」を「育む」　40

第Ⅱ部　発達文脈としての社会・文化

第3章　発達早期　48 ——————————————————— 篠原郁子

第1節　社会的関係に埋め込まれた誕生　48
第2節　発達早期の社会的関係　50
第3節　社会的関係の多層性　52
第4節　さまざまな社会的関係と子どもの発達　54

第4章　児童期・青年期の家族システム　58 ————————— 松本　学

第1節　児童期から青年期の家族関係——家族関係から家族外へ　58
第2節　非定型な発達の軌跡をたどる子どもの家族システム　63

第5章　成人期・高齢期　67 ——————————————— 野村晴夫

第1節　成人期・高齢期の現代性　67
第2節　子の巣立ちと親　68
第3節　成人期の子と親　69
第4節　高齢期の親と子　71
第5節　祖父母と孫　72
第6節　世代と世代の狭間　74
第7節　将来に向けて　75

第6章　里親・養子・施設　79 —————————————— 庄司順一

第1節　社会的養護　79
第2節　社会的養護と発達心理学　81
第3節　社会的養護のもとにいる子どもの人間関係　83
第4節　里親に委託された子どもの関係形成　85

第7章　発達早期＝保育・child care system　90　　　　服部敬子

第1節　ECCE，ECEC に関する国際的関心の高まりと日本の保育の現状　90
第2節　保育はどのように子どもの発達に影響を及ぼすのか
　　　　　——着眼点の変遷　91
第3節　長期縦断研究によって明らかにされた保育の「効果」と今後の課題　97

第8章　学齢期＝学校・仲間　104　　　　藤田　文

第1節　教室場面　104
第2節　学童保育場面　108
第3節　部活動場面　110

第9章　ソーシャルネットワークと
　　　　ソーシャルサポート　114　　　　谷口弘一

第1節　サポート期待（受領）における発達的変化　115
第2節　サポートの互恵性における発達的変化　118

第10章　メディア社会，ネット世代の
　　　　　人間関係と若者文化　124　　　　駒谷真美

第1節　メディア社会とネット世代の子どもたち　124
第2節　ネット世代の人間関係と発達　127
第3節　ネット世代の若者文化（ユース・カルチャー）　131

第11章　環境移行とライフサイクル　135　　　　南　博文

第1節　はじめに——発達をみる視点　135
第2節　環境移行の基本図式　136
第3節　日本での最近の研究の主題　139
第4節　移行の危機性と生涯発達　144

第Ⅲ部　人と社会の理解と社会的行動

第12章　心の理解の発達　150 ──── 木下孝司

第1節　心の理解に関する発達研究の概要　150
第2節　心の理解の生物学的基盤　152
第3節　コミュニケーションを通した心の理解──今後の課題　155

第13章　社会的基準・ルールの理解と道徳性　160 ──── 首藤敏元

第1節　社会的相互作用の異質性と多元的な道徳発達　160
第2節　多様な社会における道徳的判断の発達　162
第3節　道徳的判断研究の新展開　165

第14章　経済・社会の仕組みに関する理解　170 ──── 安藤明人

第1節　経済的社会化の研究小史　170
第2節　経済事象に関する知識の発達　172
第3節　家庭における経済的社会化　174
第4節　比較文化的視点からみた経済的社会化　177
第5節　発達課題としての経済学教育　177

第15章　向社会的行動　181 ──── 二宮克美

第1節　向社会的行動の定義　181
第2節　向社会的行動を理解する枠組み　182
第3節　向社会性の発達に関連する諸要因　184
第4節　今後の課題と展望　187

第16章　攻撃性・抑うつと問題行動　189 ──── 戸田有一

第1節　攻撃性研究の概観　190
第2節　攻撃性と抑うつの関連　194

第 3 節　いじめと内在化問題　196

第Ⅳ部　情動と動機づけ

第 17 章　情動の起源と発達　202 ——————— 坂上裕子

第 1 節　発達心理学研究における情動観の変遷　202
第 2 節　情動の発達　205
第 3 節　情動表出と文化　210

第 18 章　情動理解と情動調整の発達：情動的知性を育む　214 ——————— 久保ゆかり

第 1 節　情動的知性・情動的コンピテンスの発達　214
第 2 節　情動についての理解の発達　215
第 3 節　情動調整の発達　218
第 4 節　情動的知性が育まれる対人的な文脈――養育者とのやりとり　220

第 19 章　アタッチメント　228 ——————— 中尾達馬

第 1 節　人生初期のアタッチメント
　　　　――ボウルビィとエインズワースを中心に　229
第 2 節　アタッチメントの生涯発達　232
第 3 節　アタッチメントの世代間伝達　236
第 4 節　まとめと残された課題　237

第 20 章　友情・恋愛・親密性　241 ——————— 金政祐司

第 1 節　友人関係　241
第 2 節　恋愛と結婚　243
第 3 節　親密な関係のよりよき維持のために　247

第21章　動機づけ　252 ──────────────── 上淵　寿

- 第1節　動機づけの定義　252
- 第2節　乳児期における動機づけ　252
- 第3節　幼児期の動機づけ　255
- 第4節　児童期　258
- 第5節　青年期　258
- 第6節　成人期・老年期　259
- 第7節　比較文化的発達に対する動機づけ的視座　259

第Ⅴ部　自己とアイデンティティ

第22章　自己理解と自己概念　264 ──────────── 小松孝至

- 第1節　幼児期における自己理解の成立と発達　265
- 第2節　自己概念の発達と多様性　268

第23章　自己と文化　275 ──────────────── 平井美佳

- 第1節　文化によってつくられる自己　276
- 第2節　自己と文化の理論　278
- 第3節　自己と文化の調整　281

第24章　アイデンティティとパーソナリティ：生涯発達的視点　286 ──── 杉村和美

- 第1節　アイデンティティ形成の始まり──同一視から同一性へ　286
- 第2節　アイデンティティ発達のプロセスと多様な経路　288
- 第3節　文脈の中でのアイデンティティ発達　290
- 第4節　成人期におけるアイデンティティ発達　293

第25章　人生設計とキャリア発達　299 ────────── 安達智子

第1節　力動的キャリア発達へ　299
第2節　個人・環境・行動　300
第3節　積極的介入へ向けて　303
第4節　これからの時代を生き抜く力──キャリア形成力　304

第26章　養育者としての発達：親アイデンティティ・養育者心性　306 ────────── 徳田治子

第1節　養育者心性の形成過程　307
第2節　パーソナリティの発達と自己概念の変化　309
第3節　ケア役割をめぐる葛藤と統合　311

第27章　ジェンダーとセクシュアリティ　316 ────────── 伊藤裕子

第1節　ジェンダーの発達　316
第2節　セクシュアリティ　320

人名索引　325
事項索引　336
編者・執筆者紹介　344

装丁　桂川　潤

序章
社会・文化に生きる人間

氏家達夫

第1節　社会とは何か？

　本巻のテーマは，人の発達を社会や文化という視点から概観し，人の発達の社会・文化的基盤についてさまざまな角度から考察することである。
　人が，社会的，文化的存在であるという考え方に異議を唱える人はおそらくいないに違いない。われわれは，社会をなし，社会の中で生まれ，成長し，活動する。これは，われわれ心理学者にとって，そしておそらく一般の人たちにとっても，ほとんど自明の事実であろう。そのためか，心理学の世界では，社会ということばをわざわざ定義することは多くない。しかし，社会ということばは，幅広い意味をもっていて，多様な使われ方をするということには注意が必要である。社会について議論するとき，社会という用語で表わそうとしていることが論者や著者によってまちまちであるとすれば，思わぬ混乱のもとになりかねないからである。
　そこで，まずは社会とは何かについて，一般的な意味を見てみよう。
　広辞苑の第6版（新村，2008）によると，3つの使われ方があるとされている。1つ目は，人間が集まって共同生活を営む際に，人々の関係の総体が一つの輪郭をもって現れる場合の，その集団のことをいい，家族・村落・ギルド・境界・会社・政党・階級・国家などが主要な形態となる。2つ目は，同類の仲間，3つ目は世の中とか世間という意味である。また，百科事典によると，社会とは一群の人々がある共通の目的のために互いに自由な主体として対等の立場で相会し，行動の行為に参加する（団結，結社）という事態を意味している（濱島，1986）。
　ただ，社会ということばは人のみに使われるわけではない。広辞苑の意味は，人間とか人々を，動物個体とか同種個体とかいうことばに置き換えても，意味は

そのまま通じる。たとえばウィルソン（Wilson, 1975/1983）は，『社会生物学』というテキストで，社会を，協調的に組織されている同種個体の集まり，と定義している。ウィルソンによれば，社会を規定する必須の直感的基準は，協調的な相互コミュニケーション（reciprocal communication）であり，コミュニケーション可能性が，社会の境界を区切るものとなる。心理学者がもつ社会のイメージは，もしかすると生物学的定義に近いのかもしれない。

　動物と人の社会行動や社会的関係について，継続して多くの発言をしてきたハインド（Hinde, 1974/1977）によれば，社会的関係というのは，動物の間の相互作用の本質，特性，パターニングを意味する。この定義は，ブロンフェンブレンナー（Bronfenbrenner, 1979/1996）のマイクロシステムの定義と重なる。ブロンフェンブレンナーによれば，マイクロシステムとは，特有の物理的，実質的特徴をもっている具体的な行動場面において，発達しつつある人が経験する活動，役割，対人関係のパターンである。また，行動場面とは，発達しつつある人と環境の相互作用が展開するセッティングである。社会を規定する必須の直感的基準は，協調的な相互コミュニケーションであったから，マイクロシステムの本態は社会的関係であるといってもよいだろう。

第2節　社会と文化

　われわれの社会行動は，社会の構造の影響を受けると同時に，文化と不可分にかかわっている。人は，進化のプロセスで，思考やコミュニケーションのツールとしての言語や象徴体系を獲得してきた。言語や象徴は，複数の社会の境界の決定因となる。言語や象徴は，ある社会の中で協調的な相互コミュニケーションが成り立つための重要な条件となると同時に，その社会に新たに参入する人々の発達の基礎となる。

　社会の中で，人はコミュニケーションし，さまざまな資源を交換しながら生活している。コミュニケーション，あるいは資源の交換可能性は，ある社会の中で特有のマナーや規則によって担保される。社会のメンバーは，一定の決まりやマナーにしたがうように求められるし，そのようにするように動機づけられる。また，社会の中で，交換されるものや交換そのものは独特に意味づけられているし，そのような意味を生みだし担保するような儀式が執り行われる。コミュニケーションや交換のマナーや規則，儀式もまた，複数の社会の境界の決定因となる。言語や象徴がそうであったように，このようなこともまた，ある社会の中で協調

的な相互コミュニケーションが成り立つための重要な条件であり，その社会に新たに参入する人々の発達の基礎となる。

　人類の歴史は，さまざまな概念や装置，ツールの発明の歴史でもある。人は，今も，新しい装置やツールを発明し続けている。発明は必要の母であるという皮肉な警句があるようだが，科学者や技術者が作りだしたさまざまな装置やツール，概念体系は，われわれの社会行動や社会的関係を大きく変える力をもっている。たとえば，携帯電話やケータイメールの普及は，他者とのコミュニケーションの形を対面型や書かれたものを使ったやりとりから，時間も場所も選ばない，非対面的なものに変えたし，ソーシャルネットワークは，そもそも社会の概念を変えてしまうのかもしれない。

　このような，ある社会を特徴づけると同時に，他の社会との境界となる言語体系や象徴，意味，価値などは文化と呼ばれる。人が発明した概念や装置，ツール，あるいは人が生みだしたさまざまな工作物もまた文化と呼ばれる。

第3節　生物学的要因

　人の行動や発達を社会・文化的視点で捉えようとするとき，行動や発達の任意性に焦点化しやすい。しかし，アタッチメントとか間主観性といった概念はおそらく人という種に普遍的である。アタッチメントがどのような文脈で活性化され，どのような行動の分布として観察されるのか，さまざまな文脈で示される子どもの行動が意味するものなどは文化によって異なっている可能性がある。しかし，アタッチメントが強いストレス下で活性化されること，アタッチメントの活性化が一定の神経＝内分泌系のプロセスで起こること，アタッチメントが子ども個体の心理的安定を保つ機能をもつことなどは，生物学的なものであり，他の哺乳類（実験動物）と並行関係にあることを忘れてはならない。

　社会的文化的という見方と生物学的という見方は，しばしば対立的に捉えられる。しかし，この2つの視点は決して排他的ではない。われわれの行動やその発達は紛れもなく進化の賜物である。進化は遺伝子レベルで起こる。したがって，われわれの行動や発達には，遺伝的基盤が存在している。しかし，遺伝子は，行動や経験のすべてを時系列で細かく指示するような仕様書ではない。われわれの発達（発生）は，エピジェネティック（後成的）なプロセスであり，遺伝と環境との複雑な交互作用の連続として理解されるべきものである。

　子どもが発達する場や発達プロセス，発達を引き起こし促進するものには，社

会間で多様性が認められる（たとえば，Rogoff, 2003/2008）。この事実は，発達が社会的文化的に決定されるという言い方に妥当性を与える。ただ，発達には一定の方向性があるし，あるタイプの動機づけがデフォルトで与えられているということもまた事実である。

第4節　発達の場としての社会

　社会とは，生活や行動そのものである。人は，他者との協調的で相互的なコミュニケーションの中で行動するし，発達する。それは，幼い子どもの発達を考えれば容易に理解できる。子どもは，親（保護的で養育的な大人）とのおしゃべりやゲームのような謀(はかりごと)に能動的に参加する。もちろん，反対のことも起こる。親は，あたかも子どもが有能なコミュニケーションのパートナーであるかのように子どもを扱い，自分との謀に誘い込む（たとえば，Kaye, 1982/1993；Stern, 1985/1989）。

　しばしば，社会は人の外にあり，人の行動に一方向的に影響するような「環境」と理解される。しかし，人はそこに参加することを通して，社会の新たな側面を発見したり，社会に変化を引き起こしたり，新たな社会を作りだしたりすることもできる。したがって，人の行動や発達は，単に社会の性質や要求に適合するようになることを意味しない。そのような側面があることは事実であるが，それは行動や発達の一つの側面を表すにすぎない。

　社会は，一つではない。われわれが行動し発達する場を総体としてイメージするとき，何層にも重なりあうと同時に階層的な空間として図式化することができる。ブロンフェンブレンナー（Bronfenbrenner, 1979/1996）のモデルによれば，マイクロシステム，メゾシステム，エクソシステム，そしてマクロシステムという4つのレベルを想定することができる。マイクロシステムは人の直接的な行動場面であり，幼い子どもを例にとると，家庭とか保育園，幼稚園，近所の公園の遊び仲間などがそれに当たる。メゾシステムとは，人が積極的に参加している2つ以上の行動場面間の相互関係であり，マイクロシステムからなるシステムだということができる。子どもの例では，家庭と近所の遊び仲間との間にある関係がメゾシステムに当たる。親にとっては，家族と職場やその他の行動場面との関係がメゾシステムの例となる。エクソシステムとは，人を積極的な参加者として含めていないが，人を含む行動場面で生起することに影響を及ぼしたり，あるいは影響されたりするようなことがらが生ずるような一つまたはそれ以上の行動場面であ

る。友だちの家族や両親の職場，両親が受けている公的，私的サービス機関の活動などがエクソシステムの例となる。マクロシステムとは，下位文化や文化全体のレベルで存在している，あるいは存在しうるような，下位システムの形態や内容における一貫性をいい，こうした一貫性の背景にある信念体系や価値観，規則などに対応する。

　ブロンフェンブレンナーのモデル（Bronfenbrenner, 1979/1996）にもとづけば，発達は，これら4つのシステムの相互関係の変化と捉えることができる。親子を例にとると，子どもが生まれる前から，家庭という行動場面は存在しており，その周りには，数多くの，それぞれ独立のマイクロシステムが存在している。それぞれのマイクロシステムは，互いに独立ではありながら，相互に関係し，資源や情報の流出入を行っている。子どもが生まれることで，マイクロシステム間の関係（メゾシステム）が新たに生まれたり，それまでの関係が変化したりする。たとえば，子どもができることで，それまで縁がなかった近所の遊び場が，ママ友を作り交流する新たなマイクロシステムとなるかもしれないし，自分の親たちとの交流の深度や質が変化するかもしれない。子どもの成長に応じて，エクソシステムやマクロシステムがさまざまなレベルで子どもの発達や親子関係に影響をもつようになる。たとえば，子どもの成長は，文化的にいくつかの段階に分けられ，それぞれの段階ですべきことやしてはいけないこと，次の段階までにしておいた方がよいことなどが決められている。これらのことは，エクソシステムやマクロシステムと理解される。

　子どもの発達は，ほぼ必然的に新たな行動の場の拡大をもたらす。子どもは，新たな行動の場でそれぞれに特有の活動や役割，対人関係のパターンを経験するようになる。子どもの発達は，複数のマイクロシステム間の関係であるメゾシステムの拡大を意味することになるし，エクソシステムの拡大をも意味することになる。

第5節　2つの視点

　人間の発達を社会や文化という視点から取り上げるというとき，われわれは少なくとも2つの異なった，しかし密接に関連している視点をもつことになる。一つは，発達が起こる場や発達の基盤としての社会や文化という視点であり，もう一つは，発達内容としての社会や文化という視点である。

　われわれは，人生の最初の段階から他者と関係をもち，さまざまな交渉を行う。

われわれの発達は，そのような他者との相互交渉をゆりかごとして進行する。たとえば子どもの発達は，道徳とか自己，友情のような社会的認知の発達はもとより，情動や行動の制御の発達や，認知発達や運動発達も，他者との相互交渉を基盤としている。われわれは，他者との相互交渉を通してその心理的働きを発達させる。

　一方で，われわれは，他者との相互交渉や関係を発達させる。幼い子どもは，他者との相互交渉を学習しなければならない。親や祖父母，保育士のような保護的な他者との相互交渉はもとより，仲間を作り維持するのに必要な有能さやスキルを習得しなければならない。

　これら2つの視点に沿ったプロセスは，弁証法的（dialectical）でトランザクション的（transactional）である。ある心理機能の発達は，ある社会における他者との相互作用の中で生みだされるが，同時に他者との相互作用の基盤となり，相互作用の質や量を変化させる。人の発達を理解しようとするとき，われわれは，これら2つの視点を相互に関連づける必要があると考えられる。

第6節　本書の構成

　本巻は5部構成になっている。第Ⅰ部は総説であり，2つの章からなる。第1章では，子どもが，社会の中で実際に流通している行動や感情，そしてそれらの制御を，どのような経験を通してどのように身につけるのかを，古典的な考え方を紹介しながら概観した。第2章では，社会文化的発達に関する近年の理論的展開を論じることで，今後の社会文化的発達研究の方向性を展望した。第2章の議論は，とくに行動遺伝学や進化心理学，社会的発達の生物学的側面に焦点化している。

　第Ⅱ部は，行動場面，発達文脈としての社会・文化に焦点化した9つの章からなる。第3章から第5章は，生物学的な親子関係を基本軸に，発達早期，学童期・青年期，成人期・高齢期の各時期における発達の問題を，社会的関係の視点から展望した。第6章と第7章では，家庭に準じる場として，里親-里子，養親-養子，施設，保育について論じた。第8章から第10章では，学校やそこを中心とした比較的閉じた仲間関係，もっと開放的な仲間関係としてのネットワーク，情報社会における社会的関係や文化について論じた。第11章では，発達の場の重なりや場間の移動について論じた。

　第Ⅲ部は，社会の理解と社会的行動について論じた5つの章からなる。第12

章から第14章では，社会行動を基礎づける社会認知，心の理解の発達，社会的基準・ルールの理解と道徳性の発達，社会の仕組みに関する理解について論じた。第15章と第16章では，それぞれポジティブな社会行動，向社会行動とネガティブな社会行動，非・反社会的行動の発達について論じた。

第Ⅳ部は，情動と動機づけについて論じた5つの章からなる。情動や動機づけは，個人内プロセスであると理解されることが多いかもしれない。しかし，情動や動機づけは，社会プロセスで発達すると同時に，社会プロセスを方向づけるものでもある。また，情動と動機づけは，文化と不可分のものでもある。文化とは，ある意味情動や動機づけの体系と見ることもできるからである。第17章と第18章は情動そのものについて，第19章と第20章はとくに親密な社会プロセスに関係する情動としてアタッチメントや友情，恋愛について，第21章は動機づけについてそれぞれ論じた。

第Ⅴ部は，自己とアイデンティティについて論じた5つの章からなる。自己やアイデンティティは，社会プロセスの中で発達し，社会プロセスを方向づける。また，自己やアイデンティティのあり方は，文化の主要な軸を構成すると考えることができる。第Ⅴ部では，おおよその発達軸に沿って，自己の発達をたどる。第22章と第23章は自己理解や自己概念について，第24章はアイデンティティについて，第25章はキャリア発達，第26章は子育てや他者を育てることにかかわった自己発達について論じた。第27章では，ジェンダーとセクシュアリティについて論じた。

引用文献 ··

Bronfenbrenner, U.（1996）．*人間発達の生態学*（磯貝芳郎・福富　護，訳）．東京：川島書店．(Bronfenbrenner, U.（1979）．*The ecology of human development: Experiments by nature and design*. Cambridge, MA: Harvard University Press.)

濱島　朗．（1986）．社会．*日本大百科全書 11巻*（pp.253-254）．東京：小学館．

Hinde, R. A.（1977）．*行動生物学（上）：ヒトの社会行動の基礎*（桑原万寿太郎・平井　久，監訳）．東京：講談社．(Hinde, R. A.（1974）．*Biological bases of human social behaviour*. New York: McGraw-Hill.)

Kaye, K.（1993）．*親はどのようにして赤ちゃんをひとりの人間にするか*（鯨岡　峻・鯨岡和子，訳）．京都：ミネルヴァ書房．(Kaye, K.（1982）．*The mental and social life of babies*. Chicago: University of Chicago Press.)

Rogoff, B.（2008）．*文化的営みとしての発達*（當眞千賀子，訳）．東京：新曜社．(Rogoff, B.（2003）．*The cultural nature of human development*. New York: Oxford University Press.)

新村　出．（編）．（2008）．*広辞苑 第6版*．東京：岩波書店．

Stern, D. N.（1989）．*乳児の対人世界 理論編*（神庭靖子・神庭重信，訳）．東京：岩崎学術出

版社．(Stern, D. N. (1985). *The interpersonal world of the infant*. New York: Basic Books)
Wilson, E. O. (1983). *社会生物学 1* (坂上昭一・粕谷英一・伊藤嘉昭, 訳)．東京：思索社．
 (Wilson, E. O. (1975). *Sociobiology: The new synthesis*. Cambridge, MA: Harvard University Press.)

第Ⅰ部
総説

第1章
発達を支える社会文化的基盤

氏家達夫

　本章では，発達を社会・文化的プロセスでとらえる枠組みについて議論する。
　発達が個人内プロセスとして起こるのではなく，社会・文化的文脈において，あるいは社会プロセスや文化プロセスにおいて起こるという考え方は，決して新しいものではない。そのような考え方は，遠く古代ギリシアにまでさかのぼれるし，発達心理学の領域においても，ヴィゴツキー（Vygotsky, L. S.）やブルーナー（Bruner, J. S.），コール（Cole, M.）やロゴフ（Rogoff, B.）といった研究者によって主張されてきたものでもある。しかし，意外にも，そのような考え方は，発達心理学の世界にそれほど広く浸透しているわけではないように感じられる。たしかに，子どもは他者との関係の中で，あるいは他者との関係を通して発達するといわれることは多い。しかし，多くの場合，他者との関係や他者は，子どもの発達に影響を及ぼす独立変数として扱われ，個人の発達とは基本的に別のものとみなされる。

　発達とは個人内で進行するものである。このような考え方は，発達心理学が，欧米の精神史を基盤とする限り，避けることはむずかしいのかもしれない。われわれは，モース（Mauss, 1985/1995）が指摘したように，パーソン（person）が個人であり，形而上学的・倫理的価値をもつ存在であり，自我を意識や科学，純粋理性の条件であるとする考え方にあまりに慣れ親しんでいるからである。しかし，そのような考え方は，「われわれに対してのみ，われわれのところでのみ作りあげられたものである」（Mauss, 1985/1995, 訳書, p.52）。個人とか自我という概念は，人を表す概念の一つであり，唯一のものではない。

　われわれの意識や行動は文化に埋め込まれており，ふだんそれと意識することはないかもしれないが，それでもわれわれの意識や行動は文化やその歴史的背景から離れて理解することはできないし，文化の具体的な表れである生（なま）の社会生活（文化的活動）の文脈から離れて理解することもできない。

発達を社会・文化的プロセスで捉えるということは，発達するプロセスの記述枠組みに重要な修正を求めることを意味する。本章では，修正のための方向性を示すことができればと思う。

第1節　子どもは何をどこで身につけるか？

1　人間は社会的動物である

　そこでこれらのことから明らかになるのは，国が自然にあるものの一つであるということ，また人間は自然に国的動物であるということ，また偶然によってではなく，自然に国をなさぬものは劣悪な人間であるか，あるいは人間より優れた者であるかのいずれかであるということである（Aristotle, 1957/1969, 訳書, p.7）

　人間は社会的動物である。それは，よく知られたアリストテレス（Aristotle）のことばであるとされる。ただし，一般に流通しているそのフレーズは正確ではない。というのは，アリストテレスの著作の中に正確にそのフレーズはないからである。そのフレーズは，冒頭引用した箇所にある国（ポリス）的動物の意訳であり，人間は国の中ではじめてその本性（人間性）を完成させるということを意味している（山本, 1969）。
　アリストテレスによると，国とは，比較的小さな都市であったらしい。『政治学』の第7巻4章にある記述によれば，国とは，「一目でよく見渡しうる数の範囲内でできるだけ膨張した人口」を限界とし，「国民がお互いにどのような性質のものであるかということを知りあって」（Aristotle, 1957/1969, 訳書, p.287）いられる規模のコミュニティを意味していた。したがって，人間は自然に国的動物である，というフレーズは，人は本性としてコミュニティを形成し，コミュニティに参加することで人間性を発達させるのだということを意味していることになる。この考えは，本書および本章の基本をなすものである。人はコミュニティ（社会と呼んでも，国と呼んでもよい）の一員として発達する（Rogoff, 2003/2006）。人は，コミュニティの中に生まれ，そこで育ち（生涯にわたって発達し），そこで活動し，そしてそこで死んでいく。
　ロゴフによれば，コミュニティとは，「何らかの共通した持続的な組織，価値，理解，歴史，そして実践を持つ人々の集団」（Rogoff, 2003/2006, 訳書, p.99）と定義される。デューイ（Dewey, J.）によれば，コミュニティが「目標，信念，願望

―共同の理解―社会学者のいうような同じ精神であること」を共有できるのはコミュニケーションを通してである。「社会（コミュニティ）は伝達によって，コミュニケーションによって存続するだけでなく，伝達のなかに，コミュニケーションのなかに存在する。」(Dewey, 1916/2000, 訳書, p.15)

　子どもは，コミュニティの中に生まれ育つ。それは，コミュニティを成り立たせているコミュニケーションに子どもが参加することを意味する。コミュニケーションへの参加は，具体的で有意味な活動（狭い意味での生産活動に限定されない）への参加と同義である。ここで，発達の視点から，子どもが参加する具体的で有意味な活動とは何か，さらにそれらへの参加がいつどのようになされるのか，が問題となる。

2　世間のごたごたと習い

　子どもが参加する具体的で有意味な活動とはどのようなものなのだろうか？

　発達初期の親子関係は，その一つであるに違いない。しかし，実際の親子関係は，多くの発達心理学者が記述しているような現象を超えるものである。たとえば，ブロンフェンブレンナー (Bronfenbrenner, 1979/1996) の批判や理論的提起があるにもかかわらず，親子関係の多くは二者を基軸として記述されてきた。発達研究者の関心は，子どもの発達に向けられていることが多く，ある特定の心理的機能の発達に関連する親子関係やそこでの親行動の変数にのみ光が当てられてきた。

　実際の子どもの活動は，仮に家庭の中で起こるものに限定したとしても，決して二者からなる関係文脈でのみ起こるわけではないし，複数の二者関係の和として捉えられるものでもない。しかし，問題は，親子を二者と捉えるか三者で捉えるかということだけではない。仮に一人の親に焦点を当てるにしても，その親の心理的プロセスは，実際には非常に多くの社会的事柄と強く結びついているということが問題なのである。たとえば，子ども夫婦にはじめての子どもができたとき，親子関係は2重構造になる。それまで生活を別にしていた，あるいは心理的に独立していた親子が，一時的にせよ，生活をともにしたり，行き来や交流の回数を増やしたりするように変化する（氏家・高濱，2011）。現代でも，実家に戻って出産し，しばらくのあいだ親もとで静養する女性は珍しくないし，親が子どもの家に泊まり込むこともある（陳，2010）。

　子どもの成長は，このような複数の世代間の関係の中で起こる。そして，子どもは，自分の親と祖父母との関係の中で進行するさまざまな「世間のごたごた」（遠慮とか打算，敵意や悪意など）に，直接的にも間接的にも参加することになる。

その経験内容は非常に多面的であるし，潜在的でさえあるかもしれない。自分の親と祖父母との間の葛藤は，「世間の習い」どおりにうまく隠されるし，やり過ごされる。しかし，何らかの形で，不満や批判は表明されるし，自分の親と祖父母との関係に反映される。祖父母の行動も，このような「世間のごたごた」を含み，「世間の習い」にもとづいて処理（我慢を含めて）されている。このような生の社会的生活の中に子どもは丸ごと浸かっており，子どもは「世間」について知り，「世間の習い」を身につけていくのである。それは，社会的認知の発達や情動発達の重要な中身であり，情動制御や行動の自己制御の生の姿なのである。

3　社会的場面と社会的状況

世間のごたごたや習いのようなことは，心理学ではほとんど研究対象になることはなかった。しかし，ゴフマン（Goffman, E.）のような社会学者は，世間のごたごたや習いを分析し整理する理論的枠組みを提起してきた。

ゴフマンによれば，コミュニティにおける活動は，集まり（gathering）と状況（setting）という用語で分析できる。集まりとは，直接的に居あわせている2人以上の集合であり，状況とは，すでに存在している（あるいはこれから存在することになる）集まりの空間的環境の全体を意味する（Goffman, 1963/1980）。集まりが見られるとき，そこには一定の空間的広がりがあり，ゆるやかに境界が存在している。そのため，たとえば，ある集まりのだれかと知り合いの人がその集まりの側を通る場合，その集まりに気づいている限りは，その集まりに何らかの形で参加することが求められる。参加の程度（深さや時間など）は，その人や集まりのいろいろな条件によってさまざまである。ちょっとあいさつをしてその場を離れることもあれば，通りがかりに手を上げて，気づいているが今集まりに参加している時間がないことをさりげなく，しかしはっきりと示すこともある。あるいは，手に持っている新聞に目をやってそもそもその集まりに気づいていないふりをしなければならない。

集まりや状況は，社会的場面の中で起こる。社会的場面とは，広範な社会的事象，行為，あるいはできごとである（Goffman, 1963/1980）。社会的場面は，多くの場合，場所と時間が定められており，前もって場面の段取りが定められている。病院の待合室，学校，職場，野球のチームや銀行などは社会的場面の例となるが，そのどこに存在する集まりであるかによって，人びとのとる行動がゆるやかに規制される。同じ知人と病院の待合室であったときと球場であったときとでは，人びとがとる行動は異なる。

コミュニティにおけるわれわれの行動は，特定の規則にしたがっており，その規則は状況内の個人の関与配分（参加への積極度）を制御している（Goffman, 1963/1980）。子どもは，社会的場面や状況ごとの行動を規制する規則や関与配分を制御することを学ぶ。子どもは，仲間に入るときやそれを許すやり方を身につけるようになるし，その集まりに参加しないようにするための方法も身につけるようになる。

4　コミュニティが共有する概念や感情

　リーチ（Leach, E.）のような社会人類学者も，世間におけるわれわれの生の感情やごたごたをわれわれが整理したり処理したりするやり方を基礎づける「認知的仕掛け」を探しつづけてきた。

　世間のごたごたは，われわれが他者に対してもつさまざまなカテゴリーと関連している。われわれは家族と他人を区別するし，仲間と部外者を区別する術や逆に部外者が（を）仲間になるなり方（するやり方）を心得ている。家族とか仲間の関係は，家族呼称の体系の問題だけでなく，社会的交換にかかわるかなり複雑な感情を含んだものでもある。たとえば，われわれは（子どもでも），資本主義社会で，資産とか労働やその対価としての貨幣，商品と価格の関係，雇用者と被雇用者の関係など，素朴ながら一定の経済的な概念をもっている（藤村，2002）し，それにしたがって行動している。同時に，われわれは，必ずしもそのような経済的な概念では割り切れない感情を経験することもある。あるコミュニティにおける人間関係は，必ずしも対等ではない。したがって，それはある種の負債関係と見ることができる。リーチは次のように述べている。

> 　私が一ダースの卵を買いに市場に行くとすれば，私はそこで全額を支払い，次の週に，その市場の同じ屋台に戻って来なければならない義務を負わない。しかし，もし，私がお得意であり，屋台のあるじが，私がたまたま金が足りなかった為に，つけで物をくれたとすると，私は，そこへ戻る義務を持つことになる。そして，また，そこを訪れた時には疑いもなく，また買い物をする。そういうふうに関係は続いていく。実際，お得意というラベルは，負債をもつ可能性のある客を意味している。そして，すべての長続きのする関係は，この性質を持っている。その関係が活動的になると，関係者は贈り物を交換するが，不活発な時は，その関係は，債務を負っているという感情，すなわち両者の間の権利と義務の感情としてのみ存在する。（Leach, 1982/1985, 訳書，pp.192-193）

幼児期の終わりから学童期にかけて，子どもは，このような負債関係を理解しているし，それにともなう感情は子どもの行動を制御しているように見える。子どもにとって友だちは，負債をもつ可能性のある他者を意味しており，そのような負債を負わないために子どもは，友だちとの約束を守るし，「アソボ」といわれれば「イイヨ」と答えるように動機づけられる。この約束が守られない場合，相手は怒る権利をもつし，結果として相手がつらい思いをしたとすれば，子どもは罪悪感をもつことになる（Hoffman, 2000/2001）。

5 参加のパターン

社会的場面やそこに存在する状況や集まりには，強制力のある参加（かかわり合い）のパターンがある。そのパターンは，部分的には，礼儀とか約束事とか，あるいはもっと明示的なルールや標語のようなものとして意識化される。私は日本人として，自分の言動が，目上の人びとや同僚，学生，あるいは親しい関係にある人びとに対して，それぞれ異なっているべきだと知っているし，そうしようと心がけている。

自分たちにとっては自然なことであり，めったに意識化されることはないが，それでもわれわれの行動を方向づけたり制約したりする慣習がある。われわれは，他人の前を通るとき手刀を切ることがある。何もせずに通って目に見えるトラブルが起こるわけではないが，そうしないと何か悪いことをしているような感覚をもつ。祭りにともなう神事には，それぞれの祭りに特殊な所作があり，その一つ一つに何らかの意味がある。その意味がコミュニティで共有されているからこそ，祭りが成り立つといってもよい。食べるものや服装に関する決まりやタブーは，自分（たち）と他の人（たち）を区別するのに用いられる。ブルーナー（Bruner, 1996/2004）によれば，われわれは他者にあいさつするときでさえ，「ある共同体に共通の，相補的なこまごまとした仕様一式」（訳書, p.211）を使わなくてはいけないのである。

このような慣習は，それが破られた場合のネガティブな感情として経験されることもある。たとえばゴフマンが指摘するように，状況にふさわしくない行為（髪型や服装，化粧といった自己呈示を含む）をしていて思いがけなく知り合いに遭遇したときに，われわれは気まずさを感じる。翻って，われわれは，いつ知り合いにであっても大丈夫なように，いつでもさりげなく身だしなみや化粧をチェックすることになる。

子どもは，そのような慣習やそれから外れるときに経験する感情を学習するし，他者が慣習から外れる行為をしているときの感情や，そのような行為を多くする人びとに対する態度や感情を学習する。

第2節　子どもはどのようにそれらを身につけるか？

1　コミュニティの中での発達

子どもは，現実に人びとがある規則やパターンで感情の表し方や行動の仕方を制御しあっている生きた集まりや社会的状況の中に生まれ，いつでもそれらとともにある。子どもは，誕生のときから，コミュニティの一員とみなされ，コミュニティの一員としてふるまうことを期待されている。そして，コミュニティの一員として行動する際の規範とそれへの感受性，ある種の従順性を身につける。

コミュニティがそのような期待をもっているといっても，実際にいきなり子どもがコミュニティの一員としてふさわしく行動できると信じられることはない。コミュニティには，子どものできることやできないこと，いつ頃までに何ができるようになり，何をしなくなるのかについての一覧表や子どもが成長するために親や大人が注意し準備してあげなければならないことの一覧表，さらにはそれらを根拠づけるような物語をもっている。たとえば，かつての日本には，「七ツ前は神のうち」（大間知，1972）とか「カンの虫」（松田，1973）のようなことばがあった。それらは，子どもの行動を評価し，それに対する親のかかわり方を意味づけるものであった。子どもの夜泣きはカンの虫が騒ぐのだから，親は，夜泣きが続くときには虫封じのおまじないをすることになるし，近所の人びとからそのように勧められることになる。

より科学的な装いをまとった物語もある。たとえば，「母原病」「母親はく奪理論」などは，いわゆる発達や子どもの専門家によって生みだされ，科学的にその信ぴょう性を失ってからも，世間では一定の力をもちつづけている物語だといえるだろう。モース流にいえば，自我や自我の同一性，さらには自己決定理論のような動機づけの考え方も，そのような物語の一つとなる。心理学が説明する自我の概念は，ヨーロッパの精神史の中で生みだされたものである（Mauss, 1985/1995）。自我の同一性は，個人と社会的役割や社会的望ましさの対立や葛藤を個人が統合することで達成される（Erickson, 1959/1982）。自己決定は，自立を強調する個人主義的伝統において重要視される（Bellah et al., 1985/1991）。しかし，それらの概念が個人の行動や子育てにおいて問題にならない社会が存在しているのである

(Kâğıtçıbaşı, 2007；Rogoff, 2003/2006)。

　このような物語は，コミュニティの子どもの受け入れ方を制御する。コミュニティへの子どもの参加の時期や参加させる方法は，その物語にもとづいて決められ，アレンジされる。現代の日本では，たとえばすぐれた知的能力（能力とは何かについてここでは議論しない）や運動能力，芸術能力を早くに発揮する子どもに対してコミュニティは，それらの能力をさらに高めるのに効果的な経験をより多く与えようとする。われわれの社会では，基本的に，「大きいことはいいこと」と考えられている。しかし，20世紀の初頭まで，日本各地には，早い歩きはじめを警戒するような風習が残っていた（恩賜財団母子愛育会，1975）。その風習とは，誕生日までに歩く子どもには，餅（一升餅）を背負わせて泣かしたり，後ろからつき倒したりするものであった。早く歩く子どもは親を養わないとか不幸を働くなどと考えられていたからである（大藤，1982）。それは，その頃東京で子育てをしていた人びとの間にさえ（おそらく儀式化されたものと思われるが）残っていたらしい（横山，1986）。

　子どものできることやできないことは，およそ子どもの生活年齢と関連して理解される。われわれは，子どもの生活年齢にもとづいて，できるようになると期待されることやまだできないと期待されることを判断する。そして，子どものそのような能力によって，コミュニティの中で実際に動いているさまざまな活動や社会的場面，集まりや場面への子どもの参加の程度や参加の形式が決められるし，子どもの能力の評価を行っている。

2　コミュニティへの参加の形式

　子どもは，どのようにコミュニティの一員として行動するときの規範とそれへの感受性，従順性を身につけるのだろうか？　この問いに対して直接の答えを提示することは，筆者の能力を超える。この問いに対する答えは，本巻の他の章や社会的認知の発達を取扱った他の巻を参照してほしい。ここでは，子どもがコミュニティの活動やコミュニケーションにどのように参加するのか，そしてコミュニティが子どもをコミュニティの活動にどのように参加させるのかを概観するにとどめておく。

　ロゴフ（Rogoff, 2003/2006）によると，発達は，コミュニティの社会的文化的活動への参加のあり方の変容の過程である。バーカーとライト（Barker & Wright, 1954）によると，それは2つの方向で捉えることができる。一つの方向は，参入が許されたり（ときには強制されることもある）許されなかったりする社会的場面

の変化である。バーカーとライト（Barker & Wright, 1954）によれば，子どもは，ある町に存在する社会的場面のすべてに参入するわけではない。これは，個別のコミュニティでその内容は異なるかもしれないが，現代の日本の社会でも基本的に当てはまるに違いない。発達段階によって，人びとが活動する社会的場面は変化する。その一部は，制度的に，子どもの生活年齢の関数として参入が許される社会的場面が決まったり，参入しなければならない社会的場面が決まったりする。健診や予防接種を受けることや学校に入ることは，一定の年齢の子ども（実際には保護者）に義務づけられているし，未成年者への酒の提供は禁止される。

　もう一つの方向は，ある社会的場面に個人が参加するプロセスである。子どもは，コミュニティの新参者であるから，子どもの参加は，基本的に周辺からより中心へと移行する。たとえば，バーカーとライトによれば，就学前の子どもでは，参加の55%は傍観者（観察者）として，であり，メンバーとか顧客としての参加は18%，活動的なメンバーとしての参加は5%であった。それに対して青年期になると，参加自体が増えると同時に，傍観者（観察者）は16%に減り，メンバーとか顧客としての参加が38%に，活動的なメンバーとしての参加が25%に増加した。

　周辺から中心への移行は，徒弟制の研究から発展した正統的周辺参加（Lave & Wenger, 1991/1993）の考え方に通じる。レイブとウェンガーによれば，子どもは正統的周辺参加者である。子どもの発達という視点では，徒弟制という用語は拡大解釈できる。都丸（1988）によれば，しつけや家庭の中での手伝いは社会文化的実践の一つの様式であり，生産活動の重要な基礎となるものである。かつての農村には，子どもに与えられる仕事はたくさんあった。それらを，子どもたちが分担していた。

> 　子どもが五人いれば五人で分け，年齢の低い者から高い者へ，簡単なものから複雑なものへ，労働量の少ないものから多いものへと次第にその強度を増していくのである。あてがわれた作業は必ず仕遂げることが当然であった。これがきちんとやりおおせる者は「業がいい」と周囲から誉め讃えられ，又「あそこの家の仕込みはしっかりしている」とか「仕込みがいいから，あのようにできる」などと評判になるのである。（都丸，1988，pp.141-142）

　宮本（1984）によれば，子どもは，家庭でさまざまな手伝いをすることとそれに対してしつけられることで，家庭やコミュニティの中で必要とされる具体的な

スキルや習慣，態度，価値観などを，実践を通して学んでいった。たとえば，子どもには，田植えのときの苗運び，「タスリ」で稲の株の間を押して行う田の草取り，刈った稲の運搬，稲扱きの藁運び，麦蒔きの畝起しのための株切りなど，子どもの力に応じてさまざまな仕事が割り当てられていた。子どもは父親から，「仕事のショシャ（所作）」を教え込まれた。畝起しでできた土塊を「クレ打ち」で打つとき，手にマメができて痛いので手ばかりを眺めていると，「鳥のオドシ（案山子）ではないぞ」と叱られていたという。

3 教えることと教わること

　しつけや教えるということは，コミュニティやコミュニティにおける社会文化的活動に子どもを参加させることを意味する。しかし，しつけや教えることは，大人の側の動機や行動だけで成り立つわけではない。たしかに，大人は子どもに教えようとするはっきりとした動機づけをもっていると考えられる。たとえば，クルーガーとトマセロ（Kruger & Tomasello, 1996）は，そのような動機づけを教育的傾向（pedagogic disposition）と呼ぶ。子どもは，教育をするものによって準備された発達的ニッチの中に生まれてくるが，子どもは，生まれた時点から，大人との相互交渉に必要な賦分をもっているし，大人との相互交渉に「参加する」ことに動機づけられている。親と子どもの相互交渉は，はじめのうちはおもに親から仕掛けられるし，親にリードされるように進行する（Kaye, 1982/1993）が，親の仕掛けは子どもの反応によって強化される。たとえば，新生児は授乳時に，ときどき乳を吸うことを休む。そのとき親は，授乳経験の有無にかかわらず，子どもを軽く揺さぶる傾向がある。親の揺さぶりは，さまざまなタイミングや長さで可能だし，実際にさまざまなタイミングや長さで行われる。そのような揺さぶりのバリエーションは，どれも同じ確率で子どもの吸乳を再発させるわけではない。特定のタイミングや長さで揺さぶりが与えられるとき，子どもはより高い確率で吸乳を再発する。そして，親の揺さぶりは，2週間もすれば，子どもの吸乳をより多く再発させるものに収斂していく。

　親と子どもの相互交渉は，はじめから親と子どもの共謀（Calder, 1976/1980）という性質をもっている。親子の共謀としての相互交渉の成立という考え方は，基本的にコミュニティ（さまざまな社会的場面やそこに存在する状況や集まり）への子どもの参加過程にも敷衍できる。コミュニティには，段階的に子どもを誘い，子どもの活動を意味づけるような仕組みや動機づけがある。宮本（1984）は，祖父の仕事を手伝うとき，「おまえが，たとえ一本でも草をひいてくれると，わしの

仕事がそれだけ助かるのだから……」といって仕事をさせられたと述べている。そして，そのかわりに野葡萄や野苺などを見つけて食べさせてくれたという。この例は，コミュニティが子どもの参加や出来ばえに対するインセンティブをあの手この手で用意していたことを示している一方で，子どもも，とくに強制されることもなく，コミュニティで有意味な活動に参加していたことを示している。当時の子どもたちは，たとえば祖父について山に行き，祖父の仕事を手伝うことを通して，野草についてのさまざまな知識を身につけていったのである。

　足場作り（Wood et al., 1976）や発達の最近接領域（Vygotsky, 1956/1962, 1978），情動に関する徒弟制（久保，2010）といった考え方は，親が期待する活動や親が提供する支援に子どもが能動的であることを前提にしている。それは，親との共謀に対する生得的な動機づけだけでなく，親に対するアタッチメントに支えられているとも考えられる。ミンスキー（Minsky, 1986/1990）によれば，アタッチメント対象がいるときに限って進むような学習方法がある。子どもは，アタッチメント対象がすることを模倣するし，アタッチメント対象が示す失敗とか成功という信号にもとづいて，どのようにするべきかを学ぶ。

4　仲間の中での発達

　子どもが参加するのは，親や大人が活動する社会的場面だけに限定されない。子どもの発達は，親や大人がいない空間を拡大し，そこでの生活時間を拡大する方向に進むと考えることができる。それは，幼児期からはじまる。幼児期においては，そこでの活動の多くが養育的な大人の管理下で起こるかもしれないが，学童期になると，養育的な大人が存在しない活動の場を多くもつようになる。思春期から青年期に至るまでの間に，そのような場での活動時間は増加していく。仮に家庭にいる時間が長くても，子どもたちは自分の部屋にいて親の管理を逃れており，インターネット環境が整っていれば，自分の部屋にいながら，非常に多くの他者と関係をもつことができる。

　青年期の入り口において，子どもは複雑な社会的ネットワークで構成される生活空間を構成するが，そこでは親や養育的な大人は中核な位置にはいない。子どもは，他の子どもとの関係の中で社会化される。友人関係にある子どもたちは，相互に似た行動をとるようになる。それは，友人選択において，何らかの共通性を手がかりにしているためであるかもしれないし，相互に模倣することで関係が深まりやすいからかもしれない。

　子どもは，ある程度特定の子どもたちで構成されるかたまり（クラスター）の

メンバーである。そして，そのクラスターの中でだれかがはじめた行動は，やがてクラスターの中に広がるだけでなく，部分的につながった他のクラスターにも広がっていく。このような仲間との関係の中で，大人たちの社会やコミュニティでの活動を方向づけたり意味づけたりしているものとは異なる，子ども集団に独自な文化が生み出される（Harris, 1995）。そして，子ども文化は，新たにその集団に加入する子どもたちを社会化するだけでなく，大人たちの文化にも大きな影響力をもつ。たとえば，異なった母語をもつ大人のコミュニケーションのために生まれたピジン語を，子どもたちがクレオール語と呼ばれるより洗練された言語へと進化させたことが知られている。

第3節　文化について

1　生成的プロセスとしての文化

レヴィン（Lewin, 1951/1956）によれば，文化は，固定的な事態ではなく，動的で変化に満ちているが，それでもそれと認知することができる，河のような生きたプロセスである。

　食習慣（文化）は空虚な空間では起こらない。……独りでいることや集団の中にいること，生計を得ることや遊ぶこと，町，家族，社会階級，宗教的集団，国家の一員であること，暑い気候やすずしい気候に生活すること，田舎か都会に生活すること，よい食料雑貨店やレストランのある地区かまたは貧しい不規則な食物が供給される地域に生活すること等，これらの要因のすべてのものが，何等かの仕方で，一定時における食習慣に影響している。水の供給の量と川床の性質が，河の流れ，その恒常性，またはその変化を毎日決定するのと丁度同様に，それらのものは集団の食生活を毎日新しく決定する。」(Lewin, 1951/1956, 訳書，pp.172-173)

文化は，ローカルな場のダイナミクスとしてのみ存在している。コミュニティに一般的な文化社会的プロセスがあるわけではない。場のダイナミクスの影響する要因やその重みづけ，要因間の関係は，時代とともに変わるし，個人間だけでなく，個人内においても大きな分散がある。

2　発達において文化を問題にする意味

共通の，しかも一つの文化で発展した概念やツールを用いた比較文化研究は，

必ずしもそれほど多くの実りをもたらしてくれたわけではない。概念やツールは，独自の文化的歴史的背景の中で生み出され，発展してきたものである。それを，異なった生活状況や歴史的背景をもつ文化にそのまま当てはめても，それぞれの文化の特質が明らかになるわけではない。

われわれの意識や行動は文化に埋め込まれているから，われわれの意識や行動は文化やその歴史的背景から離れて理解することはできないということを理解するためには，比較文化という研究手法が有効である。ただし，そのためにわれわれは，複数の文化のそれぞれについて，文化の具体的な表れである生の社会生活（文化的活動）を記述し，比較することが求められる。行動や関係が起こる，したがって発達が起こる文脈を記述・比較すること，それらが実際に生起し，進行しているその場で観察すること，その場のダイナミクスにかかわるさまざまな要因をあぶり出すような研究を行うことが必要となる。

多様性は文化間でのみ見られるわけではない。同じ文化内においても，個人間の多様性が認められるし，個人内においてさえも多様性が認められる。そして，いずれの場合でも多様性にセンシティブであることが重要である。

このような考え方は，発達の問題に敷衍できる。子どもは，常にローカルな場のさまざまな要因のダイナミクスの中で行動し，さまざまなものを習得し，それらを発揮している。仮に同じ時期に同じコミュニティに参加しているとしても，一人一人の子どもの発達の軌跡や結果には多様性が認められることになるが，それは発達の基本的性質の一つだと考えられる。

引用文献

Aristotle. (1969). 政治学（山本光雄，訳），アリストテレス全集 *15*. 東京：岩波書店．(Aristotelis Politica, recognovit brevique adnotatione critica instruxit W. D. Ross (1957). *Oxonii: E Typographeo Clarendoniano.*)

Barker, R. G., & Wright, H. F. (1954). *Midwest and its children: The psychological ecology of an American town*. Evanston, IL: Row, Peterson and Company.

Bellah, R. N., Madsen, R., Sullivan, W. M., Swidler, A., & Tipton, S. M. (1991). 心の習慣：アメリカ個人主義のゆくえ（島薗　進・中村圭志，訳）．東京：みすず書房．(Bellah, R. N., Madsen, R., Sullivan, W. M., Swidler, A., & Tipton, S. M. (1985). *Habits of the heart: Individualism and commitment in American life*. Berkeley, CA: University of California Press.)

Bronfenbrenner, U. (1996). 人間発達の生態学：発達心理学への挑戦（磯貝芳郎・福富　護，訳）．東京：川島書店．(Bronfenbrenner, U. (1979). *The ecology of human development: Experiments by nature and design*. Cambridge, MA: Harvard University Press.)

Bruner, J. S. (2004). 教育という文化（岡本夏木・池上貴美子・岡村佳子，訳）．東京：岩波書店．(Bruner, J. S. (1996). *The culture of education*. Cambridge, MA: Harvard University Press.)

Calder, N.（1980）．人間，この共謀するもの（田中　淳，訳）．東京：みすず書房．（Calder, N. (1976). *The human conspiracy*. New York: Viking Press.）

陳　省仁．（2010）．祖父母によるアロマザリング．根ヶ山光一・柏木恵子（編著），ヒトの子育ての進化と文化（pp.231-245）．東京：有斐閣．

Dewey, J.（2000）．民主主義と教育（河村　望，訳）．東京：人間の科学社．(Dewey, J. (1916). *Democracy and education: An introduction to the philosophy of education*. New York: Macmillan.)

Erikson, E. H.（1982）．自我同一性：アイデンティティとライフ・サイクル（新装版）（小此木啓吾，訳編）．東京：誠信書房．（Erikson, E. H. (1959). *Identity and the life cycle*. New York: International Universities Press.）

藤村宣之．（2002）．児童の経済学的思考の発達：商品価格の決定因に関する推理．発達心理学研究，**13**，20-29.

Goffman, E.（1980）．集まりの構造：新しい日常行動論を求めて（丸木恵祐・本名信行，訳）．東京：誠信書房．（Goffman, E. (1963). *Behavior in public places: Notes on the social organization of gatherings*. NY: Free Press.）

Harris, J. R.（1995）．Where is the child's environment? A group socialization theory of development. *Psychological Review*, **102**, 458-489.

Hoffman, M. L.（2001）．共感と道徳性の発達心理学：思いやりと正義とのかかわりで（菊池章夫・二宮克美，訳）．東京：川島書店．（Hoffman, M. L. (2000). *Empathy and moral development: Implications for caring and justice*. Cambridge: Cambridge University Press.）

Kâğıtçıbaşı, Ç.（2007）．*Family, self, and human development across cultures* (2nd ed.). Mahwah, NJ: LEA.

Kaye, K.（1993）．親はどのようにして赤ちゃんをひとりの人間にするか（鯨岡　峻・鯨岡和子，訳）．京都：ミネルヴァ書房．（Kaye, K. (1982). *The mental and social life of babies*. Chicago: University of Chicago Press.）

Kruger, A. C., & Tomasello, M.（1996）．Cultural learning and learning culture. In D. R. Olson & N. Torrance (Eds.), *The handbook of education and human development*. Oxford, UK: Blackwell.

久保ゆかり．（2010）．幼児期における情動調整の発達：変化，個人差，および発達の現場を捉える．心理学評論，**53**，6-19.

Lave, J., & Wenger, E.（1993）．状況に埋め込まれた学習：正統的周辺参加（佐伯　胖，訳）．東京：産業図書．（Lave, J., & Wenger, E. (1991). *Situated learning: Legitimate peripheral participation*. New York: Cambridge University Press.）

Leach, E.（1985）．社会人類学案内（長島信弘，訳）．東京：岩波書店．（Leach, E. (1982). *Social anthropology*. London: Oxford University Press.）

Lewin, K.（1956）．社会科学における場の理論（猪股佐登留，訳）．東京：誠信書房．（Lewin, K. (1951). *Field theory in social science*. New York: Harper.）

松田道雄．（1973）．日本式育児法（改訂版）．東京：講談社（講談社現代新書）．

Mauss, M.（1995）．人間精神の一カテゴリー：人格の概念および自我の概念（中島道男，訳）．人というカテゴリー（厚東洋輔・中島道男・中村牧子，訳）（pp.15-58）．東京：紀伊國屋書店．(Mauss, M. (1985). A category of the human mind: The notion of person; the notion of self. In M. Carrithers, S. Collins, & S. Lukes (Eds.), *The category of the person* (pp.1-25). New York: Cambridge University Press.)

Minsky, M.（1990）．心の社会（安西祐一郎訳）．東京：産業図書．（Minsky, M. (1986). *The society of mind*. New York: Simon & Schuster.）

宮本常一．（1984）．家郷の訓．東京：岩波書店（岩波文庫）．

恩賜財団母子愛育会（編）．（1975）．日本産育習俗資料集成．東京：第一法規出版．

大間知篤三．（1972）．七ツ前は神のうち．民間伝承の会（編），民間伝承（p.39）．東京：国

書刊行会.
大藤ゆき．(1982)．子どもの民俗学．東京：草土文化．
Rogoff, B. (2006). 文化的営みとしての発達（當眞千賀子，訳）．東京：新曜社．(Rogoff, B. (2003). *The cultural nature of human development*. New York: Oxford University Press.)
都丸十九一．(1988)．しつけについて．大島建彦（編），しつけ（pp.132-147）．東京：岩崎美術社．
氏家達夫・高濱裕子．(編著)．(2011)．親子関係の生涯発達心理学．東京：風間書房．
Vygotsky, L. S. (1962). 思考と言語　上（柴田義松，訳）．東京：明治図書出版．(Выготский, Л. С. (1956). *Избранные психологические исследования*. Москва: Изд-во Академии педагогических наук РСФСР.)
Vygotsky, L. S. (1978). *Mind in society*. Cambridge, MA: Harvard University Press.
Wood, D., Bruner, J., & Ross, G. (1976). The role of tutoring in problem solving. *Journal of Child Psychology and Psychiatry*, **17**, 89-100.
山本光雄．(1969)．訳者解説．アリストテレス全集：*15* 政治学（山本光雄，訳）(pp.395-413)．東京：岩波書店．
横山浩司．(1986)．子育ての社会史．東京：勁草書房．

第2章
「ヒト」と「人」：生物学的発達論と社会文化的発達論の間

遠藤利彦

第1節　プロローグ――「生まれか育ちか」問題の現在

　本書の企図するところは，人の発達の社会文化的基盤を探索することと，社会文化的存在としての人の発達を概括することである。しかし，この営為は，本来，私たちの眼目をただ，人の外なるあるいは内なる社会文化へと注いで終わりではない。それを正当に全うしようとするとき，私たちは，ときにその対極にも位置づけられる，発達の生物学的要素にも自ずと刮目せざるをえないことになる。そして，このことは，とりもなおさず，心理学徒が，あるいは心理学が生まれるはるか前から人が飽くことなく問い続けてきた，いわゆる「生まれか育ちか」(Nature vs. Nurture) というアポリアに向き合う必要があることを含意している。

　歴史を遡るに，人の発達に関する見方は，時代によって，まさに振り子のごとく，「生まれ」(遺伝) 優位の思潮と「育ち」(環境) 優位の思潮との間で大きく揺れ動いてきたことがわかる（たとえば，Plomin & Petrill, 1997）。すなわち，生物学的存在としての「ヒト」に重きを置いた時代もあれば，社会文化的存在としての「人」に重きを置いた時代もあったのである。もっとも，ナチスによる優生思想の実質的な終焉を意味する第二次世界大戦後の，少なくとも，心理学も含めた社会科学が採り，堅持してきた考え方が，あらかた「育ち」優位の見方であることを訝る者はまずなかろう。そして，そうした流れを強く牽引してきたのが精神分析であり，また行動主義であったことに異論を差し挟む余地はない。精神分析と行動主義は，ことに科学性をめぐって激しく反目し合いながらも，環境および経験，ことに養育者・家族・教育者等からの子どもに対するさまざまな働きかけ（しつけ・社会化・教育等）を絶対的に重視する発達観において基本的に通底しており，そして，それは，それぞれの理論本体の中核的仮定が種々の批判の前に大

きく揺らいでいる現在においてもなお，いわば通奏低音のように社会科学あるいは私たちの日常的感覚の基底でずっしりと重く響き続けているのである。

しかし，近年，生物諸科学の進展は目覚ましく，それらに依拠した研究者の中には，いわゆる「白紙」あるいは「空白の石版」仮説に代表される，従来の「育ち」優位の発達観を標準社会科学モデル（standard social science model）として槍玉に挙げ（Tooby & Cosmides, 1992），私たちの心もまた生物学的進化の産物として在り，その構成や発達が，そこにおける広範な個人差も含め，複雑な遺伝的な機序に規定されて在ることを主張する論者が増えつつある（たとえば，Pinker, 2002）。より具体的に言えば，ことに心理学の中では，生物としてのヒトに標準的に備わった心や行動パターンおよびその発達の遺伝的基盤とその適応価を問おうとする進化（発達）心理学（たとえば，Bjorklund & Pellegrini, 2002；Buller, 2005），そして一人ひとりの能力や特性等の個人差を分けるものとしての遺伝的差異に特別な関心を寄せ，その影響力を数的に見積もろうとする人間行動遺伝学（たとえば，Plomin, 2002；Plomin et al., 2008）が，確固とした地位を築いてきており，それらが突きつけてくる異議申し立てや革新的な研究知見に，もはやいかなる意味でも耳を傾けないわけにはいかなくなってきている（たとえば，Coll et al., 2004；Richardson, 2000；Rutter, 2006）。また，これらのミクロ・レベルの基礎づけとも言える分子遺伝学や遺伝発生学の飛躍的な展開にも瞠目すべきものがあり（たとえば，Kendler & Eaves, 2005），今や，振り子は，確実に「生まれ」優位の見方に大きく振れつつあると言っても過言ではないのである。

本章では，こうした現況を睨みながら，改めて「生まれか育ちか」の問題を問い直し，それを通じて，発達における社会文化や養育環境の役割をいかに正当に位置づけうるかということについて論考を試みることにしたい。

第2節　性の発達に見る「生まれと育ち」

性の発達の過程や機序に関しては第27章で詳しく取り上げることになるが，ここでは，それをめぐる理論的展開を簡単に追う中から，「生まれと育ち」問題の今について考えてみることにしよう。

大戦後，少なくとも社会科学において，環境重視の考えが長く相対的に支配的であったことはすでに述べたが，それは性の発達に関しても同様であった。むろん，性染色体レベルで男女は明確に区別されるわけであるが，心理行動レベルの性差は，その多くを，遺伝的差異よりも，出生後，早期段階における性的な社会

化に負うことが仮定されていたと言える。その性的社会化の実践はときに性の型づけ（sex-typing）とも呼ばれ，社会文化に潜在する女性観・男性観，そしてそれに多分に影響を受けた養育者等による意識・無意識的な働きかけによって，男女の性のラベルあるいは型に応じた典型的な心理行動的特質の大半が，とくに幼少期段階にある子どもにおいて獲得されるということが主張されていたのである。

　こうした考えの強力な唱道者の一人として，1950年代から70年代あるいは80年代にかけて絶大なる影響力を誇った研究者にマネー（Money, J.）の名前を挙げることができる。そして，彼の今や悪名高き研究に，いわゆる性の再割り当て実験がある（Money, 1975；Money & Tucker, 1975）。彼は，60年代半ば，一卵性双生児として生まれながら，そのうちの一人が包皮切除手術の失敗によって男性器を失った，男児きょうだいの事例を見出し，その両親を説得したうえで，一方を生物学的性のまま男児として，性器を失った他方を（性転換手術を施したうえで）女児として育てさせることに成功する。一卵性ということで遺伝的基盤がまったく同一でありながら，もし，それぞれが男児としての発達，女児としての発達を遂げるとすれば，まさに自説の正当性，すなわち出生後における性の型づけの影響力の大きさを裏づけることになると期待されたのである。マネー（Money, 1975）が報告する限りにおいて，その実験は見事に成功し，女児として育てられた生物学的男児の性自認は，その後，長く女性のままであったことが大々的に喧伝された。

　この研究報告およびマネーの主張が社会に及ぼした影響は甚大であり，（今ではその妥当性が疑問視されているが）性役割の文化相対性を示唆する，ミード（Mead, 1935）によるニューギニアの三部族に関する研究知見などと相まって，つい最近まで，たとえば日本における男女共同参画社会の考え方なども含め，いわゆるジェンダー・フリー思想の理論的支柱となってきたことは広く知られるところである。

　しかし，実際には，マネーの実験は明らかに失敗しており，今では，その女児として育てられた男児が早くから，自身に割り当てられた女性という性に強い違和感を覚え，思春期以後は自ら男性として生きる途を選択し，結果的に女性との結婚生活を送るに至ったという事実が確認されている（Colapinto, 2000；Diamond & Sigmundson, 1997）。すなわち，性の遺伝的基盤が，それに抗う出生後の性的社会化の実践によって覆されるようなことはなく，むしろ，その影響力は加齢とともに増大していったのである。そして，現在，性の発達をめぐる議論は，ほぼ180度，その方向性を換えつつあると言っても過言ではないのかもしれない。男女の

遺伝的差異は，それぞれの性に応じた生物学的適応度を最大化すべく，長い進化の過程で漸次的に準備されてきたものであり（たとえば，Pinker, 2008），母胎内でのそれぞれの性に特異的な生理的発生プロセスと合わさって，男女の脳および心理行動的発達にかなり強力かつ長期的な影響を及ぼすという見解が多くの論者に採られてきているのである（たとえば，Gurian & Stevens, 2005；Sax, 2005）。逆に，生後1日目においてすでに，乳児の視覚的選好が男女で異なる（男児は機械的に動くモビールを好んで見るのに対し女児は人の顔を好んで見る）という実験結果（Connellan et al., 2000）や（人間的な性的社会化とは無縁であるはずの）ベルベットモンキーでも玩具の志向性はヒトと同様の性差を示す（オスは乗り物のような玩具を，メスは人形のような玩具を好む）という知見（Alexsander & Hines, 2002）などは，環境の中での性に応じた経験の蓄積が，性差の現出にあまり必要ではないことを強く印象づけるに至っていると言えよう。少なくとも研究レベルで言えば，性差発達にかかわる振り子は，確実に「育ち」優位から「生まれ」優位へと振れの向きを変えつつあるのである。

　もっとも，話はここで終わりではない。実のところ，性および性差の発達に関して言えば，現今の極端な生物学主義への傾倒に対して警鐘を鳴らす向きもある。今一度，マネーの実験に立ち帰って考えてみよう。たしかにその現実の結果はマネー自身の仮説を大きく裏切るものではあったが，性的社会化による影響の可能性それ自体を否定するものでは必ずしもないのである。それというのも，その女児としての性の再割り当てをされた男児は，性転換手術を施されるまでの22カ月間は，基本的に男児として育てられていたからである。また，このケースでは，そうした早期段階での養育者からの働きかけのみならず，（まさに自身と瓜二つの身体を有し，類似した行動特徴を有する）一卵性の男きょうだいの社会的鏡としての役割やそのきょうだいとの密な相互作用の経験が，根本的なところで，やがて性の再割り当てをされることになる男児の男性としてのアイデンティティの礎を形作っていた可能性が否めないのである（Eliot, 2009）。

　さらに，この実験事例と同様に外科的手術の失敗あるいは先天性の疾患による，いわゆる間性（intersex）のケースを扱った研究においては，たしかに性の再割り当てをされずに男性として育てられた場合の心理社会的適応性が概してすぐれるものの，女性としての再割り当てをされた場合でも，成人後もその女性としての性自認を疑わず，それを変えないようなケースも相当数存在することが明らかにされている（たとえば，Meyer-Bahlburg, 2005；Reiner & Gearhart, 2004）。そして，こうしたバリエーションが認められるということ自体が，ある意味，性転換手術の時

期やそれにも関係した発達早期の性的なしつけの質と量が性の発達に一定の役割を果たしていることを示唆していると言えるのかもしれない。

　最近，エリオット（Eliot, 2009）は，脳や心理行動に現れるさまざまな男女差の基盤に遺伝的要因が深く関与していることを認めつつも，多くの能力や特性において，その性差度（男女の平均値差を男女込みの全体の標準偏差で除した値）はきわめて低い水準にとどまるという知見（Hyde, 2005）などに基づきながら，遺伝的差異そのものが直接的に表現型としての男女差を規定するところは，近年，多くの生物学的な性差研究者が考えるほどには強くないのではないかと主張している。性にかかわる遺伝的差異は，社会文化および個別の養育環境の違いにかかわらず，一様に表現型としての性差を生み出すほどの強い影響力を有しているわけではないというのである。彼女によれば，遺伝的差異に由来する発達早期の男女差は元来，あってもごくわずかで，そのごくわずかな差異を，性差にかかわる社会文化的ステレオタイプを負った性的社会化の養育実践が，多くの場合，徐々に増幅させる方向に働くのではないかという。

　また，別角度から，性の発達に対する後天的な社会化の影響を照らし出している研究もある（Henderson & Berenbaum, 1997）。一般的に他生物種を対象とした異性多胎児の研究では，胎内環境で，遺伝的にオスの子どもを身体的・脳神経学的にオス化するために胎児を相対的に多量のテストステロンに曝露させる必要が生じるが，このテストステロンが同じく胎内環境に在るメスにも及ぶため，そのメスまでをもオス化する傾向があることが広く知られている。そして，生理学的機序に関して言えば，当然，それはヒトの異性双生児においても同様なわけであり，そこでは，ペアの中の女児が相対的に出生後に男性的な心理行動的特質を示しやすくなるという予測が成り立つことになる。しかし，現にヒトの異性双生児を扱ったヘンダーソンらの研究の結果は基本的に，その予測を裏切るものであった。すなわち，異性双生児ペアの女児のふるまいは両方女児の双生児のそれと比較して統計的に変わるところがなく典型的に女児的であり，むしろ，女児の（男児的玩具・スポーツへの好みとして測定される）男児化は，通常異性きょうだいにおける妹に顕著に認められたのである（Henderson & Berenbaum, 1997）。このことは，異性双生児の子どもそれぞれに対して，その性差を増幅するような養育実践が施された可能性を示唆し，さらに，その影響力は，生理学的に予測される機序の介在をほとんど目立たなくさせるほどに強かったことを物語っていると言えよう。逆に，通常異性きょうだいにおける妹の男児的特徴の獲得は，観察学習のモデルあるいは直接的な相互作用の相手としての兄の存在の大きさを示しており，いずれ

にしても性の発達に対する社会的要因の介在を排除して考えることはできそうにない。

すでに述べたように、ことに性の分化や発達に関しては、現在、遺伝学、発生学、脳神経科学などの生物学的なアプローチが飛躍的に進展してきており、その中で、それにかかわる性的社会化および社会文化的な要因への着目は相対的に薄らいできていると言える。しかし、人の性にかかわる問題は、自身の性自認やそれに応じた心理行動的特質のみならず、(いわゆる異性愛、同性愛、両性愛といった) 他者に対する性的指向性なども含め、実に多様であり、当然のことながら、そこには、遺伝的基盤や生物学的発生的機序のみならず、心理社会的な環境要因もまた、複雑に絡み合っていると見なすのが妥当であろう。そして、その心理社会的要因は、それ単独ではなく、遺伝的基盤や発生的機序の介在を踏まえてこそ、初めて正当な位置づけがなされうるのであり、それに向けての研究が、今後の大きな課題であると言えるのかもしれない。

第3節　発達的行動遺伝学の逆説

近年の「生まれと育ち」問題を考えるうえで、人間行動遺伝学の飛躍的な進展に目を向けないわけにはいかない。その基本的方法は、一卵性・二卵性双生児あるいは養子などを研究対象にしながら、数量的に測定されうる、きわめて多種多様な心理行動的特徴に現れる個人差分散を、遺伝的要素と環境的要素がいかに説明しうるかを明快に数値化するものである (詳細は安藤, 2000, 2011)。そして、そこでの知見は、概して、従来、仮定されていたよりも、人の心理行動的特質における遺伝の規定性と非共有環境による説明力 (同じ家庭に複数のきょうだいが育つことを想定した場合の一人ひとりのきょうだいが個別・独立に経験する環境的要素による説明力) が強く、一方、共有環境による説明力 (親の育て方やパーソナリティなど、複数のきょうだいが共通に経験する環境的要素による説明力) が弱いことを示している (たとえば、Plomin, 2002 ; Plomin et al., 2008)。一見するところ、こうした知見、とくに種々の特性に関して示される遺伝率 (表現型の個人差分散を遺伝子型の差異が説明する割合) の高さが、相対的に発達における生まれ優位の見方を強力に後押しするものに他ならないのだが、ここではそうした遺伝率の値そのものが有する意味よりも、その数値が生涯発達過程の中で大概は加齢にともなって上昇的に変化するということに着目して、前節とは異なる角度から改めて「生まれと育ち」について考究してみることにしたい。

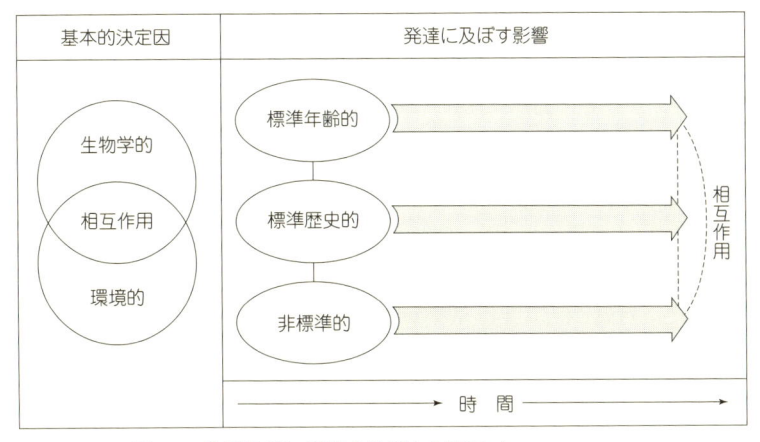

図2-1　生涯発達に影響を及ぼす主要因（Baltes et al., 1980）

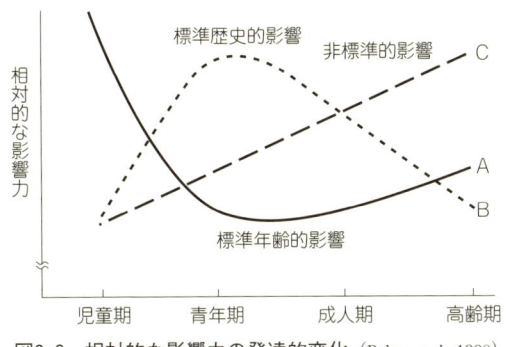

図2-2　相対的な影響力の発達的変化（Baltes et al., 1980）

　それに先立ち，まず，従来の発達心理学の中では，発達時間の進行が，発達に対する遺伝的要因と環境（経験）的要因の影響の大きさにいかなる変化をもたらすと仮定されていたかについて振り返っておこう。たとえば，現今の生涯発達心理学の基本的方向づけを行ったバルテス（Baltes, 1987；Baltes et al., 1980）は，人の生涯にわたる発達の多次元性・多方向性・可塑性，そしてまた，それが社会・文化・歴史的文脈に埋め込まれて在ることなどを言明したことで知られているが，むろん，彼の理論枠の中でも，人の発達は基本的に，生物学的要因と環境的要因およびその相互作用の産物とされていた（図2-1）。そして，彼はこうした要因が人の生涯発達に及ぼす影響のパターンとして，（生物学的にも社会的にも人一般に標準的な意味で当てはまる）標準年齢的影響，（ある時代に特有の，しかしある特定コホートにはほぼ共通のものとして在る）標準歴史的影響，（個々人に固有のものと

して降りかかる）非標準的影響の3つに分けて把捉しており，そのそれぞれが，時間軸の中でどのような軌跡を描くかに関して理論的仮定を立てている（図2-2）。

彼によれば，標準年齢的影響は，生物学的な要因にしても，社会・環境的な要因にしても，幼少期ほど，その影響力は大きく，その後，徐々に減衰し，青年期・成人期前期で底になったあと，高齢期にかけて再び緩やかに上昇するようなパターンを描くという（進化的に準備された生物学的発達・成熟のプログラム，および教育なども含めた年齢段階に応じた標準的社会化による影響は発達早期の方が強い一方で，高齢期には再び老化という生物学的要因の影響が漸増する）。また，標準歴史的影響としては，戦争や疾病の流行，経済不況や好況，核家族化や少子・高齢化の進行など，その時代時代に特徴的なさまざまな事情による影響が想定されるわけであるが，ある特定世代あるいは地域文化のコホートが，そうした社会全般の特質による影響を最もこうむりやすいのは，青年期であるらしい（青年期をピークとした逆U字型の変化パターンを描く）。さらに，非標準的影響としては，本来，個々人の遺伝的特異性およびそれに従った生物学的固有性も含まれて在るはずであるが，バルテスの枠組みの中で主に問題にされているのは，個人に固有のライフイベント（転居，家族の死，自身の大病や怪我，結婚や離婚，入学や卒業・退学等）あるいは種々の日常的な経験の蓄積による影響であり，そのパターンは，基本的に右肩上がりのまっすぐな直線として描かれるのだという。

実のところ，こうした理論的仮定にはいくつかそれを訝るような批判が寄せられており，本来，それぞれの影響曲線について精細に吟味すべきところであるが，ここでは「生まれと育ち」問題に最も直にかかわる非標準的影響について考えることにする。当然のことながら，私たちは，発達時間の進行に比例して生活環境の中でさまざまな経験を積み上げていく。そして，それだけに，その個別的経験の蓄積が少ない幼少期において，それによる発達への影響が弱く，逆にその蓄積が豊かになる中高年期になるほど，その影響が強まるというバルテスの仮定は，一見，疑う余地のないものであり，また，私たちの直感に素直に適うものと言えるのかもしれない。

しかし，ここで，発達的行動遺伝学（発達時間の進行による遺伝率や環境による説明率の変化パターンなどに主たる関心を寄せる）の研究が明らかにしてきている，遺伝的要因および（その残差としての）環境的要因の影響力の時間的推移に目を転じてみよう。それが示すのは，人のさまざまな心理行動的特質の個人差が，加齢とともに，一人ひとりが育った環境における経験的要因の違いによってではなく，むしろもともと有していた遺伝的要因の差異によって説明される比率が徐々

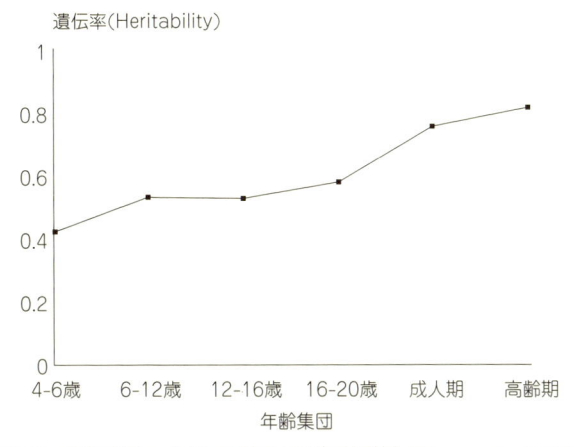

図2-3 生涯を通したIQに対する遺伝的影響 (Plomin & Petrill, 1997)

に高まるということである（遺伝率は右肩上がりに上昇し，その残差としての環境による説明率は右肩下がりに低下していく：例として図2-3にIQの遺伝率における時間的変化を挙げた）（たとえば，Plomin et al., 2008）。いまだ環境の中での生活経験が浅い乳幼児期ほど，その影響を強くこうむり（遺伝的差異が心理行動的特質に結びつく確率が小さく），一方，加齢にともなう学習経験の蓄積とともに，それによる影響が強まるのではなく弱まり，逆に遺伝的要因の影響力が増大するというのである。これが含意しているのは，バルテスらに代表される従来の見方との著しい対照である。

それでは，発達的行動遺伝学が提示した，ある意味，逆説的な，遺伝と環境の影響力推移の曲線をいかに読み解けばよいのだろうか。その機序の詳細に関してはほか（たとえば，遠藤，2005）に譲るが，これが含意するところは，一般的に加齢にともない徐々に，遺伝的要因に沿う形で環境の選択や構成が行われやすくなるということである。つまり，人は成長し，主体的意思に従っていろいろな経験を積むことができるようになればなるほど，自身がもって生まれた遺伝的素因に適うよう，自らその生活環境を選び組み立て（発達的適所の選択），またその中から種々の刺激要素を取り込むことを通じて，個人特有の心身の形質を発現していく傾向があるということである（たとえば，Caspi, 1998；Scarr, 1992）。

仮に音楽に対する志向性やその能力に何からの形でかかわる遺伝的基盤があると仮定し，かつその遺伝的基盤を豊かに備えて生まれてきた子どもを思い浮かべてみよう。そして，その子どもが，幼い頃，養育環境に楽器や音楽メディアなどがほとんどなく，テレビやラジオ等でも音楽を聴く機会をあまりもたないまま成

育したとしよう。こうした場合，その子どもは，発達早期の段階においては，その遺伝的傾向を十全に発現させる可能性はきわめて薄いはずである（もっとも，通常の実親子の場合には元来，そこに遺伝的な連関が存在するため，遺伝的に音楽好きの潜在可能性を有している子どもの親はやはり音楽好きである確率が相対的に高く，そうした子どもは，多くの場合，音楽的環境の中で，自身の音楽的な遺伝的傾向を徐々に行動的に発現していくことが考えられる）。しかし，加齢とともに養育者からの依存を脱し，自律的にふるまいうるようになれば，その個人は学校や街中などでさまざまな音楽に接するようになる中で自分の音楽に対する快感情や志向性に気づき，徐々にそれらに沿って音楽メディアや楽器などを買い求め，ときにバンドや音楽サークルなどを通して音楽好きの仲間と密に交流し，またともに演奏などをするようになることが想定される。そして，その中で，音楽的な興味や才を次第に大きく開花させていくという道筋が考えられるのではないだろうか。

　従来，遺伝と環境は，それぞれ独立に個人に降りかかるものと暗黙裏に仮定され，多くの場合，それこそたまたまもって生まれた遺伝的素質の上に，たまたま与えられた環境的経験が積み重ねられ，さらにそれらが複雑に相互作用する中で，種々の発達が進行すると把捉されてきたと言いうる。しかし，上述したようなことが示唆するのは，単に遺伝と環境の相加的および相乗的な影響過程というよりは，むしろ，「生まれ」（遺伝）は「育ち」（環境）を通して徐々に時間軸の中で具体的な形を有するようになるということである。そして，それは生涯を通して変わらず，むしろ人生の後半になればなるほど，その傾向は強まるということである。さらに言えば，遺伝とは，そもそも環境（学習や経験）とは独立のものとして在るのではなく，ましてや対極に位置づけられるものではなく，実のところ，学習や経験のメカニズム（環境からの刺激や情報などの取り込みを制御する仕組み）そのものと言っても過言ではないのである（たとえば，Murcus, 2004；Ridley, 2003）。幼い子どもは，自身の養育者はもとより，その成育環境のほとんどを自らはあまり選べない。だからこそ，置かれた環境いかんによって相対的に大きくその発達を左右されることになる（学習メカニズムたる遺伝に制約がかかりやすい）。しかし，人は加齢とともにしだいにそうした状況から脱し，自身で能動的に選択し行動できる幅が広がると，元来有していた遺伝という学習メカニズムをより多く用いることができるようになる。加齢とともに，各種心身の特徴に対する遺伝による影響の割合が上昇するのは，こうした事情を反映してのことと考えられるのである。

第4節　環境の役割に対する再評価

　上述した加齢にともなう遺伝率上昇のパターンは，たしかに，従来の「生まれと育ち」問題に根本的な再考を促すものではある。そして，論者の中にはこうしたデータに依拠しながら，たとえばハリス（Harris, 2009）のように，親は子どもの個性や能力の生涯発達において，その遺伝子の伝達を通して寄与するところはあっても，養育実践を通して寄与するところはきわめて小さいといった極論を展開する者もある（もっとも，ハリスは，環境の発達に対する枢要な役割を，とくに子どもが家庭外でもつ仲間・友人等との関係性や集団の中での経験の中に認めている）。しかし，そもそも，行動遺伝学の諸知見の読み方に関しては，本来，注意深い但し書きが必要であろう。それというのも，これだけを真に受けると，結局のところ，私たちの生涯発達は（環境を介するとはいえ）遺伝子によって規定されるところが大なのだと単純に結論されてしまいかねないからである（たとえば，Collins et al., 2000；Maccoby, 2002）。

　まず，何よりも，行動遺伝学が提示する，遺伝率をはじめとするさまざまな数値は，あくまで，集団レベルでの「生まれと育ち」を問題にしたものであり（集団内の個人差分散にかかわる解析の結果，得られたものであり），それを安易に個人レベルの「生まれと育ち」に置き換えて考えてはならないということがある。それらの数値は，言ってみれば，多数の個人データの集約的・平均的なものにすぎず，個々人について見れば，当然のことながら，それにあまり合致しないような者も一定数，存在しうることを忘れてはならない。そうした数値は，あくまでも，いわゆるアンダー・アチーバー（under achiever：遺伝的ポテンシャルからすると現実の心理行動的パフォーマンスが低水準にとどまる）もオーバー・アチーバー（over achiever：遺伝的ポテンシャルに対して現実の心理行動的パフォーマンスが高水準にある）も込みにした中で得られたものと把捉すべきであろう。遺伝率の発達曲線は，各発達時点における，こうした値を結んで構成されたものであるわけであり，そのことからすれば，その変化パターンに従わない個人の存在もまた十分に想定しうることになる。

　また，遺伝率および共有・非共有環境による説明率の値がサンプルの質に大きく依存するという事実にも着目すべきだろう。一般的に行動遺伝学的研究は相対的に中流以上の家庭の子どもを対象に多く行われているが，少数ながら，経済的な貧困層も含めたハイリスクな環境下で成育した子どもを扱った研究では，さま

ざまな心理行動的特性において、その遺伝率がきわめて低くなることが知られている（たとえば、Turkheimer et al., 2003）。このことは、虐待やネグレクトをはじめ、不遇な養育環境で成育した子どもの発達が、心身全般にわたって、長期的に、発達の遅滞や歪曲を抱え込むことになるという多くの知見（たとえば、Dube et al., 2003；McCoy & Keen, 2009）からすれば、ある意味、自明のことなのではあるが、子どもが、その遺伝的基盤に従って、自発的に自らの発達に必要な要素を環境側に取りにいったとしても、そこにそれがほとんど準備されていないような劣悪な状況においては、遺伝子型はそれに見合うだけの表現型を得ることは決してなく、子どもの発達は環境の前にただ翻弄されることになるのである。これは行動遺伝学的立場に与するスカー（Scarr, 1992）なども早くから指摘していることであるが、遺伝が環境の選択や構成を通して発達に影響を及ぼすという道筋は、基本的に（いわば取りにいけばそこに大概のものが得られるような）平均的に期待される、いわゆる「ほぼよい」（good-enough）環境の中にあってこそ生じるものなのである。

　これに加えて言えば、行動遺伝学の大半の研究が依拠している中流以上の家庭サンプルでは、子どもに対して一定水準以上のしつけや教育を施している可能性が高く、言ってみれば、そのために環境の分散が非常に小さくなっており、このことが、子どもの個人差に対する環境による説明率を低くし、逆に遺伝率を高く見積もらせることにつながっているという指摘もある（たとえば、Stoolmiller, 1999）。いずれにしても、環境の劣悪さが子どもの発達に甚大な負の影響を長期にわたって及ぼすことは確かであり、「生まれと育ち」問題を正当に考えるうえで、このことへの注視を怠ってはならないだろう。

　一方、養子を対象とする発達研究は、養育環境の質の高さが子どもの発達に正の影響を強く及ぼしうることの証左を提供している（たとえば、Nisbett, 2009）。元来、こうした研究では、（遺伝的にまったくつながりのない）養子と養親それぞれの、IQをはじめとする各種心理行動的特徴の相関が相対的に低い値として認められる一方で、その同じ子どもたちと（血縁の）実親との間のそれがかなり高い値として見出されることが一般的に知られている。これは、一見するところ、ただ発達の遺伝的規定性の強さを物語るわけであるが、その解釈にあたっては、もう一つの事実にもしっかりと目を向ける必要がある。それは、こうした研究における子ども集団の各種（ポジティブな）特性の平均値が概して、養親集団のそれとほぼ同等であり、実親集団のそれをはるかに上回るということである（Lewontin, 1991）。一つ確認しておくべきこととして、ある2変数間の相関の値は、2変数そのものの一致傾向が低くとも、2変数それぞれの分散の中での順位に一

致傾向があれば高くなるものである。IQ を例にして言えば，子どもと実親の相関が高いというのは，子どもグループの中での個々の子どもの IQ 値の順位と，実親グループの中での個々の実親の IQ 値の順位が相対的に一致しやすい（実親集団の中で IQ の高い親からは子ども集団の中で相対的に IQ の高い子どもが生まれやすい）ことを示唆してはいるが，IQ の実値が実子と実親で同等になりやすいことを意味するわけではまったくない。養子に出された子どもの IQ 値は，その実親の IQ 値よりも大概はかなり高くなることが現に知られており，それまでの複数の養子研究をメタ分析した論文によれば，とくに社会経済的地位（SES）の低い家庭で生まれた子どもが，SES の高い家庭に養子に出された場合には，IQ の値で約 20 ポイント近い上昇に相当する正の効果が認められるのだという（van IJzendoorn et al., 2005）（逆に SES の高い家庭で生まれた子どもが SES の低い養家で育つような場合には約 10 ポイント強の低下に相当する負の効果が認められるという報告もある［Capron & Duyme, 1989］）。

　むろん，それでも子どもとその実親との各種相関が養親との相関を上回るという事実は消えないわけであり，発達が遺伝の制約を受けることは言うまでもない。しかし，それが意味するところは，親から子へと遺伝するのがある特性や能力そのものではなく，むしろ，それらが，下限値から上限値まで，どれくらいの範囲の発達を遂げうるかという，いわば潜在的な可能性の「幅」のようなものであるということである。しかし，個々人に遺伝的に固有のものとして在る，それぞれの「幅」の中で，現実にどの値を取るかということに関しては，むしろ，環境がそれを強く規定するのだろう（環境いかんで，一定の「幅」の中で相対的に低い位置取りになることもあれば，高い位置取りになることもある）。

　さらに付言しておくならば，ハイリスクではない一般サンプルを扱った行動遺伝学的研究においても，そもそも，遺伝率が非常に低く算出される特性があることを忘れてはならないだろう。たとえば，本書（第 19 章）でも取り上げられるアタッチメントは，人の社会性の発達の中でも最も中核的なものと言いうるわけであるが，その（回避型・安定型・アンビヴァレント型といった）個人差に関しては，遺伝率がきわめて小さく，共有環境と非共有環境の差異によって説明されるところが非常に大きいという知見が得られている（たとえば，Bokhorst et al., 2003；Fearon et al., 2006；Roisman & Fraley, 2008）。アタッチメントとは，原義から言えば，恐れや不安などのネガティブな情動に結びついた特定他者への近接傾向であり，またそれによって得られる安全の感覚と言えるものであるが，そこに現れる個人差は，基本的に，現に個々人がそうしたネガティブな情動状態にあり，強く近接

欲求を活性化された際に，養育者等の他者によって，どれだけ確実にそれが充足され，適切に情動制御がなされたかという，まさに社会的経験の蓄積によって分岐してくるところが大きいのだと考えられる。

また，母子間における抑うつの世代間伝達を扱った研究の中には，実子にしても養子にしても，抑うつ的な母親に養育された場合には，（青年期に至ってもなお）抑うつを患う危険率が非常に高くなり，しかもその率は実子と養子であまり変わらないことを報告しているようなものもある（Tully et al., 2008）。これについては，一般的に，抑うつも含め，種々の精神病理に関しては一定の遺伝的基盤の関与が想定されているため（たとえば，Jang, 2005），さらなる精細な検討が必要と言いうるが，養育者の抑うつは多くの場合，子どもの情動制御の失調を招来し，アタッチメント形成などにも深くかかわるものである（たとえば，Duggan et al., 2009）ため，その日々の養育実践の中での影響は，遺伝的な要因が規定する以上に大きいのだという見方もあながち見当外れではないのかもしれない。

第5節　「育ち」は「生まれ」を通して
——エピジェネティクスが含意するもの

発達における環境の役割を再評価するうえで，もう一つ欠かせない視点に，近年，進展の著しいエピジェネティクス（epigenetics：後成遺伝学）がある（概説としては佐々木, 2005）。実のところ，これまでさまざまな「生まれと育ち」にかかわる研究知見についてふれてきたわけであるが，いかなるものであれ，遺伝と環境の時間軸上での絡み合いの過程には，当然，まさに非常にミクロな分子レベルにおける遺伝子発現の機序がかかわっている。エピジェネティクスとは，言ってみれば，個々人がもって生まれた遺伝子が，環境からのさまざまな刺激を受けて，あるいは個々人の多様な経験の質に応じて，どのタイミングでどのように活性化されるか，そして具体的にいかなる表現型に結びつくのかを微視的に科学するものである。それは，ある特性に深くかかわりうる遺伝子を先天的に有していても，それが具体的な表現型の形をとるかどうかは，基本的に後天的な経験の質に依存するということを前提にしている（たとえば，Francis, 2011；Lickliter & Honeycutt, 2003）。先に，「生まれ」は「育ち」を通して，すなわち遺伝子はそれに合致した環境の選択や構成を通して，発達に影響を及ぼすという見方についてふれたが，これはある意味，「育ち」は「生まれ」を通して，すなわち環境のあり方が遺伝子活性化のオン・オフのパターン（より専門的に言えばメチル化のプロセス）に作

用することを通して，発達に影響を及ぼす道筋を解き明かすものと言えよう（既述したように，不適切な養育環境下で成育した子どもを対象とした行動遺伝学的研究においては，概してその遺伝率が低率にとどまるわけであるが，それは，発達にかかわる種々の環境的要素の剥奪によって，個々人が潜在的に有している遺伝子の活性化に大きな制約がかかり，結果的に表現型としての発現に至らない場合が多いということを示唆している）。

これにかかわる研究はすでに多く行われているが，ことに社会性の発達ということに関して言えば，ニュージーランドのダニーディン（Dunedin）における1,000人規模の長期縦断研究は特筆に値する（たとえば，Caspi et al., 2011；Silva, 1990）。それは現在までに，乳幼児期から成人期にかけての全般的な心身の健康やパーソナリティの発達に関心を寄せるほか，各種精神障害や反社会的行動などの発生メカニズムに関して実に興味深い知見を多数，報告するに至っている。とくに，このプロジェクトでは，個人差の源泉の一つとして遺伝的要因にも注目しており，たとえば攻撃的行動の抑制に深く絡む脳内化学物質，モノアミン酸化酵素A（MAOA）を規定する遺伝子型の差異が，個々人の環境における経験の質を介して，暴力性や反社会性の発現を大きく左右する可能性を示唆している。遺伝的にMAOAの活性が低いことが反社会性のリスク因子として把捉されているわけであるが，このプロジェクトが明らかにしたところによれば，それは，子ども時代における被虐待経験と結びついた場合に，とくに深刻な発達上の帰結をもたらす確率が高かったのだという。MAOAの活性が遺伝的に低い子どもが虐待にさらされたケースでは，成人期に至るまでの学校内トラブル，暴力，反社会的行動，触法行為などが通常の4倍にもなることが報告されている（逆にこの酵素の活性が遺伝的に高い子どもでは，被虐待の経験がその後の子どもの適応性にとくにネガティブな作用を及ぼすわけではなかったようである）（Caspi et al., 2002）。

ちなみに，このMAOAを扱った別の研究において，同じようにこの活性が低い子どもで，虐待を含めた不適切な養育にさらされた場合に，そうでない場合の約9倍，暴力的あるいは反社会的な行動が認められたというような報告（Alia-Klein et al., 2008）や，MAOAの活性の低さと不適切な被養育の経験が結びついたケース，とくに男児の場合において，そのうちの85％が後に反社会性を示したというような報告（Foley et al., 2004）がなされている。

このほかにも，たとえば抑うつや不安傾向に深く関与するとされる遺伝子（たとえば5HT；Caspi et al., 2003）あるいはADHDや新奇性探究に深く関与するとされる遺伝子（たとえばDRD4；Faraone et al., 2001）などに関しても，その実際の発

現には，発達過程の中で個人が受けた養育の質などの環境要因が深く関与するという知見が多数，得られてきており，さらには，こうした機序の想定のもと，子どもの遺伝的な特質に応じて薬の処方や養育の方略などを変える実践的な介入（たとえば，Bakermans-Kranenburg & van IJzendoorn., 2008；Hamarman et al., 2004）も試みられ始めているようであり，今後もこの領域の動向には目が離せないところとなっている。

　いずれにしても，私たちの種々の発達において，たしかに個々人がどのような遺伝子セットを有しているかということの重要性は揺るがないものとしてある。しかし，どのような遺伝子を備えているかとともに，あるいはそれ以上に，それらが，個々人を取り巻く環境の中で，どのように使われたり，また使われなかったりするかということがより枢要な意味を有するとも言えるのである（Blumberg, 2005；Moore, 2001）。ただコード化されたものとしてある遺伝子型が，実効的な遺伝子型になり，さらに具体的な表現型を得るためには，そこに必然的に，トリガーや触媒となる社会的成長のプロセスが介在する（Music, 2011；Ridley, 2003）という視座を決して忘れてはならないはずである。

第6節　エピローグ――「生まれ」を「育む」

　いわゆる発達精神病理学の領域においては，早くから，二重リスクモデルあるいは素因・ストレスモデルの見方が採られ，種々の精神病理が，個人の遺伝的な脆弱性と環境における多様なストレスとの交互作用の中で発生してくることが，ある意味，当然視されてきたと言える。近年のエピジェネティクスの貢献は，そこに，より微視的で具体的な病理発生機序の仮定をもたらしたことであるとも言えるのだろう。個人が生得的に有している器質的な脆弱性あるいはレジリエンス（resilience：弾力性・回復力）を考慮してこそ，環境の役割もまた正当に評価されうるものと考えられる（Rutter, 2011）。もっとも，こうした遺伝と環境の絡み合いは，精神病理などの発達の負の側面だけではなく，豊かな発達の可能性に関しても当然，当てはまるわけであり，今後は，具体的にどのような遺伝的基盤に，いかなる環境からの働きかけがある場合に，種々の発達が正の方向に促される傾向があるのかについても精細に解明される必要があるのだろう。

　ちなみに，最近，ベルスキーは，単に（発達を負の方向に進行させやすい）遺伝的な脆弱性ということではなく，発達を正負いずれの方向にも導きうる，環境からの被影響性（susceptibility）という新しい概念を提唱してきている（Belsky, 2005；

Belsky et al., 2007)。それによれば，人には，環境からの影響の受けやすさにおいて，そもそも遺伝的に広範な個人差が存在している可能性があり，すべてではないにせよ，劣悪な環境に反応してネガティブな発達を強く示しうる個人は，実のところ，良好な環境に置かれた場合には逆にポジティブな発達を遂げうる可能性を豊かに備えているのではないかという。そして，ベルスキーは，こうした特性が，環境の激変にさらされたときに，それを超克するための柔軟な適応戦略として，生物としてのヒトに進化的に準備されてきたのではないかと論じている。むろん，いまだ仮説的な域にとどまるが，「生まれと育ち」問題のこれからを考えるうえで興味深い視座であるとは言えよう。

　本論では，環境の発達に対する影響を，主に出生後の問題として論じてきたところがあるが，それはすでに出生前から始まっている可能性があることをこの終節で指摘しておくことにしたい。それはすなわち，子どもにとっての胎内環境ということになるわけであるが，近年，本章でもふれた性の分化も含め，心身のあらゆる側面の発達，とくにその初期値設定（遺伝子活性化のエピジェネティックな基礎づけ）において，母胎の栄養条件，ホルモン，テラトゲン（アルコール，ニコチン，各種薬物等の催奇性物質）などがきわめて枢要な役割を果たすことが明らかになってきている。

　むろん，これは胎児に対する生化学的環境の重要性を指摘するものであり，本書が扱う社会文化的環境による影響に直接的にかかわるものではない。しかし，胎児本人ではなくとも，少なくともその母親は，どっぷりとそれぞれの社会文化的環境に浸かっているわけであり，母親がそこで経験することになる，たとえば心理的ストレスのような問題は，間接的に胎児の発達に一定の影響を及ぼしうるものと言える。現に，胎児に直に影響を及ぼす，母親のアルコール摂取，喫煙，ダイエットなどの要因を統制してもなお，母親の不安やストレスが，（生化学的環境の質に作用することを通して）胎児の発達および（出産合併症や低体重出生等のリスクを高めることを通して）出生後の子どもの発達にネガティブに作用することが明らかとなってきており（たとえば，Phillips, 2007；Wadhwa, 2005），さらにそうした影響が生涯にわたって持続する場合も少なくはないらしい（たとえば，Baker et al., 2001）。私たちは，発達に対する環境の影響の中に，こうした胎内環境によるものを含めて考えることが相対的に少ないわけであるが，今後は胎児期という発達ステージにも相応の注意を払ってしかるべきであろう。

　なお，本章では，行動遺伝学における遺伝率が意味するところについて議論を行ったわけであるが，少なくとも双生児を調査対象にした行動遺伝学的研究につ

いては，双生児が胎内環境を共有しており，ともにその影響を強く受けているにもかかわらず，それが環境の影響としては考慮されないために，遺伝率が実態以上に非常に高く見積もられているという批判もある（たとえば，Devlin et al., 1997）ことをここで付言しておこう。

　本章では，「生まれと育ち」の問題を主に，さまざまな心理行動的特質に現れうる個人差に焦点を当てて論じてきた。ただ，これについては，本来，遺伝の側から言えば，冒頭でもふれた進化（発達）心理学などの立場から，生物種としてヒトに標準的に備わった遺伝的基盤にも目を向ける必要があるのだろう（ヒトは元来，どのように発達し，また養育するための生物学的プログラムを備えているのか）。また，環境の側から言えば，時代や文化という単位で，それらが，それぞれに固有に生きる集団としての人に，どのような特異性をもたらすかということにも刮目する必要があるのだと言える。

　近年，従来，個人差というよりはその標準的な発達プロセスに関心が寄せられ，主にその進化・生物学的基盤が強調されてきた，たとえば「心の理論」や自己意識あるいは自伝的記憶のような側面の発達（成立時期）にも，かなり広範な文化差が生じうることが明らかにされてきており，それを生み出すそれぞれの文化に固有の養育信念や養育環境のあり方に注目が集まってきている（たとえば，Keller, 2007；Keller et al., 2004）。脳神経に生得的に深く組み込まれていると考えられてきた知覚能力のようなものでさえ，実は文化的影響下でかなり大きく変化しうるものらしい（たとえば，Nisbett, 2003；Travis, 2003）。さらに，時代の変遷による発達的差異ということで言えば，それこそフリン（Flynn）効果と呼ばれる，ほぼすべての国で認められている近年の急速なIQ平均値の上昇という現象は，むろん，それが実質的なものかどうかということも含め，慎重に議論されなければならないが，その背景には，たとえば，ますます（テレビはもとよりPC, 携帯端末といった）視覚的情報処理の必要性が高まる，私たち現代人における生活環境の変質を仮定してみなければならないのかもしれない（たとえば，Flynn, 2007）。

　私たちが，長い進化の過程を経て生じ，標準的な意味でも個別的な意味でも，固有の遺伝的基盤を有する「ヒト」であることはいかなる意味でも否定しえない。けれども，その一方で，「ヒト」が「人」になるために，そこには環境が，そして社会文化が不可避的に介在することもまた否み難い事実として在る。たしかに，私たちは誰もが，一人ひとりの発達があらゆる可能性に対して等しく拓かれて在ることを信じたいのだろう。しかし，私たちは，非常に冷ややかに，それがありえないことにもまた薄々，気がついているのかもしれない。しごく，当然のこと

とはなるが，私たちが「生まれと育ち」について現実的に採るべきスタンスは，私たち一人ひとりに元来，違ったものとして在る「生まれ」を十全に「育む」ということになるのだろう。

引用文献

Alexander, G. M., & Hines, M. (2002). Sex differences in response to children's toys in nonhuman primates (cercopithecus aethiops sabaeus). *Evolution and Human Behavior*, **23**, 467-479.

Alia-Klein, N., Goldstein, R. Z., Kriplani, A., Logan, J., Tomasi, D., Williams. B., Telang, F., Shumay, E., Biegon, A., Craig, I. W., Henn, F., Wang, G.-J., Volkow, N. D., & Fowler, J. S. (2008). Brain monoamine oxidase A activity predicts trait aggression. *Journal of Neuroscience*, **28**, 5099-5104.

安藤寿康．(2000)．心はどのように遺伝するか．東京：講談社（ブルーバックス）．

安藤寿康．(2011)．遺伝マインド：遺伝子が織り成す行動と文化．東京：有斐閣．

Baker, D. J. P., Forsen, T., Uutela, A., Osmond, C., & Eriksson, J. G. (2001). Size at birth and resilience to effects of poor living conditions in adult life: Longitudinal study. *British Medical Journal*, **323**, 1261-1262.

Bakermans-Kranenburg, M. J., & van IJzendoorn, M. H. (2008). Oxytocin receptor (OXTR) and serotonin transporter (5-HTT) genes associated with observed parenting. *Social Cognitive and Affective Neuroscience*, **3**, 128-134.

Baltes, P. B. (1987). Theoretical positions of life-span developmental psychology. *Developmental Psychology*, **23**, 611-626.

Baltes, P. B., Reese, H. W., & Lipsitt, L. P. (1980). Life-span development psychology. *Annual Review of Psychology*, **31**, 65-110.

Belsky, J. (2005). Differential susceptibility to rearing influences: An evolutionary hypothesis and some evidence. In B. Ellis & D. Bjorklund (Eds.), *Origins of the social mind: Evolutionary psychology and child development* (pp.139-163). New York: Guilford.

Belsky, J., Bakermans-Kranenburg, M. J., & van IJzendoorn, M. H. (2007). For better and for worse: Differential susceptibility to environmental influences. *Current Directions in Psychological Science*, **16**, 300-304.

Bjorklund, D. F., & Pellegrini, A. D. (2002). *The origins of human nature: Evolutionary developmental psychology*. Washington, D. C.: American Psychological Association.

Blumberg, M. S. (2005). *Basic instinct: The genesis of behavior*. New York: Basic Books.

Bokhorst, C. L., Bakermans-Kranenburg, M. J., Fearon, R. M. P., van IJzendoorn, M. H., Fonagy, P., & Schuengel, C. (2003). The importance of shared environment in mother-infant attachment security: A behavioral genetic study. *Child Development*, **74**, 1769-1782.

Buller, D. J. (2005). *Adapting minds: Evolutionary psychology and the persistent quest for human nature*. Cambridge: MIT Press.

Capron, C., & Duyme, M. (1989). Assessment of effects of socio-economic status on IQ in a full cross-fostering study. *Nature*, **340**, 552-554.

Caspi, A. (1998). Personality development across the life course. In W. Damon (Series Ed.), N. Eisenberg (Vol. Ed.), *Handbook of child psychology: Vol. 3. Social, emotional, and personality development* (5th ed., pp.311-388). New York: John Wiley.

Caspi, A., Hariri, A. R., Holmes, A., Uber, R., & Moffit, T. E. (2011). Genetic sensitivity to the environment: The case of the serotonin transporter gene and its implications for studying complex diseases and traits. In K. A. Dodge & M. Rutter (Eds.), *Gene-environment interactions in developmental psychopathology* (pp.18-58). New York: Guilford Press.

Caspi, A., McClay, J., Moffitt, T., Mill, J., Martin, J., Craig, I. W., Taylor, A., & Poulton, R. (2002). Role of genotype in the cycle of violence in maltreated children. *Science*, **297**, 851-854.

Caspi, A., Sugden, K., Moffitt, T. E., Taylor, A., Craig, I. W., Harrington, H., McClay, J., Mill, J., Martin, J. L., Braithwaite, A., & Poulton, R. (2003). Influence of life stress on depression: Moderation by a polymorphism in the 5-HTT gene. *Science*, **301**, 386-389.

Colapinto, J. (2000). *As nature made him: The boy who was raised as a girl*. New York: Harper Collins.

Coll, C. G., Bearer, E. L., & Lerner, R. M. (Eds.). (2004). *Nature and nurture: The complex interplay genetic and environmental influences on human behavior and development*. London: Lawrence Erlbaum Associates.

Collins, W. A., Maccoby, E. E., Steinberg, L., Hetherington, E. M., & Bornstein, M. H. (2000). Contemporary research on parenting: The case for nature and nurture. *American Psychologist*, **55**, 218-232.

Connellan, J., Baron-Cohen, S., Wheelwright, S. et al. (2000). Sex differences in human neonatal social perception. *Infant Behavior and Development*, **23**, 113-118.

Devlin, B., Daniels, M., & Roeder, K. (1997). The heritability of IQ. *Nature*, **388**, 468-471.

Diamond, M., & Sigmundson, H. K. (1997). Sex reassignment at birth: Long-term review and clinical implications. *Archives of Pediatric and Adolescent Medicine*, **151**, 298-304.

Dube, S. R., Felitti, V. J., Dong, M., Giles, W. H., & Anda, R. F. (2003). The impact of adverse childhood experiences on health problems: Evidence from four birth cohorts dating back to 1900. *Preventive Medicine*, **37**, 268-277.

Duggan, A. K., Berlin, L. J., Cassidy, J., Burrell, L., & Tandon, S. D. (2009). Examining maternal depression and attachment insecurity as moderators of the impacts of home visiting for at-risk mothers and infants. *Journal of Consulting and Clinical Psychology*, **77**, 788-799.

Eliot, L. (2009). *Pink brain, blue brain: How small differences grow into troublesome gaps- and what we can do about it*. New York: Houghton Mifflin.

遠藤利彦．（2005）．発達心理学の新しいかたちを探る．遠藤利彦（編），発達心理学の新しいかたち（pp.3-52）．東京：誠信書房．

Faraone, S. V., Doyle, A. E., Mick, E., & Biederman, J. (2001). Meta-analysis of the association between the 7-repeat allele of the dopamine D4 receptor gene and attention deficit hyperactivity disorder. *American Journal of Psychiatry*, **158**, 1052-1057.

Fearon, R. M. P., van IJzendoorn, M. H., Fonagy, P., Bakermans-Kranenburg, M. J., Schuengel, C., & Bokhorst, C. L. (2006). In search of shared and nonshared environmental factors in security of attachment: A behavior-genetic study of the association between sensitivity and attachment security. *Developmental Psychology*, **42**, 1026-1040.

Flynn, J. (2007). *What is intelligence? Beyond the Flynn effect*. Harvard: Cambridge University Press.

Foley, D. L., Eaves, L. J., Wormley, B., Silberg, J. L., Maes, H. H., Kuhn, J., & Riley, B. (2004). Childhood adversity, monoamine oxidase A genotype, and risk for conduct disorder. *Archives of General Psychiatry*, **61**, 738-744.

Francis, R. C. (2011). *Epigenetics: The ultimate mystery of inheritance*. New York: W. W. Norton & Company.

Gurian, M., & Stevens, K. (2005). *The minds of boys, saving our sons from falling behind in school and life*. San Francisco: Jossey-Bass.

Hamarman S., Fossella J., Ulger, C., Brimacombe, M., & Dermody, J. (2004). Dopamine receptor 4 (DRD4) 7-repeat allele predicts methylphenidate dose response in children with attention deficit hyperactivity disorder: A pharmacogenetic study. *Journal of Child and Adolescent Psychophamacology*, **14**, 564-574.

Harris, J. R. (2009). *The nurture assumption: Why children turn out the way they do, revised and updated*. New York: Free Press.

Henderson, B. A., & Berenbaum, S. A. (1997). Sex-typed play in opposite-sex twins. *Developmental Psychobiology*, **31**, 115–123.

Hyde, J. S. (2005). The gender similarities hypothesis. *American Psychologist*, **60**, 581–592.

Jang, K. A. (2005). *The behavioral genetics of psychopathology: A clinical guide*. New York: Routledge.

Keller, H. (2007). *Cultures of infancy*. Hillsdale, NJ: Lawrence Erlbaum Associates.

Keller, H., Yovsi, R. D., Borke, J., Kärtner, J., Jensen, H., & Papaligoura, Z. (2004). Developmental consequences of early parenting experiences: Self regulation and self recognition in three cultural communities. *Child Development*, **75**, 1745–1760.

Kendler, K. S., & Eaves, L. (2005). *Psychiatric genetics*. New York: American Psychiatric Publishing.

Lewontin, R. C. (1991). *Biology as ideology: The doctrine of DNA*. New York: Harper Collins.

Lickliter, R., & Honeycutt, H. (2003). Developmental dynamics: Toward a biologically plausible evolutionary psychology. *Psychological Bulletin*, **129**, 819–835.

Maccoby, E. E. (2002). Parenting effects: Issuer and controversies. In J. G. Borkowski, S. L. Ramey, & M. Bristol-Power (Eds.), *Parenting and the child's world: Influences on academic, intellectual, and social-emotional development* (pp.35–46). Mahwah, NJ: Lawrence Erlbaum Associates.

McCoy, M. L., & Keen, S. M. (2009). *Child abuse and neglect*. New York: Psychology Press.

Mead, M. (1935). *Sex and temperament in three primitive societies*. New York: William.

Meyer-Bahlburg, H. F. (2005). Gender identity outcome in female-raised 46, XY persons with penile agenesis, cloacal exstrophy of the bladder, or penile ablation. *Archives of Sexual Behavior*, **34**, 423–438.

Money, J. (1975). Ablatio penis: Normal male infant sex-reassigned as a girl. *Archives of Sexual Behavior*, **4**, 65–71.

Money, J., & Tucker, P. (1975). *Sexual signatures on being a man or a woman*. New York: Little Brown.

Moore, D. S. (2001). *The dependent gene: The fallacy of nature vs. nurture*. New York: W. H. Freeman.

Murcus, G. (2004). *The birth of the mind: How a tiny number of genes creates the complexities of human thought*. New York: Basic Books.

Music, G. (2011). *Nurturing natures: Attachment and children's emotional, sociocultural and brain development*. New York: Psychology Press.

Nisbett, R. (2003). *The geography of thought: How Asians and Westerners think differently...and why*. New York: Free Press.

Nisbett, R. (2009). *Intelligence and how to get it: Why schools and cultures count*. New York: W. W. Norton.

Phillips, D. I. W. (2007). Programming of the stress response: A fundamental mechanism underlying the long-term effects of the fetal environment? *Journal of Internal Medicine*, **261**, 453.

Pinker, Steven (2002). *The blank slate: The modern denial of human nature*. London: Allen Lane.

Pinker, Susan (2008). *The sexual paradox: Men, women and the real gender gap*. New York: Scribner.

Plomin, R. (2002). Behavioural genetics in the 21st century. In W. W. Hartup & K. R. Silbereisen (Eds.), *Growing points in developmental science* (pp.47–64). Hove and New York: Psychology Press.

Plomin, R., Defries, J. C., McClean, G. E., & McGuffin, P. (2008). *Behavioral genetics*. New York: Worth Publishers.

Plomin, R., & Petrill, S. A. (1997). Genetics and intelligence: What's new? *Intelligence*, **24**, 53–77.

Reiner, W. G., & Gearhart, J. P. (2004). Discordant sexual identity in some genetic males with cloacal exstrophy assigned to female sex at birth. *New England Journal of Medicine*, **350**, 333–341.

Richardson, K. (2000). *Developmental psychology: How nature and nurture interact*. London: Macmillan Press.

Ridley, M. (2003). *Nature via nurture: Genes, experience, and what makes us human*. New York: Harper Collins.

Roisman, G. I., & Fraley, C. (2008). A behavior-genetic study of parenting quality, infant attachment security, and their covariation in a nationally representative sample. *Developmental Psychology*, **44**, 831-839.

Rutter, M. (2006). *Genes and behavior: Nature-nurture interplay explained*. New York: Wiley-Blackwell.

Rutter, M. (2011). Gene-environment interplay: Scientific issues and challenges. In K. A. Dodge & M. Rutter (Eds.), *Gene-environment interactions in developmental psychopathology* (pp.3-17). New York: Guilford Press.

佐々木裕之.（2005）．エピジェネティクス入門：三毛猫の模様はどう決まるのか（岩波科学ライブラリー 101）．東京：岩波書店．

Sax, L. (2005). *Why gender matters*. New York: Doubleday.

Scarr, S. (1992). Developmental theories for the 1990s: Development and individual differences. *Child Development*, **63**, 1-19.

Silva, P. A. (1990). The Dunedin multidisciplinary health and development study: A 15 year longitudinal study. *Paediatric and Perinatal Epidemiology*, **4**, 76-107.

Stoolmiller, M. (1999). Implications of the restricted range of family environments for estimates of heritability and nonshared environment in behavior-genetic adoption studies. *Psychological Bulletin*, **125**, 392-409.

Tooby, J., & Cosmides, L. (1992). The psychological foundations of culture. In J. H. Barkow., L. Cosmides, & J. Tooby (Eds.), *The adapted mind: Evolutionary psychology and the generation of culture* (pp.19-136). London: Oxford University Press.

Travis, J. (2003). Gypsy secret: Children of sea see clearly underwater. *Science News* (*Washington*), **163**, 308-309.

Tully, E. C., Iacono, W. G., & McGue, M. (2008). An adoption study of parental depression as an environmental liability for adolescent depression and childhood disruptive disorders. *American Journal of Psychiatry*, **165**, 1148-1154.

Turkheimer, E., Haley, A., Waldron, M., D'Onofrio, B., & Gottesman, I. I. (2003). Socioeconomic status modifies heritability of IQ in young children. *Psychological Science*, **14**, 623-628.

van IJzendoorn, M. H., Juffer, F., & Poelhuis, C. W. K. (2005). Adoption and cognitive development: A meta-analytic comparison of adopted and nonadopted children's IQ and school performance. *Psychological Bulletin*, **131**, 301-316.

Wadhwa, P. D. (2005). Psychoneuroendocrine processes in human pregnancy influence fetal development and health. *Psychoneuroendocrinology*, **30**, 724-743.

第Ⅱ部
発達文脈としての社会・文化

第3章
発達早期

篠原郁子

　一生涯において，私たちは多くの人と出会い，関係を築く。ことに人生早期において子どもは，養育してくれる者との関係の中で成長する。本章では，乳幼児期の人との関係，すなわち社会的関係について概観する。まず，乳児は社会的関係の中に埋め込まれて誕生するという特徴を示す。次に，乳幼児が経験する社会的関係の種類を整理する。続いて，主に家庭に着目して社会的関係の多層性に触れ，複数の関係を同時に生きる子どもの姿を示す。最後に，子どもの発達を支える社会的関係について考察する。

第1節　社会的関係に埋め込まれた誕生

　個人のさまざまな発達は社会的関係という舞台で生起するが，そもそも人と関係を結ぶには一定の心理的発達が必要となる。しかし発達早期では，発達を促す舞台としての社会的関係が，乳児の現実の発達状態とはある意味で独立に，先行して存在するようだ。本節ではとくに親子関係における親側に着目し，乳児が社会的関係の中に巧みに位置づけられて誕生する様相を見ていきたい。

1　誕生に先行する親子関係──妊娠期

　親子関係の始点の同定は容易でないが，少なくとも母親は妊娠期から，まだ見ぬ子どもの特徴や，子どもと母親自身の関係を詳細に語ることが報告されている。発達心理学で扱われる子どもの特徴の一つに，気質がある。気質は子どもが生得的にもつ特徴とされ，活動の活発さ，生活リズムの規則性，新奇物への順応性などの側面からとらえられる。気質測定では「慣れない場所に行っても機嫌がよい」などの行動項目が評定対象の子どもに当てはまるかを養育者や保育者などが回答する。そして，この測定法を用いて妊娠中の母親がわが子の気質を評定する

という興味深い調査が行われている（Zeanah et al., 1985）。むろん，お腹の子どもがどのように遊び，眠り，他人と接するのかなど，母親はまだ知るよしもない。回答は妊婦の想像となるが，妊婦は100に近い気質評定項目にまとまりのある回答を示すという。さらに，この調査では妊婦によるわが子の気質評定の結果が複数時点で一貫しており，妊娠期の子どもイメージは母親の中である程度安定して抱き続けられているものだと考えられる[1]。

また，一人ひとり母親に着目すると，妊娠期からすでに，子どもの見方にはそれぞれの特徴があるようだ。妊婦によるわが子についての語り方には，子どもの受容や情緒的かかわりのもち方，心理的な距離などに，個人差が認められている（Huth-Bocks et al., 2004）。さらに妊娠期に見られた母子の肯定的関係の表象は，子どもの誕生後，実際の母子アタッチメント（第19章参照）の安定性を予測するという。このため近年，良好な親子関係の発達へ向けた介入的取り組みでは，妊娠期へのアプローチが重視されている。

以上のような妊娠期の母親の様子から，乳児が生まれる世界は白紙ではなく，子どもは母親による豊かなイメージに抱きとめられる形で誕生すると考えられるだろう。

2　「かわいい」赤ちゃんと親の解釈──誕生後

誕生後，乳児も親へと働きかけながら親子関係は深まっていく。ただし発達早期においては，乳児の外見も関係構築に貢献しているのかもしれない。ここでは，近年再び注目が集まっている乳児図式に触れる。乳児図式とは乳児の身体的特徴で，大きな頭部と短い手足，とくに，丸い顔面，大きな瞳，丸い額や頬などが挙げられる（Lorenz, 1943）。乳児図式はそれを見る者に「かわいい」という感覚や，養育への動機を誘発すると考えられてきた。

ヒト乳児は，とくに誕生時の身体能力が未熟であり，栄養摂取や体温保持も自力ではままならない（竹下，2009）。養育者なくしてヒト乳児の生存はありえず，乳児にとって，養育してくれる者の注意を得ることがことに重要となる。そして，乳児図式は実際に，大人の注意捕捉という効果をもつようである。乳児の顔刺激は成人の顔刺激よりも，成人の注意を惹きつけ（Brosch et al., 2007），さらに，乳児図式の特徴の顕著さは，成人によるかわいさの知覚や世話をしたいと思う程度を増加させることも見出されている（Glocker et al., 2009）。

---

[1]　妊婦の子どもイメージ形成には胎動が影響しており（Cohen et al., 2000），胎児の実際の動きと，その胎動に対する母親の解釈の双方が反映されていると考えられる。

これらは成人による乳児への養育行動を実際に検討したものではないが，成人は乳児図式への特別な知覚反応をもっており，それは，乳児との関係形成に効果をもつと推測される。とくに乳児自身による，他者を惹きつけようとする意図の発達を待たずとも，乳児の身体が成人とのやりとりを誘発している可能性は興味深い。
　さらに，成人，とくに養育者は，乳児の身体のみならず心の中まで視線を注ぎ，乳児の発声や行動に触れると，乳児の意図や感情など心の状態につい思いを巡らせてしまうようだ。マインズ（Meins, E.）はこの傾向を mind-mindedness（乳児の心［mind］を気にかけてしまう［minded］傾向）と呼ぶ。実際に，母親に乳児の行動を呈示すると乳児のさまざまな内的状態を想定して報告する様子が認められる（篠原，2006）。こうした傾向は，子どもと心を絡めたやりとりを促進し，アタッチメント（Meins et al., 2001）や子どもが他者の心を理解することの発達に寄与しているという（Meins et al., 2003；篠原，2011）。とくに，同一の乳児の行動であっても，親によって読みとる乳児の内的状態の量や内容が異なることから（篠原，2006），親が想起する乳児の心の世界は，多分に親自身の主観的解釈を含むものなのだろう。しかし，そうした解釈には，幼い乳児を親との（想像的）対話に招待し，早期からの親子やりとりを創造する機能があるのではないかと考えられる。
　以上，発達早期の親子関係では，妊婦の想像，子ども側の乳児図式，親による子どもの解釈などによって，乳児による関係性への意図的な参与よりも，親が乳児を関係への参与者として扱うことが先行しているという特徴がみられる[2]。

第2節　発達早期の社会的関係

　子どもは親子関係をはじめ複数の対人関係が織りなす社会的ネットワークの中に在る。ルイス（Lewis, 2007）によると，発達早期の社会的関係の機能には，世話，保護，養育，教育，遊びなどが含まれるという。本節では，社会的関係を大人との関係と子ども同士の関係に大別し，各機能を概観する。

1　大人との関係

　発達早期に子どもが関係をもつ主要な大人には，父親，母親のほか，祖父母，おじ，おば，家庭外における保育者などがいるだろう。これら大人との関係は，

---

[2]　ただし，乳児の側にももちろん，社会的刺激に対する高い応答性があり，親と乳児の双方が向かい合って，親子関係が展開されていくと考えられる。

子どもにとって主に，世話，養育，保護，教育という機能をもつ。

　教育の機能に関して，大人と子どもの間には知識や能力に差があり，大人のリードや配慮によって関係は調整されている。社会・文化的アプローチでは，子どもの発達は社会的活動への参加の中で進み，子どもが自分よりも発達的に進んだ大人との協同的行為を経験する中で，言語や文化，認知的思考や慣習を学習していくと考えられている（Vygotsky, 1978）。さらに大人は，やりとりの中で子どもの発達を促すような「足場作り（scaffolding）」を行い，明示的でなくとも子どもへの教育的かかわりを行っている（Wood et al., 1976）。

　次に，保護の機能に関しては，アタッチメント関係が挙げられる。子どもは，不安や恐れを感じた際，自分よりも大きく能力の優れた大人に保護されることで，安心や安全感を得る。こうした大人との関係を経験する中で，子どもには，相手への信頼感や，自分は相手から保護してもらえるという感覚が育まれる（Bowlby, 1969/1982）。子どもは，安心の拠り所となりうるような安定したアタッチメント関係を，母親だけでなく，父親（Schneider-Rosen & Rothbaum, 1993）や祖母（Myers et al., 1987），さらには，保育者（Goossens & van IJzendoorn, 1990）に対しても築いていく。子どもはさまざまな大人との関係の中で発達していると言えるだろう。

2　子ども同士の関係

　年齢や能力の差がある大人との関係をタテとすると，子ども同士はヨコの関係と位置づけられる（依田，1990）。ダン（Dunn, 1993）によると，幼児は，助けてほしいときや教えてほしい場面では大人をやりとりの相手に選び，一方，一緒に遊ぶ場面では相手として子どもを選択するという。子ども同士には遊びの機能が強く認められ，協同して遊びを創りだし，楽しみを共有する様子が見られる。

　さらに，ナナメの関係と呼ばれるものに，きょうだいなど年齢差のある子ども同士の関係がある（依田，1990）。年齢差があるために，子ども同士の遊び関係に加え，世話，教育，保護といった大人との関係がもつ機能も含まれる。

　きょうだいは，遺伝子のみならず，生活空間と時間，所有物など多くを共有して生きる重要な社会的パートナーであり，仲間意識や思いやりの気持ちが育っていく。きょうだい2人が見知らぬ者と過ごす場面で，年上の幼児の約半数が，年下である乳児を慰める行動を見せたという（Stewart & Marvin, 1984）。また，親との対立場面ではきょうだい間で同盟が結ばれるといった協力関係も認められる（Piotrowski, 1995）。

　しかし，きょうだい間には葛藤も存在する。とくに，子どもにとって親からの

関心や注目は非常に大きな意味をもち，きょうだい間の共通の親をめぐる争いは不可避的とも考えられる。年下の子どもの誕生時，年上の子による親への身体接触や，分離不安が増すことがあるが（いわゆる「赤ちゃんがえり」），これは，親の注意を幼いきょうだいに奪われまいとする反応なのかもしれない（Bjorklund & Pellegrini, 2002/2008）。

ただし，葛藤やその後の関係修復も含めて，きょうだい関係が他者理解を促す可能性も指摘されている。たとえば，人はその人がもつ信念，欲求，願望，などに基づき行動することの理解である「心の理論」の獲得について（Wellman & Liu, 2004），きょうだいをもつ子ども，とくに年上のきょうだいがいる子どもの方が成績が高いのだという（Ruffman et al., 1998 など）。きょうだいの諍いや遊びでは，相手の心の状態を意識することが多く，感情や思考について会話をする経験が豊富にあることが関係していると考えられている（Dunn et al., 1995 など）。このため，他者の心の理解の発達については，先述の大人との関係よりも，子ども同士のやりとりの経験が重要なのではないかという指摘もある。

第3節　社会的関係の多層性

一人の子どもにとって，親やきょうだいとの関係は別個に独立して存在するのではなく，子どもは複数の関係を同時に生きている。ここでは，家庭を例に複数の対人関係が多層的な構造をもつ様子を見ていく。

1　父親，母親と子どもの関係

父親と母親の子どもへのかかわり方は同じものではないが，それぞれが子どもの発達を支え促す機能をもつと考えられている。たとえば子どもと話すとき，成人には，高い声，抑揚の増加，話すスピードの低下など，子ども向けの話し方（child directed speech：CDS）が認められる。お化けや怪獣の絵本読み場面では，男性の低くて抑揚のある CDS の方が乳児の注意をより惹きつけ，正高（2002）は，子どもに危険を知らせる場面などにおける，母親とは異なる父親の声ならではの効果を指摘している。乳児の泣き声の聴き方についても，父親と母親は異なる側面（感情価や音響的特徴）に基づき泣き声を弁別していることが示唆されている（神谷，2002）。乳児の声の聴き方，声かけの仕方には，父母それぞれに特徴があり，そうした差異が，家庭内において乳児により豊かな社会的刺激を提供していると考えられる。双方の親は一方が他方の代替になるという単純な存在ではなく，

異なる側面から発達を支えて子どもの中で多層的に補完し合っているのだろう。

さらに，3歳児と父親，母親の遊び場面を比較した加藤・近藤（2007）によると，父母ともに柔軟でバランスのよい遊びタイプをもつ家庭の子どもは，父母ともにそうした特徴をもたない家庭の子どもよりも，感情コントロールに優れていたという。母父どちらかではなく，母子と父子の遊びのタイプを組み合わせる試みのように，家族に含まれる対人関係全体の特質を踏まえて，子どもの発達を取り巻く社会的環境を考える視点は重要であろう。

2 親の存在を含めたきょうだい関係

きょうだい関係は，親に見守られた中で展開することが多い。母親には，きょうだい間に介入し，やりとりを調整する様子が見られ，こうした調整はきょうだいの良好な関係と関連している（Kojima, 2000）。なお，第2子の誕生後，母親と第1子とのかかわりは減少するが，父親と第1子の関係はきょうだい誕生後も安定しており，上村・加須屋（2008）は，母親は年下の子どもへの話しかけを優先するが，父親はきょうだいのどちらにも同量に話すことを見出している。父母がそれぞれの子どもと異なるかかわり方をもつことは，結果的に，円滑なきょうだい関係と，親子関係の両方を相補的に保っていると考えられる。

3 祖父母と親と子どもの関係

祖父母と子どもの直接的関係として，祖母は子どもにとって情緒的安定を与える役割をもつことが見出されている（Myers et al., 1987）。加えて祖父母は，父母の子育てを手伝うことで，間接的にも子どもの発達に寄与している。実際に，母親は子育ての支援を夫や祖父母に求め，祖父母による子育て支援と母親の育児不安の低さには関連がある（八重樫ほか，2003）。とくに祖母，中でも母方の祖母は，子育て中の娘の支援や孫の成長への貢献が大きいと考えられている[3]。

子どもをめぐる社会的関係の多層性として，こうした父母-祖父母関係，さらには夫婦関係や，父母と地域社会の人々との関係が，親子関係に及ぼす間接的影響もあるだろう。

---

[3] とくにヒトにおいて，女性が娘の子ども，すなわち孫の生存と成長に献身的にかかわることで，結果的に血縁の生存を確実にすることを高めているという祖母仮説も提唱されている（Hawkes et al., 1997）。

第4節　さまざまな社会的関係と子どもの発達

本章の最後に，乳幼児がさまざまな社会的パートナーとかかわりながら育つことを概観する。子どもの視点に立つとき，個々の関係性よりもむしろ，子どもを取り巻く社会的環境が総体として，子どもの必要性に応じうるものであるかを問うことの重要性について再考したい。

1　関係固有の子どもの姿

子どもはいろいろな社会的パートナーと関係をもつが，やりとりの相手が違うと，子どもの振る舞いも違うようである。父母ときょうだいのやりとりにおいて，父親は母親よりも，年下の子どもの発話への応答性が低いが，年下の子どもは母親よりもそうした父親に対して，積極的に多くの話しかけをするという（上村・加須屋，2008）。父母の応答性の違いに対し，子ども側も行動を変化させていると考えられる。また，きょうだい間で交わされる心の状態についての会話や，因果関係に関する会話の量は，子どもと母親間で交わされるその量と相関しておらず（Brown & Dunn, 1992），親子やりとりと，きょうだいやりとりが質的に異なることも示唆されている。子ども同士でも，きょうだいとの遊びはきょうだい関係の良好さとのみ関連し，友だちとの遊びは友だち関係の質と関連しているのだという（Cutting & Dunn, 2006）。子どもは異なる相手と相互作用文脈に即した独自の関係を結んでおり，社会的パートナーの多様性は社会的刺激の多様性となって，子どもの発達を多角的に支えていると考えられる。

2　子どもから見た，養育ネットワークの応答性

発達早期の心身の発達には，子どもを保護し養育する存在が重要であることを先に示した。しかし，養育者とは必ずしも一人，とくに旧来注目されてきた母親だけではなく，より幅広く複数の大人を含めた養育ネットワークとして考えることも必要だと思われる。子どもがもつ個々の関係を検討する重要性は確認するまでもないが，子どもは多数の関係から影響を享受しているということ自体がもつ意味もきわめて大きい。研究知見に学ぶ際も，たとえば母子関係など，子どもを特定の関係性に閉じこめることなく，複数の対人関係を生きる主体としての子どもを総体的に理解することが肝要であろう。

先述のように，父親や祖父母など家族成員のそれぞれが子どもの養育に中核的

役割をもつ。また，本章では十分に触れられなかったが，単親家族，継家族（継親との家族），親や祖父母以外を含んだ家族など，当然ながらさまざまな家族の形があり，それぞれの家族成員が，多面的に子どもの社会的環境を構成している（Schaffer, 1990/2001）。加えて，乳幼児を育てる若年層には就労する親が多く，家庭外の保育機関が担う役割は大きい。子どもの生活時間に基づくと，家庭内よりも保育の場で，より濃密な対人関係が展開されるとも考えられ，たとえば子どもの社会情緒的発達に，保育者と子どもの安定したアタッチメント関係が重要な意味をもつことも指摘されている（van IJzendoorn et al., 1992）。

今後，主たる養育者が誰であるかよりも，（主たる養育者を中心に）複数の構成者から成る養育ネットワークがどのように子どもに用意されているのかを問うことも必要であろう。そしてとくに，それらの養育ネットワークが子どもの視点から見て，安心でき，信頼可能で，必要なときに必要な応答を示しうるものかに注意していくことが求められる。この意味で，発達早期の社会的関係の研究では，子どもの周囲の大人の行為を頻度や程度によって分析する「客観性」のみならず，子どもとの調和，すなわち子どもの状態に照らして周囲からのかかわりが応答的で無理がないかという「子どもの主観性」に基づいて問うことも有用だと考えられる。

引用文献

Bjorklund, D. F., & Pellegrini, D.（2008）．進化発達心理学：ヒトの本性の起源（無藤　隆，監訳）．東京：新曜社．（Bjorklund, D. F., & Pellegrini, D.（2002）．*The origins of human nature: Evolutionary developmental psychology.* Washington, D. C.: American Psychological Association.）

Bowlby, J.（1969/1982）．*Attachment and loss. Vol.1. Attachment.* New York: Basic Books.

Brosch, T., Sander, D., & Scherer, K. R.（2007）．That baby caught my eye... Attention capture by infant faces. *Emotion,* **7,** 685-689.

Brown, J. R., & Dunn, J.（1992）．Talk with your mother or your sibling? Developmental changes in early family conversations about feelings. *Child Development,* **63,** 336-349.

Cohen, L. J., Slade, A., Sadler, L. S., & Miller, M.（2000）．The psychology and psychopathology of pregnancy: Reorganization and transformation. In C. H. Zeanah（Ed.），*Handbook of infant mental health*（pp.22-39）．New York: Guilford Press.

Cutting, A., & Dunn, J.（2006）．Conversations with siblings and with friends: Links between relationship quality and social understanding. *British Journal of Developmental Psychology,* **24,** 73-87.

Dunn, J.（1993）．*Young children's close relationships beyond attachment.* Thousand Oaks, CA: Sage.

Dunn, J., Slomkowski, C., Donelan, N., & Herrera, C.（1995）．Conflict, understanding, and relationships: Developments and differences in the preschool years. *Early Education and Development,* **6,** 303-316.

Glocker, M. L., Langleben, D. D., Ruparel, K., Loughead, J. W., Gur, R. C., & Sachser, N.（2009）．Baby schema in infant faces induces cuteness perception and motivation for caretaking in adults. *Ethology,*

115, 257-263.

Goossens, F. A., & van IJzendoorn, M. H. (1990). Quality of infants' attachments to professional caregivers: Relation to infant-parent attachment and day-care characteristics. *Child Development*, **61**, 832-837.

Hawkes, K., O'connell, J. F., & Blurton Jones, N. G. (1997). Hadza women's time allocation, offspring provisioning, and the evolution of long postmenopausal life spans. *Current Anthropology*, **38**, 551-578.

Huth-Bocks, A. C., Levendosky, A. A., Bogat, G. A., & Von Eye, A. (2004). The impact of maternal characteristics and contextual variables on infant-mother attachment. *Child Development*, **75**, 480-496.

神谷哲司．(2002)．幼児の泣き声に対する父親の認知．発達心理学研究，**13**，284-294.

加藤邦子・近藤清美．(2007)．3 歳児における父子と母子の遊びタイプの比較．発達心理学研究，**18**，35-44.

Kojima, Y. (2000). Maternal regulation of sibling interactions in the preschool years: Observational study in Japanese families. *Child Development*, **71**, 1640-1647.

Lewis, M. (2007). Social development. In A. Slater & M. Lewis (Eds.), *Introduction to infant development* (2nd ed., pp.216-232). Oxford: Oxford University Press.

Lorenz, K. (1943). Die angeborenen formen moeglichere erfahrung. *Z. Tierpsychol*, **5**, 235-409.

正高信男（2002）．*0 歳からの子育ての技術*．東京：PHP 研究所．

Meins, E., Fernyhough, C., Fradley, E., & Tuckey, M. (2001). Rethinking maternal sensitivity: Mothers' comments on infants' mental processes predict security of attachment at 12 months. *Journal of Child Psychology and Psychiatry and Allied Disciplines*, **42**, 637-648.

Meins, E., Fernyhough, C., Wainwright, R., Clark-Carter, D., Das Gupta, M., Fradley, E., & Tuckey, M. (2003). Pathways to understanding mind: Construct validity and predictive validity of maternal mind-mindedness. *Child Development*, **74**, 1194-1211.

Myers, B. J., Jarvis, P. A., & Creasey, G. L. (1987). Infants' behavior with their mothers and grandmothers. *Infant Behavior and Development*, **10**, 245-259.

Piotrowski, C. C. (1995). Children's interventions into family conflict: Links with the quality of sibling relationships. *Early Education and Development*, **6**, 377-403.

Ruffman, T., Perner, J., Naito, M., Parkin, L., & Clements, W. A. (1998). Older (but not younger) siblings facilitate false belief understanding. *Developmental Psychology*, **34**, 161-174.

Schaffer, H. R. (2001). 子どもの養育に心理学がいえること（無藤　隆・佐藤恵理子，訳）．東京：新曜社．(Schaffer, H. R. (1990). *Making decisions about children: Psychological questions and answers*. Oxford, UK: Blackwell.)

Schneider-Rosen, K., & Rothbaum, F. (1993). Quality of parental caregiving and security of attachment. *Developmental Psychology*, **29**, 358-367.

篠原郁子．(2006)．乳児を持つ母親における mind-mindedness 測定方法の開発：母子相互作用との関連を含めて．心理学研究，**77**，244-252.

篠原郁子．(2011)．母親の mind-mindedness と子どもの信念・感情理解の発達：生後 5 年間の縦断調査．発達心理学研究，**22**，240-249.

Stewart, R. B., & Marvin, R. S. (1984). Sibling relations: The role of conceptual perspective-taking in the ontogeny of sibling caregiving. *Child Development*, **55**, 1322-1332.

竹下秀子．(2009)．あおむけで他者，自己，物とかかわる赤ちゃん：子育ちと子育ての比較行動発達学．発達心理学研究，**20**，29-41.

上村佳代子・加須屋裕子．(2008)．30 ヶ月児の親子三者間相互行為への参加と親から提供される言語環境．発達心理学研究，**19**，342-352.

van IJzendoorn, M. H., Sagi, A., & Lambermon, M. W. E. (1992). The multiple caretaker paradox: Data from Holland and Israel. *New Directions for Child and Adolescent Development*, **57**, 5-24.

Vygotsky, L. S. (1978). *Mind in society: The development of higher psychological process.* Cambridge, MA: Harvard University Press.

Wellman, H. M., & Liu, D. (2004). Scaling of theory-of-mind tasks. *Child Development*, **75**, 523−541.

Wood, D., Bruner, J. S., & Ross, G. (1976). The role of tutoring in problem solving. *Journal of Child Psychology and Psychiatry*, **17**, 89−100.

八重樫牧子・江草安彦・李　永喜・小河孝則・渡邊貴子．（2003）．祖父母の子育て参加が母親の子育てに与える影響．*川崎医療福祉学会誌*，**13**，233−245.

依田　明．(1990)．*きょうだいの研究*．東京：大日本図書．

Zeanah, C., Keener, M. A., Stewart, L., & Anders, T. S. (1985). Prenatal perception of infant personality: A preliminary investigation. *Journal of the American Academy of Child Psychiatry*, **24**, 204−210.

第4章
児童期・青年期の家族システム

松本　学

　本章では，児童期から青年期にかけての家族システムについて概観してみたい。児童期から青年期の家族システムとはどのようにとらえるべきだろうか。家族システムを主に子どもと両親によって構成されるシステムと考えると，子ども側，両親側の視点からこのシステムを眺めることが可能であろう。

　ここでは，まず子ども・青年の側の変化について，家族から家族外への移行について分離や葛藤の視点，自律性の視点，アタッチメントの視点という3つの立場から概観する。さらに両親の側からの家族関係の変化をみる視点として養育態度を取り上げたい。最後に，問題提起として，従来の家族関係の発達の知見を足がかりとして，発達障害や知的障害，先天性疾患児といった子どもたちのこの時期の家族システムと自律性獲得と保護的かかわりについて改めて見直すことで，病気や障害をもつ子どもにおける児童期・青年期の家族関係，いわば非定型の発達を考えることの重要性の提起を行ってみたい。

第1節　児童期から青年期の家族関係――家族関係から家族外へ

　エリクソン（Erikson, E. H.）は児童期の心理社会的発達における課題として「勤勉対劣等感」という葛藤を挙げたが，養育者に守られていた乳幼児期とは様相を異にし，この時期は，家族という庇護膜の中で支えられながら，徐々に自分自身がどのような能力を発揮できるのかについての可能性や外の社会に対する大きな関心について「勤勉に」追求するようになる。その中で児童期中期以降，家族との関係を残しながら，家族以外の他者との多様な関係を経験しつつ，家族からの自律／自立を始める時期と考えられている。このため，児童期から青年期の子どもと両親との関係における研究は，青年期の親子の分離や葛藤や愛着といったいくつかの観点からとらえられている。かつて，この時期はホール（Hall,

1904）がとらえたように「疾風怒濤」の時代といわれ，この葛藤や混乱について注目がなされ，その後そのアンチテーゼとしてミード（Mead, 1928/1976）の『サモアの思春期』の比較文化的な側面から提示された「青年期平穏説」が，彼女の失敗はあったにせよ，一定の説得力をもつ状況もあった。しかし，現在においてはそもそも「疾風怒濤」なのか否か，という二極対立で現在の研究をとらえることはすでに難しくなっており，それぞれの観点で双方の側面を説明する方向にシフトしていると思われる。以下，この時期の家族関係について，とくに家族関係から家族外への移行をどのようにとらえているのかについて，分離と葛藤，自律性，愛着の各観点から概観してみたい。

1 分離と葛藤

児童期から青年期の家族関係の研究において，それまで育てられてきた養育者からの分離とそれにともなう葛藤は，古くからこの時期を象徴するものとして理解されてきた。

心理的離乳：この分離と葛藤を，精神分析的な立場では，心理的離乳（psychological weaning；Hollingworth, 1928）と記述する。心理的離乳は，乳幼児期の生理的離乳と対照的にとらえられ，乳児期のそれが物理的な栄養摂取からの分離を示しているのに対し，この時期の心理的離乳は養育的かかわりの中でこれまで心理的に支えてくれた両親からの心理的な分離をさす。この心理的離乳に際しては，子どもは，生まれてから児童期までに形成された家族との緊密で安定的な関係性を一度破壊し，家族から一定の距離をとるようになりつつ家族以外の他者との間で新しい習慣の獲得を学習することが課題となる。したがって，青年期までに心理的離乳が達成されない場合，親子関係はいまだに乳幼児期の依存的な関係と見なされ，そこに何らかの問題，たとえば親の過剰な支配等の養育の問題などが想定される。

しかし，心理的離乳は，落合・佐藤（1996）が指摘するようにその概念的検討が十分に行われてこなかったという経緯がある。このため，わが国では，心理的離乳について，その概念をプロセスの視点で捉えることで明確化しようとする試みがいくつかなされている。その代表的な研究として西平（1990）は，アイデンティティ研究の立場から心理的離乳を青年の自己実現のために必要な過程ととらえたうえで，この概念を第一次心理的離乳（思春期〜青年期中期），第二次心理的離乳（青年期中期〜青年期後期），第三次心理的離乳（青年期後期以降）の3つに分けている。また，それぞれの時期での課題として，親との依存関係からの脱却と

表 4-1　心理的離乳の5段階プロセス（落合・佐藤，1996 をもとに作成）

第1段階	親が子どもを抱え込む親子関係／親が子と手を切る親子関係
第2段階	親が外界にある危険から子どもを守ろうとする親子関係
第3段階	子どもである青年が困ったときに，親が助けたり，励まして子どもを支える親子関係
第4段階	子どもが親から信頼／承認されている親子関係
第5段階	親が子どもを頼りにする親子関係

親子の絆の破壊，自律性の獲得による親の客観視と親子関係の自覚的修復と強化，両親から学んだ価値観を超越し，自らの生き方を確立しようとする真の自己実現を目指すことを挙げている。また落合・佐藤（1996）は，事例研究等に基づき親から見た親子間の心理的距離の大きさの変化に着目して提出した仮説（落合，1995）をもとに，実証的に心理的離乳を5段階のプロセスとして提示した（表4-1）。そのうえで，高校生から大学生の初め頃に大きな転換点が見られ，それまでの親によって守られる子どもという関係が，親からの信頼や承認を勝ち取り，親が子どもを頼りにする関係に変化すると指摘する。

第二の個性化過程：心理的離乳以外にこの時期の家族との分離・葛藤を説明する理論として，マーラー（Mahler et al., 1975）の分離 - 個性化過程の影響を受けたブロス（Blos, 1967）の「第二の個性化過程」論がある。この理論では，乳幼児期の母子の共生的関係と乳児の自他未分化が，その後の発達につれて徐々に探索行動のような形で母親から分化・自立していくことのアナロジーとして考えられている。乳幼児期の分化・自立に際しては探索行動における分離不安や「飲み込まれる」ような不安を感じることでのアンビバレントな自立への葛藤がみられるが，思春期から青年期にかけての子どももこのような過程を精神内的なレベルで繰り返すという（山本，1993）。つまり第二の個性化過程とは，親が内在化された幼児期的な愛情の対象である段階から，親の脱理想化・情緒的離脱が生じ，家庭外の対象に目を向けることを通して，青年期の自他のイメージの安定性，自律性が獲得されると説明される（平石，2007）。

次に分離に着目した理論としては，ホフマン（Hoffman, 1984）が自己の自立を機能的自立，態度的自立，感情的自立，葛藤的自立の4つの側面からとらえたうえで，親からの分離にはどの側面の自立が影響しているか検討している（表4-2）。この研究では，機能的自立以外の自立の側面については，青年期の心理的適応と密接な関係があることが示されている一方で，分離のすべての側面が必ずしも青年の心理的適応の指標にはならないことも示されており，注意を要する（平石，2007）。

表 4-2　青年期における自立の 4 つの側面（Hoffman, 1984；平石，2007 所収）

機能的自立	両親の援助なしに個人的で実際的な問題を管理し，それに向かうことができる能力
態度的自立	青年と両親との間の態度や価値，信念などに関する分化
感情的自立	両親からの承認，親密さ，一緒にいたい気持ち，感情的なサポートなどについての過度の欲求にとらわれていないこと
葛藤的自立	両親との関係の中で過度の罪悪感，不安，不信，責任感，抑制，憤り，怒りの感情を抱えていないこと

2　自律性

　思春期から青年期にかけての家族関係について説明するもう一つの視点は自律性である。遠藤ほか（1994）によれば，自律性とは，同一性確立の先駆的基盤であり（Blos, 1967），親・家族との関係を離れても，多くの対人関係において自己の中核を保持し，文字どおり自己を律していく潜在的な資質であり（Ryan & Lynch, 1989），自分自身の思考に基づいて独立して行動しうる能力（Newman & Newman, 1984）を生育過程の中で準備獲得していることとされる。

　スタインバーグとシルバーバーグ（Steinberg & Silverberg, 1996）は，この自律性を 2 つの側面からとらえている。第 1 に情緒的自律性である。これは，親に依存してではなく自分自身で快や安心や情緒的安心感を得ることができる能力とされる。第 2 に，行動上の自律性（behavioral autonomy）である。これは自己決定や，自分の感情をコントロールしたり，自分自身を管理したりすることができる能力とされる。こうした自律性は，青年期前期の親との葛藤を前提とし，10 代には葛藤が頻繁に生じるとされてきた（Holmbeck & Hill, 1991；Laursen, et al., 1998；Yau & Smetana, 1996）。

　自律性の獲得と青年の心理的適応については，今までいくつかの議論があった。リアンら（Ryan & Lynch, 1989）は，両親との心理的距離や葛藤があり，両親が援助資源として機能していない群に高い自律性がみられることを指摘した。一方ランボーンとスタインバーグ（Lamborn & Steinberg, 1993）はこの知見に対して，両親との葛藤のある群と比較して，家庭の温かい環境で育てられた場合，全般的な心理的適応が高く，また自律性についても高いことを報告している。つまり，狭義の自律性の高さについては援助資源として機能しない家族で育てられた子どもたちにもみられるが，全般的な心理的適応のよさについては，家庭環境のよさと自律性が関与しているというのが近年の自律性についての考え方になっているものと思われる（Shaffer, 2000）。

　その他，情緒的自律性についての研究として，マリスら（Mullis et al., 2009）による情緒的自律性と高校生からみた親の特性との関係についての研究もある。こ

の研究は青年期の情緒的自律性，青年期の親についての青年の理解（拒絶せず面倒をみてくれ，子どもが独立したものとみられている）がアイデンティティ達成についての得点が高いことに影響するという仮説を立てて，情緒的自律性と，両親との関係，アイデンティティ・ステイタス（マーシア［Marcia, J. E.］のアイデンティティ・ステイタスの分類に基づき，各々のアイデンティティの状態をみる）の関係について，多様な文化的背景を有する高校生234名を対象に検討を行った。その結果，母親の「養育態度」が青年期のより高い「早期完了」可能性を予測していた。また情緒的自律性（すなわち親を自分とは異なる一人の人として認知すること，親の脱理想化）が青年期のモラトリアムの「早期完了」を予測していた。ただし，この研究については，遠藤ほか（1994）もわが国における同様の研究について指摘しているように，親自身の評定ではなく，あくまで高校生本人の評定であるため，彼らの主観的認知が影響を及ぼす可能性は否定できないと思われる。遠藤らの指摘によれば，たとえば同一性達成群が家族をより良好に機能していると認知しやすいという。これはもっともな指摘であろう。

3　アタッチメントと家族関係

次に，児童期から青年期の家族関係について，有益な視点を提供してくれるのはアタッチメント研究である。遠藤（2010）によると，アタッチメント理論（Bowlby, 1973）においては，アタッチメントが3歳以降にそれまでの養育者との関係から，目標修正的パートナーシップの段階[1]に徐々に移行することを仮定しているが，これが本格化するのは，養育者への生活上の依存性が大幅に減じ，自己意識・自己理解を含めた認知能力が飛躍的に増す児童期であるとされる（Waters et al., 1991）。つまり，児童期はアタッチメントが物理的近接から表象的近接へと実質的に切り替わる一大転換期と見ることができる。つまり，この時期の子どもたちは，養育者に頼った状態から，徐々に養育者に頼らず，自分自身の独自のものの見方や価値を形成し，親から離れて自分の力で新たな関係を構築するようになる。そして，安全基地としての親の存在を前提に，仲間や友人との関係をはじめ，さまざまな領域において有意味な探索活動をなしえると考えられるわけである。この点において，この時期に子どもが親との関係をどのようにとらえ

---

[1]「養育者の行動やそれらに影響を与えている事柄を観察することを通して，養育者の感情や動機，あるいは設定目標やそれを達成するための計画などについて，ある程度推察することが可能になり，またそれに基づいて養育者の次なる行動を予測し，適宜自分自身の行動や目標を修正」することができるようになる段階のこと（遠藤，2005, pp.16-17）。

直し，再構築するのかということが，その後の関係性の確立・維持や経験するべきさまざまな課題をこなすために重要なポイントとなっていくと指摘されている（安藤・遠藤, 2005）。このため，従来「実証研究の空白期」とされてきた児童期における愛着研究は，近年その重要性について改めて注目が集まり，研究が充実してきている（遠藤, 2010）。

たとえば遠藤（2010）はこの目標修正的パートナーシップの段階への移行についてカーンズ（Kerns, 2008）を引いて説明する。すなわち「児童期における子どもは，仲間らとの親密な対人関係を大きく拡張させ，また状況に応じて異なる対象を安全基地として受け容れることができるようになるものの，その主要なアタッチメント対象は，依然として養育者のままであることが圧倒的に多く，その養育者の情緒的な利用可能性の覚知については児童期全体にわたって大差なく，基本的に高く維持される傾向がある」一方，「児童期後期から青年期前期にかけて養育者に対して徐々に回避的な態度をとる傾向が強まり，少なくとも行動上の依存性は影を潜め，心理行動的独立性が高まりをみせることになる」（遠藤, 2010, p.151）というわけである。

第2節　非定型な発達の軌跡をたどる子どもの家族システム

本章では，これまで病気や障害などの影響を受けない，いわば定型的な発達の軌跡をたどる子どもたちの家族関係について概観してきた。しかし中には，病気や障害の影響をうけ，非定型な発達的軌跡をたどらざるをえない子どもたちも存在する。たとえば，自閉症やADHD等の発達障害の子どもたちは，わが国でも2007年から始まった特別支援教育の中で，個別のニーズに沿った支援計画が設定され，その計画のもとで長期的かつ多面的な支援を受けながら成長していく。また心疾患やダウン症などの先天性疾患の子どもたちは，出生当初から成人期に至るまで，あるいは生涯にわたって病院へ通院や入院し，手術や多様な治療を受けながら成長していく。こうした長期にわたる支援や継続的・定期的治療には本人の心理的身体的負担はもちろんのこと，養育者の献身的な協力が必要不可欠である。そしてこのことから必然的に，養育者が定型的発達の子どもたちと比して，疾患や障害のある子どもたちに対してより積極的に身の回りのことを行ってしまうということが考えられる。とりわけこれは児童期から思春期・青年期にかけての家族関係の中で形成される自律性の獲得に大きな影響を及ぼす可能性が指摘できよう。そこで，本章では最後に，これからの発達心理学の課題として，必ずし

も定型的発達ではない子どもたちの家族システムについての研究を紹介することを通してささやかな提言を行って締めくくりとしたい。

病気・障害をもつ子どもの自律性の確立について，ハウザークラムら（Hauser-Cram et al., 2009）は，養育者が保護的になる結果，子どもの自律性が少なくとも一時的に抑制される一方で，子どもにとって必要な援助資源が確保されるという利点もあることを指摘している。また，彼らは，思春期以降も長期間にわたって養育者のもとにいることが他の子どもたちよりも多いため，結果的に養育者が友人資源の代替的役割も備えるようになることを指摘している。

実際，ある研究では，障害をもった青年は障害をもたない青年と同様に強力でポジティブな親子関係を築くと報告されている一方で，家族から相対的により高い注意を得ている点が異なると報告している（Wanger et al., 2006）。こうした結果は，非常に保護的な状態を作り出し，結果的に子どもの自律性の発達を抑制するかもしれないが，これは信頼できる大人による支援がほしいという子どものニーズに応えることでもある（Hauser-Cram et al., 2009）。

もちろん両親が，このジレンマに無自覚なわけではない。トランら（Thorin et al., 1996）は，青年期や成人期の障害者の親たちが，子どもを自立させる役割と子どもに危害を加えるものから保護する役割のあいだでジレンマを抱えていることを報告している。

また，発達障害児の将来について考える際，たしかに自律性の確立は重要であるが，親としてはより適切な特別なニーズにこたえる必要性のほうが優先順位として高い可能性がある[2]。アメリカで行われたある調査では，定型的発達をたどる子どもの場合には成人後親と同居しつづける割合は16%であるのに対し，発達障害の子どもの場合にはその割合が57%にのぼることが報告されている（Seltzer et al., 2001）。また，ディクソンとラダクリフ（Dixon & Reddacliff, 2001）は，青年期の発達障害児を保護する養育行動は障害児本人の就職活動を成功に導くことを報告している。

ただし，こうした保護と自律性促進の役割についてのジレンマは，一様ではないように思われる。発達障害や知的障害など，特別なニーズを有しなおかつ青年期から成人期以降も家庭での生活が中心になる場合と，障害や疾患などによって特別なニーズは有するものの，青年期以降の自立は定型発達と同様に求められる場合では，保護の効果は大きく異なる。たとえば松本（2009）は，顎顔面部に生

---

[2] 障害児の自立を支える行政制度の充実によって，障害児の親の子育てにおける優先順位が代わると思われるが，ここではあくまで現状に基づいて議論を行っている。

じる最も発生率の高い先天性疾患である口唇裂口蓋裂者について，児童期から成人期前期までの回想的インタビューを行ったが，その結果は青年期に家族だけではなく，それ以外の他者との間で共感的な関係をもつことがその後の疾患についての統合的理解につながっていることを報告している。

今後，この時期の家族関係や自立性の獲得について，疾患や障害ごとに丁寧に調査を行って，病気・障害を有する者の自律性確立メカニズムの解明，またその知見に基づく支援を構築することが大きな課題であろう。

まとめ

以上，児童期から青年期にかけての家族システムについて，心理的離乳，自律性，愛着の観点から概観した。そのうえで発達障害児における自律性の確立を中心に，定型的発達の子どもたちとの違いを踏まえたうえで，この領域における今後の研究の必要性について提言を行った。

引用文献

安藤智子・遠藤利彦．(2005)．青年期・成人期のアタッチメント．数井みゆき・遠藤利彦（編），アタッチメント：生涯にわたる絆（pp.127-143）．京都：ミネルヴァ書房．

Blos, P. (1967). The second individuation process of adolescence. *The Psychoanalytic Study of the Child*, **22**, 162-186.

Bowlby, J. (1973). *Attachment and loss: Vol. 2. Separation: Anxiety and anger*. New York: Basic Books.

Dixon, R. M., & Reddacliff, C. A. (2001). Family contribution to the vocational lives of vocationally competent young adults with intellectual disabilities. *International Journal of Disability, Development and Education*, **48**, 193-206.

遠藤利彦．(2005)．アタッチメント理論の基本的枠組み．数井みゆき・遠藤利彦（編），アタッチメント：生涯にわたる絆（pp.1-31）．京都：ミネルヴァ書房．

遠藤利彦．(2010)．アタッチメント理論の現在：生涯発達と臨床実践の視座からその行方を占う．*教育心理学年報*, **49**, 150-161.

遠藤利彦・北島歩美・喜岡恵子．(1994)．青年期中期における自律性の発達と家族関係．*聖心女子大学論叢*, 47-51.

Hall, G. S. (1904). *Adolescence: Its psychology and its relations to physiology, anthropology, sociology, sex, crime, religion and education* (Vol. 1, 2). New York: Appleton.

Hauser-Cram, P., Krauss, M. W., & Kersh, J. (2009). Adolescents with developmental disabilities and their families. In R. M. Lerner & L. Steinberg (Eds.), *Handbook of adolescent psychology* (3rd ed., pp.589-617). Hoboken, NJ: John Wiley & Sons.

平石賢二．(2007)．青年期の親子間コミュニケーション．京都：ナカニシヤ出版．

Hoffman, J. (1984). Psychological separation of late adolescents from their parents. *Journal of Counseling Psychology*, **31**, 170-178.

Hollingworth, L. S. (1928). *The psychology of the adolescent*. New York: D. Appleton.

Holmbeck, G. N., & Hill, J. P. (1991). Conflictive engagement, positive affect, and menarche in families with seventh-grade girls. *Child Development*, **62**, 1030-1048.

Kerns, K. A. (2008). Attachment in middle childhood. In J. Cassidy & P. R. Shaver (Eds.), *Handbook of attachment: Theory, research, and clinical applications* (2nd ed., pp.366-382). New York: Guilford Press.

Lamborn, S. D., & Steinberg, L. (1993). Emotional autonomy redux: Revisiting Ryan and Lynch. *Child Development*, **64**, 483-499.

Laursen, B., Coy, K. C., & Collins, W. A. (1998). Reconsidering changes in parent-child conflicts across adolescence: A meta-analysis. *Child Development*, **69**, 817-832.

Mahler, M. S., Pine, F., & Bergman, A. (1975). *The psychological birth of human infant*. New York: Basic Books.

松本　学．(2009)．口唇裂口蓋裂者の自己の意味づけの特徴．発達心理学研究，**20**，234-242．

Mead, M. (1976). サモアの思春期（畑中幸子・山本真鳥，訳）．東京：蒼樹書房．(Mead, M. (1928). *Coming of age in Samoa: A psychological study of primitive youth for Western civilization*. New York: Morrow.)

Mullis, R. L., Graf, S. C., Mullis, A. K. (2009). Parental relationships, autonomy, and identify processes of high school students. *The Journal of Genetic Psychology*, **170**, 326-338.

Newman, B. M., & Newman, P. R. (1984). *Development through life: A psychosocial approach* (3rd ed.). Homewood, IL: Dorsey Press.

西平直喜．(1990)．成人（おとな）になること：生育史心理学から（シリーズ人間の発達4）．東京：東京大学出版会．

落合良行．(1995)．心理的離乳への5段階仮説．筑波大学心理学研究，**17**，51-60．

落合良行・佐藤有耕．(1996)．親子関係の変化から見た心理的離乳への過程の分析．教育心理学研究，**44**，11-22．

Ryan, R. M., & Lynch, J. H. (1989). Emotional autonomy versus detachment: Revisiting the vicissitudes of adolescence and young adulthood. *Child Development*, **60**, 340-356.

Seltzer, M., Greenberg, J. S., Floyd, R. J., Pettee, Y., & Hong, J. (2001). Life course impacts of parenting a child with a disability. *American Journal on Mental Retardation*, **106**, 282-303.

Shaffer, D. R. (2000). *Social and personality development* (4th ed.). Belmont, CA: Wadsworth/Thomson Learning.

Steinberg, L., & Silverberg, S. B. (1996). The vicissitudes of autonomy in early adolescence. *Child Development*, **57**, 841-851.

Thorin, E., Yovanoff, P., & Irvin, L. (1996). Dilemmas faced by families during their young adults' transitions to adulthood: A brief report. *Mental Retardation*, **34**, 117-120.

Wanger, M., Newman, L., Cameto, R., Levine, P., & Garza, N. (2006). *An overview of findings from wave 2 of the National Longitudinal Transition Study-2* (NLST-2) (NCSER 2006-3004). Menlo Park, CA: SRI International.

Waters, E., Kondo-Ikemura, K., Posada, G., & Richters, J. (1991). Learning to love: Mechanisms and milestones. In M. R. Gunnar & L. A. Sroufe (Eds.), *The Minnesota symposia on child psychology: Vol. 23. Self processes and development* (pp.217-255). Hillsdale, NJ: L. Erlbaum Associates.

山本誠一．(1993)．青年期における分離－個体化と不安．筑波大学心理学研究，**15**，195-200．

Yau, J., & Smetana, J. G. (1996). Adolescent-parent conflict among Chinese adolescents in Hong Kong. *Child Development*, **67**, 1262-1275.

第5章
成人期・高齢期

野村晴夫

　夫婦が子を成して親となり，親がやがて孫を得て祖父母になるように，成人期にある人は家族の中で，他の成員との関係によって，その役割を推移させる。今日の寿命の伸長がもたらした成人期・高齢期の長期化は，個人のライフコースの長期化のみならず，成人後の子と親，さらにまたその老親といった2世代，3世代間の関係の長期化を意味する。また，子を育てる親が，同時にまた，自らの親の前では成人した子でもあるように，成人は家族の中で同時にさまざまな役割を併せもつ。では，こうした重層的な世代間関係に特徴づけられる現代の成人期・高齢期は，家族内にどのような関係を招き，個々の生涯にどのような影響をもたらしているのだろうか。本章では，成人期の現代性を確認したうえで，おおむね40歳以上の中年期以降の成人期に焦点を当て，生涯発達の順を追って，巣立つ子と親，ともに成人期にある子と親，高齢期にある親と成人の子，祖父母と孫といった家族内の世代間関係に関する発達心理学上の研究を概観する。そして，とくに中年期世代が，世代と世代との間に挟まれ，あるいは世代と世代とを橋渡しすることの発達的意味を吟味したあと，成人期・高齢期における世代間関係に関する生涯発達研究の将来的課題を探る。なお，成人期の家族関係は，社会的要因の影響が色濃く，ことに日本では超高齢化という社会的・時代的な文脈が密接にかかわる。そのため以下では，家族社会学や老年社会学（たとえば，安達，1999；直井，1993）をはじめとする隣接領域の研究成果や，世論調査等の国内の社会調査の成果を考慮する。

第1節　成人期・高齢期の現代性

　20世紀以降の寿命の急速な伸長は，成人期の長期化を招いている。20世紀初頭に47歳だった人類の平均寿命は，一部の先進国では75歳を超えてなおも上昇

し，成人期の中でも65歳以上の高齢期が伸長した（Butler et al., 1991）。高齢期には，たしかに一部の疾患の罹患率は上昇するものの，健康な高齢期を送る者の割合は少なくなく，介護を要さない健康寿命もまた，伸長している。こうした現代の50歳と，20世紀初頭の50歳とでは，身体的健康のみならず，社会的な役割，人生の将来設計，家族のありようは異なるだろう。かつては仕事や家庭内の役割から退く頃であった50歳という年齢は，今や職場では組織を率いて後進を育成する働き盛りであり，家庭では生活の関心が子どもから自分自身や夫婦へと移る頃にある。したがって，現代では成人期や高齢期のもつ社会的，個人的な意味が変化しても不思議ではない。少なくとも先進国では，60歳を過ぎ，仕事や子育てから退いていたとしても，その人生の歩みを「余生」と呼ぶことには，期間の長さや活動性の高さから，はばかられよう。

　家族内の世代間関係に目を向けるならば，こうした成人期の長期化は，子の成人や孫の誕生に立ち会う機会，祖父母として孫の養育を支える機会を増やす。あるいは自らの子と親という2世代の狭間に位置する期間を伸ばす。その期間には，子の養育と親の介護の双方に携わることもあれば，養育の手を離れた成人子と健康な老親の双方と相互に自立的な関係を続けることもある。このように，成人期の長期化は，世代間関係の重層化を招いている。

第2節　子の巣立ちと親

　成長した子が親元を離れることによって，親に空虚感などがもたらされる現象は，従来，空の巣症候群（empty nest syndrome）と呼ばれてきた。だが，子の巣立ちは，親にとって子の成長の帰結でもある。そのため，空の巣症候群に代表されるような否定的な情動反応よりも，むしろ達成感を得て，今後の個人的生活や夫婦生活への肯定的な期待を抱く者も少なくない（Adelmann et al., 1989）。たしかに子どもの巣立ちは，とりわけ子育てに注力してきた親からすれば，関心の矛先を移させ，家族関係の再編を招く可能性があるだろう。その事態は，短期的には虚脱感や抑うつ感情をもたらしかねない。しかし，長期的には，改めて親は一人の個人として，あるいは夫婦二人としての生き方を見直し，充実感をもたらすのかもしれない。

　したがって，子の巣立ちが親にもたらす影響は一様ではない。たとえば，子の巣立ちが母親のアイデンティティの確立に与える影響について調べた清水（2004）によれば，全般に子の巣立ちは母親のアイデンティティに肯定的な影響

を与えるものの，その影響の仕方には母親の就業形態がかかわっていた。子の巣立ちは，フルタイム就業の母親ではアイデンティティの達成と関連する一方，専業主婦の母親ではアイデンティティの拡散に関連していた。こうした研究からは，子の巣立ちが親に与える影響を論じるためには，個々の親にとっての子育ての位置づけや，子育てに対する祖父母のかかわり方など，親の生活全般における子育ての布置を考慮する必要性がうかがわれる。

では，子の巣立ちは，何によって引き起こされるのだろうか。日本の場合，子が巣立つための規範，いわゆる離家規範は，あまり明確ではない。日本の大半の親は，離家についての問いに対して，子の「自由にしてよい」，「特に何もいったことはない」と答えており，規範が不明確であるとともに，親が主導する態度には乏しい（岩上，2010）。外的な事情として大学入学や就職は，離家の契機にはなりうるが，教育費や住居費の高負担を前にして，離家の必然性は否が応にも薄らぐ。たしかに，親が子に離家を望むタイミングは，結婚（36.5%）や自活（21.4%）が挙げられてはいる（内閣府，2005）ものの，晩婚化・非婚化の趨勢や，非正規雇用の増加に代表される青年の経済的基盤の弱さは，子を巣立ちからますます遠のかせる。

一方，巣立ったあとについては，高齢期を迎えた親は，近年，子との同居願望が低くなってきている。「老後における子どもや孫とのつきあい」について，「いつも一緒に生活できるのがよい」とする回答は，1980 年の 59.4% から 2005 年には 34.8% に低下している（内閣府，1980, 2005）。現代の日本の親は，いつ到来するか定かではない子の巣立ちを望みつつ，巣立ったあとは，自らが子の世話になろうという意識には乏しいようである。

第3節 成人期の子と親

現代の少産化によって，夫婦が育てる子の総数は減少したが，夫婦が子育てに携わる総期間は，従来とあまり変わっていない。結婚後 15～19 年が経過し，子どもを生み終えた夫婦の平均出生児数，いわゆる完結出生児数は，1940 年の 4.27 人から 1972 年には 2.20 人，そして 2005 年には 2.09 人へと推移している（国立社会保障・人口問題研究所，2006）。1970 年代以降の日本では，夫婦 2 人に子 2 人という家族形態が一般的となった。だが，典型的な日本人のライフサイクルでは，長子誕生から末子学卒までの子の扶養期間は，1950 年には 24.6 年，2002 年には 24.8 年と，この 50 年間に大きな変化はない（岡村，2007）。扶養する子の数

が減っても，高学歴化によって，一人ひとりの子を扶養する期間が伸びたことで，全扶養期間は維持されてきた。さらには上述のとおり，子の巣立ちが遅れたり，そもそも巣立つことが望めなかったりすれば，成人した子と親がともに過ごす時間は，長くなる。少産化，長寿化，晩婚化は，生涯発達に占める成人期親子関係の比重の増大に通じている。

では，現代の日本の成人した子（成人子）と親の関係は，どのようなものだろうか。成人期の親子関係に注目した国内の調査では，親世代（55〜64歳）と子世代（30〜39歳）の双方が，互いに交流や援助に肯定的でありながら，同時にまた，互いの家族の自立を志向している実態が明らかになっている（家庭問題研究所, 2005）。これらの調査から読み取れる成人期の親子は，対等な関係を重視しており，こうした成人子と親との相互的自立が，さまざまな年齢層にわたって広がっていると岩上（2010）は指摘している。ただし，親子関係における自立と依存のバランスは，より詳細に，親子双方の性別や子の就労・婚姻の状態等，家族やライフコースの個別性を加味して検討する必要があるだろう。たとえば，母娘関係においては，就労・婚姻や出産経験によって，娘の母親に対するサポート期待は異なる（北村・無藤，2001）。

成人期の親子間における相互の自立性への志向は，物的・心的ケアのやりとりにも見受けられる。たとえば秋山ほか（Akiyama, et al., 2008）は，日米両国の高齢期（70歳）－中年期（45歳）女性の家族間サポートを，交換と互恵という観点から比較検討している。二者間で金銭や家事労働，愛情などの授受があった場合，米国では金銭に対しては金銭でといったように，同種のリソースによって返報する。だが，日本では，金銭に対して愛情でといったように，異種のリソースによって返報する傾向が強いという。世代間のサポートに双方向的な互酬性がともなうことは，相互の世代の自立性を維持することに寄与するのかもしれない。

では，将来的に自立した生活を営むことが困難となった場合，親は成人した子に対して，扶養してほしいと望むのだろうか。こうした親の抱く被扶養意識は，介護に関する調査からうかがい知ることができる。成人女性に対する調査によると，老後を子どもに頼ることに関する意識については，頼るつもりとする回答が減少する一方で，頼るつもりはないとする回答が増加している。（黒田，2005）。また，内閣府（2003）による世論調査では，20歳以上という幅広い成人男女が対象ではあるが，家族だけに介護してほしいと考える者のうちで，介護してもらいたい家族を問われて，配偶者と答えた者が60.7%（男性：76.0%，女性：36.1%），息子と答えた者が7.2%（男性：7.5%，女性：6.6%），娘と答えた者が17.3%（男

性：4.5％，女性：38.0％）であった。そして，配偶者と答える割合は，前回の1995年調査時の54.8％と比べても高まっている。ただし，そもそも家族だけに介護してもらいたいとする成人は全体の約1割であり，多くの成人はホームヘルパーなどの家族外からの助力を許容しており，また，家族外からの助力のみを望む成人の割合も増加傾向にある。こうした調査からは，現代の日本の親が，できるだけ子の世話にはならず，夫婦の間で事態に対処しようとする傾向が読み取れる。

　だが，子への介護期待が高くはないからといって，親子間が心理的に疎遠になっていると即断はできない。やはり内閣府（2005）による世論調査によれば，60歳以上の高齢者の53.2％が，心の支えとなっている人として子（養子を含む）を挙げており，配偶者（64.0％）に次いでいる。また，どのようなときに生きがいを感じるかという問いに対しても，子どもや孫など家族との団欒の時を挙げる高齢者が48.2％にのぼり，趣味（38.1％）や旅行（33.3％）を凌ぎ，生きがいの源泉の第一位に挙がる。心理的には成人した子を頼みにしながらも，あるいは子を頼みにするからこそ，子に実質的な迷惑をかけまいとして，介護という実働やコストをともなう支えは配偶者や家族以外に頼ろうとする親の思いがみえてくる。

第4節　高齢期の親と子

　成人期以降の親子関係は，年を重ねるとともにそこに帯びる否定的な感情を失ってゆく。この傾向は，西洋諸国のみならず日本でも確認されている（Akiyama et al., 2003）。だが，永続的で強固だからこそ，親子関係は救いの源にもなり，悩みの種にもなる。成人した子と親との関係は，こうした両義性をともなっている（Luescher & Pillemer, 1998）。母娘関係は，それらの家族間の関係でも最も強固な結びつきのひとつとされ，とくに娘は親族を結びつける要（kin-keeper）としての役割を果たしてきた。だからこそ，母娘関係に緊張が生じると，それは二者関係だけではなく親族の問題となりうる。両者の緊張関係について母娘双方に対して行われた面接調査からは，緊張関係が生じる契機として，一方からの侵入，排除，的外れな世話等が抽出されている（Fingerman, 1996）。このような緊張関係は，成人期親子間における発達系路上のニーズのずれ（developmental schism）に起因すると考えられてきている（Birditt et al., 2009）。

　親子間のニーズがずれうる事態として，一方が他方をケアする事態が挙げられる。とくに成人期の親子間では，このようなケア役割が逆転して移行してゆく。すなわち，親に養われ成人した子も，親との対等な関係を経て，やがて親を養う

ようになる。こうした扶養－被扶養関係の逆転においては，ケアのニーズと実際がずれることもあるだろう。では，こうした役割の逆転は，子の側にはどのように受け止められるのだろうか。人種や文化による差はあるものの，多くの成人子は高齢期にある親を養うことを周囲から期待され，またそれを受け容れている（Akiyama et al., 2008；Lee et al., 1998）。ただし，中年期にある子が高齢期にある親をサポートする要因には，子の性差がある（Silverstein et al., 1995）。6 年間の縦断的調査によれば，親へのサポートを動機づけるのは，娘の場合には親子間の情緒的結びつきであった。一方，息子の場合には義務感や相続期待，接触頻度であった。

日本では，前述のとおり，親には子からの被扶養期待が薄い。しかしながら，もう一方の成人子の側では，老親に対する扶養義務感は高く，親に扶養が必要になった際には，自らがそれを担うべきと考えている者が多い（たとえば，岩上，2010）。ただし，こうした扶養に関する意識は，回答に際しての社会的な望ましさの影響や，扶養・介護が近い将来見込まれる現実的な見通し，想定される扶養・介護の具体的場面に左右されるだろう。たとえば杉山（2010）は，介護経験のない既婚者に対して扶養意識を調べ，その意識から，親にはできるだけ自立を望む「老親自立期待」，親との情緒的交流の必要性を意識する「情緒的支援傾向」，親の扶養についての社会的慣習を意識する「伝統的扶養志向」を抽出している。実際に介護に直面していない子にしてみれば，できるだけ老親が自立して生活できるよう期待しつつも，いずれ来たる扶養や介護を要する場面を現実的に思い描く中で，一般に子に要請される社会的規範と，個々の親子関係の質に応じて，扶養への思いが揺れ動くのであろう。

第 5 節　祖父母と孫

夫婦が子どもの出生とともに，親という役割を帯びるように，孫の出生も祖父母という役割を招く。こうした祖父母になるという体験は，どのように受け止められるのだろうか。キヴニックは，祖父母になることの意味として，5 つの次元を抽出している（Kivnick, 1983）。すなわち，祖父母であることが自分の生きる意味の中心を占める「生の中心」，年少者から敬われる存在としての「老いの価値」，孫に生が受け継がれる「一族の永続性」，孫とともに過ごすことによる自らの「過去の生き直し」，孫を甘やかす「寛容さ」である。そして，祖父母になる体験は，他者をケアする志向性である世代継承性（generativity）のような心理社会的ニーズを満たすと言う（Kivnick, 1985）。

だが，祖父母になる体験の意味には，性別やコホート，民族性等の個人差も大きく，上述のキヴニックの抽出した次元の普遍性は検討を要する（Hayslip et al., 2003）。たとえば，孫の成人を見届けられるのは，祖父に比べて祖母が多く，およそ3分の2の祖母は曾孫の出生にも出会っている（Szinovacz, 1998）。これには寿命の男女差に加えて，祖父母になるタイミングの年齢差もかかわっている。また，子どもが孫を妊娠してから出産するまでを縦断的に調査したソマリーらによれば，祖父母になる体験は，孫にとって父方か母方かという系統によっても意味が変わってくる（Somary & Stricker, 1998）。祖母は総じて祖父に比べて，祖母になる体験に大きな意味を見いだし，高い満足を得ている。祖母の中でも母方の祖母は，父方の祖母に比べて，孫の出生後にはそれ以前に期待していた以上の満足感を得ているという。このような祖父母という役割への移行の帰結を左右するのは，その移行のタイミングと，発達的ニーズへの適合性であると考えられている（Kivett, 1998）。たとえば，祖父母になるタイミングが期待していたよりも早い場合には，祖父母という役割への負担感や，人生設計との齟齬をはじめとした不適応が引き起こされる（Burton & Bengtson, 1985）。

　実生活のうえで，祖父母が孫の養育に積極的に関与することもある。こうした3世代間の関係では，後述のとおり，中間にある親世代のサンドイッチ状況を憂う声が高いが，実際には健康な高齢期世代にある祖父母が孫を世話し，結果的に中間の親世代を支持していることも珍しくない。むしろ共働き家庭であれば，継続的あるいは一時的に，祖父母が孫の養育に大きな役割を果たしてもいる。たとえば北米においては，人種によって差はあるものの，祖母のうち12〜30％が，親に代わって孫を養育した経験をもっている（Szinovacz, 1998）。離婚率の上昇とともに，祖父母による孫の養育は珍しいものではなくなった。両親の離婚によって，どちらかの親に引き取られた子どもが，祖父母の世話になることがある。あるいはまた，離婚して両親間の関係は途切れても，母方ないしは父方の祖父母と孫との緊密な関係は続くこともあるだろう（Troll, 1996）。ときには親以上に祖父母が孫の養育を主導する「世代スキップ」（skipped generation；Putney & Bengtson, 2001）と呼ばれる事態も生じる。ただし，祖父母による代理的な孫の養育は，父母の養育上の問題と相まって，祖父母自身に高いストレスをもたらすのみならず，孫に行動上の問題をはじめとした否定的影響を引き起こす懸念も呈されている（Hayslip et al., 1998）。

第6節　世代と世代の狭間

　社会的ネットワークの観点から見ると，中年期世代の大半は，配偶者や子ども，自身の親といった家族との関係を重視し，それらに準じて友人や同僚を位置づける。こうした傾向は成人期の中でとりわけ中年期に特徴的というわけではない。中年期に特徴的なのは，こうした対人関係が，同時期に並存するという点にある（Antonucci et al., 2001）。すなわち，一人の人物が，親，子，配偶者，就労者といった多様な役割をもつ。だからこそ，サンドイッチ世代として中年期が取り沙汰され，こうした役割の多様性に起因する問題が注目を集めてきた。サンドイッチ世代とは，高齢期を迎えた親と，自身の子の両者をケアする中年期の世代的特徴を表す呼称である。とくに北米においては，ケアを担う有職の女性が離職を余儀なくされるなど，家庭と仕事との役割間での板ばさみも加わって，負担の深刻さが指摘される。

　しかし，こうしたサンドイッチ世代という状況の深刻さに対しては，疑問視する声もある。たとえば近年の北米を中心とした調査によれば，出現頻度の点で，そもそも親と子という両世代を同時にケアするというサンドイッチ状況のリアリティが疑問視されている（Putney & Bengtson, 2001）。すなわち，1992～1994年の米国での調査によれば，50～54歳の中年期世代のうちで，3世代の家族をもつ者は74％にのぼったが，親と子どもの両者のケアをする者は限られていた。カナダでの調査でも，毎月定期的に親に対して何らかの手助けをする者は，女性の22％，男性の12％であった（Rosenthal et al., 1996）。どうやら年老いた親を介護しつつ，同時に自立していないわが子を育てるというサンドイッチ状況は，必ずしも中年期の典型像とはいえなさそうである。さらには，このようなサンドイッチ状況を役割の多様化とみなすならば，この状況がストレスフルとばかりも言えない。少なくとも中年期女性に関して言えば，職業上の満足感が家族を介護・養育する負担感を減殺することがある（Martire et al., 2000）。男性においても，親の介護がストレスを増すものの，就労がそのストレスを軽減させるとの報告もある（Spitze et al., 1994）。また，介護者，母親，妻，就労者としての4つの役割をもつ女性の役割葛藤を調べたスティーブンスらによれば，葛藤の高い女性は，社会経済的な基盤が弱い家庭で，親の重度の障害を介護し，かつ子どもが年長者であった（Stephens et al., 2001）。そして，介護ストレスの高さは，これらの役割葛藤を介して，自身のウェルビーイングに影響をもたらしていた。サンドイッチ状況にあっ

たとしても，老親や子を含む家庭内の状況や，自身の役割間の葛藤によって，その状況がもたらす影響は異なると考えられる。

サンドイッチ状況に関連して，従来，他者を世話し次世代を育成することは，世代継承性（generativity）の発達課題の観点から研究が進められてきた。たとえばピーターソンによれば，世代継承性が高い中年期女性が，親の介護負担感が低く，また，自身がコミュニティからケアされていると感じやすい（Peterson, 2002）。また，成人した子を援助することが，中年期女性の幸福感の増大に通じるとの結果もある（Spitze et al., 1994）。これらの研究は，他者をケアすることが，ただ負担感を増すだけではなく，世代継承性という発達課題の達成を通じて，自身の心的状態に肯定的影響をもたらす可能性を示唆している。さらには，他者をケアすることが，コミュニティ・ネットワークの拡大を介して，ひいては自らもケアされる互恵的なネットワークの構築に資する可能性があるのだろう。個々のコミュニティには，ケアについての明示的・暗黙的規範があるだろう。その規範は，個々人のケアの意識や行動，それらが自身に与える影響を左右する。そのため，ケアに関しては，文化的風土や社会経済的状況を加味した研究の必要性が唱えられている（たとえば，Aranda & Knight, 1997 ; Zhan, 2006）。

第7節　将来に向けて

本章では，発達の道筋に沿って，子の巣立ちから孫の出生までの世代間関係に関連する研究を概観したあと，世代と世代の狭間の問題について吟味した。成人期・高齢期の世代間関係を論考するうえでは，介護負担や異文化間比較の研究など，重要でありながらも十分に言及できなかったトピックも少なくない。こうした論考上の限界は踏まえつつ，今後の研究に向けた雑感を寄せておきたい。

将来は，時代背景を考慮するとともに，世代間関係の重層的な性質により肉薄する研究が求められるだろう。従来の多くの研究は，祖父母－成人子－孫のいずれかの二者関係を取り出し，それらのモザイクを組み合わせることで，三者の世代間関係を描いてきた。だが，成人子が老親を呼び寄せて介護する際には，わが子が巣立つ時期を考慮するだろう。あるいは，成人子自らが育てられた頃に始まる親子関係の歴史が想い起こされるだろう。2世代間関係は他世代との関係や，関係の歴史と無縁ではいられない。したがって，関係の歴史等，家族内の文脈を考慮しながら，直接に三者の絡み合った関係を取り扱うような研究が求められるだろう。

そして，こうした成人期発達を論ずるうえでは，家族の置かれた社会的・歴史的な文脈のもつ影響力を見極める必要がある。日本における人口動態学的な趨勢に鑑みると，かつてない長期間の成人期親子関係の内実を，従来の発達心理学的知見に照らし合わせる作業が求められよう。そうした趨勢の第1は，未婚・非婚者の増加に代表されるライフコースの多様化である。単身者の生涯発達を描くには，上述した世代間関係を前提にしている家族像では十分ではないだろう。趨勢の第2は，高齢化である。日本の典型的な老親扶養期間は，1950年の14.6年間から，2002年には22.4年間になっている（岡村，2007）ことからも，老いた親と老いた子という組み合わせの親子は，これから増加する。長期化する成人期の親子関係の先にあるのは，ともに高齢期にある親子関係である。趨勢の第3は，都市化の進行である。それによって，成人期のネットワークは地縁や血縁ばかりに頼るものではなくなる。単身の高齢世帯は，こうした社会でどのように自立と依存のバランスを取りながら，孤立を強いられずに生きられるだろうか。社会の変化に応じて変わりゆく人の発達の道筋，その一方で，なおも変わらぬ発達の道筋を明らかにする作業が残されている。

引用文献

安達正嗣．（1999）．*高齢期家族の社会学*．京都：世界思想社．

Adelman, P. K., Antonucci, T. C., Crohan, S. E., & Coloman, L. M. (1989). Empty nest, cohort, and employment in the well-being of midlife women. *Sex Roles*, **20**, 173-189.

Akiyama, H., Antonucci, T. C., & Campbell, R. (2008). Exchange and reciprocity among two generations of Japanese and American women. In J. Sokolovsky (Ed.), *The cultural context of aging: Worldwide perspectives* (3rd ed., p.173). Westport, CT: Praeger. (www.stpt.usf.edu/~jsokolov/webbook/akiyama.htm)

Akiyama, H., Antonucci, T., Takahashi, K., & Langfahl, E. S. (2003). Negative interactions in close relationships across the life span. *Journal of Gerontology: Psychological Sciences*, **58B**, 70-79.

Antonucci, T., Akiyama, H., & Merline, A. (2001). Dynamics of social relationships in midlife. In M. E. Lachman (Ed.), *Handbook of midlife development* (pp.571-598). New York: John Wiley & Sons.

Aranda, M. P., & Knight, B. G. (1997). The influence of ethnicity and culture on the caregiver stress and coping process: A sociocultural review and analysis. *The Gerontologist*, **37**, 342-354.

Birditt, K. S., Miller, L. M., Fingerman, K. L., & Lefkowitz, E. S. (2009). Tensions in the parent and adult child relationship: Links to solidarity and ambivalence. *Psychology and Aging*, **24**, 287-295.

Burton, L. M., & Bengtson, V. L. (1985). Black grandmothers: Issues of timing and continuity of roles. In V. L. Bengtson & J. F. Robertson (Eds.), *Grandparenthood* (pp.61-77). Beverly Hills, CA: Sage.

Butler, R. N., Lewis, M., & Sunderland, T. (1991). *Aging and mental health* (4th ed.). New York: Macmillan.

Fingerman, K. L. (1996). Sources of tension in the aging mother and adult daughter relationship. *Psychology and Aging*, **11**, 591-606.

Hayslip, B. Jr., Henderson, C. E., & Shore, R. J. (2003). The structure of grandparental role meaning. *Journal of Adult Development*, **10**, 1-11.

Hayslip, B. Jr., Shore, R. J., Henderson, C. E., & Lambert, P. L. (1998). Custodial grandparenting and the impact of grandchildren with problems on role satisfaction and role meaning. *Journal of Gerontology: Social Sciences*, **53B**, 164-173.

岩上真珠．(2010)．高齢社会を生きる技法：団塊「大航海時代」に．岩上真珠・鈴木岩弓・森　謙二・渡辺秀樹（著），いま，この日本の家族：絆のゆくえ（pp.90-131）．東京：弘文堂．

家庭問題研究所．(2005)．成人期の親子関係に関する調査研究報告書．

北村琴美・無藤　隆．(2001)．成人の娘の心理的適応と母娘関係：娘の結婚・出産というライフイベントに着目して．発達心理学研究，**12**，46-57.

Kivett, V. R. (1998). Transitions in grandparents' lives: Effects on grandparent role. In M. E. Szinovacz (Ed.), *Handbook of grandparenthood* (pp.131-143). Westport, CT: Greenwood Press.

Kivnick, H. Q. (1983). Dimensions of grandparenthood meaning: Deductive conceptualization and empirical derivation. *Journal of Personality and Social Psychology*, **44**, 1056-1068.

Kivnick, H. Q. (1985). Grandparenthood and mental health. In V. L. Bengtson & J. F. Robertson (Eds.), *Grandparenthood* (pp.151-158). Beverly Hills, CA: Sage.

国立社会保障・人口問題研究所．(2006)．*第13回出生動向基本調査：結婚と出産に関する全国調査*．

黒田俊夫．(2005)．老親扶養をめぐって：人口転換の先駆と国際的貢献．毎日新聞社人口問題調査会（編），*超少子化時代の家族意識：第1回人口・家族・世代世論調査報告書*．東京：毎日新聞社．

Lee, G. R., Peck, C. W., & Coward, R. T. (1998). Race differences in filial responsibility expectations among older parent. *Journal of Marriage and the Family*, **60**, 404-412.

Luescher, K., & Pillemer, K. (1998). Intergenerational ambivalence: A new approach to the study of parent-child relations in later life. *Journal of Marriage and the Family*, **60**, 413-425.

Martire, L. M., Stephens, M. A. P., & Townsend, A. L. (2000). Centrality of women's multiple roles: Beneficial and detrimental consequences for psychological well-being. *Psychology and Aging*, **15**, 148-156.

内閣府．(1980, 2005)．*高齢者の生活と意識に関する国際比較調査*．

内閣府．(2003)．*高齢者介護に関する世論調査：平成15年度*．

内閣府．(2005)．*青少年の社会的自立に関する意識調査*．

直井道子．(1993)．*高齢者と家族：新しいつながりを求めて*．東京：サイエンス社．

岡村清子．(2007)．高齢期の人間関係：家族関係，家族の変化．下仲順子（編），*高齢期の心理と臨床心理学*（pp.110-121）．東京：培風館．

Peterson, B. E. (2002). Longitudinal analysis of midlife generativity, intergenerational roles, and caregiving. *Psychology and Aging*, **10**, 20-29.

Putney, N. M., & Bengtson, V. L. (2001). Families, intergenerational relationships, and kinkeeping in midlife. In M. E. Lachman (Ed.), *Handbook of midlife development* (pp.528-569). New York: John Wiley & Sons.

Rosenthal, C. J., Martin-Matthews, A., & Matthews, S. H. (1996). Caught in the middle? Occupancy in multiple roles and help to parents in a national probability sample of Canadian adults. *Journal of Gerontology: Social Sciences*, **51B**, 274-283.

清水紀子．(2004)．中年期の女性における子の巣立ちとアイデンティティ．発達心理学研究，**15**，52-64.

Silverstein, M., Parrotta, T. M., & Bengtson, V. L. (1995). Factors that predispose middle-aged sons and

daughters to provide social support to older parents. *Journal of Marriage and the Family*, **57**, 465-475.
Somary, K., & Stricker, G. (1998). Becoming a grandparent: A longitudinal study of expectations and early experiences as a function of sex and lineage. *The Gerontologist*, **38**, 53-61.
Spitze, G., Logan, J. R., Joseph, G., & Lee, E. (1994). Middle generation roles and the well-being of men and women. *Journal of Gerontology: Social Sciences*, **49**, 107-116.
Stephens, M. A. P., Townsend, A. L., Martire, L. M., & Druley, J. A. (2001). Balancing parent care with other roles: Interrole conflict of adult daughter caregivers. *Journal of Gerontology: Psychological Sciences*, **56B**, 24-34.
杉山佳菜子.(2010).成人子とその親子関係:子世代からみた老親扶養意識を中心に.老年社会科学,**31**,458-469.
Szinovacz, M. E. (1998). Grandparents today: A demographic profile. *The Gerontologist*, **38**, 37-52.
Troll, L. E. (1996). Modified-extended families over time: Discontinuity in parts, continuity in wholes. In V. L. Bengtson (Ed.), *Adulthood and aging* (pp.246-268). New York: Springer.
Zhan, H. J. (2006). Joy and sorrow: Explaining Chinese caregivers' reward and stress. *Journal of Aging Studies*, **20**, 27-38.

第6章
里親・養子・施設

庄司順一

　親の病気や死亡，虐待などさまざまな事情により，親のもとで，あるいは生まれた家庭で育つことができない子ども（要保護児童という）がいる。そのような子どもは，里親や養親のもとで，あるいは施設で養育されることが多い。こうした公的な仕組みを社会的養護という。これらの子どもは，養育を受けるまでの生活において虐待やネグレクト，養育拒否などを経験し，また養育を受けることで，分離・喪失や新たな養育者との関係形成を経験する。家庭で育つ子どもには想像しがたい複雑な人生を歩むことになる。このような子どもたちの養育環境の課題や発達的特徴を明らかにすることは，子どもの発達を理解するための重要な手がかりを与えるだろう。

第1節　社会的養護

1　社会的養護とは

　わが国では近年，子ども虐待の増加を背景に，社会的養護への関心が高まってきた。明治時代からの先駆的取り組みもあるが，現在の社会的養護体制は第二次大戦後の児童福祉法制定によっている。当時は戦災孤児対策という意味が大きかったが，その後，状況は大きく変わった。つまり，要保護児童には親がいるもの，また親から虐待を受けたものが多い。このことは親への援助と，子どもへの治療的養育が必要になってきていることを意味している。しかし，現行の体制はこうした状況の変化に応じたものとはなっていず，そこに今日，大きな問題が存在している。次に，社会的養護を担う里親養育，施設養育，養子養育をみていく。

2　里親養育

　里親による養育とは，要保護児童を自らの家へ迎え入れ，親子として，家族と

して，あるいは生活共同者として，ある期間いっしょに暮らし，互いを理解しながら，子どもの成長を目指す営みといえる（庄司，2003）。子どもを養育する期間は，短期間（数日～数週間）の場合も，長期間（数年～十数年）となる場合もある。法律上の親子となる養子縁組とは異なり，里親に委託された子どもは，可能な場合には，親のもとへかえる。

里親には，一般の里親のイメージに近い「養育里親」と虐待を受けた子どもなどを養育する「専門里親」，「養子縁組を前提とした里親」，三親等内の子ども（おい・めいや孫）を養育する「親族里親」がある。里親制度の概要は庄司（2009a）を参照のこと。

3　施設養護
(1) 乳児院

乳児院は乳児（児童福祉法では乳児とは0歳児をいう）の入所施設である。とはいっても，家庭にもどることができない場合には2, 3歳まで養育することが多く，障害が重いなど，特別に必要と認められる場合には6歳になるまで養育することができる。また，児童養護施設でも乳児から養育することができるようになった。これは，2歳という分離不安が最も強く表される時期の養育の場の変更を避けるためであり，また2歳をすぎて比較的短期間のうちに家庭復帰すると思われる子どもに対してはその生活の場の変更を避けるためである。乳児院は現在，約120施設あり，約3,000人の子どもが入所している。入所している子どもには，病虚弱児，障害児が少なくない。

乳児院の職員配置基準は1対1.7，つまり1人の職員が1.7人の子どもを養育するものとして配置されている。乳児院では，子どもにはアタッチメントの対象となる特定の養育者が必要であるとし，昭和40年代から担当養育制をとりいれている。

(2) 児童養護施設

児童養護施設は，全国に約560施設あり，2, 3歳から18歳までの児童約3万人が入所している。児童養護施設の職員配置基準は年齢によってちがうが，2歳以上は1対2，3～5歳は1対4，6歳以上では1対6である。職員は交替制勤務であり，休暇もあるので，小学生以上だと，職員1人が10～15人の子どもの世話をすることになる。今日，児童養護施設は，被虐待児への対応に苦慮している。また，より小規模で個別的な配慮をしやすいグループホームでの養育がすすみつつある。

4 養子制度

養子縁組とは、生物学的に親子ではない者の間で法律的な親子関係を成立させることをいう。養子縁組は、里親制度と密接な関係があるが、同じものではない。

養子縁組もいくつかの種類に分けられるが、里親制度と関係があるのは「血族関係のない未成年養子縁組」である。この養子の場合も里親と同様、自らの家庭において子どもを養育する。子どもにとっては、法的に安定した立場が与えられるとともに、永続的な関係が保障される。とはいえ、養子縁組では「わが子」という意識が強いので、対象となる子どもは親子としての関係を形成しやすい乳幼児、障害をもつリスクの低い子どもが希望されることが多い。

通常の未成年養子制度は、養子縁組をしても実父母との親族関係が断たれることはない。したがって、養子の戸籍には実父母と養父母の双方が記載され、戸籍謄本等により、出生以来の身分関係を知ることができるし、また相続および扶養の義務が生じる。しかし、実父母との関係が継続することは養子となった子どもの利益にならないことがある。そこで、子どもの利益のために、実父母との関係を断絶し、養父母との間の関係を実質的に実父母と同じにすることを意図したのが「特別養子制度」である。欧米では、養子縁組（アドプション）をしても実親との交流を行うオープン・アドプションを行うこともある。

第2節　社会的養護と発達心理学

社会的養護と発達心理学は密接な関係がある。それは、発達における遺伝と環境の問題にかかわるものであるし、何よりもアタッチメント理論のルーツであったといえる。

社会的養護とアタッチメントとのかかわりについては、第1に、アタッチメント理論は社会的養護の抱える問題の中から現れてきたこと、第2に、アタッチメント理論は社会的養護のあり方に影響を与えていること、第3に、要保護児童はアタッチメント形成と分離・喪失体験を繰り返していること、第4に、妊娠・出産を経ずに、子どもがある年齢になったところで関係をもち始める場合、養育者（たとえば里親）との間にどのようにアタッチメントを形成するのか、養育者側も子どもへの親密な感情をどのように発達させるのか、被虐待経験や分離・喪失体験は子どものアタッチメントにどのような影響を与えるのかといった重要な課題が存在すること、を指摘することができる（庄司、2007）。次に、社会的養護における発達心理学の課題として、ホスピタリズムとレジリエンスについて検討する。

1 ホスピタリズム

　施設に入所したり病院に入院することで子どもの心身に悪影響が生じることをホスピタリズム（hospitalism）という。ホスピタリズムは，19世紀末から20世紀初頭において，孤児院や病院など集団生活をする場での子どもの死亡率が高いということから関心をもたれた（庄司，2008a）。第二次大戦の前後には，子どもの死亡や疾患の減少，身体発育の改善がみられたが，言語や知能など心理的発達や対人関係の問題が注目されるようになった。たとえば，スピッツ（Spitz, 1945）やボウルビィ（Bowlby, 1951/1967）の研究はよく知られている。ボウルビィは母性的養育の剥奪（maternal deprivation）の概念を提案し，大きな影響を与えたが，のちにラター（Rutter, 1972）によって批判的に検討された。

　最近では，20世紀末の社会主義政権の崩壊により，旧ソビエトや東欧諸国の劣悪な環境の孤児院からアメリカ，カナダ，イギリスなどの家庭に国際養子縁組された子どもたちの発達や行動上の問題への研究が活発に行われている（たとえば，Rutter et al, 2007；Rutter et al., 2010を参照）。また，ロシアやルーマニアの孤児院において施設環境の改善とその効果についての研究もなされている（Groark et al., 2005；Sparling et al., 2005；The St. Petersburg-USA Orphanage Research Team, 2008）。

　わが国では乳児院，虚弱児施設，養護施設のホスピタリズムについては勤務していた心理職や小児科医がその実態を明らかにし，改善するために取り組んだ（詳しくは庄司，2008bを参照）。乳児院のホスピタリズムの推移については金子（保）（1994）がまとめ，広島乳児院での養育環境の改善と入所児の発達指標の変化については金子（龍）が報告した（金子，1993，1996）。

　今日では乳児院入所児には明らかなホスピタリズム症状は見られない（金子，1993；榮木，1997，2002；佐藤，1991；谷口・左高，2006）し，アタッチメント対象をもち，アタッチメント行動もほぼ年齢段階相応であった（鈴木，2002）。最近は，虐待を受けて施設入所した子，あるいは里親委託された子どものアタッチメント形成への治療的取り組みについての関心が高まっている（青木，2010；森田，2007；西澤，2008；徳山ほか，2009）。わが国のデータでは，とくに施設養育と里親養育とではアタッチメントの状態に明らかな差は認められていない（青木，2010；徳山ほか，2009）。とはいえ，研究は断片的であり，研究方法も対象数が少なかったり，発達や行動の状態も施設職員や里親の判断によるなどの課題が残されている。

2 レジリエンス

すべての子どもが同じように環境の影響を受けるものではない。同様に，貧困や親の精神障害などのリスクをもつ子どもがすべて発達や精神保健上の問題をもつわけではない。「リスクや逆境にもかかわらずよい適応をすること」をレジリエンス（resilience）という（庄司，2009b）。これは，リスク研究や長期縦断的研究（たとえば，Werner & Smith, 1992）から明らかになってきた概念である。すなわち，虐待を受けた経験や，里親家庭あるいは施設での生活は子どもにとって大きな苦痛ともなるが，それでも，良好な社会的適応を達成するものもいるのである。わが国ではまだ研究が少ない分野であるが，今後，どのような要因，条件が子どもの発達や適応にかかわるのかを検討することが必要である。

第3節　社会的養護のもとにいる子どもの人間関係

施設に入所したり，里親に委託された子どもはしばしば複雑な人間関係を経験する。

まず，実家族については，ケースによってちがうが，親から虐待を受けた子どもが多い。父親と母親の関係は不安定な場合もしばしばあり，きょうだいの父親がすべてちがうこともある。父親についての情報が乏しいことも社会的養護ケースの特徴である。

面会・外泊などの親や家族との交流は非常に乏しかったり不規則だったりする。施設入所中の子どもに最も大きな影響を与えるのは実父母であり，親が面会などの約束を破ることは子どもに大きな打撃となる。虐待をした親と会っていないと，親へのよい思い出が増幅し，「理想化された空想」をもつこともある。里親家庭に慣れるにつれて実家族を忘れてしまうことへの罪悪感をもつこともある（忠誠葛藤）。もちろん，虐待をした親を許さず，子どものほうから会うことを拒否することもある。

きょうだい関係も単純ではない。きょうだいの中で1人だけが施設（あるいは里親のもと）で暮らしているということもよくある。きょうだいが同じ施設にいる場合，近しい関係のこともあるが，きょうだいであることをあまり意識しないこともある。その理由の一つは，比較的年代の近い仲間が存在するからだろう。

施設や里親家庭での子ども同士の関係も重要である。よい遊び相手，仲間となることもあるし，施設内で暴力を振るわれたり，脅されたり，物を盗られたりすることもある。しばしば，子どもは安全でない環境で暮らしている。

職員については，その配置基準についてはすでに述べたが，非常に貧弱な環境であり，早急な改善が求められている。施設職員や里親へのアタッチメントを促進するための治療プログラムが試みられている。その治療効果は，施設入所児の場合よりも，里親委託児のほうが顕著である（西澤哲，私信）。ただ，アタッチメントの対象となるのは誰とすべきなのであろうか。施設職員や里親なのか，実親なのか。

　社会的養護のもとにいる子どもの親との関係（再）形成には，面会のはたす役割が大きい（庄司，1995；トムソン，2005）が研究は少ない。実親のもとへの復帰（家族再統合）については，具体的なプログラムも紹介されて，実践がはじまっている。

　仲間関係については，乳児院では乳児期の子ども同士の関係への関心からいくつかの研究が行われている（芦谷，2010；川井ほか，1983，1984；川上，1989；須永，2007；恒次ほか，1985）。その重要な成果は，乳児期から，機会さえ与えられれば子どもは他の子どもとのかかわりが生じることを示したことであろう。アタッチメント理論からは子ども同士の関係の意義が明らかにはならないが，今後は社会的ネットワーク理論（ルイス・高橋，2007）なども視野に入れて，子ども同士の関係の意義を検討することも必要だと考えられる（芦谷，2010）。

　里親家庭での人間関係に関して，見過ごされてきたのが里親家庭の実子についてである。欧米でもまだ研究は少ない（Twigg & Swan, 2007）が，わが国ではようやく里親大会などで実子からの発言がなされるようになったところである。里親家庭に実子がいる場合，あるいは先に委託された子ども，養子縁組した子どもがいる場合，新たな子どもの委託は，それらの子どもたちにさまざまな影響を及ぼす。しかし，実子への影響は，新たな子どもがきたときの実子の年齢，委託された子どもとの年齢間隔，それぞれの子どもの性別，里親からの説明，委託された子どもの行動特徴，委託期間（短期で実家庭へ帰るのか，長期の養育となるのか）など，多くの変数によっているはずである。こうしたことについての研究はまだほとんどなされていない。

　社会的養護のもとにいた子ども・若者の追跡調査は少ないが，児童養護施設から社会へ出た若者は問題を抱えていることが多い（東京都社会福祉協議会児童部会，2003）。その問題の基本には，アタッチメントや信頼感の形成などの人間関係があると考えられる。

第4節　里親に委託された子どもの関係形成

1　委託された子どもの適応のプロセス

　里親に委託された子どもには，委託後，比較的特徴的な経過がみられる。

　①委託直後の仮の適応の時期：1～数日間は，とても「よい子」にみえる。しかし，それは緊張していたり，不安でどう振舞ってよいかわからないためである。この時期は，里親も緊張していて，子どもが寝返りするたびに目を覚ましたりする。子どもの中には年齢以上の能力を示すこともある（偽成熟）。施設から退所した子どもは，過食，睡眠障害，排泄の問題をあらわすことも多いし，入浴を恐れることもある（庄司ほか，1983）。

　②少し落ち着いてくる時期：子どもの表情がやわらぎ，ことばもしゃべるようになり，おもちゃなどにも手を伸ばすようになる。里親はほっとする。

　③愛情確認の時期：そうするうちに，今度は里親から離れなくなったり，いやいやが多くなったり，怒りを爆発させたり，赤ちゃんことばを使うなど「赤ちゃんがえり」（退行）がみられたり，特定の食べ物しか食べなくなったり，里親が「やめて」ということを繰り返しやったりするようになる。これらを「試し行動」という。里親がどこまで自分を受け入れてくれるのかを無意識のうちに試していると考えられる。里親家庭で落ち着くまでには必要なプロセスといえる。里親には試練の時期で，迷ったり，悩んだり，どうしていいかわからず困ったり，いらだったりする。虐待を受けてきた子どもでは，攻撃的な言動が著しくなることもある。この時期は数カ月から数年つづくこともある。

　④安定する時期：こうした時期を乗り越えると，いつのまにか，気がついたら，子どもとおだやかにすごしていることに気づくだろう。

2　ライフストーリーワーク

　社会的養護のもとにいる子どもは，自分の過去を共有している人がいなかったり，思い出となる物が乏しかったりして，過去が失われていたり，断片的な記憶しかないことがある。信頼できる人との間で，アルバムや思い出の物を使いながら，「自分史」（ライフストーリー）を再構成する作業をライフストーリーワークという。人生の継続性を確保する方法として英米では広く実践されている。具体的には，子どもの「生い立ちの記録」（ライフストーリーブック）を，絵やことば，写真などを使って，信頼できる大人に手伝ってもらいながら，子ども自身の手で

つくっていく。この作業をとおして，子どもは誕生以来の自分の人生を理解していく。わが国では，ようやく実践が試みられるようになったところである（平田，2010；楢原，2009；塚田ほか，2006；米沢，2005，2007）。

3 里親家庭の特徴

　里親になる動機はさまざまである。実子が生まれず，不妊治療を経験している人が多く，そのために年齢が高い傾向がある。実子を育てた経験のある人も，子育てが一段落したあと（たとえば子どもが小学校に入学したあと，あるいは成人したあと）里親養育をはじめることが多いので，この場合も年齢が高くなる。また，実子がいて里親になろうとする人は自分の子育てがうまくいったと考えていることが多いだろう。しかし，子育ての成功経験は，委託された子どもを育てる場合には要注意である。里親に委託される子どもは実子とはかなり異なる特性を有していることが多いからである。

　実子がいてもいなくても，血縁関係のない子どもを養育しようとするので，子育てへの熱意は高いといえよう。また，里親になるためには夫婦でよく話し合っているはずであり，里親会の研修への里父の参加が多いことからも，夫婦の理解と協力は良好なことが多い。

4 里親養育・養子養育に固有の現象

　真実告知：真実告知とは，「私たち（里親・養親）は，あなたを生んだのではないこと。生んでくれたお母さんはいろいろな事情があって，あなたを育てることができなかったこと。私たちはあなたを育てることを心から望んでいたこと。あなたは私たちにとって大事な存在であること」を子どもに伝えることである。

　真実告知をする時期についてはいろいろな考えがあるが，小学校入学前後が適当だと思われる。逆に言うと，「血のつながった親子ではないこと」を，不安定になりやすい思春期に周囲から知らされるというのが，子どもにとって一番望ましくない状況だと考えられるからである。

　告知されると，泣き出すなど，子どもは反応するが，成人した元里子を対象とした調査（家庭養護促進協会神戸事務所，1984）によると，10歳前では反応はそれほど強くはないが，10歳以後だと部屋に閉じこもって出てこないなど，激しい反応をあらわすことが多くみられた。しかし，すべての調査対象者が，真実告知を受けてよかった，と答えている。真実告知は，ショックな体験ではあるけれども，乗り越えられるということだといえよう。

ルーツ探し：里親委託されている子どもは，自分の生い立ち，親や家族がどんな人で，どこに住んでいるのかを知りたいと強く思うことがある。親と会いたがったり，昔暮らしていた乳児院や児童養護施設を訪ねようとすることもある。「親のことを知りたい」と言い出す時期は思春期頃からが多いようである。

子どもにとって実親の存在はたいへん重要であるし，出自（ルーツ）あるいは親を知る権利がある。とはいえ，その親は子どもを拒否したり，悲惨な環境で暮らしていたり，会うことが子どもを傷つけることもある。まず，親についての情報を，誰が，いつ，どのように伝えるか，慎重に考えなければならない。

まとめ

里親のもとで，あるいは施設での養育は，子どもの発達の理解に重要な光を投げかける。しかし，これらの子どもの発達に関係する変数は多様であり，研究は断片的で，研究方法からみても，対象例の数からみてもまだまだ不十分であり，今後の研究が期待される。

引用文献

青木　豊．(2010). 被虐待乳幼児の心理・社会的発達. 子どもの虐待とネグレクト, **12**, 42-48.
芦谷未来. (2010). 乳児院における乳幼児の仲間関係の発達とその機能. 青山学院大学教育人間科学部紀要, **1**, 29-51.
Bowlby, J. (1967). 乳幼児の精神衛生（黒田実郎，訳）. 東京：岩崎学術出版社. (Bowlby, J. (1951). *Maternal care and mental health*. Geneva: WHO.)
Groark, C. J., Muhamedrahimov, R. J., Palmov, O. I. et al. (2005). Improvements in early care in Russian orphanages and their relationship to observed behaviors. *Infant Mental Health Journal*, **26**, 96-109.
平田　修．(2010). ライフストーリーワークの視点に立った里子支援のあり方. 子どもの虐待とネグレクト, **12**, 52-60.
金子龍太郎. (1993). 乳児院・養護施設の養育環境改善にともなう発達指標の推移. 発達心理学研究, **4**, 145-153.
金子龍太郎. (1996). 実践発達心理学：乳幼児施設をフィールドとして. 東京：金子書房.
金子　保．(1994). ホスピタリズムの研究. 東京：川島書店.
家庭養護促進協会神戸事務所. (1984). 成人里子の生活と意識.
川井　尚・恒次欽也・大藪　泰ほか. (1983). 乳児－仲間関係の縦断的研究 (1). 小児の精神と神経, **23**, 35-42.
川井　尚・恒次欽也・大藪　泰ほか. (1984). 乳児－仲間関係の縦断的研究 (2). 小児の精神と神経, **24**, 69-73.
川上清文. (1989). 乳児期の対人関係. 東京：川島書店.
ルイス，マイケル（Lewis, M.）・高橋惠子（編）. (2007). 愛着からソーシャル・ネットワー

クへ（高橋惠子，監訳）．東京：新曜社．

森田展彰．（2007）．児童福祉ケアの子どもが持つアタッチメントの問題に対する援助．数井みゆき・遠藤利彦（編著），アタッチメントと臨床領域（pp.186-210）．京都：ミネルヴァ書房．

楢原真也．（2009）．児童養護施設におけるテリング・ライフストーリーワークの実態と課題．子どもの虐待とネグレクト，**11**，104-117.

西澤 哲．（2008）．施設養育におけるアタッチメント形成．子どもの虐待とネグレクト，**10**，297-306.

樂木章子．（1997）．乳児院乳児の特徴的行動に関する身体論的考察．実験社会心理学研究，**37**，1-13.

樂木章子．（2002）．乳児院の集団的・組織的特徴と乳児の発達．実験社会心理学研究，**42**，23-39.

Rutter, M.（1972）. *Maternal deprivation reassessed*. Harmondsworth: Penguin Books.

Rutter, M., Colvert, E., Kreppner, J. et al.（2007）. Early adolescent outcomes for institutionally-deprived adoptees. 1: Disinhibited attachment. *Journal of Child Psychology and Psychiatry*, **48**, 17-30.

Rutter, M., Sonuga-Barke, E. J., Beckett, C. et al.（2010）. Deprivation-specific psychological patterns: Effects of institutional deprivation. *Monographs of the Society for Research in Child Development*, Serial No. 295, **75**（1）.

佐藤よしみ．（1991）．乳児院児の社会性の発達．繁多 進・青柳 肇・田島信元ほか（編），社会性の発達心理学（pp.92-107）．東京：福村出版．

庄司順一．（1995）．乳児院における家族の面会に関する研究．小児の精神と神経，**35**，101-108.

庄司順一．（2003）．フォスターケア：里親制度と里親養育．東京：明石書店．

庄司順一．（2007）．里親養育とアタッチメント．乳幼児医学・心理学研究，**16**，35-42.

庄司順一．（2008a）．アタッチメント研究前史．庄司順一・奥山眞紀子・久保田まり（編著），アタッチメント：子ども虐待・トラウマ・対象喪失・社会的養護をめぐって（pp.11-41）．東京：明石書店．

庄司順一．（2008b）．わが国における社会的養護とアタッチメント理論．庄司順一・奥山眞紀子・久保田まり（編著），アタッチメント：子ども虐待・トラウマ・対象喪失・社会的養護をめぐって（pp.92-121）．東京：明石書店．

庄司順一（編著）．（2009a）．*Q&A里親養育を知るための基礎知識*（第2版）．東京：明石書店．

庄司順一．（2009b）．リジリエンスについて．人間福祉学研究（関西学院大学人間福祉学部研究会），**2**，35-47.

庄司順一・帆足英一・二木 武．（1983）．乳児院退院児の家庭への適応．周産期医学，**13**，2114-2117.

Sparling, J., Dragomir, C., Ramey, S. et al.（2005）. An educational intervention improves developmental progress of young children in a Romanian orphanage. *Infant Mental Health Journal*, **26**, 127-142.

Spitz, R.（1945）. Hospitalism. *Psychoanalytic Study of the Child*, **1**, 53-74.

The St. Petersburg-USA Orphanage Research Team.（2008）. The effects of early social-emotional and relationship experience on the development of young orphanage children. *Monographs of the Society for Research in Child Development*, Serial No.291, **73**（3）.

須永美紀．（2007）．「共振」から「共感」へ．佐伯 胖（編），共感：育ち合う保育のなかで（pp.39-73）．京都：ミネルヴァ書房．

鈴木祐子．（主任研究者）．（2002）．乳児院入所児童の愛着関係再形成のプロセスについて．

平成 13 年度児童環境づくり等総合調査研究事業（子ども家庭総合研究事業）研究報告書.

谷口　篤・左高美鈴．(2006)．乳児院入所児のアタッチメントの発達と環境移行の影響．名古屋学院大学論集（社会科学篇），**42**，83-101.

トムソン，スティーヴン（Thompson, S.）．(2005)．児童養護施設における家族再統合．横浜女子短期大学紀要，**20**，9-24.

徳山美知代・森田展彰・菊池春樹ほか．(2009)．児童養護施設の被虐待児童とケアワーカーのアタッチメントに焦点をあてたプログラムの有効性の検討．子どもの虐待とネグレクト，**11**，230-244.

東京都社会福祉協議会児童部会．(2003)．児童養護施設退所児童の追跡調査．紀要，**6**，23-32.

塚田（城）みちる・古澤頼雄・富田庸子．(2006)．非血縁家族において子どもが作る自分史への発達支援．家庭教育研究所紀要，**28**，98-107.

恒次欽也・川井　尚・大藪　泰ほか．(1985)．乳児－仲間関係の縦断的研究(3)．小児の精神と神経，**25**，157-165.

Twigg, R., & Swan, T.(2007). Inside the foster family: What research tells us about the experience of foster carers' children. *Adoption and Fostering*, **31**, 49-61.

Werner, E. E., & Smith, R. S.(1992). *Overcoming the odds*. Ithaca, NY: Cornell University Press.

米沢普子．(2005)．ライフストーリーワークについて教えてください．庄司順一（編著），*Q&A 里親養育を知るための基礎知識*（pp.224-225）．東京：明石書店．

米沢普子．(2007)．子どもにとって自分の出生を知ることは，根っことなる，とても大切なこと．そだちと臨床，**2**，28-31.

第7章
発達早期＝保育・child care system

服部敬子

　生理的早産といわれるヒトの子育ては依存の時期が長い。よって，「母親が専一的に育児を行う」という形態は，歴史的に見た場合，「進化的に適応した環境」（Bowlby, 1969）とは言えず，その形態からの逸脱は「不自然」で潜在的に危険である，といった考えは「母性神話」として非難された（Braverman, 1989）。にもかかわらず，研究者は長らく「親以外の保育や施設型保育は子どもにとって悪いのか？」という不適切な問いを立ててきた（Lamb & Ahnert, 2006）。

　本章では，こうした問いに発した保育研究において，「保育の質」とともに「保育はどのように子どもの発達に影響を及ぼすのか」が問われるようになってきた過程を概観し，親以外の養育者の存在が親子システムや子どもの発達に寄与する関係について論じる。

第1節　ECCE, ECEC に関する国際的関心の高まりと日本の保育の現状

　1989 年に国連総会で「子どもの権利条約」が採択された翌年の 1990 年に開催された「万人のための教育（EFA）世界会議」では，「万人のための教育宣言」が決議され，「学習は誕生時から始まる」として，ECCE（Early Childhood Care and Education）の重要性が強く認識されることになった。また，1996 年に開催された OECD（経済協力開発機構）の加盟国教育大臣会合では，「万人のための生涯学習（Lifelong Learning For All）の実現」を唱えた共同宣言が採択され，各国の教育大臣が「ECEC（Early Childhood Education and Care）へのアクセスの拡充と質の改善」を高い優先課題とすること，早期からの教育格差の是正に向け，とくに不利な養育環境にある子どもの ECEC へのアクセスの改善を喫緊の課題とすることに同意した（OECD, 1996）。

　わが国では，1997 年に共働き世帯数が専業主婦世帯数を上回り，現在では，

ゼロ歳児の9.8%，1・2歳児の31.0%が保育所で保育を受けている（厚生労働省「保育所関連状況取りまとめ（平成23年4月1日）」）。3歳児では保育所に36.6%，幼稚園に40.0%の子どもが在籍し，8割近い子どもが施設での保育を受けている（厚生労働省「平成22年度社会福祉施設等調査」，文部科学省「平成22年度学校基本調査報告書」より）。近年は，低年齢入所や長時間保育のニーズが高まり，3歳未満の入所児数はこの10年間で約1.5倍，11〜12時間開所している保育所は1997-2007年の10年間で2.7倍，12時間以上の開所が5.6倍となっている[1]。

第2節　保育はどのように子どもの発達に影響を及ぼすのか
　　　——着眼点の変遷

1　母子間アタッチメントへの注目期における「保育の質」論点の浮上

　ボウルビィ（Bowlby, J.）がWHOの要請から著した"*Maternal Care and Mental Health*"（1951）の中で提唱した概念「マターナル・デプリベーション（maternal deprivation）」は，母性愛と関連するのでホスピタリズムよりも注目され（黒田，1997），「0歳からの母子分離・集団保育はホスピタリズム的結果を招く」と考えられた。ゆえに，わが国においても乳児保育の最初の発達論的視点は「乳児保育は子どもの発達に悪影響を及ぼさない」ことを証明することであった（神田，1994）が，1963〜64年に行われた平井信義らの厚生省科学研究「保育所における乳児保育実施上の諸要因に関する研究」報告は，乳児との個別的な人間関係を通じ情緒的発達を促進するような時間を保障できる数の保育者，医師，保健婦の配置や，心身発達の特性に応じた設備・遊具等の整備など，条件が整えられれば乳児からの集団保育も可能であるという積極的な提言が含まれていた。「3歳までは母の手で」という考え方が根強く残る一方で，1960年代後半には乳児期からの集団保育の積極面を追求する研究書が刊行され始め（金田，1973；名古屋保育問題研究会，1969ほか），近藤（1969）は，家庭保育と集団保育との質の違いに着目し，いずれもどの子どもにも保障されるべきであるとの考えを提起した。「完全な保育＝家庭保育」であり，家庭保育の欠損部を補うのが保育所保育であると考える「同質論」に，「家庭保育と保育所（集団）保育をあわせたものこそが完全な保育である」との考えを対置させた「異質論」は，家庭保育を集団保育に替えることの是非を問う論争を克服しうる主張であった。

---

[1]　全国保育団体連絡会，保育研究所編『2009保育白書』（ちいさいなかま社，2009）p.50より。

アメリカでは，女性の労働参加が劇的に増加し始めた1970年代から，保育の場における子どもたちの社会体験や，これらの体験が子どもの社会的能力に与える影響に関する研究が増え始め（たとえば，Ruopp et al., 1979），70年代末には，就学前の保育が子どもの社会的発達に悪影響を与えるものではないという結論が出されていた（Belsky & Steinberg, 1978）。

わが国では黒田ほか（1980, 1981, 1982, 1984）[2] が，5年間にわたって保育所への入所時期と精神発達との関連を多面的（社会性，性格，知能，就学後の性格特性・学習特性）に検討し，0歳台からの入所児が自主性において最も高い得点を示すものの，総合すると幼稚園児の方が得点が高いことから，保育所の抱える問題（保母の対子ども人数，産休明け保育，長時間保育，母親への働きかけの方法など）に対する「質的」な条件改善の必要性を指摘した。繁多（1987）はストレンジ・シチュエーション法を用いて，保育を受けた乳児と家庭で育てられた乳児のアタッチメントの発達を比較し，総体として保育園児に問題となる兆候はみられないとの報告を行った。アタッチメントの不安定な事例が改善されていく過程においても，たんに母子関係の改善ではなく，親子のおかれている生活条件に着眼した点に発展性があった（金田，1997）。

ところが，1980年代後半にアメリカでは，「保育の早期開始が子どもと両親のアタッチメントと関連する心理社会的発達に悪影響を及ぼす可能性がある」という不安が再び喚起された（Belsky, 1986, 1988；Belsky & Rovine, 1988）。クラーク-スチュワート（Clarke-Stewart, 1989）はこれらのレビューが意図的に裕福で安定した家庭の子どもを対象としていたことを指摘し，保育への適応を評価するうえで幅広くさまざまな尺度を用いることの必要性を強調した。後にクラーク-スチュワートほか（Clarke-Stewart et al., 1994）は，施設での保育を受ける子どもは，慣れない実験環境において母親とともに観察された場合，家庭での保育のみを受けている子どもよりも独立しているように見受けられること，それが「不安定」と誤って解釈されているのではないかと指摘した。

アメリカの全米青年縦断調査（the National Longitudinal Survey of Youth）研究でハーヴェイ（Harvey, 1999）は，早期の母親就労や復帰時期，就労継続は一貫して子どもの発達と関連しないこと，より多い労働時間は，7歳前の学術到達得点や9歳時の認知的発達の低さとやや関連するものの，子どもの問題行動やセルフ・エスティームなどとは有意な関連がみられず，早期の就労はシングルマザーや低

[2] 黒田実郎ら聖和大学の研究グループによる一連の研究。保育学会で発表された「乳幼児における集団保育経験とその精神発達との関連」(1)〜(7)。

収入の家庭に若干プラスに作用するとの報告を行った。59の研究で得られたデータを対象としたエールほか（Erel et al., 2000）によるメタ分析，および，日本で1980年代半ばに1,260名の妊婦を対象として追跡され始めた縦断研究（Sugawara, 2005ほか）でも同様に，早期の通園・通所はむしろ好ましいという示唆が導かれている。

　子どもたちは文化的にも家族的にも異種雑多な環境の中で育ち，保育には無限の具体化がある。子どもの内在的特徴や発達的な筋道，他の経験の文脈も保育の作用に影響を及ぼす。これまで研究間・内で，提供される保育の量と質，保育を受け始めた年齢，保育形態のタイプや変化の数，成果を評価する方法などが不定なため，たとえ「同じ」成果と評価されても不確かな結論とならざるをえなかった（Lamb & Ahnert, 2006）。20世紀終盤には，家庭内外の保育環境とそれらが子どもたちに与える複雑な影響との相互作用に焦点があてられ始めた。

　アメリカ保健社会福祉省の国立小児保健・人間発達研究所（The National Institute of Child Health and Human Development：NICHD）による「乳幼児の保育と発達に関する研究（Study of Early Child Care and Youth Development：SECCYD）」の生後15カ月時点に関する報告では，施設保育の時間が長く，その質が低く，母親の感受性が低いという条件が重なった場合に，母子のアタッチメントが不安定であった（NICHD Early Child Care Research Network［以下，ECCRN］, 1997, 2001）。一方，質の高い保育は，感受性の低い母親に対して，母子関係を改善する効果があることも明らかになった。母親の要因に関係なく，子どもが質の低い保育施設に通う場合，幼児と母親の不安定なアタッチメントが観察されたというイスラエルの報告（Sagi et al., 2002）もあることから，保育の質が母親の要因よりも大きく関与する可能性も考えられる。

　低収入の妊婦と乳幼児のいる家族に対して1995年に開始された「アーリー・ヘッド・スタート・プログラム（Early Head Start program）」[3]を受けた子どもたちは，3歳時点で親との高い感情的かかわりがあり，認知・言語発達，遊具への注意の維持，攻撃的な行動の少なさにおいて統制群の子どもたちよりもよい状態であることが報告された（Love et al., 2005）。また，このプログラムを受けた親たちは感情的により支持的であり，より多くの言語や学習環境を用意し，子どもに手をあげることが少なかった。これらの効果は先行研究と同じく，施設型保育を利

---

[3]　米国で低所得者層の家庭の幼児（3歳～5歳）の健康な発育，発達，学習などの支援を目的に1964年に設立された「ヘッドスタートプログラム（Head Start program）」に続き，低所得者層の3歳未満の子どもを対象として1995年に開始されたプログラム。

用した母子に顕著であった。保育施設への通園が養育スタイル（たとえば，親子の遊び習慣）の変化をもたらし，その変化が2年後の子どもの社会的コンピテンスの発達に寄与することが，認可保育所に通う日本の母子504名を対象にした縦断研究においても見出されている（Tong et al., 2009）。つまり，施設型の保育は，子どもに対する直接的な作用に加えて，親の養育の質を高めることによる間接的な効果をももたらしうると考えられる。

2 子ども‐保育者間のアタッチメント形成と社会性の発達

1990年代には，保育所で長時間ともに過ごす保育者に対して乳幼児が父母とは異なる独自のアタッチメントを形成し（Goossens & van IJzendoorn, 1990），父母に対するアタッチメント係数よりも，父母・保育者を合算したアタッチメント係数のほうがより多くの社会性・情緒面の指標と関連していることなどが見出された（van IJzendoorn et al., 1992）。保育者とのよりよい人間関係をもつ子どもは保育施設での学習機会の活用能力に優れ（Howes & Smith, 1995），保育期や学童期に友だちに対して社交的である可能性が高い（たとえば，Mitchell-Copeland et al., 1997）。これらの研究からは，子どもと保育者のアタッチメント関係の質は，信頼性・妥当性を有する評価が可能であり，母子間のアタッチメント関係とは異なる質の同様のプロセスが関与しており，その安定性が短期的・長期的な社会的能力を予測することが示唆される（Howes, 1999）。つまり，母親との関係性での特徴が一般化し，すべての関係性のひな形になるわけではなく（数井，2005），先に紹介した近藤（1969）の「異質論」をアタッチメントの観点から支持するものと言える。

ただし，ピア（peer：[年齢・地位・能力などが]同等の者；同僚，同輩，仲間のこと）関係の発達は，大人との人間関係とあまり対応していないという報告もある（Hay, 1985）。ピアは大人のように知識や技能面で優れているわけではないが，大人が一般的には共有しない活動への関心を共有しているというメリットがある。ハウズとジェームズ（Howes & James, 2002）は，ピア関係の構築とアタッチメント理論とは調和しうるとして，それらの関連について，大人との安定したアタッチメント関係をもつ子どもはピアを楽しく面白い社会的パートナーとみなし，ともに遊ぶ体験を通じてより高度な社会的技能を身につけるが，大人と不安定なアタッチメント関係にある子どもはピアを敵あるいは脅威とみなし，避けたり敵対的になったりする，との考えを述べている。

3 友だち関係の発達過程，および，子どもの発達に対する友だち関係の機能

保育施設では乳児期や幼児期早期にも子ども同士の相互交流のパターンが見られる（たとえば，Finkelstein et al., 1978；Vandell & Wilson, 1987）ことから，とりわけ，きょうだいや近隣の子どもが少なくなった現代の子どもたちにとって貴重な場であると言える。子どもたちは互いに模倣し合い，想像遊びを通じて互いに意味を共有し，学び合うようになる（たとえば，Mueller, 1989）。ごっこ遊びは，母親を含む大人よりも友だちやきょうだいとの方がうまくいくという（Brown et al., 1996）。友だちグループは，ジェンダーにより構成される傾向にあり，同性の行動の模倣やジェンダーによるアイデンティティ形成を促すとも考えられる（Maccoby, 1998）。

同一の友だちとの定期的な相互交流により，特定の相互交流パターンを特徴とする友情の構築が可能となり（Kenny & La Voie, 1984），特定のピアグループと長い時間過ごすと，友情を構築するための社会的技能が高まる（Howes, 1988）。2歳児に見られた10カ月にわたる友情の早期構築を説明したウェイリーとルーベンシュテイン（Whaley & Rubenstein, 1994）は，親密性，類似性，忠誠，支援という重要な要素を見出し，ハウズ（Howes, 1996）は，最初の友情は子どもが2歳を迎えたあとに現われると述べている。2007年の学校教育法改定で「家庭及び地域における幼児期の教育の支援」にかかわる第24条が新設され，幼稚園で2歳児の受け入れを開始する方向性が示されたことは，この点から意義のあることと言えよう。

3歳後半〜4歳頃には特定の友だち仲間に対する好みが明確になり，「友だち」のもつ心理的な意味が大きくなる（Rubin, Bukowski, & Parker, 1998）。親密な友だちとの間では，協調的な自己主張行動が多くみられ（山本，1995），そうでない相手との間よりも肯定的なかかわりがより頻繁にみられる（高櫻，2007）。服部（2008）は，3〜6歳までの縦断的な保育観察記録から，特定の親密な友だち関係の形成と行動制御上の変化との関連についての仮説を提起している。

友だちとの対立やトラブルの経験は，自身の意図と相手の意図との相違への意識を促すと考えられる。大人との対立では有力な解決策を受け入れるにとどまるが，友だちとの対立では相互交流を継続していくための妥協をともなうことから，子どもの発達にとって有意義である（Hartup & Moore, 1990）。1歳から4歳頃の対立は，多くの場合，同じ玩具を同時に欲しがる際に生じる（たとえば，Hay et al., 2000）が，「ジブンノ」所有要求が高まる1〜2歳児に対して，各児のマークなどで特定された箱や人形を用意・確保することで子どもたちが落ち着き，それらを

用いて友だちとつながる遊びもうまれることが実践の中で確かめられている（山口，2004；葉賀，印刷中）。

4　保育形態・園のエートスが子ども同士の関係に与える影響

　友だち関係と保育の質，保育形態との関連をみたルーベンシュテインとハウズ（Rubenstein & Howes, 1979）は，非常に質の高い保育を提供している施設において，友だちとの喧嘩が頻繁には見られなかったのに対し，家庭で養育されてきた子どもと他の保育施設で保育を受ける子どもとは頻繁に喧嘩していることを指摘した。ティッセン（Thyssen, 1995）は，デンマークの保育センター3カ所で2, 4, 6歳児各10名に対する保育者のかかわり方を観察し，子どもに対する保育者の「共感性」という観点から分析した。その結果，園ごとに特徴的な保育のパターンがみられ，4歳児，6歳児の場合，共感的な保育のもとでは，子どもたちは互いに他の子どもたちからの助言，提案を興味をもって受け入れようとしていたのに対し，共感性の低い保育のもとでは，子どもたちは他の子どもたちの提案にほとんど関心を示さず，自分の考えを実行するために他の子どもたちを排除しようとする傾向が認められた。子どもに対する温かい保育者の言動と園児の向社会的行動とは肯定的な関連性があり（Kienbaum, 2001），支配的で押しつけがましい大人の行動が友だちへの攻撃的な相互交流に関連するという報告もある（Rubin, Hastings et al., 1998）。ハウズとハミルトン（Howes & Hamilton, 1993）は，1歳から4歳児までの子どもを対象とした縦断研究において，友だちへの攻撃性と保育職員の離職との間に有意な相関関係を発見した。

　園はそれぞれの歴史の中で培ってきた固有の「文化」をもっており，その人間観，子ども観が，その園の人間関係の基本的なトーンを決める重大な要素である（Thyssen, 1995）。保育者と子ども，子ども同士，大人同士の人間関係は，その園内で基本的な人間観を共有しているがゆえに，互いによく似た性質をもつようになる。今日，欧米で，保育園の「雰囲気やエートス」が保育の質を構成する重要な要素として広く認められている所以である（大宮，2006）。保育が困難なクラスの問題をめぐり，研究者を介して園全体でビデオ記録を用いた実践検討を行った結果，保育者間の連携・信頼関係が構築されて子どもへのかかわり方が変化するとともに子どもの姿もよい方向へと変化し，園全体の保育の質が高められていったという報告は注目に値する（諏訪＋みどり保育園，2003）。

　保育における集団の特徴と子どもの相互交流の質との関連について，キャンベルほか（Campbell et al., 2000）の研究によると，不安定な大人数グループでは，対

立が生じた際,子どもたちは独力での解決を強いられるが,安定した少人数グループでは,保育者が即座に,かつ有効的に介入することができる。よって,こうしたグループの特徴が初期の子どもの相互交流の質に著しい影響を及ぼすという。2〜4歳時の社会的能力の発達について,同年齢グループと複数年齢グループを縦断的に比較した研究では,差異は認められなかった (Baily et al., 1993) が,複数年齢の混合グループにおける相互交流では,年上の子どもが年下の子どものモデルや導き手となり,同年齢のグループは相互に共感や与え合う交流を経験することが報告されている(たとえば,Howes & Farver, 1987；子安ほか, 2000)。

1998年からOECDが開始した乳幼児の発達と学習の支援方法に関する大規模な実態調査の2次報告書 "*Starting Strong II*" (OECD, 2006) では,読み書き・数の練習など「学校教育の準備を重視」するアプローチと,社会教育学の伝統をもつ北欧やレッジョ・エミリアなどで支持される「かけがえのない子ども期の子どもらしい学びと生活を尊重」するアプローチとを対照的にとらえたうえで,「多様化する世界に向けて,子ども時代にこそ創造性や異質の他者に開いていく寛容性を育むべきではないか」と締めくくられている (OECD, 2006)。

第3節　長期縦断研究によって明らかにされた保育の「効果」と今後の課題

きわめて質の高い保育を養育環境の厳しい子どもたちを対象として提供した実験的長期縦断研究として有名なのが,1962年にミシガン州で開始されたペリー・プリスクール (3, 4歳児対象) 研究である。同スクールで1〜2年間「半日保育を経験するグループ」と,「家庭保育グループ」とに分けてその後の子どもたちの発達が追跡されたところ,5歳時の就学レディネス,14歳,19歳時点での「学校への参加意欲 (commitment to schooling)」,基礎学力,40歳時の年収,逮捕歴等の項目で,保育経験グループは有意に良好であった (Schweinhart et al., 2005)。シュヴァインハートとワイカート (Schweinhart & Weikart, 1980) は,入学時の知的能力の向上よりむしろ,学業成績と強い関連を示し,かつ反社会的行動の減少を予測する「学校参加の意欲」に注目し,この変数こそがその後の発達に対して,直接的で持続的な効果をもたらした要因なのではないかと推定した。

その後の長期縦断研究でも,「質の高い」保育が健康な発達を促しサポートすること,すなわち,乳幼児期から青年期を通して認知・学習面の平均レベルが高く(たとえば,Barnett, 1995；Belsky et al, 2007；Dearing et al., 2009；NICHD ECCRN,

2002；NICHD ECCRN & Duncan, 2003；Vandell et al., 2010），行動上の問題が少なくなり（たとえば，Borge & Melhuish, 1995），より社交的で人気者になることが多い（たとえば，Field, 1991）ことなどが明らかにされている。さらに，低収入家庭を対象とした研究では，保育の質が中程度から高ければ高いほど，その効果が関連して上昇すること（たとえば，Burchinal et al., 2010；Vandell et al., 2010），男児が女児よりも質の高い保育の恩恵を受けやすいこと（Vortuba-Drzal et al., 2004）が報告されている。

一方，より多くの保育時間が幼児の行動上の問題の高いレベルに関連するという報告が相次いだ（たとえば，Belsky, 2001；Loeb et al., 2007；NICHD ECCRN, 2003）が，ラブほか（Love et al. 2003）は，NICHD 研究が質の高くない保育を提供している施設を対象としていたことの影響を指摘した。公的な運営管理によって保育の質の差が少ないスウェーデンで行われた 14 年間の追跡研究（Campbell et al. 2000）では，毎週の保育時間がより多い子どもたちは社会的能力が低い一方で，より多くの日数保育を受けた子どもたちはより社会的能力が高いという興味深い結果が得られた。保育時間，子育ち環境，親と子の年齢や性別などと 2 年後，5 年後の子どもの発達との関連について，認可夜間および併設昼間保育園で行われた本邦初の全国規模の追跡調査（安梅，2004）では，「保育時間や時間帯」との関連はなく，「配偶者の育児協力」や「一緒に買い物に連れて行く機会」などが乏しい場合に有意に発達上のリスクが高いことなどが明らかにされている。

保育への「適応」は，子どもの気質的な個人差の影響も大きく（DeSchipper et al., 2004），保育の範囲や質よりも家族背景と人間関係に関する要因が大きな影響を及ぼすという報告（NICHD ECCRN, 2001）もあるが，保育の「効果」を子どもの発達の到達度をテストやチェックリストで測定した「結果の質」によって評価する方法には限界がある。「プロセスの質」（＝子どもによって生きられた経験の質）や「学びの物語（learning story）」を評価する方法の重要性が日本でも提起されている（秋田，2008；大宮，2007）。

本稿で概観した諸研究からは，規則的な通園による保育者との安定的な関係構築，共感的で感受性の高い園の雰囲気のもと小さいグループ規模での子ども同士の相互交流が重要であること，早期からこうした施設型保育を受けることが親子の関係発達支援に寄与しうることが示唆されている。特別なニーズを抱える親子が増え，保育が難しくなっている現在，とくに 3 歳以上児の保育者配置やクラス規模の「最低基準」の改善が喫緊の課題であり（村山，2001），マカビーとルイス（Maccoby & Lewis, 2003）のいうグループ・ダイナミクスや保育施設における個々人

の「つながり」に関する研究，わが国で長年実践が蓄積されてきている「集団づくり」の方法論を子どもの発達的観点から捉え直す試み（服部，2009；全国保育問題研究協議会，2006）も必要であろう。加えて，国際的な潮流をふまえ，「親が参加を望む子ども」すべてに質の高い ECEC が公正に保障されるユニバーサルなアクセスのあり方の検討（OECD, 2001）が求められる。

引用文献

秋田喜代美．(2008)．保育環境の質尺度の開発と保育研修利用に関する調査研究．厚生労働省科学研究費補助金政策科学研究事業平成 *19* 年度総括研究報告書．

安梅勅江．(2004)．子育ち環境と子育て支援：よい長時間保育のみわけかた．東京：勁草書房．

Bailey, D. B., Burchinal, M. R., & McWilliam, R. A. (1993). Relationship between age of peers and early child development: A longitudinal study. *Child Development*, **64**, 848-862.

Barnett, W. S. (1995). Long-term effects of early childhood programs on cognitive and school outcomes. *Future of Children*, **5**, 25-50.

Belsky, J. (1986). Infant day care: A cause for concern? *Zero to Three*, **7**, 1-7.

Belsky, J. (1988). The "effects" of infant day care reconsidered. *Early Childhood Research Quarterly*, **3**, 235-272.

Belsky, J. (2001). Emanuel Miller lecture: Developmental risks (still) associated with early child care. *Journal of Child Psychology and Psychiatry*, **42**, 845-859.

Belsky, J., & Rovine, M. J. (1988). Nonmaternal care in the first year of life and the security of infant-parent attachment. *Child Development*, **59**, 157-167.

Belsky, J., & Steinberg, L. D. (1978). The effects of daycare: A critical review. *Child Development*, **49**, 929-949.

Belsky, J., Vandell, D. L., Burchinal, M., Clarke-Stewart, K. A., McCartney, K., & Owen, M. T. (2007). Are there long-term effects of early child care? *Child Development*, **78**, 681-701.

Borge, A. I. H., & Melhuish, E. C. (1995). A longitudinal study of childhood behavior problems, maternal employment and day care in a rural anorwegian community. *International Journal of Behavioral Development*, **18**, 23-42.

Bowlby, J. (1969). *Attachment and loss: Vol.1. Attachment.* New York: Basic Books.

Braverman, L. B. (1989). Beyond the myth of motherhood. In M. McGoldrick, C. M. Anderson, & F. Walsh (Eds.), *Women and families* (pp.227-243). New York: Free Press.

Brown, J. R., Donelan-McCall, N., & Dunn, J. (1996). Why talk about mental states? The significance of children's conversations with friends, siblings, and mothers. *Child Development*, **67**, 836-849.

Burchinal, M., Vandergrift, N., Pianta, R., & Mashburn, A. (2010). Threshold analysis of association between child care quality and child outcomes for low-income children in pre-kindergarten programs. *Early Childhood Research Quarterly*, **25**, 166-176.

Campbell, J. J., Lamb, M. E., & Hwang, C. P. (2000). Early child-care experiences and children's social competence between 1.5 and 15 years of age. *Applied Developmental Science*, **4**, 166-175.

Clarke-Stewart, K. A. (1989). Infant day care: Maligned or malignant? *American Psychologist*, **44**, 266-273.

Clarke-Stewart, K. A., Gruber, C. P., & Fitzgerald, L. M. (1994). *Children at home and in day care.* Hillsdale, NJ: Erlbaum.

Dearing, E., McCartney, K., & Taylor, B. A. (2009). Does higher quality early child care promote low-income children's math and reading achievement in middle childhood? *Child Development*, **80**, 1329-1349.

DeSchipper, J. C., Tavecchio, L. W. C., van IJzendoorn, M. H., & van Zeijl, J. (2004). Goodness-of-fit in center day care: Relation of temperament, stability, and quality of care with the child's adjustment. *Early Childhood Research Quarterly*, **19**, 257-272.

Erel, O., Oberman, Y., & Yirmiya, N. (2000). Maternal versus nonmaternal care and seven domains of children's development. *Psychological Bulletin*, **126**, 727-747.

Field, T. (1991). Quality infant day-care and grade school behavior and performance. *Child Development*, **62**, 863-870.

Finkelstein, N. W., Dent, C., Gallacher, K., & Ramey, C. T. (1978). Social behavior of infants and toddlers in a day-care environment. *Developmental Psychology*, **14**, 257-262.

Goossens, F. A., & van IJzendoorn, M. H. (1990). Quality of infants' attachments to professional caregivers: Relation to infant-parent attachment and day-care characteristics. *Child Development*, **61**, 832-837.

葉賀美幸.（印刷中）．ほっこりしながらジブンを出せる集団をねがって．神田英雄・加藤繁美（監修），服部敬子（編），子どもとつくる1歳児保育．東京：ひとなる書房．

繁多　進．(1987)．愛着の発達．東京：大日本図書．

Hartup, W. W., & Moore, S. G. (1990). Early peer relations: Developmental significance and prognostic implications. *Early Childhood Research Quarterly*, **5**, 1-17.

Harvey, E. (1999). Short-term and long-term effects of early parental employment on children of the national longitudinal study of youth. *Developmental Psychology*, **35**, 445-459.

服部敬子．(2008)．幼児期中期～後期における自己制御力の発達と保育：保育場面の縦断的観察記録から．自主シンポ：「心の理論」の獲得と実行機能の発達（2）日常生活場面の観察データから問う．日本発達心理学会第19回大会発表論文集，153．

服部敬子．(2009)．「指導が難しい」子と「集団づくり」．浅井春夫・渡邉保博（編），保育の理論と実践講座：2　保育の質と保育内容：保育の専門性とは何か（pp.71-82）．東京：新日本出版社．

Hay, D. (1985). Learning to form relationships in infancy: Parallel attainments with parents and peers. *Developmental Review*, **5**, 122-161.

Hay, D. F., Castle, J., & Davies, L. (2000). Toddlers' use of force against familiar peers: A precursor of serious aggression? *Child Development*, **71**, 457-467.

Howes, C. (1988). Peer interaction in young children. *Monographs of the Society for Research in Child Development, no.217*, **53** (1).

Howes, C. (1996). The earliest friendships. In W. M. Bukowski, A. F. Newcomb, & W. W. Hartup (Eds.), *The company they keep: Friendships in childhood and adolescence* (pp.66-86). New York: Cambridge University Press.

Howes, C. (1999). Attachment relationships in the context of multiple caregivers. In J. Cassidy & P. R. Shaver (Eds.), *Handbook of attachment theory and research* (pp.671-687). New York: Guilford Press.

Howes, C., & Farver, J. (1987). Social pretend play in 2-years-olds: Effects of age of partner. *Early Childhood Research Quarterly*, **2**, 305-314.

Howes, C., & Hamilton, C. E. (1993). The changing experience of child care: Changes in teachers and in teacher-child relationships and children's social competence with peers. *Early Childhood Research Quarterly*, **8**, 15-32.

Howes, C., & James, J. (2002). Children's social development within the socialization Context of child-care and early childfood education. In P. K. Smith & C. H. Hart (Eds.), *Blackwell handbook of childhood social development* (pp.137-155). Oxford: Blackwell Publishers.

Howes, C., & Smith, E. (1995). Relationship among childcare quality, teacher behavior children's play activities, emotional security, and cognitive activity in childcare. *Early Childhood Research Quarterly*, **10**, 381-404.

神田英雄. (1994). 乳児保育と発達研究. 保育研究所（編）, 保育の研究（第 13 号, pp.47-62）. 東京：草土文化.

金田利子. (1973). 乳幼児保育論. 東京：有斐閣.

金田利子. (1997). 日本における「母性神話」の動向. 日本保育学会（編）, わが国における保育の課題と展望 (pp.102-118). 東京：世界文化社.

数井みゆき. (2005). 保育者と教師に対するアタッチメント. 数井みゆき・遠藤利彦（編）, アタッチメント：生涯にわたる絆 (pp.114-126). 京都：ミネルヴァ書房.

Kenny, D. A., & La Voie, L. (1984). Social relation model. In L. Berkowitz (Ed.), *Advances in experimental social psychology* (pp.141-182). Orlando, FL: Academic Press.

Kienbaum, J. (2001). The socialization of compassionate behavior by child care teachers. *Early Education and Development*, **12**, 139-153.

近藤薫樹. (1969). 集団保育とこころの発達. 東京：新日本出版社（新日本新書）.

子安増生・服部敬子・郷式 徹. (2000). 幼児が「心」に出会うとき：発達心理学から見た縦割り保育. 東京：有斐閣.

黒田実郎. (1997). 母性をめぐる研究動向. 日本保育学会（編）, わが国における保育の課題と展望 (pp.91-118). 東京：世界文化社.

Lamb, M. E., & Ahnert, L. (2006). Nonparental child care: Context, concepts, correlates, and consequences. In W. Damon & R. M. Lerner (Series Eds.), K. A. Renninger & I. E. Sigel (Vol. Eds.), *Handbook of child psychology: Vol.4. Child psychology in practice* (6th ed., pp.950-1016). New York: Wiley.

Loeb, S., Bridges, M., Bassok, D., Fuller, B., & Rumberger, R. W. (2007). How much is toomuch? The influence of preschool centers on children's social and cognitive development. *Economics of Education Review*, **26**, 52-66.

Love, J. M., Harrison, L., Sagi-Schwartz, A., van IJzendoorn, M. A., Ross, C., Ungerer, J. et al. (2003). Child-care quality matters: How conclusions may vary with context. *Child Development*, **74**, 1021-1033.

Love, J. M., Kisker, E. E., Ross, C. M., Constantine, J., Boller, K., Chazan-Cohen, R. et al. (2005). The effectiveness of Early Head Start for 3-year-old children and their parents: Lessons for policy and programs. *Developmental Psychology*, **41**, 885-901.

Maccoby, E. E. (1998). *The two sexs: Growing up apart, coming together*. Cambridge, MA: Harvard University Press.

Maccoby, E. E., & Lewis, C. C. (2003). Less day care or different day care? *Child Development*, **74**, 1069-1075.

Mitchell-Copeland, J., Denham, S. A., & DeMulder, E. K. (1997). Q-sort assesment of child-teacher attachment relationships and social competence in the preschool. *Early Education and Development*, **8**, 27-39.

Mueller, E. (1989). Toddlers' peer relations: Shared meaning and semantics. In W. Damon (Ed.), *Child development today and tomorrow* (pp.313-331). San Francisco: Jossey-Bass.

村山祐一. (2001). もっと考えて！！子どもの保育条件：保育所最低基準の歩みと改善課題（フォーラム 21）. 東京：新読書社.

名古屋保育問題研究会（編）. (1969). これからの乳児保育. 名古屋：風媒社.

NICHD Early Child Care Research Network. (1997). The effects of infant child care on infant-mother attachment security: Results of the NICHD Study of Early Child Care. *Child Development*, **68**, 860-879.

NICHD Early Child Care Research Network. (2001). Child-care and family predictors of preschool attachment and stability from infancy. *Developmental Psychology*, **37**, 847-862.

NICHD Early Child Care Research Network. (2002). Child Care Structure → Process → Outcome: Direct and indirect effects of caregiving quality on young children's development. *Psychological Science*, **13**, 199-206.

NICHD Early Child Care Research Network. (2003). Does amount of time spent in child care predict socioemotional adjustment during the transition to kindergarten? *Child Development*, **74**, 976-1005.

NICHD Early Child Care Research Network, & Duncan, G. J. (2003). Modeling the impacts of child care quality on children's preschool cognitive development. *Child Development*, **74**, 1454-1475.

OECD. (1996). Lifelong learning for all: Meeting of the Education Committee at Ministerial Level, 16-17 January 1996. p.21.

OECD. (2001). *Starting strong: Early childhood education and care.* Paris: OECD.

OECD. (2006). *Starting strong II: Early childhood education and care.* Paris: OECD.

大宮勇雄. (2006). 保育の質を高める：21世紀の保育観・保育条件・専門性. 東京：ひとなる書房.

大宮勇雄. (2007). レッジョ・エミリアやニュージーランドの保育者には「子ども」がどのように見えているのだろうか. 現代と保育, **69**, 6-37.

Rubenstein, J., & Howes, C. (1979). Caregiving and infant behavior in day care and in homes. *Developmental Psychology*, **15**, 1-24.

Rubin, K. H., Bukowski, W., & Parker, J. G. (1998). Peer interactions, relationships. In W. Damon (Series Ed.), In N. Eisenberg (Ed.), *Handbook of child psychology: Vol. 3. Social, emotional, and personality development* (5th ed., pp.619-700). New York: Wiley

Rubin, K. H., Hastings, P., Chen, X., Stewart, S., & McNichol, K. (1998). Intrapersonal and maternal correlates of aggression, conflict, and externalizing problems in toddlers. *Child Development*, **69**, 1614-1629.

Ruopp, R., Travers, J., Glantz, F., & Coelen, G. (1979). *Children at the center.* Cambridge, MA: ABT Associates.

Sagi, A., Koren-Karie, N., Gini, M., Ziv, Y., & Joels, T. (2002). Shedding further light on the effects of various types and quality of early child care on infant-mother attachment relationship: The Haifa study of early child care. *Child Development*, **73**, 1166-1186.

Schweinhart, L. J., Montie, J., Xiang, Z., Barnett, W. S., Belfield, C. R., & Nores, M. (2005). *Lifetime effects: The High/Scope Perry Preschool study through age 40.* (Monographs of the High/Scope Educational Research Foundation, 14). Ypsilanti, MI: High/Scope Educational Research Foundation.

Schweinhart, L. J., & Weikart, D. P. (1980). *Young children grow up: The effects of the Perry preschool program on youths through age 15.* Ypsilanti, MI: High/Scope Educational Research Foundation.

Sugawara, M. (2005). Maternal employment and child development in Japan: A twelve-year longitudinal study. *Applied Developmental Psychology Special Volume*, 225-240.

諏訪きぬ＋みどり保育園. (2003). 保育者が変われば保育が変わる. 東京：新読書社.

高櫻綾子. (2007). 3歳児における親密性の形成過程についての事例的検討. 保育学研究, **4**, 23-33.

Thyssen, S. (1995). Care for children in Day care Centers. *Child and Youth Care Forum*, **24**, 91-106.

Tong, L., Shinohara, R., Sugisawa, Y., Tanaka, E., Maruyama, A., Sawada, Y., Ishi, Y., & Anme, T. (2009). Relationship of working mothers' parenting style and consistency to early childhood development: A longitudinal investigation. *Journal of Advanced Nursing*, **65**, 2067-2076.

van IJzendoorn, M. H., Sagi, A., & Lambermon, M. W. E. (1992). The mulyiple caretaker paradox: Data from Holland and Israel. In R. C. Pianta (Ed.), *Beyond the parent: The role of other adults in children's lives* (New directions for child development, 57, pp.5-24). San Francisco: Jossey-Bass.

Vandell, D. L., Belsky, J., Burchinal, M., Steinberg, L., & Vandergrift, N. (2010). Do effects of early child care extend to age 15 years? Results from the NICHD study of early child care and youth development. *Child Development*, **81**, 737-756.

Vandell, D. L., & Wilson, K. S. (1987). Infants' interactions with mother, sibling, and peer: Contrasts and relations between interaction systems. *Child Development*, **58**, 176-187.

Vortuba-Drzal, E., Coley, R. L., & Chase-Lansdale, P. L. (2004). Child care and low-income children's development: Direct and moderated effects. *Child Development*, **75**, 296-312.

Whaley, K. L., & Rubenstein, T. S. (1994). How toddlers "do" friendship: A descriptive analysis of naturally occurring friendships in a group child care setting. *Journal of Social and Personal Relationships*, **11**, 383-400.

山口陽子．(2004)．一人ひとりを支え，みんなをつなげる個人持ちおもちゃ．保育計画研究会・編集委員会（編），実践に学ぶ保育計画のつくり方・いかし方（pp.72-86）．東京：ひとなる書房．

山本愛子．(1995)．幼児の自己調整能力に関する発達的研究：幼児の対人葛藤場面における自己主張解決方略について．*教育心理学研究*，**43**，42-51.

全国保育問題研究協議会（編）．(2006)．人と生きる力を育てる：乳児期からの集団づくり．東京：新読書社．

第8章
学齢期＝学校・仲間

藤田　文

　学齢期に入ると，子どもは多くの時間を学校で過ごすようになり，子どもの心理的発達に及ぼす学校の影響は非常に大きいものとなる。とくに，少子化により家庭や地域で対人関係を経験する機会が減少している現代では，子どもが社会的能力を修得する場としての学校の役割が重要になってきている。「仲間にい～れ～て」「A君ずるいよ」「Bちゃん，大丈夫？」「Cさんの意見に賛成だけど，つけ加えがあります」など，いかに仲間とうまくコミュニケーションできるかが，学校への適応や学校生活の充実度を左右するといえよう。

　本章では，学校の影響を，対等な仲間関係と同時に先輩・後輩との異年齢の関係，それを支える教師や指導者の影響から検討していく。このような多様な関係に焦点を当てるために，学校の教室場面だけでなく，学校に付随していると考えられる学童保育場面，部活動場面も取り上げることとする。

第1節　教室場面

1　伝え合う仲間

　近年，仲間とコミュニケーションをとるための社会的スキルに関する研究が，教室場面で行われるようになってきた。教室は子どもが社会的スキルを組織的，効率的に学習し，学習したスキルをすぐに実践に移せる絶好の場である。

　社会的スキルとは，「やりとりするもの同士がお互い利益をうまく調整して，適切に折り合いをつけていくためのスキルのことで，人間関係の原則に直接関わるスキルである」と説明されている（佐藤・佐藤，2006, p.11）。従来の社会的スキル訓練は，社会的スキルが未熟な子どもに対して個別に実施されてきた。しかし，最近では予防的な観点から，クラス全員を対象とした集団社会的スキル訓練CSST（Classwide Social Skills Training）が実践されてきている。CSSTの利点は，学級

表8-1　CSST実施案の概略：「じょうずなたのみ方」を例として（藤枝・相川，2001）

	教師の児童に対する働きかけ	実施上の留意点
教示	①自分が普段している頼み方を思い出させる。 ②相手から断られた時に，自分が受ける不利益を挙げさせる。 ③相手から了承された時に受ける利益を挙げさせる。 ④相手に自分の頼み事をきいてもらうために，必要と思われる行動を具体的に発表させる。	・本時の目標である，上手な頼み方に意識を向けさせる。 ・児童にとって身近な場面を取り上げ，親しみやすくする。
モデリング	①児童に「上手な頼み方」と「上手でない頼み方」の両場面をやって見せる。 ②両場面では，行動に関してどこが違っていたのか，発表させる。 ③「上手な頼み方」をするには，どのような行動（スキル）が必要なのか，気づかせる。	・表情や，顔・体の向き，言葉，声の調子などを意識しながらモデリングする。 ・「上手な頼み方」に含まれているスキルは 　相手の様子を見る 　相手に体を向ける 　相手の目を見る 　笑顔で言う 　頼む理由を言う 　内容を明確に述べる 　感謝の気持ちを言う ・教師はリハーサルを観察し，フィードバックを与える。
リハーサル	①児童に「上手な頼み方」と「上手でない頼み方」の両場面を体験させる。頼む役と頼まれる役の両方を体験させる。 ②「上手な頼み方」をする時には，必要なスキルを意識しながら頼むように教示する。 ③できるだけ多くの相手と，場面や役割を交代して，繰り返し体験させる。	
フィードバック	①やってみた感想を発表させたり，振り返りカードに記入させることで，本時の内容を再確認させる。 ②上手に頼めば相手に引き受けてもらいやすくなること，そのためにはスキルが必要であることを再確認させる。 ③スキルを実行した場合の利益を確認させながら，これからも上手な頼み方を実践していくように教示する。	・相手や場面が異なっても，上手な頼み方スキルが有効であることを確認する。

全員が社会的スキルを学習する機会を得ることができ，社会的般化が期待できる点と，担任教師が通常の授業時間に無理なく実施できるという点である。学級全員が共通の社会的スキルを学習するため，お互いの行動変化に気づきやすく，子ども相互のフィードバックが可能になる（藤枝・相川，2001）。その結果，ポジティブな相互作用が増加し，主観的な適応状態も改善することが期待できる（江村・岡安，2003）。

　CSSTは，学級活動45分間を，表8-1のような教示，モデリング，リハーサル，フィードバックで構成する。目標スキルは，他にも「なかまへの入り方・なかまのさそい方」や「やさしい言葉かけ」等が選択される。

　小学校での実践研究では，CSSTの効果が実証されつつある。たとえば，藤枝・相川（2001）では，統制学級よりも訓練学級の担任の方が，社会的スキルの未熟な児童がスキルを獲得したと感じていた。また，多賀谷・佐々木（2008）では，

訓練群では，児童の自己評定の社会的スキルの維持，仲間への認知の肯定的変化，児童相互のかかわりの深まりが認められた。中学校での実践研究でも同様に，訓練後に社会的スキルが上昇した生徒は孤独感が減少し友人サポート感が上昇した（江村・岡安，2003），また，不適応状態にある生徒の仲間評定スキル得点と仲間からの受容得点が訓練後に増加した（本田ほか，2009），といった効果が得られている。

このように，教室の中で子どもの学校不適応への予防としての取り組みが行われており，子どもが社会的スキルを修得しているのである。

2 学び合う仲間

授業中の教室での仲間関係については，生徒相互の協同学習を軸とした「学び合い学習」の教育実践研究（杉江，2003）に注目が集まっている。愛知県犬山市や千葉県野田市で協同学習の教育実践が活発に行われており，学級の協同的雰囲気が，授業を楽しみ，積極的に学習に取り組む等の学習への肯定的態度を高めるという効果が多く確認されている（犬山授業研究会，2008；大関ほか，2008）。

このような話し合いを中心とした授業から児童生徒は何を学び取っているのだろうか。教室談話の研究では，話し合いを支えるグラウンド・ルール（ground rule：GR）の意味を児童が学びとっていることが示されている。GR とは，「相互の主張や発話内容，発話の意図を正確に理解するために，厳密な言語学的知識に加えて，会話の参加者が保持していることが必要となる，暗黙の語用論的知識」（Edwards & Mercer, 1987, p.42）である。

松尾・丸野（2008）では，熟練教師による話し合いを中心とした国語の授業談話分析の結果，①自分と他者の考えの違いに注目し，独自性を大切にする，②必要なときには，納得できるまで自分の考えにこだわる，③話し合いを通じて考えをつくる，変えることを目的に話し合い，述べられた考えは公共的なものとして扱うという 3 つの GR が児童に学習されたことが見出された。具体的な児童の語りは表 8-2 に示されている。話し合いで子どもたちが主体的に互いの考えを検討し合い，人とかかわる中での考え方や学び方も修得していくのである。

3 教師の影響

社会的スキルの訓練や協同学習の成否には教師のかかわり方が大きな影響を及ぼす。1 と 2 で述べてきたように，教室での活動において，とくにクラス担任自身が活動の推進者として実践していく必要がある。

表8-2　5年生と6年生の間で生じた GR の意味づけの変化に関する児童の語り（松尾・丸野，2008）

GR1：自分なりの考えを大切にする
　例1：理由が違うことも言ったほうがいいかなと思ったから（重要だと思うようになった）。（5年生の時は）別に，おんなじ意見だから，違う理由でも別にいいなって，言わんでもいいかなって。【児童 O】
　例2：似ている考えを発表したら，その，同じ考えを言った人は安心する。前はそんな風に考えてたから大切だと思っていたけど，最近は似ている考えを言っても進まないっていうので（評定値を）下げたったい。【児童 H】
GR2：自分の立場にこだわる
　例3：何か昔はこだわったら，なんかめんどくさい，そんな感じやったけど，こだわるのが。だけど，このごろこだわってみんなが絡まるのが楽しくなるっていうか，そんなになったから。【児童 M】
GR3：話し合いの中で考えをつくる・変える
　例4：自分の意見はすぐに決めるんじゃなくて，人の考えなどを聞いて，よく考えて自分の考えを決めたほうがいいから。5年生のときは，自分の意見をいばっていて，反対意見を言われても反対意見を言って，それでなんかずっと論議が続いていた。【児童 A】

注）（　）内は筆者による補足。

　CSST の実践は，心理の専門家が行うよりも，学級担任が行った方が効果的であるようだ（多賀谷・佐々木，2008）。つまり，学級担任が子どもたちに必要な目標スキルを選択し，必要な時期に反復して CSST を実施することが重要である。

　協同学習場面でも教師の働きかけが，社会的相互作用を通じた学びの共同体づくりとしての重要な機能をもつ。小学校低学年では，教師と生徒の1対1の対話から，クラス全体を巻き込む1対多の参加構造へ転換させることがポイントである（磯村ほか，2005）。教師が，「みんな」という聞き手の存在を導入し，発言者をみんなの方に向かせる等の身体的配置や視線や声のトーンを修正し，発話の宛先を「みんな」にすることが重要である。

　また，小学校高学年では，教師がリヴォイシング等の談話方略を用いて，児童が他者の考え方を共有し，自分の意見を考え直す機会を授業に生成することがポイントである（松尾・丸野，2008）。リヴォイシングとは，「議論の中で他の参加者によって行われる，口頭もしくは書き言葉での，ある児童の発言の，ある種の再発話」であり，話し合いを組織化するための一手段である（O'Connor & Michaels, 1996）。GR を生成する段階で，①「同じです」等の応答で，自分で考えない状態からの脱却，②子どもの「正解探しの発想」の修正，③成績の高い子への同調等「人間関係の歴史性」の解体，④人の意見を取り入れてはいけないという「非公共的な知識観の修正」が必要である。

　教師が子どもに必要なスキルを理解し，発言の背後にある思考に注目しながら

かかわることで，子どもたち相互のかかわりと学びを深めていくのである。

第2節　学童保育場面

1　育ち合う仲間

　学童保育は，「小学校に就学しているおおむね一〇歳未満の児童であって，その保護者が労働等により昼間家庭にいないものに，政令で定める基準に従い，授業の終了後に児童厚生施設等を利用して適切な遊びおよび生活の場を与えて，その健全な育成を図る事業」として児童福祉法で定義づけられている。2009年には，全国で18,475カ所設置され，利用児童数は約81万人である。
　学校の空き教室や敷地内が利用される場合も多く，放課後の子どもの居場所として学童保育を学校環境の一部と捉えることも可能だろう。放課後の自由な時間の中では，異年齢や異性を含む多様な相互作用が展開している。
　学童保育では，「ただいま」と子どもがやってきて，休息，宿題，おやつ，遊びの時間を過ごすことになる。遊び場面での仲間の相互作用を明らかにするために，古城・川内（2007）は，遊びのルール変更という視点から観察を行った。その結果，サッカー，野球，鬼ごっこ，缶けり等のすべての遊び事例でルール変更が認められた。ルール変更は，ルール破りや危険性といった不都合が契機となり，一人の子どもによる提案と仲間の合意によって生じていた。その基本構造モデルは図8-1のようなものである。また，多くのルール変更が遊びに肯定的変化（遊びやすくなった，面白くなった）をもたらすことも示された。
　自由遊びの中で子どもたちは，遊びをいかに楽しくするか，その時々の条件に見合うものにするか，仲間が安全に仲よく活動できるものにするか，といった創意工夫をしながら仲間関係をつくり上げているのである。

2　せめぎ合う異年齢の関係

　藤田（2011）では，1年生から3年生までの学童保育の自由遊び場面でのいざこざを観察した。その結果，児童期でもいざこざが多く生じていることが示された。とくに，異年齢間では「物・場所の占有」が原因で上級生が下級生に働きかけていざこざが生じていた。それに対して，下級生は抵抗できずに受容したり，陰で上級生への不満を口にしたりして納得のいかない終結になる場合が多かった。したがって，児童期において，同年齢間ではある程度納得のいくいざこざの解決ができるが，異年齢間では上級生優位で解決されることが明らかになった。

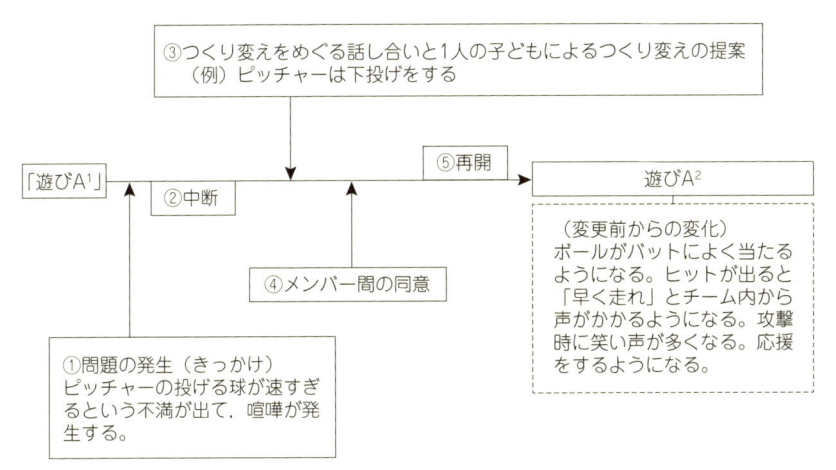

③つくり変えをめぐる話し合いと1人の子どもによるつくり変えの提案
（例）ピッチャーは下投げをする

「遊びA¹」　②中断　　　　　　　　⑤再開　　　遊びA²

（変更前からの変化）
ボールがバットによく当たるようになる。ヒットが出ると「早く走れ」とチーム内から声がかかるようになる。攻撃時に笑い声が多くなる。応援をするようになる。

④メンバー間の同意

①問題の発生（きっかけ）
ピッチャーの投げる球が速すぎるという不満が出て，喧嘩が発生する。

図8-1　つくり変えの基本的構造モデル：野球遊びを事例として（古城・川内，2007）

　また，前述の古城ほか（2007）の研究でも，遊びのルールを変更する提案者の多くは上級生だった。楽しく遊ぶためにルール破りや喧嘩を生じさせないような配慮がある一方で，上級生の身勝手なルール変更もあり，子どもたちにも縦社会が存在することを垣間見る結果だった。

　他人とのいざこざを含めた相互交渉は，自分のことだけでなく相手の立場も配慮することを身につけさせる。近隣の遊び集団が減少し一人っ子が増加しつつある状況では，学童保育がこのような異年齢との厳しい縦の力関係の経験を提供し，子どもたちにとって多様で貴重な社会的能力の育成の場になっていると考えられよう。また，学童保育は児童期の仲間関係を研究するフィールドとして今後も大きな役割を果たすと考えられる。

3　指導員の影響

　学童保育における指導員は，「おかあさん」と呼び間違えられることもしばしばであり，子どもにとっては親代わりのようなものである。学校終了後，ほっと疲れを癒し，話を聞いてもらいたい相手となるはずである。

　学童保育での生活についてのインタビュー形式の研究（赤津・金谷，2010）では，指導員との関係がうまくいかず，参加を拒んだ児童のケースが示され，指導員との関係が学童保育での生活の質に大きな影響を与えると指摘されている。地域の人々の参加やボランティア学生も影響を与えていると考えられるが，実証的な研究を行っていくことは今後の課題である。

狭い空間での大人数の異年齢集団の指導また保護者への対応等，指導員は多くの苦労をかかえている。とくに，近年軽度の発達障がい児の学童保育への参加もみられ，指導員の研修の充実とともに，待遇の改善が強く望まれるところである。

第3節　部活動場面

1　高め合う仲間

部活動は中学校・高校の学校生活で大きな比重を占めている。2008年のBenesse教育研究開発センターの調査では，受験期の中・高3年生を除くと，中学校では90.5％，高校では71.7％の加入率となっている（Benesse教育研究開発センター，2008）。そのうち，文化部が2～3割，運動部が6～7割である。

イギリスの部活動と比較すると，イギリスでは加入率が40％程度であり，練習日数や時間が日本よりはるかに少ない（内海，1998）。イギリスでは，部活動よりも地域のスポーツクラブへの参加が多い現状である。日本では，地域のスポーツクラブが未発展であり，学校の部活動の役割が大きいといえよう。

中学校では，部活動に積極的に参加している部員や部活動満足度が高い部員は，学校生活全体の満足感が高いことが示されている（角谷，2005；吉村，1997）。高校でも，部活生は高校生活の適応感が高く（西島ほか，2002），運動系部活生は，授業満足感や課題志向性や協同性が高く，自己不明瞭感が低いことが示されている（竹村ほか，2007）。

これらの研究をまとめると，部活動は，人間関係や学業との両立等でストレスの原因ともなるが，一方で学校生活を充実させる肯定的影響も与える。そのための条件として，①目標設定が生徒の興味に沿う，②短期的目標および長期的目標が明確である，③具体的に意味ある挑戦ができる，④自主性を重視する，⑤仲間と協力して活動して達成感を得られるという点が挙げられる。これらの条件が満たされると，課題志向性や協同性を含む部活動へのコミットメントが高まり，その結果学校適応もよくなるという肯定的影響が出現するのである。

部活動は中・高生にとって重要な所属集団で，学級集団の補足集団ともなり，学校適応と大きくかかわっている。しかし，本来適応がよい生徒が部活動を継続できているという側面もあるので，今後さらに縦断的な研究が必要だろう。

2　支え合う先輩・後輩

部活動は，異年齢の先輩・後輩関係によって構成されている集団であるため，

剣太のような悲劇起きぬよう
顧問、副顧問に厳しい処分を

竹田高剣道部員　死亡で両親が手記

竹田高校剣道部の工藤剣太君＝当時(17)＝が部活動中に倒れて死亡した事故で、工藤君の両親が10日、「顧問と副顧問を厳しい処分にしてほしい」などと心境をつづった手記を報道機関に寄せた。
竹田署によると、工藤君は8月22日、練習中に重い熱中症とみられる症状で倒れ、搬送先の病院で亡くなった。同校が設置した調査委員会は、熱中症への配慮が足りず、症状に気付くのが遅れたなど顧問に不適切な対応があったことを指摘。顧問が工藤君をけったり、平手打ちをするなどの行為があったことも認めた。
両親は手記で「顧問は意識障害で起き上がることができない息子に馬乗りになり、10発ほど強くびんたした。顧問、副顧問を許しません。二度と剣太のような子を出さないよう訴えていきます」としている。
両親によると、当時、一緒に練習していた工藤君の弟はショックから登校できなくなり、別の高校に転校した。20年以上、少年剣道を指導していた父親も竹刀を握ることができなくなったという。両親は民事訴訟で責任を追及することを検討している。

図8-2　部活動中の死亡事故の記事（大分合同新聞，2009）

生徒は教室内の人間関係とは異なる経験をすることになる。先輩・後輩関係に特化した研究は不足しているが，リーダーシップ研究で主将の役割の重要性が示唆されている。中学校では，権威的で管理型の主将のもとでは，自己表現や主張の弱い部員は圧力を感じ，行動が消極的になっていた（吉村，1997）。その一方で，技術や人間関係の調整等熱心に指導する積極的主将のもとでは，他の部員とかかわろうとしない小集団閉鎖性が強い部員でも，積極的行動得点が高く，部の雰囲気に対する満足も高かったのである（吉村，2005）。

さらに，運動部活動で，技術指導やミスの注意等の技能ソーシャルサポートと，学校生活で仲よくしてくれる，誕生日を祝ってくれる等人間関係ソーシャルサポートの両サポート感が高い部員はもちろんのこと，いずれか一方のサポートが高ければ部活動適応感をもつことができることが示された（越・関澤，2009）。

部活動は，異年齢集団の中での部員間の相互の支援関係を経験し，共同体のメンバーとして自己の役割を自覚していくために重要な役割を果たしている。

3　指導者の影響

図 8-2 の新聞記事にあるように，部活動では行き過ぎた指導が行われる場合もあるようだ。森川・遠藤（1999）は「勝利至上主義，非科学的根性主義，長時間練習と過度なトレーニングによる傷害の多発，顧問の体罰を含む人権を無視した

指導，少数精鋭の選手中心主義による落ちこぼし」等，行き過ぎた指導が発達にマイナスの作用をもたらすことを軽視してはならないことを指摘している。

　文部科学省の「中学生・高校生のスポーツ活動に関する調査研究協力者会議」は，1997年の報告書で，部活動は，自発的・自主的活動として，児童生徒のバランスのとれた生活や成長に支障をきたすことのないように展開されるべきだとまとめた。このため，生徒の個性の尊重と柔軟な運営に留意し，①参加が強制にわたることのないようにすること，②学校週5日制の趣旨も踏まえて休養日を適切に設定し，練習時間を適切なものとすること，③外部の指導者や諸機関を利用し，必要に応じてスポーツ医・科学に関する情報を活用すること等が重要な課題だとしている。しかし，現実には，中・高校生の本分を無視した休日なしの長時間の練習，人権を無視した体罰や激しい叱責が行われているようだ。

　部活動は学校適応に肯定的な影響を与える場合もあるが，一方でマイナスの影響を与える要素があることを指導者は認識すべきである。とくに暴力を容認する体質は，その実態と子どもの心の発達に及ぼす影響や成長後のDVや虐待への影響を早急に研究する必要があると考えられる。

引用文献

赤津純子・金谷有子．(2010)．児童期初期の子どもの学童保育での生活・意識．*日本発達心理学会第21回大会発表論文集*，173.

Benesse教育研究開発センター．(2008)．放課後の生活時間調査．http://benesse.jp/berd/center/open/report/houkago/2009/hon/index.html

Edwards, D., & Mercer, N. (1987). *Common knowledge: The development of understanding in the classroom*. London: Methuen/Routledge.

江村理奈・岡安孝弘．(2003)．中学校における集団社会的スキル教育の実践的研究．*教育心理学研究*，**51**，339-350.

藤枝静暁・相川　充．(2001)．小学校における学級単位の社会的スキル訓練の効果に関する実験的検討．*教育心理学研究*，**49**，371-381.

藤田　文．(2011)．児童期の遊び場面におけるいざこざ．*大分県立芸術文化短期大学研究紀要*，**48**，1-13.

本田真大・大島由之・新井邦二郎．(2009)．不適応状態にある中学生に対する学級単位の集団社会的スキル訓練の効果：ターゲット・スキルの自己評定，教師評定，仲間評定を用いた検討．*教育心理学研究*，**57**，336-348.

犬山授業研究会．(2008)．犬山がめざす学力の追究：犬山市授業研究会2007年度の成果（杉江修治・水谷　茂，監修，協同教育実践資料7）．東京：日本協同教育学会.

磯村陸子・町田利章・無藤　隆．(2005)．小学校低学年クラスにおける授業内コミュニケーション：参加構造の転換をもたらす「みんな」の導入の意味．*発達心理学研究*，**16**，1-14.

古城建一・川内敬介．(2007)．学童保育クラブにおける遊びの研究：運動遊びを中心として．

大分大学教育福祉科学部研究紀要，**30**，71-86.
越　良子・関澤敬子．(2009). 中学生の部活動適応感における部活動内ソーシャル・サポートの機能. 心理学研究，**80**，345-351.
松尾　剛・丸野俊一．(2008). 主体的に考え，学び合う授業実践の体験を通して，子どもはグラウンド・ルールの意味についてどのような認識の変化を示すか. *教育心理学研究*，**56**，104-115.
森川貞夫・遠藤節昭（編）. (1999). *必携スポーツ部活動ハンドブック*. 東京：大修館書店.
西島　央・藤田武志・矢野博之・荒川英央・中澤篤史．(2002). 部活動を通してみる高校生活に関する社会学的研究：3都県調査の分析をもとに. 東京大学大学院教育学研究科紀要，**42**，99-129.
O'Connor, M. C., & Michaels, S. (1996). Shifting participant frameworks: Orchestrating thinking practices in group discussion. In D. Hicks（Ed.）, *Discourse, learning, and schooling* (pp.63-103). New York: Cambridge University Press.
大分合同新聞．(2009). 2009年12月11日月曜日.
大関健道・蘭　千壽・鎌原雅彦・伊藤亜矢子．(2008).「学び合い学習」の導入が児童生徒の学習態度，学習集団形成と教師集団に及ぼす効果の検討. *協同と教育*，**4**，12-22.
佐藤正二・佐藤容子（編）. (2006). *学校におけるSST実践ガイド*. 東京：金剛出版.
杉江修治．(2003). *学び合い，高め合う授業の創造（協同学習叢書4）*. 半田：一粒社出版部.
角谷詩織．(2005). 部活動への取り組みが中学生の学校生活への満足感をどのように高めるか：学業コンピテンスの影響を考慮した潜在成長曲線モデルから. *発達心理学研究*，**16**，26-35.
多賀谷智子・佐々木和義．(2008). 小学4年生の学級における機会利用型社会的スキル訓練. *教育心理学研究*，**56**，426-439.
竹村明子・前原武子・小林　稔．(2007). 高校生におけるスポーツ系部活参加の有無と学業達成目標および適応との関係. *教育心理学研究*，**55**，1-10.
内海和雄．(1998). *部活動改革：生徒主体への道*. 東京：不昧堂出版.
吉村　斉．(1997). 学校適応における部活動とその人間関係のあり方：自己表現・主張の重要性. *教育心理学研究*，**45**，337-345.
吉村　斉．(2005). 部活動への適応感に対する部員の対人行動と主将のリーダーシップの関係. *教育心理学研究*，**53**，151-161.

第9章
ソーシャルネットワークと
ソーシャルサポート

谷口弘一

　個人が取り結ぶネットワークの成員間で，個人のウェルビーイング（心理的安寧）を増進させる意図で交換される心理的・物質的資源のことをソーシャルサポートという（田中，1997）。具体的な行動としては，アドバイスをしたり，解決方法を教えたり，励ましたり，気持ちを理解してあげたりすることなどが挙げられる。このようなソーシャルサポートは，悩みや不安によって生じるネガティブな感情や抑うつ状態を緩和するだけでなく，サポートを提供してくれた相手との関係や日常生活に対する満足感を高める効果をもつ（Cohen & Wills, 1985；Gottlieb, 1981；浦，1992）。

　初期のソーシャルサポート研究では，主として，受け手の側の視点に立って，他者から受け取るサポートと心身の健康との関連を検討したものがほとんどであった（Barrera, 1986, 1988；Cohen & Wills, 1985）。これに対して，近年では，ソーシャルサポートが社会的相互作用を通じて交換される資源であるという観点から，その双方向的な特質に注意が向けられるようになってきている（Gottlieb, 1984；Shumaker & Brownell, 1984）。このような流れの中から，他者に提供するサポートの役割に焦点が向けられるようになり（蜂屋，1990；Jung, 1988），さらに最近では，他者から受け取るサポートと他者に提供するサポートの差，すなわちサポートの互恵性と心身の健康との関連が検討されるようになってきた（Buunk et al., 1993；Gleason et al., 2003, 2008）。

　以上のようなソーシャルサポート研究の経緯を踏まえて，本章では，ネットワーク成員からのサポート期待（受領）[1]ならびにネットワーク成員とのサポートの互恵性が，子どもの心身の健康といかに関連しているかについて，発達的観点から検討を加えることとする。

第1節　サポート期待（受領）における発達的変化

　ここでは，両親，友人，きょうだい，教師など，子どもを取り巻く重要なネットワーク成員からのサポート期待（受領）と子どもの心身の健康との関連について，児童期から青年期における発達的変化を見ていく。

1　小学生におけるサポート

　一般に，小学生では，学年が上がるにつれて，友人からのサポート期待が増加する一方で，両親，きょうだい，教師からのサポート期待は減少する傾向にある（嘉数ほか，2000；嶋田ほか，1993）。左記の研究によると，こうした学年の変化はあるものの，いずれの学年においても，母親からのサポート期待が最も高い。また，性差も確認されており，男子よりも女子の方が，より高いサポート期待をもっていた。

　サポートと心身の健康との関連については，家族からのサポートが心身の健康に対して重要な役割を果たすことが指摘されている（嘉数ほか，2000；嶋田ほか，1993）。その一方で，教師からのサポートは，授業場面において有益な効果を発揮する。授業中に受け取る教師からのサポートは，児童の算数不安を低減し（坂本・加藤，2003），級友・教師関係と学習意欲・成績を高め（Hamre & Pianta, 2005；山口，2001），学習困難や衝動性といった問題行動を抑制する（Dubow & Tisak, 1989）。

　各ネットワーク成員からのサポートは，それぞれ個別に心身の健康に対して影響を与えるだけでなく，ネットワーク全体としての影響力も併せもつ（Jackson & Warren, 2000；戸ヶ崎ほか，1993）。たとえば，ジャクソンとウォーレン（Jackson & Warren, 2000）は，子どもにとって最も重要な特定他者からのサポート期待よりも，ネットワーク全体からのサポート期待の方が，児童の適応行動（攻撃性，抑うつ，スキルなど）に対して，より大きな影響力をもつことを見いだしている。

---

[1]　ソーシャルサポートには2種類の機能的測度が存在する。何か問題に直面した場合，どの程度サポートが得られると思うか（利用可能性）を問うのが「サポート期待」であり，過去の一定期間中に，どの程度実際にサポートを受け取ったか（実行頻度）を問うのが「サポート受領」である。ソーシャルサポートは多面的な現象であるため，どの側面に着目するかによって，複数の測度が存在する。本章では，先行研究で採用された測度を明示するために，サポート期待とサポート受領を区分している。両測度の関連や相対的影響力に関する詳しい議論については，バレラ（Barrera, 1986），橋本（2005）などを参照されたい。

2　中学生におけるサポート

　中学生では，1年生から2年生に至る段階で，両親，きょうだい，友人，教師，およびネットワーク全体からのサポート期待が低下する（伊東・坂井，2003；岡安ほか，1993）。性差に関しては，男子よりも女子の方がサポート期待が高い（伊東・坂井，2003；中山，1995；岡安ほか，1993）。成員間同士の比較では，母親と友人からのサポート期待が相対的に高い（今村ほか，2003；伊東・坂井，2003；中山，1995；岡安ほか，1993）。サポート源としてのネットワーク成員の相対的重要性ならびに各成員から期待されるサポート量には文化差が存在するようである。たとえば，インドネシアの小・中学生では，父親および母親からのサポートに対する満足感が最も高いのに対して，アメリカの小・中学生では，友人からのサポートに対する満足感が最も高い（French et al., 2001）。また，中国とアメリカの中学生の比較では，友人，教師からのサポート期待は中国の生徒の方が高い一方，母親からのサポート期待はアメリカの生徒の方が高い（Jia et al., 2009）。

　サポートと心身の健康との関連については，小学生と同様に，両親からのサポート期待が相対的に大きな影響力をもつ（石毛・無藤，2005；岡安ほか，1993）。一方，教師サポートは，他のサポートと比べて，生徒のストレス反応や登校拒否感情を低下させたり（石毛・無藤，2005；森下，1999），学習統制感や自尊心，学業成績を向上させる（Jia et al., 2009；中山，1995）効果が高い。

　中学生を対象にして，心身の健康に対するサポートの影響プロセスを検討した研究からは，ネットワーク成員からのサポート期待が，ストレッサーの影響性やコントロール可能性を高めたり，サポート希求を促すことで，ストレッサーに対して問題解決などの積極的対処が実行され，最終的にストレス反応が抑制されるといった因果プロセス（図9-1）が明らかにされている（三浦・上里，2002）。また，サポートとストレス反応との関連が，生徒の自己効力感によって仲介されることを示した研究も存在する（今村ほか，2003）。

3　高校生におけるサポート

　高校生では，教師からのサポートを除いて，学年進行にともなうサポート期待の変化は見られない（坂・真中，2002）。性差に関しては，女子の方が男子よりもサポート期待が高い（尾見，1999；坂・真中，2002）。ネットワーク成員間同士の比較では，中学生と同様に，母親および友人からのサポート期待が相対的に高い（坂・真中，2002；嶋，1994）。なお，アメリカならびにオーストラリアの高校生では，友人からの心理的・道具的サポートよりも，父親および母親からの心理的・

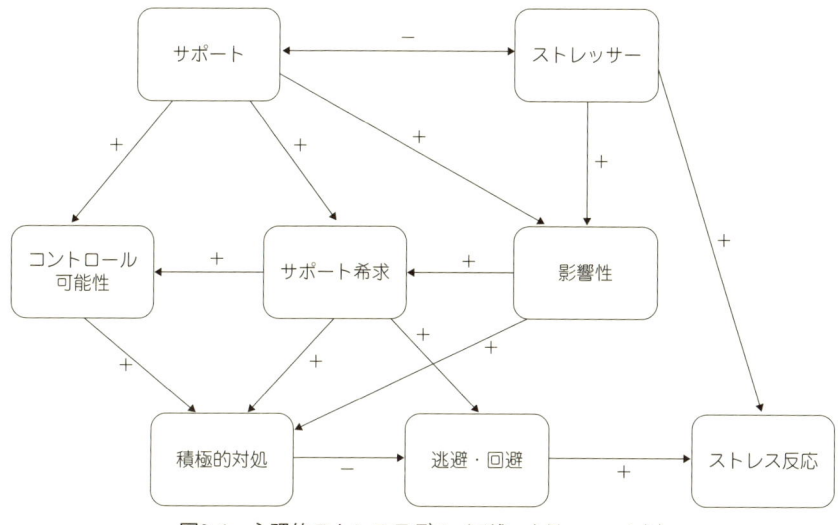

図9-1 心理的ストレスモデル（三浦・上里，2002より）

道具的サポートの方が，より満足感が高いことが指摘されている（Shute et al., 2002）。

サポートと心身の健康との関連については，小・中学生と同様に，高校生においても，やはり家族サポートが重要な役割を果たしている（橋本ほか，2005；嶋，1994）。高校生になると，友人からのサポートの方が，両親からのサポートよりも，量そのものは多くなるが（橋本ほか，2005；尾見，1999；坂・真中，2002），心身の健康に対する影響力は，友人サポートよりも，家族サポートの方が依然として大きいといえる。教師のサポートは，不登校傾向と関連があることが回想的研究によって明らかにされている（菊島，1997）。高校生のときに不登校であったり学校嫌いであったものは，教師からのサポートが少ないと感じていた。

高校生におけるサポートの規定要因に目を向けると，両親のサポートに対しては親の養育態度が直接的な影響を与え（Canetti et al., 1997），友人のサポートに対しては，社会的スキルが親の養育態度とサポートとの関連を仲介する（Taniguchi & Ura, 2001）ことが指摘されている。

4 大学生におけるサポート

大学生では，友人や恋人から多種多様なサポートを多く受け取っている一方で，母親からは道具的サポートを多く受け取っていることが指摘されている（嶋，1991，1992）。性差に関しては，小・中・高校生と同様に，女子の方が，男子より

もサポート期待が高い（福岡・橋本，1995；嶋，1991, 1992；和田，1992）。

心身の健康との関連については，大学生においても家族サポートの有効性が高い（Procidano & Heller, 1983；千田ほか，1989）。従属変数によるサポート効果の相違も確認されており，抑うつには家族サポート，孤独感には友人サポートが有効のようである（福岡・橋本，1992；和田，1992）。また，大学生における家族サポートと友人サポートには，交互作用効果がある（福岡・橋本，1995）。すなわち，友人サポートが低い場合には，家族サポートが精神的健康に悪影響を及ぼす。

大学生を対象にしたサポート研究では，アタッチメントスタイル（Bowlby, 1969）との関連が数多く指摘されている（Mallinckrodt & Wei, 2005；Pierce & Lydon, 2001；Simpson et al., 1992）。一般に，安定的なアタッチメントスタイルをもつ人ほど，友人や家族など親密な他者に対するサポート期待が高く，実際のサポート授受の頻度も多い。

第2節　サポートの互恵性における発達的変化

本節では，近年，ソーシャルサポート研究で注目されるようになってきた互恵性と心身の健康との関連について，理論的背景をふまえながら，その発達的変化について解説する。

1　サポートの互恵性

相手に対してサポートを与えることと相手からサポートを得ることが同じ程度である場合，それを互恵状態と呼ぶ。相手に対して与えるサポートの方が相手から受け取るサポートよりも多い場合を利得不足状態，相手から受け取るサポートが相手に対して与えるサポートよりも多い場合を利得過剰状態という。

社会的交換理論のひとつである衡平理論（equity theory；Walster et al., 1978）によると，人は対人関係において互恵状態にあるとき最も苦悩が低くなる。一方，互恵性が欠如した状態，すなわち利得不足状態と利得過剰状態のときはいずれも苦悩が高まる。

グリースンほか（Gleason et al., 2003）は，恋愛・結婚カップルを対象にして，4週間にわたる日記調査を行った結果，利得過剰の日にはネガティブな気分が高まり，互恵的な日にはネガティブな気分が低下することを見いだした。また，グリースンほか（Gleason et al., 2008）は，司法試験を控えたロースクール学生の恋愛・結婚カップルを対象にした5週間の日記調査も行っており，そこでも，再度，

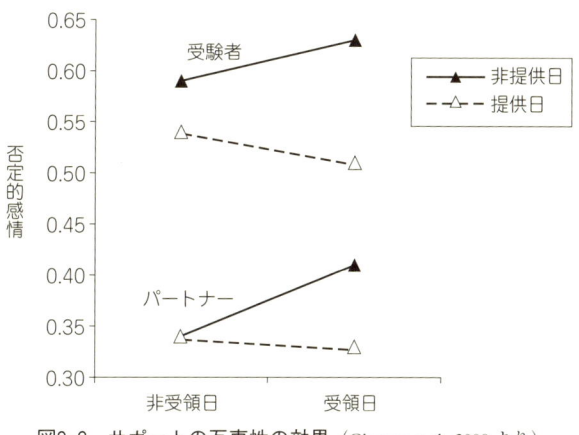

図9-2 サポートの互恵性の効果 (Gleason et al., 2008 より)

ネガティブな気分に対するサポートの互恵性の抑制効果が確認された（図9-2）。

2 友人関係におけるサポートの互恵性とその発達的変化

　一般的には，二者関係が対等である友人関係では，対等でない親子関係と比べて，サポートの互恵性がより重要な役割を果たすと考えられる。親子関係におけるサポートの授受は短期決済ではなく長期決済が行われやすいため（Antonucci, 1985），一時的なサポートの不公平状態は心身の健康に対して悪影響を及ぼしにくいのである。

　福岡（1997）は，大学生を対象として，友人との関係が利得過剰のときに負債感が高まり，利得不足のときに負担感が高まることを明らかにした。同様に，バンクとプリンス（Buunk & Prins, 1998）は，親友とのサポート授受が互恵的であるほど孤独感が低いことを見いだした。

　以上のように，大学生では，友人関係におけるサポートの互恵性の有意な効果が数多く見いだされているが，その効果は，個人の発達段階によって異なることが指摘されている。谷口と浦（Taniguchi & Ura, 2005）は，小・中・高校生を対象にして，高校生においてのみ，サポートの互恵性が抑うつと関連することを見いだした。青年期初期までは友人にサポートを期待する意識が強く抱かれているが，発達にともなって，2人の間の互恵的な関係が重視されるようになる（楠見・狩野, 1986）。こうした友人概念の変化が，サポートの互恵性と心身の健康における発達的変化を生じさせる原因のひとつであろう。

　このほかには，交換志向性における発達的変化の影響も考えられる。一般に，

交換志向性の高い人は，他者に利益を提供したとき，即座に同等な利益を期待したり，すぐに返報できない利益を受けたとき，不快に感じたりする (Clark et al., 1987)。また，交換志向性は，利得不足志向性と利得過剰志向性の2つに細分化できる (Sprecher, 1992)。前者は，相手よりも自分の利益が少ないことに対して，どの程度，関心があるかを表し，後者は，相手よりも自分の利益が多いことに対して，どの程度，関心があるかを表す。谷口と田中（2005）の研究では，発達にともなって利得不足志向性が高まる可能性が示唆されている。このような交換志向性の変化もまた，サポートの互恵性と心身の健康における発達的変化を説明する要因のひとつに挙げられる。

3　個別的・全体的関係における互恵性とその発達的変化

関係ネットワークの観点から衡平理論を検討したオースティンとウォルスター (Austin & Walster, 1974, 1975) によれば，伝統的衡平理論では，特定の関係における衡平性が扱われており，特定の関係で経験された不衡平が他の関係での行動に影響しないことが前提とされている。彼らは，特定の関係に限定された衡平性を個別的衡平性 (person-specific equity) と呼んだ。一方，彼らは，人には当該の時間範囲内での自己の関係全体において衡平を維持しようとする傾向もあることを指摘した。つまり，その人が営む複数の関係間で全体として帳尻を合わせることによって，自己の衡平を維持しようとするのである。彼らは，これを全体的衡平性 (equity with the world) と呼んだ。

個別的関係はもとより，全体的関係における互恵性にもまた発達的変化が存在する (Taniguchi & Tanaka, 2010)。友人関係全体の互恵性は，個別的友人関係のそれと同様に，より高い発達段階の子どもにおいてのみ，心身の健康と有意な関連をもつことが確認されている。すなわち，小・中学生と比べて，高校生では，親密度の高い友人とのサポート授受に不均衡があっても，親密度の低い友人とのサポート授受によって，それが補償される可能性があるのである。

引用文献

Antonucci, T. C. (1985). Personal characteristics, social support, and social behavior. In R. H. Binstock & E. Shanas (Eds.), *Handbook of aging and the social sciences* (2nd ed., pp.94–128). New York: Van Nostrand Reinhold.

Austin, W., & Walster, E. (1974). Participants' reactions to "Equity with the world." *Journal of Experimental Social Psychology*, **10**, 528–548.

Austin, W., & Walster, E. (1975). Equity with the world: The trans-relational effects of equity and inequity. *Sociometry*, **38**, 474-496.

Barrera, M. Jr. (1986). Distinction between social support concepts, measure, and models. *American Journal of Community Psychology*, **14**, 413-445.

Barrera, M. Jr. (1988). Models of social support and life stress: Beyond the buffering hypothesis. In L. H. Cohen (Ed.), *Life events and psychological functioning: Theoretical and methodological issues* (pp.211-236). Newberry, CA: Sage.

Bowlby, J. (1969). *Attachment and loss: Vol. 1. Attachment.* New York: Basic Books.

Buunk, B. P., Doosje, B. J., Jans, L. G. J. M., & Hopstaken, L. E. M. (1993). Perceived reciprocity, social support, and stress at work: The role of exchange and communal orientation. *Journal of Personality and Social Psychology*, **65**, 801-811.

Buunk, B. P., & Prins, K. S. (1998). Loneliness, exchange orientation and reciprocity in friendships. *Personal Relationships*, **5**, 1-14.

Canetti, L., Bachar, E., Galili-Weisstub, E., De-Nour, A. K., & Shalev, A. Y. (1997). Parental bonding and mental health in adolescence. *Adolescence*, **32**, 380-394.

Clark, M. S., Ouellette, R., Powell, M. C., & Milberg, S. (1987). Recipient's mood, relationship type, and helping. *Journal of Personality and Social Psychology*, **53**, 94-103.

Cohen, S., & Wills, T. A. (1985). Social support, stress, and the buffering hypothesis. *Psychological Bulletin*, **98**, 310-357.

Dubow, E. F., & Tisak, J. (1989). The relation between stressful life events and adjustment in elementary school children: The role of social support and social problem-solving skills. *Child Development*, **60**, 1412-1423.

French, D. C., Rianasari, M., Pidada, S., Nelwan, P., & Buhrmester, D. (2001). Social support of Indonesian and U. S. children and adolescents by family members and friends. *Merrill-Palmer Quarterly*, **47**, 377-394.

福岡欣治．(1997)．友人関係におけるソーシャル・サポートの入手と提供：認知レベルと実行レベルの両面からみた互恵性とその男女差について．対人行動学研究，**15**，1-14．

福岡欣治・橋本　宰．(1992)．個人のもつ特定のサポート源に関するソーシャルサポートの測定．健康心理学研究，**5**，32-39．

福岡欣治・橋本　宰．(1995)．大学生における家族および友人についての知覚されたサポートと精神的健康の関連．教育心理学研究，**43**，185-193．

Gleason, M. E. J., Iida, M., Bolger, N., & Shrout, P. E. (2003). Daily supportive equity in close relationships. *Personality and Social Psychology Bulletin*, **29**, 1036-1045.

Gleason, M. E. J., Iida, M., Shrout, P. E., & Bolger, N. (2008). Receiving support as a mixed blessing: Evidence for dual effects of support on psychological outcomes. *Journal of Personality and Social Psychology*, **94**, 824-838.

Gottlieb, B. H. (Ed.). (1981). *Social networks and social support.* Beverly Hills, CA: Sage.

Gottlieb, B. H. (1984). Theory into practice: Issues that surface in planning interventions which mobilize support. In I. G. Sarason & B. R. Sarason (Eds.), *Social support: Theory, research and application* (pp.417-437). The Hague, the Netherlands: Martinus Nijhof.

蜂屋良彦．(1990)．ソーシャル・サポートと適応．日本社会心理学会第*31*回大会発表論文集，54-55．

Hamre, B. K., & Pianta, R. C. (2005). Can instructional and emotional support in the first-grade classroom make a difference for children at risk of school failure? *Child Development*, **76**, 949-967.

橋本　剛．(2005)．ストレスと対人関係．京都：ナカニシヤ出版．

橋本　剛・谷口弘一・田中宏二．(2005)．児童・生徒におけるサポートと対人ストレス：高

校生を対象にした検討．日本心理学会第69回大会発表論文集，212.
今村幸恵・服部恒明・中村朋子．(2003)．中学生のストレッサー，自己効力感，ソーシャルサポートとストレス反応の因果構造モデル．学校保健研究，45，89-101.
石毛みどり・無藤　隆．(2005)．中学生における精神的健康とレジリエンスおよびソーシャル・サポートとの関連：受験期の学業場面に着目して．教育心理学研究，53，356-367.
伊東純子・坂井　誠．(2003)．小・中学生の学校ストレス軽減効果に関する研究：ソーシャルサポートを中心に．愛知教育大学研究報告（教育科学編），52，61-66.
Jackson, Y., & Warren, J. S. (2000). Appraisal, social support, and life events: Predicting outcome behavior in school-age children. *Child Development*, 71, 1441-1457.
Jia, Y., Way, N., Ling, G., Yoshikawa, H., Chen, X., Hughes, D., Ke, X., & Lu, Z. (2009). The influence of student perceptions of school climate on socioemotional and academic adjustment: A comparison of Chinese and American adolescents. *Child Development*, 80, 1514-1530.
Jung, J. (1988). Social support providers: Why do they help? *Basic and Applied Social Psychology*, 9, 231-240.
嘉数朝子・砂川裕子・井上　厚．(2000)．児童のストレスに影響を及ぼす要因についての検討：ソーシャルサポート，対処行動．琉球大学教育学部紀要，56，343-358.
菊島勝也．(1997)．不登校傾向におけるストレッサーとソーシャル・サポートの研究．健康心理学研究，10，11-20.
楠見幸子・狩野素朗．(1986)．青年期における友人概念発達の因子分析的研究．九州大学教育学部紀要（教育心理学部門），31，97-104.
Mallinckrodt, B., & Wei, M. (2005). Attachment, social competencies, social support, and psychological distress. *Journal of Counseling Psychology*, 52, 358-367.
三浦正江・上里一郎．(2002)．中学生の友人関係における心理的ストレスモデルの構成．健康心理学研究，15，1-9.
森下正康．(1999)．「学校ストレス」と「いじめ」の影響に対するソーシャル・サポートの効果．和歌山大学教育学部紀要教育科学，49，27-51.
中山勘次郎．(1995)．中学生におけるソーシャルサポートと学習統制感との関連．上越教育大学研究紀要，14，537-547.
岡安孝弘・嶋田洋徳・坂野雄二．(1993)．中学生におけるソーシャル・サポートの学校ストレス軽減効果．教育心理学研究，41，302-312.
尾見康博．(1999)．子どもたちのソーシャル・サポート・ネットワークに関する横断的研究．教育心理学研究，47，40-48.
Pierce, T., & Lydon, J. E. (2001). Global and specific relational models in the experience of social interactions. *Journal of Personality and Social Psychology*, 80, 613-631.
Procidano, M. E., & Heller, K. (1983). Measures of perceived social support from friends and from family: Three validation studies. *American Journal of Community Psychology*, 11, 1-23.
坂　晴己子・真中陽子．(2002)．高校生の学校ストレスとソーシャル・サポートおよびコーピングとの関連．明治学院大学文学研究科心理学専攻紀要，7，9-18.
坂本美紀・加藤奈美．(2003)．小中学生における算数・数学不安と教師のサポートとの関連．愛知教育大学研究報告（教育科学編），52，137-145.
千田茂博・箕口雅博・久田　満．(1989)．大学生におけるソーシャル・サポートに関する研究（2）．日本心理学会第53回大会発表論文集，315.
嶋　信宏．(1991)．大学生のソーシャルサポートネットワークの測定に関する一研究．教育心理学研究，39，440-447.
嶋　信宏．(1992)．大学生におけるソーシャルサポートの日常生活ストレスに対する効果．社会心理学研究，7，45-53.

嶋　信宏．(1994)．高校生のソーシャル・サポート・ネットワークの測定に関する一研究．健康心理学研究, **7**, 14-25.

嶋田洋徳・岡安孝弘・戸ヶ崎泰子・坂野雄二・浅井邦二．(1993)．児童のソーシャルサポートとストレス反応の関連．日本健康心理学会第 *6* 回大会発表論文集, 38.

Shumaker, S. A., & Brownell, A. (1984). A social psychological theory of social support. *Journal of Social Issues*, **40**, 11-36.

Shute, R., De Blasio, T., & Williamson, P. (2002). Social support satisfaction of Australian children. *International Journal of Behavioral Development*, **26**, 318-326.

Simpson, J. A., Rholes, W. S., & Nelligan, J. S. (1992). Support seeking and support giving within couples in an anxiety-provoking situation: The role of attachment style. *Journal of Personality and Social Psychology*, **62**, 434-446.

Sprecher, S. (1992). How men and women expect to feel and behave in response to inequity in close relationships. *Social Psychology Quarterly*, **55**, 57-69.

田中宏二．(1997)．ソーシャルサポート．日本健康心理学会（編），健康心理学事典 (p.191)．東京：実務教育出版．

谷口弘一・田中宏二．(2005)．サポートの互恵性と精神的健康との関連に対する個人内発達の影響：利得不足志向性及び利得過剰志向性の発達的変化．対人社会心理学研究, **5**, 7-13.

Taniguchi, H., & Tanaka, K. (2010). Support reciprocity and stress responses among children: From the viewpoint of developmental change in friendships. *Bulletin of Faculty of Education, Nagasaki University: Educational Science*, **74**, 17-23.

Taniguchi, H., & Ura, M. (2001). The links between parents' child rearing attitudes, children's social skills, and support giving and support receiving in friendships among children. *Japanese Journal of Social Psychology*, **17**, 12-21.

Taniguchi, H., & Ura, M. (2005). Support reciprocity and depression among children. *Advances in Psychology Research*, **33**, 219-229.

戸ヶ崎泰子・嶋田洋徳・岡安孝弘・坂野雄二・浅井邦二．(1993)．小学生のソーシャルサポートとストレス反応との関係．日本教育心理学会第 *35* 回総会発表論文集, 419.

浦　光博．(1992)．セレクション社会心理学：*8* 支えあう人と人：ソーシャル・サポートの社会心理学．東京：サイエンス社．

和田　実．(1992)．大学新入生の心理的要因に及ぼすソーシャルサポートの影響．教育心理学研究, **40**, 386-393.

Walster, E., Walster, G. W., & Berscheid, E. (1978). *Equity: Theory and research*. Boston, MA: Allyn and Bacon.

山口豊一．(2001)．小学校の授業に関する学校心理学的研究：授業における教師の4種類のサポートを中心として．学校心理学研究, **1**, 3-10.

第10章
メディア社会,ネット世代の人間関係と若者文化

駒谷真美

21世紀に入り,高度情報化社会に生きる子どもたちは,テレビ,ゲーム,ケータイ,コンピュータ,インターネットなどの「always-on(常時接続)」メディアと緊密なかかわりをもち,スクリーン文化(screen culture)の担い手となっている。ネット世代(net generation)の子どもたちが,幼児期・児童期・青年期にスクリーンを介してのコミュニケーションを図ることで,どのように人間関係を構築し,子ども文化や若者文化を培っていくのか,その発達の様相を探る。

第1節 メディア社会とネット世代の子どもたち

1960年代にマクルーハン(McLuhan, M.)が予言した「地球村(global village)」(Gordon, 1997)は,21世紀の現代では高度情報化社会として顕実化している。すなわちインターネットなどのメディアの劇的な変化と普及により,世界は狭小化され,地球の裏側の出来事が瞬時に把握できる状況にある。われわれは,「地球村」の一員としてメディア社会に「参画」しているのである。

1 子どもの生活とメディア

「地球村」は社会のグローバル化(globalization)をもたらし,それは子どもたちの社会生活にも波及している。洋の東西を問わず,子どもたちは,人気のアニメーション番組や携帯ゲームに夢中になり,キャラクターグッズを収集する。アイドルが歌うポップ・ミュージックに耳を傾け,最新のファッションに身を包み,ファストフードに舌鼓を打っている。このような行動形態の背景には,テレビ,DVD,据置型や携帯型ゲーム,コンピュータ,インターネット,携帯電話,デジタルミュージックプレイヤーなどの多メディアの存在がある。

子どもたちは,日々の生活でメディアと深くかかわっている。それは,子ども

表10-1　小学生・中学生・高校生の生活時間（1日あたり・平均時間・2008年）(Benesse 教育研究開発センター，2009a)

	睡眠	学習	外遊び・スポーツ	友だちとすごす	メディア	習い事	学習塾	部活動	アルバイト
小学生 (小5・6)	8時間29分	1時間11分	45分	1時間52分	3時間31分	35分	17分	—	—
中学生 (中1・2・3)	7時間21分	1時間36分	19分	2時間28分	4時間45分	—	25分	1時間11分	—
高校生 (高1・2)	6時間35分	1時間17分	12分	2時間41分	5時間24分	—	—	1時間24分	12分

「学習」の平均時間は，「学校の宿題をする」「学校の宿題以外の勉強をする」の合計。
「メディア」の平均時間は，「テレビやDVDを見る」「テレビゲームや携帯ゲーム機で遊ぶ」「携帯電話を使う」「パソコンを使う」「音楽を聴く」「本を読む」「マンガや雑誌を読む」「新聞を読む」の合計。
「習い事」「学習塾」「部活動」「アルバイト」の平均時間は，それらに「行っていない」「入っていない」「していない」と回答した人などを含めた全体の平均時間。
Benesse 教育研究開発センター「放課後の生活時間調査（速報版）」から抜粋。

の生活時間の中でメディア接触の占める割合を見れば一目瞭然である。幼児の生活時間を調査した結果（Benesse 教育研究開発センター，2010）によると，幼児期の1歳から6歳では，「テレビ」「ビデオ」「DVD」「携帯ゲーム」「テレビゲーム」「パソコン」などスクリーンをもつメディア（screen media）との接触時間は，3時間46分（1日あたり・平均時間）になっている。1日平均の睡眠時間が9時間59分，幼稚園児の在園時間が6時間18分（保育園児は9時間31分）と比較すると，幼児がメディア接触に費やす時間は少なくない。

児童期以降は，小学校高学年では3時間31分，青年期の中学生では4時間45分，高校生では5時間24分にわたって，さまざまなメディア（スクリーン・メディア以外も含む）とかかわっている（表10-1）。全体の生活時間から見ると，メディア接触時間は，小・中・高いずれの時期も睡眠時間の次に多く，友人と過ごす時間を上回っている。メディア接触は，学校種が上がるにつれ増加する（Benesse 教育研究開発センター，2009a）。

現代の子どもたちは，0歳の頃からファースト・メディア（first media）であるテレビと接触し，10歳前後からは，いわゆるメディア・マルチタスク（media multitasking）として，複数のメディアを並行し使いこなしていく（Strasburger et al., 2009）。とくに，テレビからインターネットまで，スクリーン・メディアとは複合的にかかわっている。メディア社会認知論では，子どもの本質的な意欲とスクリーン上のモデル化された行動が強く結びついたときに，メディアは，子どもの行動に広範囲で影響を及ぼすと言われる（Kirsh, 2010）。スクリーン・メディアの中でもインターネットは，双方向性（interactivity）をもつ生活ツールとして，子

どもたちのコミュニケーション形態に影響を与えている。

2　ネット世代の子どもたちとコミュニケーション

　現代の子どもたちは，インターネット世代（internet generation, net generation）と呼ばれる。デジタル世代（digital generation），ジェネレーション・アイ（generation i），昨今はとくに，デジタルネイティブ世代（digital natives）とも称される。1980年半ば以降に誕生し，インターネットが常に生活に存在する第一世代である（Herring, 2008）。基本的に日常生活の中で，デジタル・メディア機器（コンピュータや携帯電話など）の操作に抵抗なく慣れ親しみ，インターネットを活用する。インターネットにアクセスする方法としては，小学生時代は主にパソコンで，中学生ではパソコンに加え携帯電話での利用が増加し，高校生になると携帯電話によるネット接続が顕著になる（図10-1，内閣府，2011）。

　ネット世代の子どもたちにとって，インターネットなどの新しいデジタル技術（digital technology）が，人から人へのコミュニケーションの橋渡し役になっている（Palfrey & Gasser, 2008）。ネット世代の間では，ネットを介したコミュニケーション（computer-mediated communication：CMC）が展開される。CMCは，ポジティブとネガティブな特性を併せもつ。まず，否定的な特性として，対面をともなうコミュニケーション（face-to-face communication：FtF）では得られる社会的情報（性別・年齢・地位）や非言語的情報（表情・ジェスチャー・声の調子）などの「手がかり」となる情報が，CMCでは濾過される。一方，肯定的な特性として，CMCでは手がかり情報が欠如していることで，FtFで生じる「格差」に囚われず，対等で手軽なアクセスが可能である。また，FtFのように物理的な場所や時間を共有する必要がないため，CMCでは自由なコミュニケーションが展開でき，新た

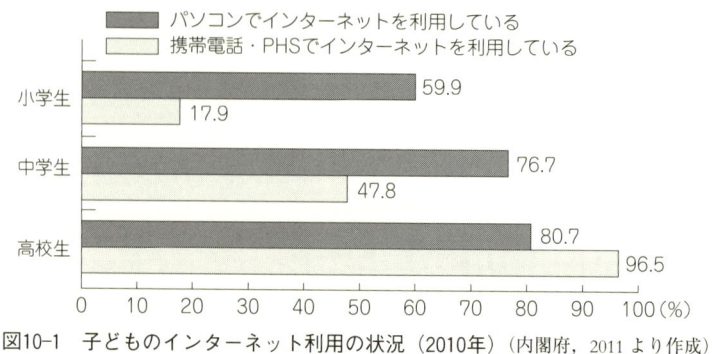

	パソコンでインターネットを利用している	携帯電話・PHSでインターネットを利用している
小学生	59.9	17.9
中学生	76.7	47.8
高校生	80.7	96.5

図10-1　子どものインターネット利用の状況（2010年）（内閣府，2011より作成）

な人間関係の形成とすでに構築している関係の維持や深化に有効である（三浦，2009）。

　次節では，このようにポジティブにもネガティブにも作用するCMCが，ネット世代の人間関係にどのように反映されているかを明らかにする。

第2節　ネット世代の人間関係と発達

1　幼児期——ネット世代種子期

　幼児期の子どもたちは，ネット世代の種子期にいる。インターネットと遭遇する以前に，最初のスクリーン・メディアであるテレビとかかわる。テレビは子どもたちの「生活の一部」と化し，家族や友だちとの重要な「コミュニケーション・ツール」となっている（駒谷，2006）。テレビの登場人物を「関連情報を共有できる，信頼できるパートナー」として認識できれば，「画像認識欠如（video deficit）」を克服する学習になるとの指摘もある（小平，2010）。テレビは子どもの認知発達，そして次に挙げる人間関係の発達に影響を与えている。

　幼児期の友だち関係において，テレビに関する話題は不可欠である。同じテレビ番組を視聴しているということは，情報やイメージを共有し仲間としての共感性を高め，ある意味グループの連帯感の指標でもある。テレビから派生したごっこ遊びは，仲間関係を構築する契機になる（駒谷ほか，2004）。「○○（人気のアニメ）見てる？」と尋ねることは，「入れて」方略と同義なのである。話題からごっこ遊びまで，テレビを通しての仲間作りを体験し蓄積することで，子どもたちは，スクリーン・メディアへの親和性を高めていく。ネット世代の子どもたちにとって，ファースト・メディアのテレビから同じスクリーン・メディアのインターネットへの移行に障壁はない。テレビを「コミュニケーション・ツール」として FtF の遊びの場で使いこなすことで，幼児期の子どもたちは，やがてインターネットによる CMC のレディネスを形成していく。

2　児童期——ネット世代萌芽期

　児童期の子どもたちは，インターネットでさまざまな体験を開始する萌芽期にいる。小学生は，インターネットを主に勉強や趣味の「情報収集」とゲームなどの「娯楽」に活用している。徐々にではあるが，音楽のダウンロードやネットショッピングなどにも興味関心を示し体験を拡大しつつある（図10-2，日本PTA全国協議会，2011）。

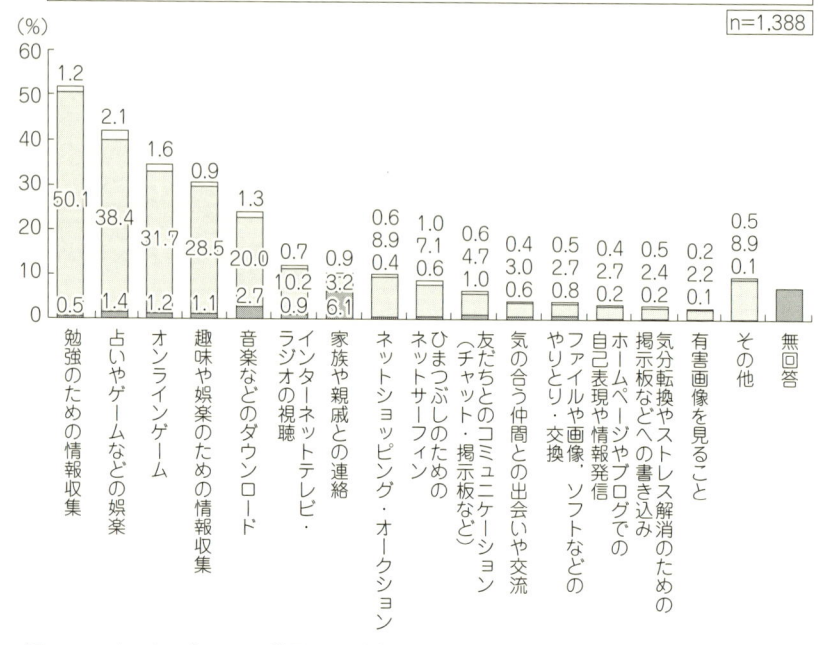

図10-2　インターネットの利用目的（小学5年生，2010年）（日本PTA全国協議会，2011）

　CMC（チャットや掲示板などの友だちとのコミュニケーション）は，まだ少数派であるが，ネットで検索した情報が，学校や地域の仲間関係におけるFtFの話題として，提供される可能性は大いにある。また，児童期においては，据置型や携帯型ゲームの使用率が高く，複数のプレイヤーで遊ぶことにより，熟達した子どもが他の子どもたちにゲームの攻略方法を伝授するなど相互作用が認められる（木村，2003）。複数のプレイヤーでのゲームは，FtFのスキルを鍛え向上させる効果がある（Kutner & Olson, 2008/2009）。ゲームがインターネットに接続されている場合には，CMCが成立し，人間関係の範囲が学校や地域から遠隔地まで拡大され，子どもたちは，プレイヤー間の異文化を共有する意識とそのゲームのネットコミュニティ集団への帰属化を促進する（Shaw & Linebarger, 2008）。

3　青年期──ネット世代開花期

　児童期でのインターネット体験が礎となり，青年期は，インターネットを駆使する開花期になる。中学生になると，インターネットの使用目的は多岐にわたる。趣味や音楽，ゲームなどの「個人的な娯楽」を楽しむとともに，友だちとの「コ

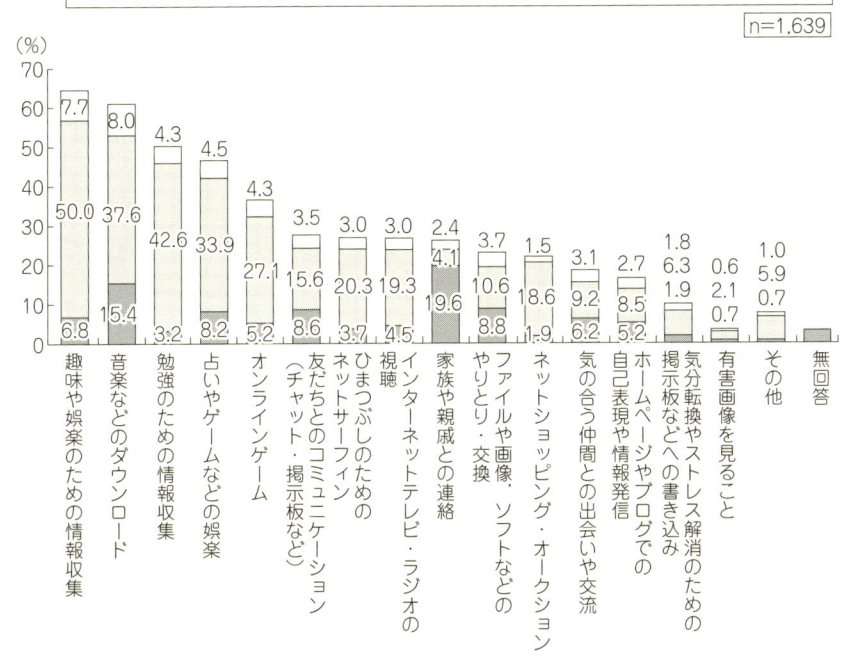

図10-3 インターネットの利用目的（中学2年生，2010年）（日本PTA全国協議会，2011）

ミュニケーション・ツール」としての利用価値が高まっている（図10-3，日本PTA全国協議会，2011）。その例として，中学入学時や高校入学時，新たな人間関係を構築する時期に携帯電話の所有率が上昇する（Benesse教育研究開発センター，2010a）。

青年期では，コミュニケーションメディアとして，インターネットの利用が定着しつつある。インターネットによるCMCは，メールのやりとりが中心であったが，最近では，チャットやブログなどの登場で多様化傾向が見られる（図10-4，日本PTA全国協議会，2011）。とくに，ミクシィ（mixi）やフェイスブック（Facebook）などの交流サイト（social networking service：SNS），ブログ・チャット・SNSの中間的位置づけのツイッター（Twitter）などの簡易投稿サイト，You Tubeやユーストリーム（Ustream）など動画サイトの利用が急増している（AERA, 2010；朝日新聞，2010d；三浦，2009）。

青年期のネット世代は，インターネットを親しい「仲間」と常につながるツールとして自己表現に活用することで，ネットコミュニティの中で，自分の存在感を確認できる「居場所」を見つけようとする。反面，インターネットは，親しく

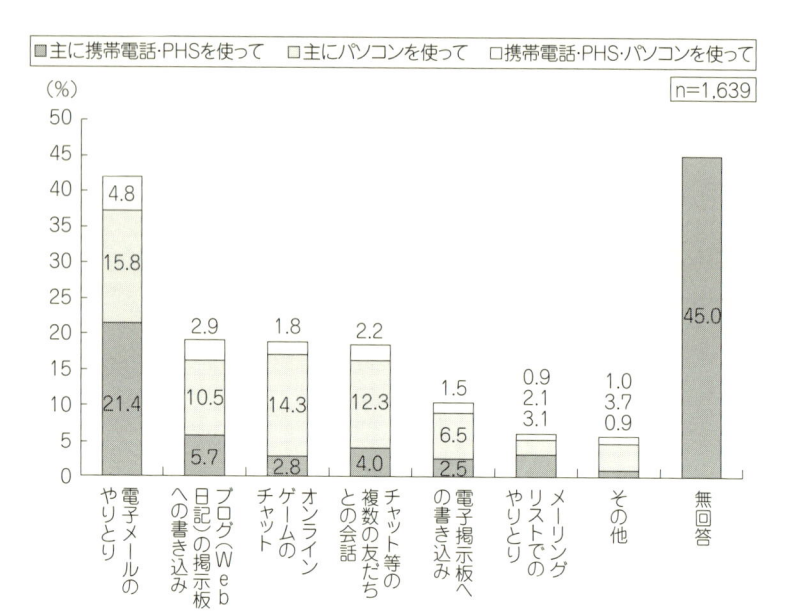

図10-4　インターネットでの友だちとの連絡状況（中学2年生，2010年）（日本 PTA 全国協議会，2011）

する相手を選択する・されるツールでもあるので，自分が周囲からどのように思われているか，自己と他者の関係性を確認する「鏡」としても用いる（香山・森，2004）。このようなデジタル世代のインターネット観が，青年期の人間関係の発達に関与している。

　青年期における人間関係の構築には，インターネットで培うコミュニティが重要な役割を果たしている。CMC のバーチャルなコミュニティで，自己表現や他者交流が活発化し，参加者のネットワークが可視化される。匿名性の正の効果として，「本当の自分」を表出し合い，自己開示の深さが増すので，急速に相互理解が進展する。その結果，ネットコミュニティの人間関係に対する帰属意識が高まり，FtF の従来型コミュニティにある血縁・地縁と同程度，あるいはそれ以上の絆が強化される。現実社会でマイノリティかつ存在が隠されがちなアイデンティティ（周縁的アイデンティティ）をもつ人々は，独自のネットコミュニティを形成することで，社会的孤立を低減できる（小林，2003；三浦，2009）。たとえば，親の離婚を経験した子どもたちの中には，実社会で自己肯定感をもてずに悩むこともあるが，同じ境遇の者が集う交流サイトに書き込むことで，ネットコミュニティ内で自分の気持ちを話せる場ができる（朝日新聞，2010c）。また，思春期に

おいては，既存のオフラインの友情を維持するために，オンラインのネットコミュニティでCMCを深めることで，友だちとの距離を縮め，より深い親密感を導く（Kirsh, 2010）。

しかし，ネットコミュニティでは，「閉ざされた人間関係」も展開されている。たとえば，交流サイトにおいて，コミュニケーションの範囲は拡大しているが，自分と類似性の高い関心をもつ相手とのみつながっているので，全体としては閉じた人間関係に終始する傾向がある（朝日新聞，2010a）。加えて，匿名性の負の効果として，「偽りの自分」を容易に演じられることから，FtFと異なり，誹謗中傷など敵意的言語行動がCMCでは頻出し抑制されにくい。その結果，掲示板サイトで，論争が激化するネット炎上（flaming）や学校裏サイトでのいじめにまで発展し，ネットコミュニティから現実の日常生活まで破綻をきたす場合もある。また，現実社会の友人関係に不満があり不登校の生徒ほど，インターネットにアクセスしないと禁断症状が出るインターネット依存の傾向が高く，ネットコミュニティに逃避してしまうとも言われる（コンピュータ教育開発センター，2002）。

ネット世代の人間関係の様相は，CMCのポジティブとネガティブの両特性に投影されている。ネットコミュニティでは，自己開示する場を提供するが，対人配慮の欠如や異なる意見の排除を起こす危険性も常に存在する「諸刃の剣」と言える。

第3節　ネット世代の若者文化（ユース・カルチャー）

1　ネット世代の若者文化の特徴

ネット世代は，「学校のフォーマルな文化」とそれに拮抗するインフォーマルな若者文化の双方に所属している（広田，2008）。若者文化においてネット世代は，流行のテレビ，ゲーム，マンガ，ネットなどの多メディアを介した「共通体験をもつ同世代集団」（cohort）として，独自のコミュニケーションとアイデンティティを獲得していく。

まず，若者文化におけるコミュニケーションについて，ネット世代は，CMCをFtFと同等かそれより重要と考え，偏見や違和感をもたない。インターネットも日常生活の活動と同様に，コミュニケーションを促進する手段として体感的に知りえている。彼らにとって，インターネットは，「あって当たり前（taken-for-grantedness）」の存在であり（Herring, 2008），前節で述べたように，CMCを中心に「仲間」とつながり，若者文化を形成している。

次に，若者文化におけるアイデンティティについて，ネット世代は，所属するコミュニティでのみ通用する特殊な言語や文字表現を創造し，合言葉のような感覚で使用し，仲間内でアイデンティティ（in-group identity）を確立していく特徴がある（Herring, 2008）。たとえば，若者文化では，ネット上の仮想空間で，ネットコミュニティを構築する手掛かりとして，インターネットの共通言語（インターネット俗語：internet slang）を用いて意思表示を行い，その言語を理解したうえで，やりとりを行うことが暗黙のルールとして認識されている（朝日新聞，2010f）。この若者文化のサブカルチャーで伝播されたインターネット俗語の中には，上下の世代にも流行し，メインの大衆文化にまで波及するものもある（朝日新聞，2010e；広田，2008）。しかし，そのときには，若者文化で使用した意味と異なっていたり，すでに若者文化では使われない「死語」になっていたりする場合もある。インターネット俗語の出自に示唆されるように，ネット世代の若者文化は，「多元的・流動的アイデンティティ」を呈している（広田，2008）。

2　ネット世代からソーシャルメディア世代へ

　ネット世代の若者文化は，今や単なるネット社会にとどまってはいない。デジタルネイティブ世代の文化として，「誰でもどこでもいつでもどのようなメディア機器でもネットワークで繋がる」ユビキタス社会（吉田秀雄記念事業財団AD-MT, 2008）への過渡期を迎えている。次々と出現する新しいメディアの存在が，今後の若者文化の方向性に大いに関与している。たとえば，iPhoneのようなスマートフォンやiPadのようなタブレット端末では，ネット，メール，ゲーム，読書，動画や映画の視聴，音楽鑑賞，写真撮影などが，1台で操作が可能である（朝日新聞，2011a, 2011c）。スマートフォンとタブレット端末の台頭は，デジタルネイティブ世代の生活に，急激なユビキタス化をもたらし，これらの新出スクリーン・メディアを駆使した若者文化が誕生している。

　デジタルネイティブ世代は，オンライン生活がベースとなっているため，メディアの進化にもスクリーンを通したライブ感を期待する。スマートフォンとタブレットの普及が，同時性と双方向性を兼ね備えたソーシャルメディア（social media, 交流メディア）の発展を助長している。たとえば，ツイッターやユーストリームでは，何気ない日常風景をつぶやいたり，地震災害の状況を刻々と生中継で伝えたりする（朝日新聞，2010b）。フェイスブックでは，世界中に8億人以上の登録者がおり，その中から共通の友人を発見したり，「いいね！」と瞬時に共感したりする（朝日新聞，2011b, 2012）。ネットコミュニティと現実社会のコミュ

ニティとの境界線は徐々に曖昧になり，シームレス化が進むと予測される（三浦，2009）。ソーシャルメディアが若者文化の要になりつつある今，コミュニケーション形態も変容していると考えられる。それは，ソーシャルメディアを介したコミュニケーション（social media communication: SMC）である。ツイッターやフェイスブックなどが基盤となり，個人が情報の受け手にとどまらず，使い手・作り手・送り手にまで発展可能なコミュニティを形成している。交流している自分と相手の存在を意識化・可視化できるメリットがある。

　このように，ユビキタス社会においても，デジタルネイティブ世代はソーシャルメディア世代へと転換し，新出メディアを介した人間関係を発達させ，「多元的・流動的アイデンティティ」を模索しながらも，若者文化を享受していくだろう。

引用文献

AERA（Asahi Shimbun Weekly AERA）．(2010)．ツイッターが「普通の高校生」を変えた　うめけん，起業なう．2010年12月13日．
朝日新聞．(2010a)．オピニオン　ガラパゴスですが，なにか　耕論．2010年5月28日金曜日12版．
朝日新聞．(2010b)．メディア激変44　発祥の地から11．2010年6月2日水曜日3版．
朝日新聞．(2010c)．親が離婚…私の気持ち聞いて．2010年6月6日日曜日13版．
朝日新聞．(2010d)．ニュースがわからん！ユーチューブって，一体何じゃ？．2010年11月6日土曜日．
朝日新聞．(2010e)．いま子どもたちは：つながる5　つぶやいて「受賞なう」．2010年12月2日木曜日．
朝日新聞．(2010f)．いま子どもたちは：つながる6　ネット友だちすぐはNG．2010年12月3日金曜日．
朝日新聞．(2011a)．てくの生活入門：iPad進化の特徴は（上）ネット活用で，「基地用パソコン」不要に．2011年12月10日土曜日．
朝日新聞．(2011b)．教育：SNS, 10代に広がる．2011年12月14日水曜日12版．
朝日新聞．(2011c)．朝日NIEスクール　ののちゃんの自由研究：タブレット端末とは　手軽に使える「パソコン」．2011年12月23日金曜日．
朝日新聞．(2012)．フェイスブック上場へ　来週にも申請　時価総額7.7超円超．2012年1月28日土曜日．
Benesse教育研究開発センター．(2009)．放課後の生活．*放課後の生活時間調査（速報版）*, 3.
Benesse教育研究開発センター．(2010a)．メディアとの接触．*第2回子ども生活実態基本調査報告書*, 86-87.
Benesse教育研究開発センター．(2010b)．幼児の生活．*第4回幼児の生活アンケート報告書*, 26-43.
Gordon, W. T. (1997). *McLuhan for beginners*. New York: Writers and Readers Publishing.
Herring, S. C. (2008). Questioning the generational divide: Technological exoticism and adult constructions of online youth identity. In D. Buckingham (Ed.), *Youth, identity, and digital media*. Cambridge,

MA: MIT Press.

広田照幸．(2008)．学校と若者文化：ささやかな提言．広田照幸（編），若者文化をどうみるか？：日本社会の具体的変動の中に若者文化を定位する（pp.198-209）．東京：アドバンテージサーバー．

香山リカ・森　健．(2004)．ネット王子とケータイ姫．東京：中央公論新社（中公新書ラクレ）．

木村文香．(2003)．テレビゲームと社会的不適応．坂元　章（編），メディアと人間の発達：テレビ，テレビゲーム，インターネット，そしてロボットの心理的影響（pp.115-128）．東京：学文社．

Kirsh, S. J. (2010). *Media and youth: A developmental perspective*. Chichester, UK: Wiley-Blackwell.

小林久美子．(2003)．インターネットと社会的適応．坂元　章（編），メディアと人間の発達：テレビ，テレビゲーム，インターネット，そしてロボットの心理的影響（pp.169-187）．東京：学文社．

小平さち子．(2010)．乳幼児とメディアをめぐる海外の研究動向．放送研究と調査，**60**(1), 36-51.

駒谷真美．(2006)．幼児期から児童期のおけるメディア・リテラシー教育の開発研究．お茶の水女子大学博士論文．

駒谷真美・野口隆子・姜　娜・丹羽さがの・齋藤久美子・佐久間路子・塚崎京子・無藤　隆．(2004)．幼稚園における観察記録実習の意義．お茶の水女子大学子ども発達教育研究センター紀要，**1**, 53-63.

コンピュータ教育開発センター．(2002)．情報化が子どもに与える影響（ネット使用傾向を中心として）に関する調査報告書．

Kutner, L., & Olson, C. K. (2009). ゲームと犯罪と子どもたち：ハーバード大学医学部の大規模調査より（鈴木南日子，訳，pp.301-302）．東京：インプレスジャパン．(Kutner, L., & Olson, C. K. (2008). *Grand theft childhood*. New York: Simon & Schuster.)

三浦麻子．(2009)．ネット社会の人間関係．西垣悦代（編），発達・社会からみる人間関係：現代に生きる青年のために．京都：北大路書房．

内閣府．(2011)．平成23年版子ども・若者白書（p.50）．

日本PTA全国協議会．(2011)．平成22年度マスメディアに関するアンケート調査：子どもとメディアに関する意識調査．調査結果報告書．

Palfrey, J., & Gasser, U. (2008). *Born digital: Understanding the first generation of digital natives*. New York: Basic Books.

Shaw, A., & Linebarger, D. L. (2008). The influence of computers, interactive games, and the internet on a child's multicultural worldview. In J. K. Asamen, M. L. Ellis, & G. L. Berry (Ed.), *The SAGE handbook of child development, multiculturalism, and media* (pp.333-347). Los Angeles: SAGE Publications.

Strasburger, V. C., Wilson, B. J., & Jordan, A. B. (2009). Children and adolescents: Unique audiences. In V. C. Strasburger, B. J. Wilson, & A. B. Jordan (Eds.), *Children, adolescents, and the media* (2nd ed., pp.1-42). SAGE Publications.

吉田秀雄記念事業財団ADMT．(2008)．時代の合わせ鏡：広告（改訂版）．DVD．

第11章
環境移行とライフサイクル

南　博文

第1節　はじめに——発達をみる視点

　俗に「揺りかごから墓場まで」という諺がある。人の一生を表したものであるが，ここには本章で扱う中心的アイデアがすでに素朴な形ながら集約されている。人間発達（human development）を見ていく際に，主体としての人の成長・変化に眼を向けるのは当然であるが，同時に人の置かれた状況，あるいは環境を考慮に入れて「環境の中の人（persons-in-environments）」（Wapner, 1981）がたどる一生涯，すなわち生活の場の変遷過程を視野に入れる全体論的（ホーリスティック）な観点が必要であろう（南，1996；山本・ワップナー，1992）。

　環境移行（environmental transition）は，有機体‐発達理論を提唱したウェルナー（Werner, H.）の共同研究者であったワプナー（Wapner, 1977）によって定式化された概念である。この概念が生まれる契機に，大学紛争の最中に学生部長職に就き，それまで大学の実験室で行ってきた研究者としての生き方そのものが問われ，そこにある世界（world-out-there）に眼を見開かれたワプナー自身の実存的な体験があったと言う（Wapner, 1990）。その危機的体験の本質の中に，それまで暗黙に前提とし，依存してきた想定的な環境世界の基盤の重要部分が，後戻りのできないような非可逆的な変化をこうむる，という状況の布置がある（南，1996；Parkes, 1971）。人を取り巻く環境に起きた変化がトリガーになるが，そのことがもたらす個人と環境との関係系の揺動，あるいはこれまでに頼ってきた対処の様式が今後通用しないという非連続性の自覚が，好むと好まざるとにかかわらず，生活世界の組み直しへと至る動的な過程が，ここでは問題にされる。

　発達を見ていくときの問いとして，「何が発達するのか（What develops?）」という基本にかかわるものがある（Siegler, 1978）。心的機能に焦点を当てた個体能力発

達観からの乗り越えとして，鯨岡（1999）は関係発達論を提唱する。母子，親子あるいは三世代を含めた関係の組が，発達の単位として考えられるべきという主張である。「環境移行とライフサイクル」をみていく発達論は，人と人との間にある関係のみならず，人とその人を取り巻く環境との間にある関係を発達現象の分析単位として捉え，人間－環境系に起きる質的な変化に焦点を当てる。そのような質的な変化の中で，とくに重要な節目（ターニングポイント）が環境移行である。

第2節　環境移行の基本図式

「環境の中の人」の原型は，胎児の姿にある。母体とへその緒で結ばれ，子宮という囲まれた領域に居場所を与えられる。環境（environment）とは文字どおり，取り囲む（environ＝surround）ものであり，この場合は母体という生命体（organism）が胎児にとっての環境である。個体としての成長は，取り囲みとの相互関係の中で進行する。両者は，「動的平衡」状態をなしており，部分（パーツ）が入れ替わっても系の全体性が維持される仕組みを備えている（福岡，2009）。つまり，個体と見えるものも，このような動的な平衡の便宜的な区分であり，「機能単位と見える部分にもその実，境界線はない」（同，p.235）。物質循環としては連続的な過程にあるこの系は，自己意識という次元が加わることである個別性を得るが，それは自己分化（individuation）と位置づけられるべき過程であって，発達の原初状態において個別の自己は存在せず，有機体と環境は相互浸透的（transactional）な一体の系をなす（Kaplan, 1967；Wapner et al., 1973；Werner & Kaplan, 1963/1974）。

出生が，個体の発達にとって最初のそして危機的な環境移行であることは，この出来事（life event）を境界にして，それまでの有機的紐帯で結ばれた取り囲みが，いっきに「外界」に投げ出された関係断絶の状態に至ることから理解できる。大気との間での呼吸循環や，重力をもった大地に対して姿勢という自己制御によって立ち向かう自立過程が，この出来事を境にして乳児が生きていく前提条件となる。へその緒によって言わば内蔵的（無意識的）に結ばれていた環境は，これ以降，自分の皮膚の外にある領域となり，感覚－運動－行為の媒介的トランザクション（相互交流／相互浸透）によって連結されるべき対象（向こうに在るもの）となる（南，2006）。

ワプナー（Wapner, 1974）は，生活体（organism）と環境とのトランザクションの構図を図11-1のように模式化した（山本，1974）。ここでは，「環境の中の人」を

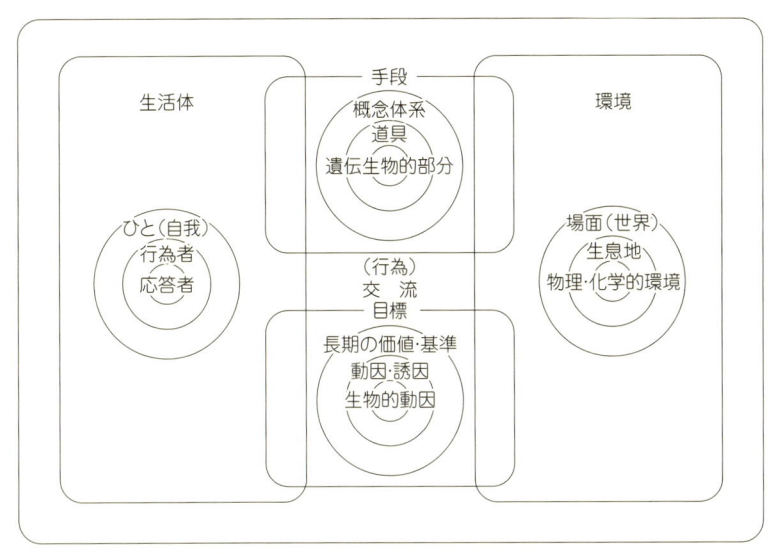

図11-1　有機体-環境システム（Wapner, 1974；山本，1974による）

見る際に，その体制構造（organization）に着目する。有機体であるとは，細胞分裂にその原型が見られるように，一様な可能体が分化し，その分化の結果として発生した部分が相互に関係をもって，階層的なシステムがある全体性（同一性を維持する系）を形成することを本質特徴とする。生命体にその典型を見いだすことができるが，生命体以外の現象領域に同様の体制構造をあてはめて理解するとき，それは「有機体論」的視点（perspective），あるいは「有機体論」的世界仮説（world hypothesis）と呼ばれる（Kaplan, 1967；Pepper, 1942）。機械論的（mechanistic）世界仮説においては動力因的な意味での因果性が支配する世界を想定するが，有機体論では目的論（teleology）を包含し，組織的変化に一定の方向性（目的因：telos）を前提とすることによってはじめて，「単なる変化」を発達と区別することができる（Werner & Kaplan, 1963/1974）。

われわれが普通に経験する「ひと」は，たとえば「食卓で家族といっしょに夕ご飯を食べる」といった表現がとれるように，「場面」として分節され，意味に満ちた「世界」に住んでいる。それ以上でも以下でもない「生活世界」が，「ひと」の経験する環境である（Wapner et al., 1973）。この環境は，言語的に分節され，「私の将来の夢」や国の政策や法規制など，象徴的・概念的な媒介によって結ばれる。

人間-環境のトランザクションのこの水準に対して，夜になると寝る場所を探すように，動物一般にも該当する行為者（agent）-生息地（habitat）の対をなすト

ランザクションの水準がその下位に控えていると想定される。

　さらにそれらの下部に環境の物理・化学的な特性と、それへ生理的、あるいは身体的・物質的（physical）に反応する応答者（respondent）としての存在様態がある。この水準は、上の2つの水準とは異なり、刺激拘束性が高い。つまり、個人としての選択の余地がなく、その状態においてはそのように応答してしまうしかない、動力因の意味での因果性によって結ばれた（あるいは決定された）循環系である。胎児期や乳幼児期の「環境」において毒性の物質に対する配慮が必要なのも、この次元での生活体－環境の作用が危機をもたらすことを知っているからである。

　環境移行は、人間－環境システムに急激な変化が起き、撹乱（perturbation）が生じた状態を指し、とくに「人間－環境システムの混乱状態が非常に強く経験され、環境の物理的、対人的、社会文化的側面に対して従来用いてきた相互交流の様式が通用しないような」事態を危機的な環境移行と呼ぶ（ワップナー・デーミック、1992、p.30）。

　ここで「移行（transition）」という用語を使うのは、環境変化一般ではなく、ある状態から別の状態への後戻りのできない（非可逆的な）推移が起きている場合を指しているからである（Minami, 1987）。この場合の状態とは、人間－環境システムの一定の秩序様式であり、生涯過程を分節する「ステージ」、すなわち、住んでいる場所と行動圏、かかわる人々のネットワークや役割、日常の活動パタン、経済的基盤、時間的展望、目標や夢・課題、自己概念やアイデンティティなどが全体として織りなす生活世界の構造である（南、1996）。

　たとえば、事故による骨折は、あらゆる水準で人間－環境システムの撹乱を呼び起こすが、それが一定期を経て治癒するならば、個人の生活世界の全体構造を大きく変えることにはならない。しかし、野球選手でそれが起きた場合のように、その結果、職を失うような展開に至った場合、本人が想定していた将来計画が壊れ、住む場所を含めてあらゆる側面で自分を取り巻く人間－環境システムが以前の状態には戻らないような根本的変更を余儀なくされる。危機的環境移行は、このような事態を指している。この場合、個人の内的過程（こころ）の理解が重要であることは言うまでもないが、同時に人間－環境システムの動的関係性を介して、撹乱が増幅したり、あるいは緩和されたりすることから、環境のはたらきに着目する心理理解が求められる。

　さらに言えば、環境移行による混乱は、通常一定期を過ぎるとまた安定した状態、あるいは「動的平衡」（福岡、2009）に至るが、混乱から平常化への道筋を理

解するだけでなく，それらの過程を通して何らかの意味で「発達的な体験」が生じる可能性に着目することが，生涯発達心理学の課題となるだろう。

次節では，主に最近の日本での環境移行に関する研究をレビューしながら，環境移行において「何が発達するのか」という問いへの手がかりを考えてみる。

第3節　日本での最近の研究の主題

日本で最初に「環境移行」という用語が紹介されたのは，山本（1974）においてである。この用語の発案者であるワプナーの共同研究者であり，1972年にワプナーのもとでラットの空間体制化の研究を進めた山本は，後にアンカーポイント仮説と名づけられた現象の発見に立ち会った（Yamamoto et al., 1980）。その後，米国のクラーク大学を中心に日本やプエルトリコ，イタリアなどで環境移行の実証的研究（主にパラダイムを模索する研究プログラム）が進められた。その成果は，山本・ワップナー（1992）にまとめられている。その後，環境移行研究は，心理学だけでなく建築学，看護学，医学，老年学，教育学，保育学，社会学など広範な領域で言及され，1980年から2010年までに出版された書籍，論文，研究発表梗概集などで「環境移行」「移行」をキーワードとした文献検索を行うと，180点がヒットする活況を呈している。その全体像を紹介することはできないが，ここでは上に述べたような有機体発達論の観点から，また生涯発達の視野からいくつか主題として見いだされた傾向を，ごく簡略にまとめる。

1　移行期の課題性

生涯発達における環境移行は，児童期から青年期にわたっては，学校を起点として捉えられるが，その中で「小1プロブレム」（菊池，2008）や「中1ギャップ」（小泉，2010）といった，学校システムの段差を問題にする指摘がなされている。学校文化と幼稚園・保育園の園文化との段差や，「小学六年生と中学一年生の間にある環境の違いや隔たり」（小泉，2010）に直面して，新しい学校環境になじめない子どもや，問題行動がその時期に出現するという移行期の問題がここでは扱われている。

この場合，重要なのは「不適応」という子どもの側の行動特性に帰属するのではなく，人間 – 環境系の双方向のトランザクションとしてこの現象を見ていく点である。福田（1992）は，「家から幼稚園への移行」を扱う中で，移行における生活の「スクリプト」の具体的内容の変化，仲間との交渉（「いざこざ」などを含

む）の発生，親からの分離にともなう情緒的危機，そして母親自身が経験する新しい事態への不安と対処が，「親-子システムの再構造化」を引き起こす様相を捉えて，これらを「移行課題」として位置づける。移行課題の特質とその具体的内容を，経験する主体の側から明らかにすることがこの領域での研究課題となるだろう。

2 対人的世界の組み直し

出生が環境移行の原型モデルであるとした先の記述からも明らかなように，人にとって危機的な移行は，対人関係の領域において生じる。住み着きの基盤であった旧環境からの分離をうまく処理しながら，同時に新しく参入した新環境と親密な関係を形成し，さらに新旧両環境との関係を調整することが，対人的側面での「移行課題」となる。

古川ほか（1983）は，大学の新入生を対象として，心理的距離地図（psychological distance map：PDM）と呼ばれる手法を用いて，入学直後から秋までの期間中（最初の1週間は毎日，その後3週後までは週1日，その後は月に1回）の対人関係の変化を追跡調査した。その結果，入学前の対人関係と入学後に新たにできた対人関係との相対的比重が，5月中旬を境に逆転することを見いだした。新旧環境の対人的な側面での再体制化は，4月から5月に急激に進行し，その後は比較的安定するという結果は，この過程が学習などのように時間の関数としての暫時の進展ではなく，関係の組み直しという組織化（organization）の質的転換であることをうかがわせる。

同じく大学への入学時における対人関係の変容を，個人的ネットワーク（個人を中心に置いて見た対人関係網）の構造的再構成の観点から調べた南（Minami, 1985）は，入学前に形成していたHome networkと入学後に新たに形成されたCollege networkとの結び方が，個人によって異なることを確かめた。図11-2に，2つの典型例を示した。

事例Aでは，入学直前には当然ながらHome networkが自身の近くに位置しているが，大学の関係者もごくわずかながらすでに個人の対人世界に登場している。新たに形成されるCollege networkは，Home networkとは独立して（切り離す形で）関係の密度と近さを増している。大学の学期が終了する3期になってはじめて，両者の間で一部重なりが見られる（家族に大学の友人を紹介するといった形での連結）。それに対して，事例Bの場合，大学での新たな関係は，すでに形成されたHome networkと結びつけられ，その関係構造に組み入れるようにして統合され

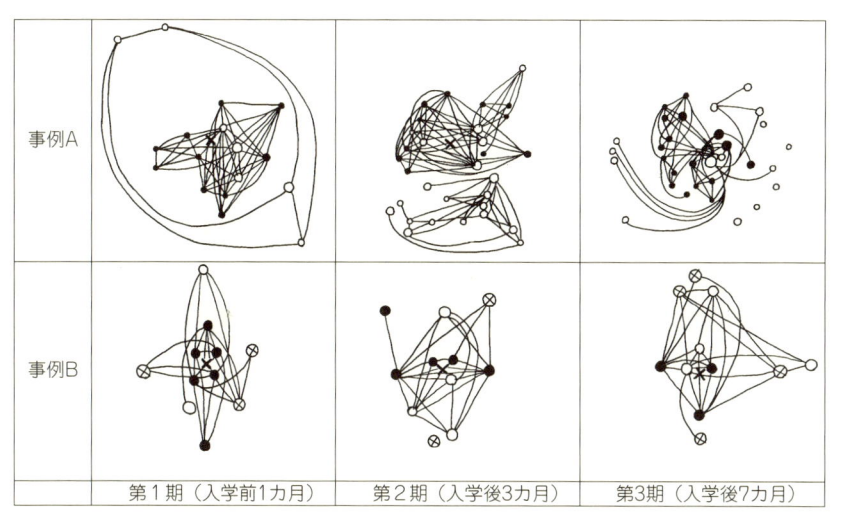

図11-2 大学入学時における個人的ネットワークの変容——新旧ネットワークの統合の2つの典型例（Minami, 1985）
図中の黒丸（●）は Home network を，白丸（○）は College network を，×印（⊗）はそれ以外のメンバーを表す。点と点が線で結ばれているのは，両者の間に既知の関係があることを示す。

る。前者を分離型と名づけるならば，後者は統合型と名づけられよう。

謝（1999）は，新入園児の社会的ネットワークの形成過程を，「仲良し」や「親友」といったカテゴリーを用いて，園での自由遊び時間における行動観察を通して検討している。また，入園前の知り合いや友だちが，移行過程に及ぼす影響も同時に調べた結果，入園後1カ月から3カ月の間に仲よし関係や親友関係が形成されることと，移行初期に入園前の知り合いや仲よしが，アンカーポイントとして機能することが示唆されると結論づけている。

丹羽（2005）は，高校から大学への環境移行において，親への愛着の個人差が，移行時に経験される適応感とどのような関係があるかを質問紙法によって調べ，親への愛着不安の低い新入生の方が大学生活における孤独感や対人不安が低く，親への愛着が移行期のストレスを緩衝する機能をもつことを確認している。

新旧両環境を結びつけるうえで，結節点となるようなキーパーソンが重要であることがこれらの研究から理解される。

3　道具的媒介の再編

身体は自己の一部であるが，同時に環境との相互交渉にかかわっては道具性（instrumentality）としての機能を果たしてもいる。佐藤・川口（2003）は，人工股

関節全置換術 (THA) の患者の術後経過を環境移行の観点から捉え,「体内に人工物が設置されることによって,生活者は慣れ親しんだ生活パターンの変容を求められる」として,具体的には生活姿勢の実態と,療養環境の調整という面からTHA 患者の移行過程を実証的に調べた。

その中でとくに顕著な知見として,病院から在宅への移行に際して,脱臼を防ぐための環境調整の効果的なケースに「居住内のあらゆる場所に,自分の身体に合った座高面の椅子を点在させる」例があったことを指摘している。また,同じくTHA 患者の手術後の時間経過にともなう生活様式の変容を調査した佐藤ほか (2005) は,手術後に一旦変容された生活様式が,時間の経過とともに術前の状態に後戻りする例があり,その場合脱臼等の問題が発生することと,住居の改造・工夫がなされた患者で危険性の低い生活様式が有意に多く見られるという結果を得ている。

移行が要請する新たな生活姿勢への変更は,それが無意識的で自動的な行為であるだけに困難であると考えられ,その場合,居住環境の設えや道具を再編することによって,系としての人間-環境のトランザクションの調整を図ることが有効な手だてとなっている。

4 アンカーポイントの発生とその積極的利用

先に,大学入学時の環境移行において,入学後の1〜2カ月間に対人関係上の再編(微視発生)が起きることを述べたが,移行の初動期に経験の体制化と行動の根拠地となるような場所や対象があると,それを「入り口」あるいは碇(アンカー)として環境の認知的体制化が促進されると予想される。このような考えを,アンカーポイント仮説と呼ぶ(ワップナー・デーミック,1992)。

松森 (2002) は,「新しい環境に慣れる為に人がよりどころとする以前から知っていたもの」(p.41) とアンカーポイントを捉え,短期入院をした小児が再び病院から家への環境移行を経験する際にアンカーポイントとしているものは何かを,心理的距離地図 (PDM),描画法や参加観察法を用いて総合的に調べる事例研究を行った。その結果,死んだ近所の犬や飼っている鳥など,その子にとって移行対象と考えられるもの,家族や友だち,保育園の先生から「もらったもの」,あるいは「かぞくのみんな」が,アンカーポイントとして安心感を与えていた事例や,「ゲーム」「(ゲームの) ソフト」がもっぱら PDM に登場する事例など,個別性が高いがその子の身体的な状態や生活の様子などの包括的な環境に応じたアンカーポイントが見いだされることを確認した。

小泉（2002）は，「人間とその環境との間の相互交流（すなわち相互作用によって双方が変化していくこと）を促進するような人間−環境システムの要素」（p.109）としてアンカーポイントを捉えたうえで，地域住民にとって地域社会が構造化される際に，学校がアンカーポイントとなりうる可能性を示唆している。自然災害などの地域レベルでの環境移行が起きた際に，学校を「拠り所」として地域住民の生活の再編を支援し，次の移行への安全基地として利用することが，個々人にとってだけでなく，地域社会の再構築にとっても利害の異なる住民を結びつける認知的・情緒的アンカーポイントとして有効な手段となるのではないか。

以上のようにアンカーポイントの考えは，まだ仮説ではあるが，生態学的妥当性の高い概念であり，臨床的実践やアクション・リサーチによって検証される価値があると思われる。

5　気分の変容

移行体験において個人が経験し相互交流（transact）する環境が，多次元的な領域であることはワプナー（Wapner, 1974）の図式で示した。この際の環境の現れは，個人の志向性によってその都度変容する。環境移行の現象のこのような流動性について，川野ほか（1998）は短大入学時の「気分の原因帰属」に焦点を当てたうえで，時間の流れに応じた現実空間と生活空間との共変関係として捉える移行の理論モデルを提示した。気分という実存的な経験側面に焦点を当てることによって，「物理的環境」と同一視されがちな場所について，人間の経験に即した現象学的な記述が可能となるかもしれない（阪本，2008）。そのようなアプローチは，次に紹介する建築学的なアプローチと相補的な，場所の心理学の課題となるだろう。

6　居場所の構築

環境移行は，それまでになじんだ場所との関係を一時的であれ喪失し，移って行った場所において生活の全般を再編していく，居場所の再構築の過程を含んでいる。とくに，高齢者における在宅生活から老人ホーム等の施設への入居や，災害によって避難所や仮設住宅などでの集合生活を余儀なくされるケースのように，移行が以前よりも自由度の低い制約された環境への拘束を意味する場合，移行体験の危機性はより深刻なものとなることが予想される。

老人ホームや高齢者のグループホーム，ターミナルケアの施設を計画する側からの問題関心として，環境移行をする主体の生活の再編過程を理解し，移行のイ

ンパクトをやわらげるだけでなく「日々の生活に対する入居者の意欲を高める」のに寄与するケア環境のあり方を明らかにする視点から（鈴木ほか，2001），数多くの建築計画系の環境移行研究が行われている（足立ほか，2001；知花ほか，2004；古賀ほか，2002；松原ほか，2001；巌ほか，2002）。それらの研究では，移行前後の生活行為の変化を，主に滞在する場所などの領域行動，会話などの対人交流，持ち込んだ家財などの「もの」とのかかわり，時間の過ごし方，など多様な側面にわたる長期的な観察研究によって実証的に捉えている。

　これらの研究から，痴呆性高齢者がグループホームから特別養護老人ホームへ転居したケースで「生活の単調化」が見られたこと（巌ほか，2002），逆に，大規模介護から「個室主体で小集団単位による処遇環境を取り入れた定員30名のグループリビング棟」への環境移行によって入居者どうしの会話などの多様化が起きていること（松原ほか，2001），ホームへの入居に際して「以前から育てている植物の世話や仏壇へのお供えなど，入居前の環境から居室に持ち込んだ物に対する積極的な行為が，日々の生活の中に繰り返し見られ」ること（鈴木ほか，2001，p.126），そうした旧環境からの「もの」の持ち込みによって，以前の環境との「連続する部分をつくる」ことが可能になること（古賀ほか，2002）が明らかにされている。これらの結果は，噴火災害（1990〜95年）と津波災害（1993年）で肉親や家屋，地域社会など自己のアイデンティティの基盤となる対象を失った被災者へのインタビュー調査を行った三浦（2006）の研究において確認された知見と共通する。つまり，移行後に仮住まい意識から，自己の生活拠点としての家の再建を行うことによって住まう場所の「しつらえ」に積極的に関与する環境へのはたらきかけの行為を通じて，住意識に「喪失から獲得」に至る変化が見られている。

　その他，環境移行後の場所の再構築に際して，「よく行く場所」「寄り道する場所」など行動レベルでの環境との関係の再編をみる研究（林田ほか，2004；諏澤，2009）や，移行後の生活環境の価値評価によっても移行過程が異なることを示した網藤ほか（2001）などがあり，場所との愛着関係の再編が環境移行において大きな分岐をなすことが予想される。

第4節　移行の危機性と生涯発達

　最後に，環境移行がライフサイクルにおいて分節点をなすことが，生涯発達においてもつ意味について考察する。

中井（2004）は，自身の阪神淡路大震災の経験を通して次のように述べる。「いくつかの無根拠な基本的信頼に基づいて私たちは生きている。物理的世界の恒常性も，私たちの心身の健康も，社会的基盤の確実さも，人々の善意も，実際は，それは私たちがお互いに生きてゆくことを可能にしている仮定にすぎない」（p.400）。たとえば，「私たちは，大地に〈揺るがないもの〉という基本的信頼を置いて道を歩き，家を建てている」。しかし，「このいわれのない仮定が覆ったのが震災被災者である」。このような否定的で望ましくない出来事に遭遇することが，生涯発達にとってどのような意味をもつのであろうか。そして，そこからたとえ一定の回復が果たされたとして，「何が発達する」と言えるのか。

　本稿では，有機体発達論の立場からみて，危機的環境移行の事態において，旧環境（移行前）と新環境（移行後）との間に新しい「動的平衡」が達成されることの中に，個人とそれを取り巻く環境世界とのトランザクションの水準にそれまでに見られなかった分化と統合の様式が「発生」するという意味での発達が起きる場合に，その経験が発達的機会をもたらしたと考える。それは，無自覚だったことが自覚され，自己の拠り所である環境の支えがあらためてくっきりと分化して見え，それと対をなして対峙している自己の姿もまた明瞭になる意識化の過程である（南，2006）。

　このような過程が発達的変化であるとさらに主張する背景に，神経細胞や脳の発生が，「有機体の変化のなかで，その意味と重要性をよく理解することのできるまったく特殊な事象」であり，「それは，個体が，変化する環境に応じて働きを変えながら対応するという，特殊なメカニズム」（訳書，p.24）であるというシュレディンガー（Schrödinger, 1958/1987）の生命観を挙げることは還元主義と批判されるであろうか。種としての人間の意識の発生に，環境の対象化と自己の明確化が平行的に，あるいは相互循環的に志向されるメカニズムが組み込まれており，これが個体の生涯発達においても繰り返される。その過程は，個人の体験としては，自分の居場所についてより自覚的になる過程であり，「いまここ」に居る私と私たちについて，より明瞭で統合的な描像を作り出す過程である。環境移行に関する研究行為もその一環に位置づけられる。

引用文献

足立　啓・亀屋恵三子・赤木徹也・橋本篤孝．（2001）．特別養護老人ホームの段階的建替えによる入居者の環境移行と性格が行動に及ぼす影響．*日本建築学会計画系論文集*，**545**，143-149.

網藤芳男・村川三郎・西名大作・関根範雄．（2001）．大学生の環境移行に伴う生活環境評価の時間的変化と共分散構造．日本建築学会計画系論文集，**540**，81-88．

知花弘吉・亀谷義浩・荒木兵一郎．（2004）．精神障害者のグループホームへの環境移行による自立度と社会参加度の変化．日本建築学会計画系論文集，**584**，1-6．

福田　廣．（1992）．家から幼稚園への移行．山本多喜司・ワップナー，S（編著），人生移行の発達心理学（pp.137-151）．京都：北大路書房．

福岡伸一．（2009）．動的平衡：生命はなぜそこに宿るのか．東京：木楽舎．

林田大作・舟橋國男・鈴木　毅・木多道宏．（2004）．環境移行に伴う職場周囲の場所構築の変容に関する研究：神田から品川への職場移行をケーススタディとして．日本建築学会計画系論文集，**576**，67-74．

謝　文慧．（1999）．新入幼稚園児の友だち関係の形成．発達心理学研究，**10**，199-208．

Kaplan, B.（1967）. Meditations on genesis. *Human Development*, **10**, 65-87.

川野健治・佐藤達哉・友田貴子．（1998）．短大入学時の環境移行：気分の原因帰属を手がかりとしたモデル構築の試み．発達心理学研究，**9**，12-24．

菊池知美．（2008）．幼稚園から小学校への移行に関する子どもと生態環境の相互調節過程の分析：移行期に問題行動が生じやすい子どもの追跡調査．発達心理学研究，**19**，25-35．

古賀紀江・高橋鷹志・外山　義・橘　弘志．（2002）．環境移行における「もの」の意味に関する研究：高齢者居住施設入居者が所有する「もの」の実態とその意味．日本建築学会計画系論文集，**551**，123-127．

古川雅文・藤原武弘・井上　弥・石井眞治・福田　廣．（1983）．環境移行に伴う対人関係の認知についての微視発達的研究．心理学研究，**53**，330-336．

小泉令三．（2002）．学校・家庭・地域社会連携のための教育心理学的アプローチ：アンカーポイントとしての学校の位置づけ．教育心理学研究，**50**，237-245．

小泉令三．（2010）．"中1ギャップ"とは何か：環境移行の観点から（特集"中1ギャップ"を乗り越える）．教育と医学，**58**，196-203．

鯨岡　峻．（1999）．関係発達論の構築：間主観的アプローチによる．京都：ミネルヴァ書房．

松原茂樹・足立　啓・赤木徹也・船橋國男・隼田尚彦・鈴木　毅・木多道宏．（2001）．会話状況からみる痴呆性高齢者の交流の変容に関する考察：痴呆性高齢者のグループリビングへの移行に関する研究．日本建築学会計画系論文集，**545**，137-142．

松森直美．（2002）．短期入院を経験した小児に対する病院から家への環境移行に関する検討：手術を受けた学童への記述・描画法による調査の試み．日本看護科学会誌，**22**，39-49．

Minami, H.（1985）. *Establishment and transformation of personal networks during the first year of college: A developmental analysis*. Doctoral dissertation, Worcester, MA: Clark University.

Minami, H.（1987）. A conceptual model of critical transitions: Disruption and reconstruction of life-world. *Hiroshima Forum for Psychology*, **12**, 33-56.

南　博文．（1995）．人生移行のモデル．南　博文・やまだようこ（編著），講座生涯発達心理学：5　老いることの意味（pp.1-40）．東京：金子書房．

南　博文．（2006）．環境との深いトランザクションの学へ．南　博文（編著），環境心理学の新しいかたち（pp.3-44）．東京：誠信書房．

三浦　研．（2006）．被災者の住まいへの働きかけから考える心と環境．南　博文（編著），環境心理学の新しいかたち（pp.240-273）．東京：誠信書房．

中井久夫．（2004）．徴候・記憶・外傷．東京：みすず書房．

丹羽智美．（2005）．青年期における親への愛着と環境移行期における適応過程．パーソナ

リティ研究，**13**，156-169.

Parkes, C. M.（1971）. Psycho-social transitions: A field for study. *Social Science and Medicine*, Vol.5, London: Pergamon Press.

Pepper, S.（1942）. *World hypotheses: A study in evidence*. Berkeley: University of California Press.

阪本英二．（2008）．場所を現象学すること：生きるという方法．サトウタツヤ・南　博文（編著），質的心理学講座：*3*　社会と場所の経験（pp.185-207）．東京：東京大学出版会．

佐藤政枝・川口孝泰．（2003）．環境移行に伴う生活援助技術のエビデンス：人工股関節全置換術後患者での研究成果をとおして（続ケア技術のエビデンス）．*臨床看護*，**29**，1974-1983.

佐藤政枝・川口孝泰・嶋田寿子・谷　和子・中山昌美．（2005）．人工股関節全置換術を受けた患者の環境移行に関する研究．*日本看護研究学会雑誌*，**28**，41-50.

Schrödinger, E.（1987）．*精神と物質：意識と科学的世界像をめぐる考察*（中村量空，訳）．東京：工作舎．（Schrödinger, E.（1958）. *Mind and matter*. Cambridge, UK: University Press.）

Siegler, R. S.（1978）. *Children's thiking: What develops?* Hillsdale, NJ: Lawrence Erlbaum Associates.

諏澤宏恵．（2009）．乳幼児をもつ母親の新環境への適応プロセス：有機体システム論からみた移行モデルの概念化．*小児保健研究*，**68**，623-631.

鈴木健二・外山　義・三浦　研．（2001）．痴呆性高齢者グループホームにおける入居者の生活の再編過程：痴呆性高齢者のケア環境のあり方に関する研究（1）．*日本建築学会計画系論文集*，**546**，121-126.

Wapner, S.（1974）. An organismic-developmental approach to the study of man-environment transactions. *Hiroshima Forum for Psychology*, **1**, 15-22.

Wapner, S.（1977）. Environmental transition: A research paradigm deriving from the organismic-developmental systems approach. In L. van Ryzin（Ed.）, *Wisconsin conference on research methods in behavior environment studies proceedings*（pp.1-9）. Madison, WI: University of Wisconsin.

Wapner, S.（1981）. Transactions of person-in-environments: Some critical transitions. *Journal of Environmental Psychology*, **1**, 223-239.

Wapner, S.（1990）. One person-in-his-environments. In I. Altman & K. Christensen（Eds.）, *Environment and behavior studies: Emergence of intellectual traditions*（pp.257-290）. New York: Plenum Press.

ワップナー・デーミック．（1992）．有機体発達論的システム論的アプローチ．山本多喜司・ワップナー，S（編著），*人生移行の発達心理学*（pp.25-49）．京都：北大路書房．

Wapner, S., Kaplan, B., & Cohen, S.（1973）. An organismic-developmental perspective for understanding transactions of men in environments. *Environment and Behavior*, **5**, 255-289.

Werner, H., & Kaplan, B.（1974）．*シンボルの形成*（鯨岡　峻・浜田寿美男，訳）．京都：ミネルヴァ書房．（Werner, H., & Kaplan, B.（1963）. *Symbol formation*. New York: Wiley.）

山本多喜司．（1974）．S・ワプナー．古賀行義（編著），*現代心理学の群像：人とその業績*（pp.497-516）．東京：協同出版．

Yamamoto, T., Stevens, D. A., & Wapner, S.（1980）. Exploration and learning of topographical relationships by rat. *Bulletin of the Psychonomic Society*, **15**, 99-102.

山本多喜司・ワップナー，S.（1992）．*人生移行の発達心理学*．京都：北大路書房．

厳　爽・石井　敏・長澤　泰．（2002）．生活環境の移行とターミナルケアの視点からみた痴呆性高齢者グループホームのあり方に関する考察．*日本建築学会計画系論文集*，**557**，165-171.

第Ⅲ部
人と社会の理解と社会的行動

第12章
心の理解の発達

木下孝司

　自他相互の心の理解について，発達心理学では「心の理論」に関する研究として多くのことが明らかになってきている。本章では，その研究を概観してから，近年さかんになってきた，心の理解の生物学的基礎に関する研究を紹介する。そして，それらの研究に対して，自他のコミュニケーションを通して相互理解が進行するという事実に立ち返って，今後の研究課題を提起したい。

第1節　心の理解に関する発達研究の概要

1　心の理論とは

　プレマックとウッドラフ（Premack & Woodruff, 1978）は，チンパンジーなどの霊長類がえさを取られまいとして仲間を欺くような行動に着目して，そうした行動を「心の理論（theory of mind）」という枠組みで解釈することを提唱した。心の状態というのは，自分の心であっても直接観察できるものではなく，いろいろな心の働きを仮説的に想定する必要があり，そのように仮説的な枠組みをもつことで人の行動を的確に予測できるようになる。こうした理論的前提に立って，プレマックらは「心の理論」という用語を用いている。

　「心の理論」というと，広く他者理解を指すことが多いが，厳密には自己の心的状態も観察不可能なもので仮説的構成概念と見なす哲学的立場に立って，この用語が創出されたことには留意したい。その点にかかわって，心の働きに関する理解を「理論」と呼ぶことに反対し，自己体験に基づいたシミュレーションを重視する見解（たとえば，Harris, 1992）もあることから，広く「心の理解」，「マインドリーディング（mind reading）」，「メンタライジング（mentalizing）」といった総称が用いられることも多くなっている。

2　心の理解の始まり

　心の状態，なかでも情動，注意，意図といったものは，乳児期より他者とのコミュニケーションを通して伝えあわれている。生後2，3カ月には，身体の動きや情動を同期させて一体的な関係が作られ (Trevarthen, 1979)，養育者との調和的なやりとりが乱されると，乳児は不快感を示し，早くから情動的な交流を期待していることがわかる。

　生後9カ月頃になると，コミュニケーションのあり方は激変し，子どもの方から意図的にコミュニケーションを図ることが顕著になってくる。具体的な行動としては，視線や指さしによって対象に対する注意を他者と共有する共同注意 (joint attention) が見られるようになる。この共同注意の成立をめぐっては，心の理解が介在しているとする説が影響力をもっている。その中心にあるバロン-コーエン (Baron-Cohen, 1995) は，自閉症の「心の理論欠損説」を唱えるとともに，自閉症児者が共同注意の発達にも困難を抱えることを包括的に説明することをねらって，マインドリーディングシステムのモデルを提唱した。それによれば，共同注意は，心の理論の前駆体であり，ある意味，原初的な心の理論が共同注意の成立には不可欠だとされている。こうした説に対して，他者の心的状態が理解されなくとも，養育者からの「足場作り (scaffolding)」によって共同注意は成立しうるとする立場もあり，広くコミュニケーションの発達を関係論的枠組みで整理した議論が必要なところである（詳細は木下，2008aを参照）。

3　意図の理解と共有

　生後9カ月頃より，他者を自分と同じように「意図をもつ主体 (intentional agent)」(Tomasello, 1999) として認識し始め，生後18カ月以降にもなると，子どもは他者が何をしようとしているのかという意図を推測することが可能になる。たとえば，他者がやろうとしてうまくできなかった行為を見て，その意図をくみ取った行為ができたり (Meltzoff, 1995)，自分とは異なった他者の欲求を推測したり (Repacholi & Gopnik, 1997) する。他者の行為のみならず，その背後の意図にまで理解が及ぶことによって，さまざまな文化的所産を模倣や教示によって速やかに学習することが可能になり，意図の理解は文化的学習において重要な要因となっている (Tomasello, 1999)。

　また，1歳後半から2歳過ぎにかけて，ふり遊び (pretend play) が出現するようになり (Leslie, 1987)，「いま，ここ」にない世界に向けた意図を他者と共有するようになる（木下，1998）。さらに，意図の共有という点では，2歳前後から，そ

れぞれ異なった役割を遂行しながら共通した目標に向かって，他者と協力できるようになることも確認されている（Warneken & Tomasello, 2007）。

4　心の理解の進展と信念理解

「心の理論」研究において，頻繁に用いられるのが「誤信念課題（false belief task）」（Wimmer & Perner, 1983）である。これにはいくつかのバリエーションがあり，数多くの実験が世界各国で実施され，メタ分析もなされている（郷式，2000；Wellman et al., 2001）。その一つ，いわゆる「サリーとアンの課題」（Baron-Cohen et al., 1985）タイプのものは，4歳から7歳にかけて通過率が上昇し，さらに第三者の信念に関する他者の信念を問う二次的誤信念課題では児童期中期に理解されること（Perner & Wimmer, 1985）などが明らかにされてきている。

他方，オオニシとベラージョン（Onishi & Baillargeon, 2005）は生後15カ月児でも他者の誤信念を理解しているとする研究データを示し，ホットな論争点の一つとなっている（Perner & Ruffman, 2005など）。オオニシとベラージョン（Onishi & Baillargeon, 2005）の方法は，刺激人物が対象物の入っていると思っている箱を開けないといった，期待に反する行為をより長く見たかどうかに着目したものである。乳児を対象にする場合，注視時間はしばしば用いられるものであるが，知覚レベルで刺激を区別することと，概念的に理解することとの相違と関連性についてはさらに吟味を必要とするところである。そのうえで，1, 2歳頃までの心の理解と，言語的なレベルで誤信念課題を通過する4歳以降の心の理解との間に，発達的にどのような経路を想定するのかについては，この領域における重要課題となっている。

第2節　心の理解の生物学的基盤

心の理解への関心は，プレマックらの比較認知発達的研究に始まり，バロン－コーエンらの自閉症児研究によってさらに強まったことにわかるように，進化論的観点から，あるいは進化の産物である脳の構造や機能レベルから，心の理解の生物学的基礎を明らかにしようとする流れは脈々とつながっている。次に，そうした研究の動向をみておこう。

1　社会的知性仮説

近年，人間の心のメカニズムを進化の所産ととらえて，その成り立ちを生物学

的な適応度という観点から解明しようとする向きが強まっている。こうした進化論的発想から，社会的知性仮説が提起され注目されてきた。その提唱者であるバーンとホワイトゥン（Byrne & Whiten, 1988/2004）によると，進化のプロセスにおいて，霊長類の社会構造が複雑になり，その結果，他の個体との間で処理すべき社会的問題が入り組んできたことがヒトの知性を高度化したのだという。この仮説が提起されて以来，他者の視線理解，欺き，利他的行動など社会的行動に関心が寄せられ，ヒトも含めた種々の動物を対象にした実験を通して，社会的認知能力の成り立ちを明らかにする研究がさかんになっている（友永・松沢, 2001）。

また，社会的知性仮説は脳の進化という観点からも検討されている。ダンバー（Dunber, 1996/1998）は，霊長類各種の大脳新皮質が脳全体に占める割合と，それぞれの集団サイズに相関関係があることを見出し，集団規模が大きくなるとそれだけ対処すべき社会的問題が多く複雑になり，それに対応して高度な情報処理をする大脳新皮質の比率が高まると考えた。ダンバーの考えは，社会的な情報処理や問題解決が脳の進化に最大の影響を与えていることから，「社会脳（social brain）」仮説とも呼ばれている。

2　社会脳のイメージング研究

社会脳への関心はより直接的に，ブラザーズ（Brothers, 1990）が社会的認知にかかわる脳内領域として扁桃体，前頭葉眼窩部，上側頭回を社会脳と命名して高まり，脳機能イメージング研究[1]によって急速に発展してきている（加藤・梅田, 2009 参照）。

それぞれが関与しているとされている機能をみておこう。扁桃体は，わが身に差し迫った危険を察知する感情反応に関与する部位であり（Damasio, 1994/2000），扁桃体の損傷によって否定的な表情の読み取りが困難になること（Adolphs et al., 1994）などが知られている。前頭葉眼窩部については，その部位の損傷例が，ギャンブル課題という報酬とリスクを読み取って意思決定する課題において（Bechara et al., 1994），報酬は多いがリスクも高いために最終的な利益を得られない選択を継続することがわかっている。そうした研究から，報酬や罰に対するある

---

[1]　脳の各部位の生理的活動を測定して画像化する研究方法。脳の血流を測定するものとして，機能的 MRI（functional magnetic resonance imaging：機能的核磁気共鳴画像法），ポジトロン断層法（positron emission tomography：PET），近赤外線分光法（near-infrared spectroscopy：NIRS）が，脳細胞の電気活動を測定したものとしては脳電図や脳磁図などがある。脳の活動を可視化することによって，脳研究は大きく進展しつつあるが，その方法論の限界やデータ解釈における留意点については，坂井（2009）を是非参照いただきたい。

種の直観に基づいた判断や問題解決に，前頭葉眼窩部が関連していることが示唆されている。また，上側頭回は社会的な刺激の知覚に関係しているとされており，なかでも他者の視線の向きを検出する機能と関連し，互いの視線が合う状態で活性化することが知られている（Pelphrey et al., 2004）。

　心の理論に関係する課題実施場面を機能的 MRI などで測定した研究も進められ（Gallagher & Frith, 2003），物語や漫画の登場人物の心的状態を理解したり，他者の視点に立って考えたりする際，前頭葉内側部や側頭 - 頭頂接合部が活動していることが示されている。心の理論課題において他者の心的状態を理解するには，自己の心的状態を投影して観察不可能な状態を想像するという，何らかの自己投影（self-projection）が必要であると考えられている。この点において，「いま，ここにない」過去のエピソードを想起したり，まだ見ぬ未来の状態を想像したりする活動と，心の理論は共通しており，実際，それぞれの心理活動をしている際，前頭葉内側部など同一の脳部位が活性化していることがわかってきている（Buckner & Carroll, 2006）。

3　「発達的」視点からの検討

　以上のように，進化論的な発想に基づきつつ，脳機能に関する実証的研究の積み重ねによって，ヒトという種に共通して備わった生得的なメカニズムに焦点化した研究が進められている。その中で，ヒトの心理機能を専用の処理単位に細分化したモジュールに分け，それぞれ脳の部位と対応させて生得的に備わったものとして仮定する傾向が強まっている。

　この生得的モジュール説が仮定される根拠として，カーミロフ - スミス（Karmiloff-Smith, 2009）は，①成人の脳損傷患者を対象にした脳研究，②ヒトの心を機能の束（「スイスのアーミーナイフ」のような心）として仮定する進化心理学的研究，③核となる知識を生得的に備えた乳児の有能性を示す研究，④障害を示す機能と正常域の機能とが並存する遺伝的障害の研究が取り上げられていることを指摘している。そして，それぞれの研究結果を個々に解釈して，ある特定のメカニズムが最初から単独で機能するものとして仮定される生得主義に異論を唱えている。それに対して，彼女は神経構成主義（neuroconstructivism）を主張し，心的メカニズムは生得的基盤による制約を受けつつも，環境からの情報や他者との相互交渉を取り入れて徐々に構成され，結果として特定情報の処理に特化したモジュールが分化していくと考えている。こうした視点に立ったとき，遺伝的欠損が障害特性や症状を最初から規定するものではなく，機能間のアンバランスなど

障害ごとの特徴は，発達という時間的プロセスを経てつくられてきたものだといえる。だから，定型的な発達プロセスをたどってきた成人の脳損傷例と，先天的な発達障害とが仮に同じような症状を示したからといって，その背後に同一の心的メカニズムを想定することはできないのである。あるいは，乳児が他者の誤信念を理解できるといった研究も，生得的なモジュールを仮定することを後押ししているが，乳児と幼児の理解状況を同列に見なして，両者に同一の心的メカニズムを想定することには慎重であるべきだろう。

そこで，生得的モジュールを性急に仮定する前に，知覚的レベルでの情報や感情の処理機構から始まって，養育者との相互交渉を経て，漸進的にいろいろなモードで自他理解が進んでいく「発達的」プロセスをていねいに記述して分析する必要があるだろう。発達という時間軸において，諸要因の相互連関性を検討することは，社会脳研究においてすでに行われつつある。たとえば，千住（2009）は，自閉症児にはできないとされた模倣や視線処理において，自閉症児は定型発達児と同等の能力をもつけれども，そうした能力を自ら積極的に活用する点に制約があることを明らかにしている。そして，自閉症の障害は社会的情報の処理を行う能力のモジュール的なものではなく，人の顔などの社会的情報に注意を向けようとする知覚バイアスや動機づけと関連して顕在化してくることを示唆している。

第3節　コミュニケーションを通した心の理解——今後の課題

1　自己の発達と心の理解

上述のように，心の理解の生物学的基盤に関する知見を個体発達の問題に結びつける際，無前提に多くのメカニズムを初期状態として設定してしまうことがある。たとえば，「心の理論」モジュールを生得的なものとしてヒトに備わっているとする論者の多くが，乳児期初期からある一定の自己が確立していることを想定した議論を行い，その発達的な形成プロセスを不問に付してきた（木下，2008b）。

そこで，心の理解の発達を考えるには，心をもつ主体として自己がいかに形づくられるのかを検討する必要がある。この問題を検討する際，心という実態のつかみにくいものについて素朴理論をもった大人が，子どもを取り囲み養育しているという当たり前の事実を再確認しておきたい。大人たちは，子どもの振る舞いをある意味深読みし，心をもつ主体として扱い，自らとのコミュニケーションの

場に子どもをのせようとしている。その中で，子どもは自己を他者から分化させ，それと同時に，自他が同型的な存在であることを認識する。さらに自他のディスコミュニケーション状態を経験することを通して，自他の個別性をも認識し，相互の心の理解がいよいよ本格的に前景に映し出されていくようになる。

　こうした視点から，木下（2008b）は，コミュニケーションを通して自己が形成され，自他の心の理解が発達的に変化するプロセスについて，仮説的モデルを提起している。このモデルでは，大きく2つの点に着目している。1つは，自他関係が展開されるのが，眼前の他者と具体的にやりとりする行動レベルなのか，心的に表象された「内なる他者」との対話や相互交渉を通した表象レベルなのか，という点である。発達的に，他者と直接的にかかわっていた段階から，「いま，ここ」の行動にとらわれず，さまざまな関係のあり方を表象することができるようになると，自他理解は広がりをみせることになる。

　2つに，時間的な枠組みの発達がポイントとなる。自分とは何者かを明示する際，自身の過去の歴史や未来の展望を語ることは不可欠である。また，互いに理解を深めるには，それぞれの過去の経緯をたどり，これからなそうとしている事柄を了解しあう必要がある。そもそも，心の理論研究で利用される誤信念課題は，過去・現在・未来という時間的に拡がりのある世界をとらえることによって初めて了解できるものである（熊谷，2006）。言語を獲得しはじめた頃より，大人からの足場作りによって，「いま，ここ」にない過去や未来の事象がコミュニケーションのトピックとなり（木下，2008a），子どもが「時間的に拡張された自己」（Neisser, 1988）として自身や他者をとらえるようになることで，自他の心の理解はさらに深まっていく。時間的視点から自他理解の発達を見直すことは，この研究領域に新たな視座を提供するだろう。

2　「何のため」という問い

　発達心理学では，何（どんな能力）が，いつ，どのように発達するのかを問うことが一般的であり，「その能力が何のためにあるのか（なぜ必要なのか）」という問いが投げかけられることは少なかった。それに対して，前節で述べた生物学的基盤は，進化論的に「何のため」を問うことで明らかにされてきたものである。

　さらに，「何のため」という問いを，社会−歴史的な文脈で進行する個体発達に焦点を当てて発してみることも重要になる。私たちは「何のために」他者の心のありようを理解しようとするのか。たとえば，他者を出し抜き自己利益を増すためなのか，他者と協同して事に当たるためなのかと，極論すれば，心を理解

する能力は正反対の目的のために利用可能である。

　また，進化論的には心の理解能力が高ければ，それだけその種は適応性を増すと考えられる。ところが，個々の発達プロセスに目を転じると，子どもがより早期から他者の心を理解する能力をもった場合，他者を気づかいすぎることで不適応状態を招くこともありえる。実際，「心の理論」能力の高い子どもほど，幼稚園での活動を否定的にとらえて，教師の評価に敏感であったという報告（Dunn, 1995）がある。他者からのまなざしを過度に意識しない方が，子どもの振る舞いの自由度は増して，結果的には適応性が高まるという逆説的な解釈も十分に成り立つ。

　このように個体発達において，能力の価値や目的を問うことで，私たちが暗黙のうちに共有している人間観や発達観をとらえ直すことができ，それはまた発達研究と教育・保育実践の接点を探る試みへと発展するだろう。

引用文献

Adolphs, R., Tranel, D., Damasio, H., & Damasio, A. R.（1994）. Impaired recognition of emotion in facial expressions following bilateral damage to the human amygdala. *Nature*, **372**, 669–672.
Baron-Cohen, S.（1995）. *Mindblindness: An essay on autism and theory of mind.* Cambridge, MA: MIT Press.
Baron-Cohen, S., Leslie, A. M., & Frith, U.（1985）. Does the autistic child have a "theory of mind"? *Cognition*, **21**, 37–46.
Bechara, A., Damasio, A. R., Damasio, H., & Anderson, S. W.（1994）. Insensitivity to future consequences following damage to human prefrontal cortex. *Cognition*, **50**, 7–15.
Brothers, L.（1990）. The social brain: A project for integrating primate behavior and neurophysiology in a new domain. *Concepts in Neuroscience*, **1**, 27–51.
Buckner, R. L., & Carroll, D. C.（2006）. Self-projection and the brain. *Trends in Cognitive Sciences*, **11**, 49–57.
Byrne, R., & Whiten, A.（Eds.）.（2004）. マキャベリ的知性と心の理論の進化論：I（藤田和生・山下博志・友永雅己，監訳）. 京都：ナカニシヤ出版.（Byrne, R., & Whiten, A.（Eds.）. （1988）. *Machiavellian intelligence: Social expertise and the evolution of intellect in monkeys, apes and humans.* New York: Oxford University Press.）
Damasio, A. R.（2000）. *生存する脳：心と脳と身体の神秘*（田中三彦，訳）. 東京：講談社.（Damasio, A. R.（1994）. *Descartes' error: Emotion, reason, and the human brain.* New York: Putnam.）
Dunber, R. I. M.（1998）. *ことばの起源：猿の毛づくろい，人のゴシップ*（松浦俊輔・服部清美，訳）. 東京：青土社.（Dunber, R. I. M.（1996）. *Grooming, gossip, and the evolution of language.* London: Faber & Faber.）
Dunn, J.（1995）. Children as psychologists: The later correlates of individual differences in understanding of emotions and other minds. *Cognition and Emotion*, **9**, 187–201.
Gallagher, H. L., & Frith, C. D.（2003）. Functional imaging of 'theory of mind'. *Trends in Cognitive Sciences*, **7**, 77–83.
郷式　徹.（2000）. 数量化1類による自己信念変化課題の記憶質問正答率のメタ分析. *心*

理学評論，**43**，456-475.

Harris, P. L. (1992). From simulation to folk psychology: The case for development. *Mind and Language*, **7**, 120-144.

Karmiloff-Smith, A. (2009). Nativism versus neuroconstructivism: Rethinking the study of developmental disorders. *Developmental Psychology*, **45**, 56-63.

加藤元一郎・梅田　聡．(2009)．ソーシャルブレインのありか：扁桃体・上側頭溝領域・前頭前野．開　一夫・長谷川寿一（編），ソーシャルブレインズ：自己と他者を認知する脳 (pp.161-186)．東京：東京大学出版会．

木下孝司．(1998)．"ふり"が通じ合うとき：ふり遊びの始まりと心の理解．秦野悦子・やまだようこ（編），シリーズ発達と障害を探る：*1* コミュニケーションという謎 (pp.151-172)．京都：ミネルヴァ書房．

木下孝司．(2008a)．共同注意と心の理論．*乳幼児医学・心理学研究*，**17**，39-47.

木下孝司．(2008b)．*乳幼児期における自己と「心の理解」の発達*．京都：ナカニシヤ出版．

熊谷高幸．(2006)．*自閉症：私とあなたが成り立つまで*．京都：ミネルヴァ書房．

Leslie, A. M. (1987). Pretense and representation: The origins of 'theory of mind'. *Psychological Review*, **94**, 412-426.

Meltzoff, A. N. (1995). Understanding the intentions of others: Re-enactment of intended acts by 18-month-old children. *Developmental Psychology*, **31**, 838-850.

Neisser, U. (1988). Five kinds of self-knowledge. *Philosophical Psychology*, **1**, 35-59.

Onishi, K. H., & Baillargeon, R. (2005). Do 15-month-old infants understand false beliefs? *Science*, **308**, 255-258.

Pelphrey, K. A., Viola, R. J., & McCarthy, G. (2004). When strangers pass: Proceessing of mutual and averted social gaze in the superior temporal sulcus. *Psychological Science*, **15**, 598-603.

Perner, J., & Ruffman, T. (2005). Infants' insight into the mind: How deep? *Science*, **308**, 214-216.

Perner, J., & Wimmer, H. (1985). "John thinks that Mary thinks that...": Attribution of second-order beliefs by 5- to 10-year-old children. *Journal of Experimental Child Psychology*, **39**, 437-471.

Premack, D., & Woodruff, G. (1978). Does the chimpanzee have a theory of mind? *Behavioral and Brain Sciences*, **4**, 515-526.

Repacholi, B. M., & Gopnik, A. (1997). Early reasoning about desires: Evidence from 14- and 18-month olds. *Developmental Psychology*, **33**, 12-21.

坂井克之．(2009)．*脳科学の真実：脳研究者は何を考えているか*．東京：河出書房新社．

千住　淳．(2009)．自閉症児は心が読めない？：マインドブラインドネス仮説再考．開　一夫・長谷川寿一（編），ソーシャルブレインズ：自己と他者を認知する脳 (pp.265-281)．東京：東京大学出版会．

Tomasello, M. (1999). *The cultural origins of human cognition*. Cambridge, MA: Harvard University Press.

友永雅己・松沢哲郎．(2001)．認知システムの進化．乾　敏郎・安西祐一郎（編），*認知科学の新展開：1* 認知発達と進化 (pp.1-36)．東京：岩波書店．

Trevarthen, C. (1979). Communication and cooperation in infancy: A description of primary intersubjectivity. In M. Bullowa (Ed.), *Before speech: The beginning of interpersonal communication* (pp.321-347). Cambridge: Cambridge University Press.

Warneken, F., & Tomasello, M. (2007). Helping and cooperation at 14 months of age. *Infancy*, **11**, 271-294.

Wellman, H. M., Cross, D., & Watson, J. (2001). Meta-analysis of theory-of-mind development: The truth about false belief. *Child Development*, **72**, 655-684.

Wimmer, H., & Perner, J. (1983). Beliefs about beliefs: Representation and constraining funciton of wrong beliefs in young children's understanding of deception. *Cognition*, **13**, 103-128.

参考文献 ︙

藤井直敬．(2010)．ソーシャルブレインズ入門：〈社会脳〉って何だろう．東京：講談社．
子安増生．(2000)．心の理論：心を読む心の科学．東京：岩波書店．
村井俊哉．(2009)．人の気持ちがわかる脳：利己性・利他性の脳科学．東京：筑摩書房（ちくま新書）．

第13章
社会的基準・ルールの理解と道徳性

首藤敏元

　社会生活のさまざまな局面において，望ましい行為や禁止すべき行為が存在する。特定の状況における行動指針として，社会の構成員に共有されたものを社会的基準，社会的ルール，もしくは社会的規範（social norm）という（VandenBos, 2007）。子どもは規範をいつから，どのように理解するのだろうか。大人社会の規範体系の系統的な伝授を通して，子どもの正義感や倫理観を築き上げることができるのだろうか。社会的規範の理解の発達は子どもの道徳発達とも重なる。これらの発達のプロセスを明らかにすることが発達心理学の課題である。

　自由，義務，権利，福祉，公正，安全，秩序など，私たちの社会生活には守るべき，または作り出す必要のある多くの価値が存在する。また，地域や職場には，年齢，経験，役割や地位という，人間関係に上下関係や主従の関係をつくる要素が存在する。まさに私たちは多様性のある社会的世界に生きているということができる（Turiel, 2002）。本章は，人が多様性のある社会の中で，質の異なる社会的規範を同時に発達させ，多元的に道徳発達を果たすことを検証した研究を中心に取り上げ，今後の研究につなげる。

第1節　社会的相互作用の異質性と多元的な道徳発達

1　社会的認知の領域理論（social domain theory）

　チュリエルは，子どもは能動的に社会に参加し，そこでの相互作用を通して，自ら学ぶべきものを選択し，善悪の基準となる認知的な枠組みをつくり上げていくとする認知的構成主義に，状況論的考察を組み込み，社会的規範の理解が多元的に発達することを示してきた（Turiel, 1983, 2002, 2006）。

　「自分の言動で相手が傷ついていないか」「自分のプライバシーは守られているか」「お行儀よくできているか」「自分らしいか」など，私たちは日頃，複数の注

意や関心を払って生活している。このような関心や注意は，社会的な場面を解釈したり行動を決定したりする際に働く認知から生じる。この認知は領域概念(domain) と呼ばれており，以下の3つが区別されている（首藤・二宮，2003；Turiel, 1983, 2006）。

道徳 (moral) 領域は正義の概念を中核にした思考である。道徳領域の思考は，人が他者に対してどのように行動すべきかという指令性を含んでおり，他者の福祉，信頼，公正，責任や権利という考え方を導く。慣習 (conventional) 領域は，家族や仲間集団，および学校・会社などの社会組織を成立させている要素を理解する際に働く思考であり，集団秩序を維持するうえで必要な規範を導く。個人 (personal) 領域は「個人の自由」，「自分を大切にする」という態度や判断を導く。プライバシーに関係した場面や，身体の自己管理に関係した場面で働き，自由裁量や自己決定の考えを作り出す。

2 社会的相互作用と領域概念の形成

子どもが質的に異なった領域概念をいつ頃から獲得するのかについて，さまざまな文化を背景にした子どもを対象に，多くの研究が行われてきた（首藤・二宮，2003；Turiel, 2006, 2008；Wainryb, 2006）。4歳になると，3種類の質の異なる逸脱行動を区別して判断でき，素朴ながらも適切な理由を述べることができるようになること，領域の概念上の区別は，欧米に限らず，アジア，アフリカ，南米，アラブといった広い地域の幼児，児童，青年に認められること，3つの領域概念の判断にはほとんど年齢差が認められないことがわかっている。

質の異なる領域概念は，質の異なる社会的相互作用から形成される。この点に関しても，欧米と非欧米のさまざまな地域で，2歳児から児童期の子どもを対象に，家庭，保育園，学校での調査が行われ，道徳的逸脱と慣習違反とでは異なった相互作用が展開することが見出されている。個人領域概念の形成は，他者からの指示と子どもの反発という対人葛藤を含んだ相互作用に基づく。日米の幼児の親子の相互作用場面を観察した研究によると，両国において，子どもを自律させようとする働きかけと他者との関係性に着目させる働きかけは同時に存在する (Dennis et al., 2002)。また，日本の小学生は，日本的価値である「調和と従順さ」に抵抗を示し，個人のプライバシーや友人選択の場面では，親の指示に逆らうこと (Yamada, 2008) が示された。

3 領域調整と道徳的判断

「子どものお尻を叩く」ことが暴力なのかしつけなのかは，人によって意見が異なり，また個人内でも判断が一貫しないこともある。このような曖昧な判断は，人が漠然と所有している「仮説推論（informational assumption）」によってつくりだされる。仮説推論には，単純な思い込みから文化的信念まで幅広いものが存在する。たとえば，「割礼を儀式と見なすか虐待と見なすか」というのは仮説推論の問題である。一方「儀式はそれを所有する集団の生活を成立させる重要なものである」という考え方は慣習領域，「人の身体を傷つけることは絶対にしてはならない」という考え方は道徳領域の思考に基づいている。領域の思考が明確であるのに対し，仮説推論には不確かな性質がある。

3つの領域概念は文化に共通して認められるものの，仮説推論は宗教，科学や教育の影響を受けるため，文化，時代による差異が大きい。その結果，社会的場面によっては，その解釈と判断，行動に文化差が認められる（Turiel, 2002）。

第2節　多様な社会における道徳的判断の発達

1 「言論の自由」の理解と異質な他者への寛容さ

「言論の自由」の概念に関する研究によると，アメリカ人は言論，宗教，集会の自由やプライバシーの権利，個性的なライフスタイルの自由を支持するが，伝統的な思想や公衆利益の維持，公共の福祉などに抵触する自由は支持しない（Helwig, 1998）。一般に，幼児は言論の内容のみに着目し，道徳や慣習の逸脱を推奨するスピーチには反対する。しかし，加齢とともに，言論内容と自由とを比較対照する判断様式に発達する（長谷川，2003）。

私たちは賛否両論のある多様な社会に生きている。ワインリブほか（Wainryb et al., 2004）は，5歳児でも自分とは異なる嗜好をもつ他者には寛容になるものの，暴力を道徳的逸脱とは見なさない他者には寛容にならないことを示した。4歳児でも「お人形遊び」から男子を排斥することを道徳的逸脱と判断する。さらに，4歳児はステレオタイプな性役割行動よりも公正さを重視することがわかった（Killen et al., 2001）。5歳児はいじめの被害者が従順になることを高く評価し，抵抗することをマイナスに評価する一方，7歳から16歳の子どもは被害者が抵抗することを高く評価した（Shaw & Wainryb, 2006）。これらの研究は，「言論の自由」，排斥といじめ，寛容さが，場面の特徴や文脈の違いにより異なって判断されることを示している。

2 攻撃行動と道徳的判断

越中（2007）は，5歳児でも挑発的な攻撃は悪いと判断するものの，報復と制裁の攻撃には曖昧な判断をすること，挑発的攻撃をする子を拒否する一方，報復と制裁の攻撃をする子とは一緒に遊ぶことができると考えることを示した。道徳領域を代表する攻撃行動に対しても，幼児期から複雑な社会的認知が働いていることが示唆された。

凶悪な犯罪の多い地区で生活する若者を対象にした研究（Posada & Wainryb, 2008）では，ほとんどの青年が「生き延びる」ために盗みはするものの人への攻撃は加えないと考える一方で，「仕返しする」ためには人に危害を加えてもよいと考える青年も少なくないことを示した。攻撃を受けた子どもは，報復のための行為（攻撃）を「暴力」（道徳的逸脱）とは見なさず，自分の所属集団を維持するうえで必要な行為（慣習領域）と考えるのかもしれない。あるいは，報復しないことを「不公正だ」という道徳的な関心でとらえるのかもしれない。さらに，挑発する人物を「人ではない」と評価することで，道徳領域の思考が抑制されるのかもしれない。これらの仮説は，具体的な状況における認知と行動との関連を領域調整を中心に丁寧にとらえていくことで明らかにされうる。

アルセニオほか（Arsenio & Lemerise, 2004；Arsenio et al., 2009）は，攻撃行動の生起メカニズムを扱う社会的情報処理理論に領域理論のエッセンスを組み込んだモデルを提出した。このモデルは領域概念を「潜在的な心的構造」とみなし，社会的情報処理を「オンラインの情報処理」として位置づけ，両者の間に「感情プロセス」を仮定する。そして，反応的攻撃が相手への敵意の帰属と，支配的（能動的）攻撃が行動結果としての加害者のプラスの感情の予期と関連することを報告している。このモデルでは領域調整というオンライン処理に相当する認知プロセスをうまく位置づけられていないという欠点があり，今後の修正発展が必要である。

3 親子の領域調整と親子葛藤，そして青年の精神的健康

青年については，親の権限が青年の個人的好み，外見や友人関係の場面には及ばないこと，親はこれらの場面にも権威を発揮しようとすること，その結果が親子葛藤に発展することが見出された（Smetana & Asquith, 1994）。親子葛藤の程度は問題となる場面の性質によって異なり，青年が個人領域から判断し親が慣習領域から判断する場面で最も大きい。しかしながら，このような場面においても，親は最終的には青年個人の自由裁量権を認める傾向にある（Smetana & Villalobos,

2009)。このような親子の葛藤という社会的相互作用の中で，青年の個人裁量権や自己決定権という自律の発達と，状況に応じた権威の受容という社会道徳的な発達が達成されるといえる。

青年は親と葛藤するだけでなく，親に自己開示をすることも多い。しかし，開示する内容は領域に依存し，個人領域のものが多く，その領域の話題に関しては，青年は親に嘘をつくことは少ない (Tasopoulos-Chan et al., 2009)。これらの研究は，青年が自己開示する内容を自己決定し，親の理解する青年の私生活を青年自身がマネイジメントしていることを示唆している。

親の権限が子どもの個人的な問題にまで及び，子どもがその権威を受容せざるをえないとき，子どもの自律性はどのように発達するのだろうか。長谷部ほか (Hasebe et al., 2004) はこの問題を検討した。日本の高校生において，自己管理と慣習領域の場面での親のコントロールの知覚と BSI（Brief Symptom Inventory：抑うつ症状など9つの側面から精神的健康状態を測定する SCL-90-R ［Symptom Checklist 90; Derogatis, 1977］の簡略版）での全体得点とは有意に相関しないものの，個人領域の場面に親のコントロールが及ぶと知覚する程度が BSI と有意に相関することを見出した。母親のしつけが子どもの逸脱行動の内容と文脈に対して適切であると認知する青年は，高い向社会的な価値を有する (Padilla-Walker, 2008) ことも見出されており，場面の性質を考慮しない親の過剰なコントロールが子どもの自律を不安定にする一例であるとみなすことができる。

4 階層的社会における領域概念の発達

ワインリブほか (Wainryb & Turiel, 1994) はドゥルーズ (Druze) という階層社会を舞台に興味深い研究を行った。ドゥルーズは11世紀早期に形成されたアラブ社会，父系家族，家長制度をもつ階層社会である。彼らは，ドゥルーズ社会の既婚の男女と独身の男子青年を対象に，夫婦，父と息子，父と娘の間の要求の対立場面（「娘・息子の大学進学の要求に父が反対する」「妻の就労の要求に夫が反対する」等）を提示し，どちらが決定すべきかの判断とその理由を尋ねた。その結果，男女とも，夫は妻に対し，父親は娘に対しより強い権力と権限がある一方で，父の権威は息子までは及ばないと考えることが示された。また理由の分析から，女性は男性の権威と男性の自己決定の自由を合法であると受容する一方で，このような社会的アレンジメントに対し批判的な見方もしていた。

このように，典型的な階層社会であっても，従属的地位に置かれる女性はその役割に付随した従順さを発達させると同時に，支配的な地位の要素であるとされ

る権利や自由への概念も発達させていた。そして，権利の侵害や不公平という個人主義的文化に典型といわれる道徳的な概念も発達させていたことは興味深い。

第3節　道徳的判断研究の新展開

1　道徳的判断と「心の理論」

　道徳的判断を行う際に，行為者の欲求と動機は重要な情報となる（Turiel, 1983）。そのため，「心の理論」の獲得は道徳発達と何らかの関連性があると推測できる。実際，4歳から7歳の子どもを対象にした研究（Legattuta et al., 2010）では，道徳的規範に合致する親の指示に対して，子どもは「主人公はいいつけを守り，その結果よい気分になるだろう」と予測すること，個人領域に介入する指示には，「主人公は抵抗をし，反抗した結果としてよい気分になるだろう」と予測することが見出された。この傾向は4歳から7歳にかけてより明確になることも示された。この研究は，主人公の内的過程を予測させる手法と，主人公の逸脱行為を評価させる手法によって示された個人領域概念の発達とが平行することを示している。

2　道徳発達における感情の役割

　社会的文脈の中には自己と他者の感情も含まれる。アルセニオ（Arsenio, 2010）は感情の喚起とその種類が領域を区別する基準として，領域概念にどのように取り込まれていくのかを検討した。幼児は，道徳的逸脱の犠牲者がネガティブ（negative）な感情を喚起するのに対し，慣習の逸脱では他者は中性的な感情を喚起すると推測することを見出している。

　彼らの初期の研究において，「ハッピーな加害者（happy victimizer）」という現象が見出され，その後の道徳的判断と感情の関係に関する研究を刺激した。これは，5歳以下の幼児が他者に攻撃を加えることで自己の要求を満たすことに成功した主人公（victimizer）に「うれしい」というポジティブ（positive）な感情を帰属させるという現象を指す。その主人公の行為を「悪い」と判断し，適切に理由を答えることができたとしても，ポジティブな感情を帰属させることも見出された。また，6歳から7歳になると，ポジティブな感情帰属が少なくなり，ネガティブな感情の帰属が多くなることもわかった。この「ハッピーな加害者」の出現は，道徳発達初期のベンチマークになると考えられている。

3　道徳的判断の神経生理学

　近年，道徳的判断の背後にある神経生理学的過程を明らかにしようとする研究がさかんである。脳イメージングと脳損傷患者の研究から，道徳的判断は意識的な推論だけが関与するのではなく，感情が重要な役割を果たしていることが示された（Greene & Haidt, 2002）。川合（2007）が紹介しているように，感情の生起を担う脳領域と作業記憶を司る脳領域の両方が関与すること，感情が喚起されることで判断に葛藤が生じることが示されている。さらに，判断する内容が「公正さの道徳」と「配慮と責任の道徳」とでは，活性化する脳領域が異なること（Robertson et al., 2007）が報告されている。

　神経生理学的研究には問題点も多い。キーレンほか（Killen & Smetana, 2007）が指摘するように，神経科学的研究では道徳の定義が明確になされることは少ない。また，「5人を助けるために1人の命を犠牲にする」（「トロリーカージレンマ」）場面での判断を求めることはあっても，その理由まで問うことはない。行為の選択と判断を問うだけでは道徳をとらえているとはいえない。ひとつの社会的判断は，場面の道徳的要素と非道徳的要素（慣習，自己管理など）の領域調整された結果として生じるからである。

　発達障害児を対象にした研究として，レスリーほか（Leslie et al., 2006）は，自閉性スペクトラム障害の子どもが健常児と同じように，誰にも責任のない赤ちゃんの泣きと，攻撃行動の結果としての犠牲者の苦痛とに区別して反応することを示し，道徳的判断は他者の感情反応から自動的に生起するのではなく，状況についての推論をもとに行われていることを示唆した。これは道徳発達と神経生理学の統合へ希望のもてる研究といえる。

4　道徳的判断と「直感」

　今までの道徳的判断の研究では，たとえ幼児であっても，ひとつの判断に至るまでには，状況の解釈（領域調整）などの何らかの思考過程があると考える。これに対して，ヘイトは道徳的な理由づけは判断のあとの事後（post hoc）解釈であると主張し，道徳的判断の「社会的直感論者モデル（social intuitionist model）」を提唱した（Haidt, 2001）。私たちはまず状況の中で直感が働き，それが判断を生みだし，そのあとに理由づけが行われる。一般に，道徳的判断は俊敏で自動的な評価（直感）の結果なのである。彼によると（Haidt, 2008），直感を生み出す道徳的基盤として，傷害／配慮，公正さ／互恵性，内集団／忠誠，権威／尊敬，神聖／尊厳の5つがある。これらの基盤は進化論的根拠と人類学的，そして文化的根拠をも

つと仮定する。ヘイトらは領域理論が欧米の文化を反映したものであると批判し，この5つの基盤モデルこそ，より広い世界の人々の社会的認知をとらえることができると主張する。さらに，彼らは進化心理学，神経科学，共感研究，文化心理学，そして社会心理学での道徳研究を総合する新道徳性心理学を提案し，実証的研究に着手している。

5　今後の道徳的判断研究の方向

　この先10年，感情研究と神経科学研究はますますさかんになるだろう。ヘイトの基盤理論を実証する知見も蓄積され，道徳発達研究の「もうひとつ」の軸となるであろう。

　ワインリブほか（Wainryb & Pasupathi, 2010）は，差別のある階層社会や政治的迫害を受ける地域の青年と成人を対象にした研究をもとに，人生の目標と信念に根ざした道徳的行為を可能とするものを「道徳的主体（moral agency）」と定義し，自他が行為の主体であることの理解はナラティブの過程を通して発達するという提案をした。彼らは，道徳的主体であるという現象学的な経験と自他の意図的な悪事を受容することが，主体の理解の発達には重要になると考えている。私たちは，直感よりも，内省と対話を重視し，道徳的思考を発達させることで，今後の社会の変革に対応し，そこで生き抜く能力を発達させるのだと考える。

引用文献

Arsenio, W. F. (2010). Integrating emotion attributions, morality, and aggression: Research and theoretical foundations. In W. F. Arsenio & E. A. Lemerise (Eds.), *Emotions, aggression, and morality in children: Bridging development and psychopathology* (pp.75-94). Washington, D. C.：American Psychological Association.

Arsenio, W. F., Adams, E., & Gold, J. (2009). Social information processing, moral reasoning, and emotion attributions: Relations with adolescents' reactive and proactive aggression. *Child Development*, **80**, 1739-1755.

Arsenio, W. F., & Lemerise, E. A. (2004). Aggression and moral development: Integrating social information processing and moral domain models. *Child Development*, **75**, 987-1002.

Dennis, T. A., Cole, P. M., Zahn-Waxler, C., & Mizuta, I. (2002). Self in context: Autonomy and relatedness in Japanese and U. S. mother-preschooler dyads. *Child Development*, **73**, 1803-1817.

Derogatis, L. R. (1977). *SCL-90-R: Administration, scoring, and procedures manual I*. Baltimore, MD: Clinical Psychometric Research.

越中康治.（2007）．攻撃行動に対する幼児の善悪判断に及ぼす社会的文脈の影響：社会的領域理論の観点から．*教育心理学研究*，**55**，219-230.

Greene, J., & Haidt, J. (2002). How (and where) does moral judgment work? *Trends in Cognitive Science*, **16**, 517-523.

Haidt, J. (2001). The emotional dog and its rational tail: A social intuitionist approach to moral judgment. *Psychological Review*, **108**, 814-834.
Haidt, J. (2008). Morality. *Perspectives on Psychological Science*, **3**, 65-72
Hasebe, Y., Nucci, L., & Nucci, M. S. (2004). Parental control of the personal domain and adolescent symptoms of psychopathology: A cross-national study in the United States and Japan. *Child Development*, **75**, 815-828.
長谷川真里．(2003)．言論の自由に関する判断の発達過程：なぜ年少者は言論の自由を支持しないのか？ 発達心理学研究，**14**, 304-315.
Helwig, C. C. (1998). Children's conceptions of fair government and freedom of speech. *Child Development*, **69**, 518-531.
川合伸幸．(2007)．道徳認知に関する最近の心理学的・神経科学的研究の紹介．*Cognitive Science*, **14**, 455-461.
Killen, M., Pisacane, K., Lee-Kim, J., & Ardila-Rey, A. (2001). Fairness or stereotypes? Young children's priorities when evaluating group exclusion and inclusion. *Developmental Psychology*, **37**, 587-596.
Killen, M., & Smetana, J. (2007). The biology of morality: Human development and moral neuroscience. *Human Development*, **50**, 241-243.
Lagattuta, K. H., Nucci, L., & Bosacki, S. R. (2010). Bridging theory of mind and the personal domain: Children's reasoning about resistance to parental control. *Child Development*, **81**, 616-635.
Leslie, A., Mallon, R., & DiCorcia, J. (2006). Transgressors, victims, and cry babies: Is basic moral judgment spared in autism? *Social Neurosciences*, **1**, 270-283.
Padilla-Walker, L. M. (2008). Domain-appropriateness of maternal discipline as a predictor of adolescents' positive and negative outcomes. *Journal of Family Psychology*, **22**, 456-464.
Posada, R., & Wainryb, C. (2008). Moral development in a violent society: Colombian children's judgments in the context of survival and revenge. *Child Development*, **79**, 882-898.
Robertson, D., Snarey, J., Ousley, O., Harenski, K., Bowman, F. D., Gilkey, R., & Kilts, C. (2007). The neural processing of moral sensitivity to issues of justice and care. *Neuropsychologia*, **45**, 755-766.
Shaw, L. A., & Wainryb, C. (2006). When victims don't cry: Children's understandings of victimization, compliance, and subversion. *Child Development*, **77**, 1050-1062.
首藤敏元・二宮克美．(2003)．子どもの道徳的自律の発達．東京：風間書房．
Smetana, J. G., & Asquith, P. (1994). Adolescents' and parents' conceptions of parental authority and personal autonomy. *Child Development*, **65**, 1147-1162.
Smetana, J., & Villalobos, M. (2009). Social cognitive development in adolescence. In R. M. Lerner & L. Steinberg (Eds.), *Handbook of adolescent psychology* (3rd ed., pp.187-228). New York: John Wiley & Sons.
Tasopoulos-Chan, M., Smetana, J. G., & Yau, J. P. (2009). How much do I tell thee? Strategies for managing information to parents among American adolescents from Chinese, Mexican, and European backgrounds. *Journal of Family Psychology*, **23**, 364-374.
Turiel, E. (1983). *The development of social knowledge: Morality and convention.* New York: Cambridge University Press.
Turiel, E. (2002). *The culture of morality: Social development, context, and conflict.* New York: Cambridge University Press.
Turiel, E. (2006). The development of morality. In W. Damon & R. M. Lerner (Series Eds.) & N. Eisenberg (Vol. Ed.), *Handbook of child psychology: Vol. 3. Social, emotional, and personality development* (6th ed., pp.789-857). New York: Wiley.
Turiel, E. (2008). Thought about actions in social domains: Morality, social conventions, and social

interactions. *Cognitive Development*, **23**, 136–154.

VandenBos, G. R. (Ed.). (2007). Social norms. *APA dictionary of psychology* (p.867). Washington, D. C.: American Psychological Association.

Wainryb, C. (2006). Moral development in culture: Diversity, tolerance, and justice. In M. Killen & J. G. Smetana (Eds.), *Handbook of moral development* (pp.211–240). Mahwah, NJ: Erlbaum.

Wainryb, C., & Pasupathi, M. (2010). Political violence and disruptions in the development of moral agency. *Child Development Perspectives*, **4**, 48–54.

Wainryb, C., Shaw, L. A., Langley, M., Cottam, K., & Lewis, R. (2004). Children's thinking about diversity of belief in the early school years: Judgments of relativism, tolerance, and disagreeing persons. *Child Development*, **75**, 687–703.

Wainryb, C., & Turiel, E. (1994). Dominance, subordination, and concepts of personal entitlements in cultural contexts. *Child Development*, **65**, 1701–1722.

Yamada, H. (2008). Japanese children's reasoning about conflicts with parents. *Social Development*, **49**, 1–16.

第14章
経済・社会の仕組みに関する理解

安藤明人

　現代社会に生きる人間にとって，その経済活動は生活の最も重要な部分を占めているといっても過言ではない。生きるために財（モノ）やサービスを消費することから逃れられる人間はいないし，その消費を可能にするためには，その代価として支払う金銭を所有していなければならないことは当然のことである。もちろん人間は人生初期から自立して経済活動を行うわけではない。出生直後から始まる衣・食・住にかかる経費は，新しい生を授けた親の責務として親の経済活動の中で調達され消費される。

　子どもの発達とくに社会化の問題を考えるにあたって，経済人としての社会化（経済的社会化：economic socialization）あるいは消費者としての社会化（消費者社会化：consumer socialization）の側面が重要な分野を占めることは，だれもが当然のことと考えている。しかし経済的社会化に関する研究やその成果を，経済学教育や金融教育といった子どもの経済的理解・スキルの発達に役立てる試みに関して言えば，それはまだ緒についたばかりである。

第1節　経済的社会化の研究小史

　ボンビ（Bombi, 1996）によると，経済的社会化研究の発展の歴史には3つの段階があったという。第1段階では，子どもの経済社会の理解の発達に関する記述的研究が行われた。その後，子どもの経済事象の理解をピアジェ（Piaget, J.）の認知発達段階にマッピングして理解しようとする第2段階を経て，現在は，経済概念や経済事象の理解の発達をさまざまな社会的要因を導入して説明しようとする第3段階に至っているとする。

　表14-1は，上述の第2段階の時期に行われた主要な研究で指摘された経済事象に関する理解の発達段階をまとめたものである。この研究に早くから取り組ん

表14-1 経済事象の理解の発達に関する研究と見出された発達段階数

出典	対象人数	対象年齢	発達段階数
ストラウス (Strauss, 1952)	66	4.8-11.6歳	9
ダンジガー (Danziger, 1958)	41	5-8歳	4
サットン (Sutton, 1962)	85	小学1年-6年	6
ヤホダ (Jahoda, 1979)	120	6-12歳	3
ブリス (Burris, 1983)	96	4/5歳, 7/8歳, 10/12歳	3
ロゼ (Leiser, 1983)	89	7-17歳	3

だストラウス (Strauss, 1952) は、4歳から11歳の子ども66人へのインタビューによって、お金に関する概念・知識の発達は、連続的というよりは9つの異なる段階を経て発達することを明らかにした。その後も子どもの経済事象や概念の理解の発達に関する多くの研究が行われ、いずれもピアジェ流の認知発達段階の考え方を支持した。それらの研究で指摘された発達段階の数については相違がみられるが、より新しい研究では、①まったく理解できない段階、②いくつかの個々の概念については理解できる段階、③個々の概念を結びつけて経済全体としての理解に向かう段階、という3つの段階を経て発達するという考え方が一般的となっている。

しかしウェブリーとリー (Webley & Lea, 1993) は、次の2つの理由により、子どもの経済的社会化の研究の現状はまだ不十分だと考える。1つは、「経済」を所与の静的なものとして扱い、したがって、子どもの世界における「経済」の問題を、大人の視点（たとえば、労働、消費、貯蓄）から理解しようとしている。第2に、依然として認知発達の枠組みに基づく研究が中心で、「子どもが、直面する経済的問題をどのように解決するか」ではなく、「子どもが、大人の経済世界をどのように理解するようになるか」という研究から脱却できていない。

また、子どもの経済概念や経済事象の理解に関する多くの研究は、その範囲が個人や家族といったミクロなレベルの経済現象に偏りすぎており、社会や国の制度や仕組みを構成するものとしてのマクロな視点からの経済現象の理解の研究はほとんど行われてきていない。

心理学の分野において、経済的社会化の問題が本格的に取り上げられるようになったのは1980年代半ば頃からである (Webley & Lea, 1993)。それまでの研究の多くは、主として認知発達研究の伝統的な枠組みの中で消費者としての社会化を考える、というアプローチが多かった。たとえばウォード (Ward, 1974) は、幼稚園児、小学3年、6年生を対象として、テレビ広告の意図の理解や、消費を選ぶ際の知覚的情報から機能的情報への利用の変化について調査し、子どもの消費者社

会化は他の社会化と同じように，認知発達の段階と関連した発達的変化が見られることを明らかにした。しかしここには，広範な社会的・経済的構造の文脈中における社会化という視点は希薄であった。

またディッキンソンとエムラー（Dickinson & Emler, 1996）は，認知発達アプローチが，子どもの経済知識獲得の規定因としての社会階級を無視している点を問題視している。経済と社会は密接に結びついており，子どもが社会化される広い社会から切り離された形での経済知識というものはなく，したがって，所属する社会集団や社会階級が異なれば異なる経済知識をもつという視点の重要性を指摘した。たとえば，賃金や富の分配の格差・不公平に関する子どもの知識の発達に関する研究を総覧して，労働者階級の子どもは格差・不公平の原因として個人の「努力」を強調するのに対して，中流階級の子どもはそれを個人の「能力・素質」に帰属させる傾向があり，子どもが所属する社会階級により，経済知識・理解に系統的な差異がみられることを明らかにした。

第2節　経済事象に関する知識の発達

今日のほとんどすべての経済活動の基礎には「お金」が存在している。また子どももその発達過程において，世の中の経済活動・経済事象と最初に接点をもつのは「お金」を通してである。したがって，このお金に関する知識を獲得することは，経済に関するより抽象的な概念（たとえば，収入・支出，利潤，価格，賃金，税金，景気，等）を理解するための前提条件となる。

1　お金

ベルティとボンビ（Berti & Bombi, 1979）は，「お金がどこから来るか」というお金の源泉に関して，労働の対価・労働への支払いとしてのお金という意味が理解できるかについて，3歳から8歳までの100人を対象に調査を行った。その結果，お金の源泉についての理解が4つのレベルを経て進むことを明らかにした。レベル1は，お金の源泉について何の考えももっていない。4, 5歳児までの多くがこのレベル1の段階である。次のレベル2では，お金と労働は独立したものとしてみなしており，お金は求めに応じて誰かあるいは銀行が与えてくれるものと考えている。レベル3では，何かを購入したときの釣り銭がお金の源泉であると考え，レベル4になって，初めて労働をお金の源泉として挙げることができるようになる。7, 8歳児の多くは，このレベル4の理解に達しているが，この理解に

は，レベル1から3の自発的ではあるが間違ったお金に関する信念が前提条件として必要であると考えられている。

2 価格・利潤

　モノを買う行動は子どもが最も早くから行う経済活動の一つである。しかし子どもたちは購買行動を，その背後にある経済学的な諸概念（交換，所有，利潤，支払い，賃金，等）を十分に理解したうえで行っているわけではない。これらの経済学的諸概念の理解の獲得は，段階を経て進むことが明らかにされている（支払い；Furth, 1980, 利潤；Jahoda, 1979）。利潤の理解については，その基礎として算術的能力の発達が必須であるが，ゲームを用いたトレーニングによってその理解が進むことが示された（Berti et al., 1986）。

　抽象的な概念である利潤を理解するためには，その前提として，「買い」と「売り」の意味が理解できていることが必要となる。たとえば商店は，商品を仕入れた購入価格に利潤を上乗せして販売価格とする。ここでの利潤の意味を理解するためには，商取引において「買い」と「売り」が密接にリンクしていることを理解する必要がある。ファーナムとクリア（Furnham & Cleare, 1988）の研究によると，6～8歳児においては，この「買い」と「売り」が密接に関連したシステムであることはまったく理解していない。8～10歳児になると，店が商品を売るためには，商品をどこかから購入する（したがって，そのためにお金を支払う）必要があることは理解している。しかし「買い」と「売り」が一連の関連したシステムであることは理解しておらず，商品の仕入れ価格は客への売価より低くなければならないことは理解できていない。この売買において利潤が発生する仕組みが理解できるようになるのは，10～11歳児になってからである。

3 銀行

　銀行がどのような経済活動によって利潤を生んでいるかを理解することは，子どもにとってはかなり難しい。ヤホダ（Jahoda, 1981）は，スコットランドの12, 14, 16歳の子どもを対象に面接調査を行い，銀行が利潤を生む仕組みに関する理解を調べた。その結果，この年齢段階の子どもは，上述した商店が利潤を生む仕組みについてはほぼ完全に理解していたが，銀行が利潤を生む仕組みについて理解できていたのは，14, 16歳でも全体の4分の1にとどまっていた。彼らは，銀行が業務として行うお金の貸し借りを友だちの間で行うお金の貸し借りと同じ性質のものと考えており，したがって，お金を借りた場合，返済するときには利

息を上乗せしなければならないのは（したがって銀行が利潤を生む仕組みは）「不公正」であるとみなしていた。

　しかし子どもの銀行の仕組みの理解には，生育環境や文化も影響しているようである。エング（Ng, 1983）は，ヤホダ（Jahoda, 1981）の研究の追試を6～10歳の香港の子どもを対象にして実施した。その結果，香港の子どもは少し早熟で，10歳児段階で銀行の仕組みをほぼ完全に理解していた。さらにエング（Ng, 1985）はニュージーランドでも同じ研究を行い，理解において香港の子どもより約2年遅れていることを見出した。香港の子どもの銀行の仕組みに関する理解が早いという結果についてエング（Ng, 1985）は，香港という社会文化的環境，とくに社会に横溢する「ビジネスのエトス」が子どもの経済的社会化を促進している結果ではないかと考察している。

第3節　家庭における経済的社会化

　消費者としての知識・スキルは，子どもであれば誰でも同じように，自然に獲得するわけではない。それは見たり聞いたり経験することによって学習されるもので，その過程を通して，貯蓄，支出，借り入れといった経済・金融の基礎に関する最初の素朴な知識を得る。その獲得過程において親は強い影響力をもっている。子どもが消費者としての知識・スキル・態度を発達させていく消費者社会化のエージェントとして，従来はテレビ広告などのマスメディアや仲間集団の影響を重視する研究が多かったが（たとえば，Adler, 1977），最近では，家族およびその家族が所属している文化や社会階級の要因が重要であることが明らかになってきた（Moschis, 1985；中森，1988）。

　ウィルキー（Wilkie, 1994）は，子どもが消費者としての知識やスキル，嗜好などの獲得過程に影響を与える家族内での活動・経験として，次の4点を挙げている。第1に，買い物などをしている親の行動を子どもが観察することにより，モデルとしての親の行動を通して消費者としてのスキルを学習する。第2に，子どもが親に対して行う消費に関する素朴な質問やそれに対する親の回答を通して，子どもは商品価値の判断基準などを学ぶ。第3に，モノやお金をめぐるきょうだい間の相互作用を通して社会化が進む。そして第4として，親は子どもにこづかいを渡し，それを使うことを通して，消費者としての経験を子どもに積ませる。

　モスキス（Moschis, 1985）は，家族のコミュニケーション・パターンと消費者社会化との関連を調べ，そこにおける親の影響力の大きさを指摘した。ブランドや

店の好み，消費の動機，広告の評価に親子の相関がみられ，また，親から子どもに対する意図的な消費者教育，子どもによる親の消費場面における行動の観察は，望ましい消費者としての態度の育成に効果があることを明らかにした。実際に子どもが親の消費行動を観察したり，自ら商品を購入したりといった消費行動に参加することは早くから行われている。マクニール（McNeal, 1987）によれば，米国では7歳までにほぼすべての子どもが，親と買い物をしているときに自分一人での購入を経験しており，さらに8割の子どもは自分一人で店に買い物に行く経験をしている。

　このように子どもは，就学前の発達早期から消費行動を始める。その消費行動には，貯蓄行動やお金の賢い使い方といった「お金を利用する」技能と，こづかいや貯金を使ったり親にねだることによって「物を買う」技能の側面がある。このお金とのかかわり方に関する技能の獲得・発達は，必ずしも年齢発達的な変化を示さず，家族要因とくに母親が子どもの消費行動にどのように対応しているかの要因が大きく影響している。たとえば中森（1986）によると，おねだりが少ない子どもの母親は，母親自身が自立した賢い消費者であり，子どものおねだりに対して安易に譲歩しないで，子どもとしっかりとコミュニケーションをもつ，買い物に連れていったり，こづかいを決まって与えるなど，子どもに消費者として行動する機会を積極的に提供する，などの特徴をもっており，そのような母親の対応が子どもの賢い消費者社会化を促していると考えられる。

　しかし子どもに経済リテラシーを身につけさせ，賢い消費者として育てるために，子どもとお金の問題に親がどのように対応すべきかについては，親の間でもまた研究者の間でも意見の一致をみることは少ない。

　子どもがお金を手に入れる主な手段として，こづかい（allowance），おねだり（dole），誕生日や入学祝など特別な日に与えられるお金の贈り物（cash gifts），お手伝いなどをしたことによって与えられる稼ぎ（earnings），の4つが考えられる（Caplow, 1982；Stipp, 1988）。子どもがもつお金が実際どのような手段によって得られたものかという「収入」の内訳に関しては，ベーチャー（Baecher, 1991）は，9～14歳の子どもの約半数はこづかいをもらっているが，その4分の3以上は，こづかいをもらうためにはなんらかの家庭の仕事を手伝わなければならないと報告している。ゾロ（Zollo, 1995）は，10代の若者の3分の1はこづかいをもらい，80％以上が労働市場においてお金を稼ぎ，その週当たりの平均収入は67ドルであると推測している。ドスほか（Doss et al., 1995）は，10～15歳の子どもの57％はこづかいをもらい，50％は仕事でお金を稼ぎ，20％は贈り物としてお金をも

らっていることを報告している。

お金の入手のしかたについて性差がみられることも報告されている。子どもは年長になるにつれて，アルバイト的な仕事をすることによってお金を稼ぐことが多くなる。小学校高学年の頃では，このような「仕事」によって男児のほうが女児よりも多く稼ぐことがことが報告されているが（Holister et al., 1986），これは男児のほうが仕事で稼ぐことを許され，またそうすることをより奨励されるからだという。また，男児のほうが女児に比べて，お金のことを意識し，貯金し，お金に関する意思決定に責任をもつようにように教えられることが多いことも報告されている（Furnham & Thomas, 1984）。

子どもが入手する4種類のお金を親はどのようにコントロールすべきかについても意見は分かれる。たとえばこづかいについても，何かの対価としてでないお金として与えられるべきか（entitled income allowance；Money-for-Nothing System），はっきりと仕事に対する支払として位置づけて与えられるべきか（earned income allowance；Money-for-Something System）という点に関して，それが経済的社会化に与える影響という観点から議論されてきている。定期的に与えられるこづかいは，子どものお金に関する独立心と責任感を醸成し（Baecher, 1991），お金に関する知識を増加させる（McNeal, 1979）ことが指摘されている。また，子どもが家庭のお手伝いなど何らかの仕事をすることによってお金を稼ぐ経験は，そのために費やされた時間と労力を通して，お金の価値を学ぶ機会を提供する（Dunsing, 1956）。

この議論に関して総じて言えば，1950年代までは，こづかいは労働の対価として与えるべきという考え方が主流であったが，それ以後，労働とは関係なくこづかいを与えたほうがよいとする考えのほうがしだいに多くなってきている。これは，労働とは関係なくこづかいとして与えられている子どものほうが，より成熟した洗練された消費者行動を示すという研究結果が明らかになってきたからである（Abramovitch et al., 1991；Pliner et al., 1996）。

この理由としてはいろいろな視点から指摘されているが，家の手伝いをしたときとか良い成績をとったときに，「しつけ」としてお金が与えられると，子どもはすべてのモノや行為に「値札」がついているような誤った観念をもってしまい，健全な社会人あるいは消費者としての社会化を阻害することになってしまうと考えられている。

第4節　比較文化的視点からみた経済的社会化

　社会化とは本来的には，子どもが洞察，訓練，模倣を通して当該文化に適応的な習慣や価値を獲得する文化的過程である（Baumrind, 1980）。したがって，子どもの経済的社会化や消費者社会化についても，その過程には子どもが暮らす社会文化的環境が大きく影響していることが考えられる。しかしこれまでの研究の多くが，資本主義市場経済体制下の北米あるいはヨーロッパ諸国で行われたものであり，比較文化的視点から子どもの経済的社会化について検討した研究はそれほど多くはない。

　そんな中にあって，ロゼほか（Leiser et al., 1990）がアルジェリア，オーストラリア，デンマーク，フィンランド，フランス，イスラエル（市部とキブツ），ノルウェイ，ポーランド，西ドイツ，ユーゴスラビアの10カ国の8，11，14歳の子ども900名を対象にして行った大規模研究は，経済的社会化に関する比較文化的研究の嚆矢とする。ここでは，価格，給与，貯蓄，投資といった経済的概念の「理解」，生起した経済事象（たとえば，価格の下落，税金の廃止，など）の結果についての「理由づけ」，貧困，失業といった個人の経済的結末に対する「態度」，といったトピックについて調査が行われた。

　その結果，年齢が上がるにつれて経済的理解が進むという一般的な傾向が確認された。しかしその進行の程度については国による差異が認められ，これは，各国の政治・経済システムや経済的繁栄あるいは宗教の違いに起因するものと考えられた。このことは，経済システムや経済事象に関する子どもの知識・理解の獲得は，子どもの生活環境におけるさまざま要因からの影響を受け，社会的学習過程を通して進むことを示唆する結果であるといえる。

第5節　発達課題としての経済学教育

　わが国において1980年代以降進行した金融規制緩和の流れが，1996年の日本版金融ビッグバン構想を受けて加速し，人びとを取り巻く金融環境は大きく変化した。その変化は，消費者に金融取引・金融商品に関して多くの選択肢を与えたが，同時に，それにともなう多様なリスクへの対処と結果に対する自己責任を求めることになった。

　このような経済環境の大きな変化に直面して，将来を担う若い世代の経済リテ

ラシーの教育が急務であるという認識が高まり，2000年6月の金融審議会答申においては，金融に関する消費者教育の重要性が指摘された。経済リテラシーを身につけさせることを目的とした経済学教育や金融教育においては，経済事象に関する知識を学ぶのと同時に，経済社会・消費社会において「賢く」生きるための行動規範やスキルを学ぶ。子どもが発達の早期からこれらの知識やスキルを獲得することは，グローバル化し激しく変動する経済社会に生きる子どもにとって，「経済的に自立した大人」「賢い消費者」になるためのきわめて重要な発達課題となってきている。

この経済リテラシーをもった「賢い消費者」の育成をめざして，現在さまざまな教育的取り組みが行われるようになってきている。これらには，「経済学教育」「消費者教育」「金融教育」「起業家教育・アントレプレナーシップ教育」「投資教育」などがある。しかしこれらの取り組みは，その依拠する学問領域や教育目標，実施主体の相違によって内容がそれぞれ異なり，それらが連携しお互いに補完する形で教育プログラムが展開されているとはいえない。

2007年の米国のいわゆる「サブプライム問題」に端を発したドル安・株価の暴落は，米国経済を大混乱に陥れ，2008年9月の大手証券会社リーマン・ブラザーズの破綻を契機として，経済的混乱はグローバル化した全世界にまたたくまに飛び火し，世界金融危機として人びとの日々の生活に大きな影響を与えた。日本経済もこの世界金融恐慌により大きな痛手をこうむり，現在のところ，日本経済はこの痛手からまだ立ち直ってはいない。

実体経済から遊離したマネーゲームの暴走を許した「強欲資本主義」の跋扈を目の当たりにした私たちは，子どもの発達早期から，経済リテラシーを有する「賢い経済人」「賢い消費者」の育成に取り組むことにより，健全なる経済社会の発展を期する必要があるといえよう。

引用文献

Abramovitch, R., Freedman, J. L., & Pliner, P. (1991). Children and money: Getting an allowance, credit versus cash, and knowledge of pricing. *Journal of Economic Psychology*, **12**, 27-45.

Adler, R. P. (1977). *Research on the effects of television advertising on children*. Washington, D. C.: U. S. Government Printing Office.

Baecher, C. (1991). Allowances$. *Zillions* (April/May), 5-7.

Baumrind, D. (1980). New directions in socialization research. *American Psychologist*, **35**, 639-652.

Berti, A. E., & Bombi, A. S. (1979). Where does money comes from? *Archivio di Psicologia*, **40**, 53-77.

Berti, A. E., Bombi, A. S., & De Beni, R. (1986). Acquiring economic notions: Profit. *International Journal of Behavioral Development*, **9**, 15-29.

Bombi, A. S. (1996). Social factors of economic socialization. In P. Lunt & A. Furnham (Eds.), *Economic socialization: The economic beliefs and behaviours of young people* (pp.183–201). Cheltenham, UK: Edward Elagar.

Burris, V. L. (1983). Stages in the development of economic concepts. *Human Relations*, **36**, 791–812.

Caplow, T. (1982). Christmas gifts and kin network. *American Sociological Review*, **47**, 383–392.

Danziger, K. (1958). Children's earliest conceptions of economic relationships. *Journal of Social Psychology*, **47**, 231–240.

Dickinson, J., & Emler, N. (1996). Developing ideas about distribution of wealth. In P. Lunt & A. Furnham (Eds.), *Economic socialization: The economic beliefs and behaviours of young people* (pp.47–68). Cheltenham, UK: Edward Elagar.

Doss, V. S., Marlowe, J., & Godwin D. D. (1995). Middle school children's sources and view of money. *Journal of Consumer Affairs*, **29**, 219–241.

Dunsing, M. (1956). Spending money of adolescents. *Journal of Home Economics*, **48**, 405–408.

Furnham, A., & Cleare, A. (1988). School children's conceptions of economics: Prices, wages, investments and strikes. *Journal of Economic Psychology*, **9**, 467–479.

Furnham, A., & Thomas, P. (1984). Pocket money: A study of economic education. *British Journal of Developmental Psychology*, **2**, 205–212.

Furth, H. (1980). *The world of grown-ups*. New York: Elsevier.

Holister, J., Rapp, D., & Goldsmith, E. (1986). Monetary practices of sixth-grade students. *Child Study Journal*, **16**, 183–190.

Jahoda, G. (1979). The construction of economic reality by some Glaswegian children. *European Journal of Social Psychology*, **9**, 115–127.

Jahoda, G. (1981). The development of thinking about economic institutions: The bank. *Cahiers de Psychologie Cognitive*, **1**, 55–73.

Leiser, D. (1983). Children's conceptions of economics: The constitution of a cognitive domain. *Journal of Economic Psychology*, **4**, 297–317.

Leiser, D., Sevon, G., & Levy, D. (1990). Children's economic socialization: Summarizing the cross-cultural comparsion of ten countries. *Journal of Economic Psychology*, **11**, 591–631.

McNeal, J. U. (1979). Children as consumers: A review. *Journal of Academy of Marketing Science*, **7**, 346–359.

McNeal, J. U. (1987). *Children as consumers: Insights and implications*. Lexington, MA: Lexington Books.

Moschis, G. P. (1985). The role of family communication in consumer socialization of children and adolescents. *Journal of Consumer Research*, **11**, 898–913.

中森千佳子．(1986)．子どもの消費者社会化に関係する母親の態度 (2)．仙台白百合短期大学紀要，**14**，29–44.

中森千佳子．(1988)．家庭の文化と子ども．奥村晶子・飯村しのぶ (編)，子どもと家族 (pp.30–57)．京都：ミネルヴァ書房．

Ng, S. H. (1983). Children's ideas about the bank and profit: Developmental stages and influences of cognitive contrast and conflict. *Journal of Economic Psychology*, **4**, 209–221.

Ng, S. H. (1985). Children's ideas about the bank: New Zealand replication. *European Journal of Social Psychology*, **15**, 121–123.

Pliner, P., Freedman, J., Abramovitch, R., & Darke, P. (1996). Children as consumers: In the laboratory and beyond. In P. Lunt & A. Furnham (Eds.), *Economic socialization: The economic beliefs and behaviours of young people* (pp.35–46). Cheltenham, UK: Edward Elagar.

Stipp, H. H. (1988). Children as consumers. *American Demographics*, **10**, 26–32.

Strauss, A. (1952). The development and transformation of monetary meanings in the child. *American*

Sociological Review, **17**, 275-286.

Sutton, R. (1962). Behaviour in the attainment of economic concepts. *Journal of Psychology*, **53**, 37-46.

Ward, S. (1974). Consumer socialization. *Journal of Consumer Research*, **1**, 1-14.

Webley, P., & Lea, S. E. (1993). Towards a more realistic psychology of economic socialization. *Journal of Economic Psychology*, **14**, 461-472.

Wilkie, W. L. (1994). *Consumer behavior* (3rd ed.). New York: John Wiley & Sons.

Zollo, P. (1995). *Wise up to teens: Insights into marketing and advertising to teenagers*. Ithaca, NY: New Strategist Publications.

第15章
向社会的行動

二宮克美

　私たちが他者とかかわりあう行動の中で，相手にとってプラスになる行動全般を向社会的行動（prosocial behavior）という。そうした行動には，援助行動，分与行動，寄付行動などさまざまな行動が含まれる。この向社会的行動の発達について，アイゼンバーグ（Eisenberg, 1986）の提起したモデルを参考にしながら関連する要因を検討する。また，わが国の研究の現状を踏まえ，今後の研究の課題を展望する。

第1節　向社会的行動の定義

　「他者のためになることをしようとする自発的な行動」が向社会的行動である（Eisenberg et al., 2006）。向社会的行動と「思いやり」行動とは，一致する部分が多いものの，いくらか意味合いが異なっている。

　二宮（1995）は，小中学校の教師や看護師などを対象に，「思いやり」のある行動とはどんな行動か，自由記述で回答を求めた。その結果，①役割取得（他人の立場に立って物事を考え，行動する），②援助行動（困っている人や弱者を助ける），③相談・助言（困っている人の話を聞いてあげたり助言したりする），④気づかい・いたわり（慰め），⑤寛大さ（他人の失敗や過ちをゆるす），⑥見守る・待つ，などのカテゴリーに分類できることがわかった。一方，「思いやり」に欠ける人の行動は，①自分勝手・自分本位の行動，②心理的・身体的に苦痛を与える行動，③無視する，などであった。

　向社会的行動に関する海外の研究では，援助行動や寄付・分与行動などが中心であるが，日本では「思いやり」行動と言えば，気づかい・いたわり，寛大さ（寛容さや赦し）などを思い起こすことが多い。これまでは，そういった日本的な「思いやり」の研究は少なかった。しかし，最近「ゆるし」に関する研究が2編

報告された。石川・濱口（2007）は，中学生・高校生を対象に「ゆるし」傾向性尺度を作成した。その結果，「以前，自分に嫌な事をした相手にも，親切にしようと思う」といった「他者へのゆるし」傾向，「思うように上達しないことがあると，自分を責め続けてしまう」などに反対する「自己への消極的ゆるし」傾向，「失敗しても一生懸命頑張った結果なら，自分をほめるようにしている」といった「自己への積極的ゆるし」傾向の3因子を見出している。とくに，「他者へのゆるし」傾向は，男子よりも女子の方が高いこと，内在化問題（抑うつ，特性不安）よりも外在化問題（身体的攻撃と関係性攻撃）と関連することなどが明らかにされている。

また加藤・谷口（2009）は，大学生を対象に「許し尺度」を作成し，恨みと寛容さの2因子を見出している。そして，恨みは感情的暖かさと感情的冷淡さに負の相関が，寛容さはその両方に正の相関が見られたことを報告している。

こうした他者を「ゆるす」心理が，向社会的行動とどう関連するのかは，今後の研究課題であろう。

第2節　向社会的行動を理解する枠組み

向社会的行動が生起するまでにかかわる主要な変数について，アイゼンバーグほか（Eisenberg, et al., 2006）は，図15-1に示した発見的モデルを提出している。このモデル図は，アイゼンバーグが1986年に提出した図を改訂したもので，生物学（biology）という変数が新たに加わっているところが異なる。最近の社会生物学や進化論の発展もあって，人間の遺伝子レベルでの個体差の側面を等閑視で

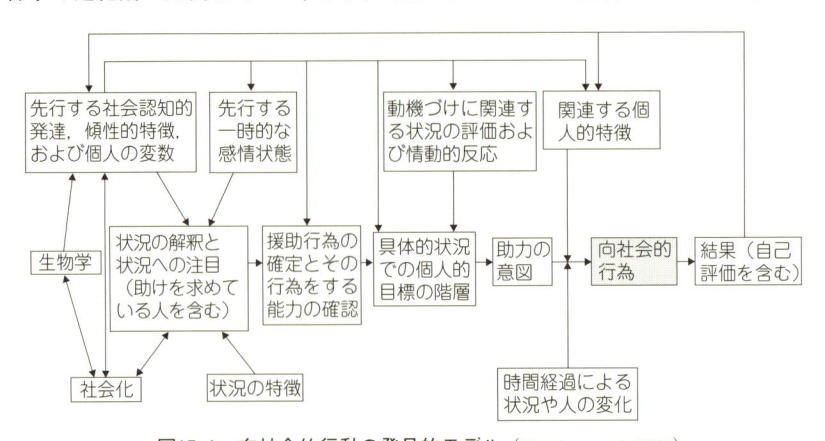

図15-1　向社会的行動の発見的モデル（Eisenberg et al., 2006）

きないからなのであろう。

　このモデル図は、大きく3つのステップからなっている。

　第1のステップは、「他者の要求への注目」である。社会化の経験（子どもについての親のかかわり）と子どもの個人的特徴（たとえば、社会認知的発達、共感性、社交性など）を介して、他者の要求に関する状況を解釈し、他者の要求に気づく過程である。社会化の変数として、親のあたたかさ、親の向社会的行動のモデリング、他者の視点を取ること（視点取得）への励ましなどをあげることができる。状況の特徴は、要求の明確さ、他者の要求の源は何か、誰が援助を受けるのか、観察者は誰でその人数は何人かなどである。さらに気分（mood）といった子どものそのときの感情状態が、状況への注目や解釈に影響を与えている。

　第2のステップは、「動機づけと助力の意図」である。要求に気づいてから助けるかどうかを決意するまでの過程である。他者の要求への注目に続き、どのような援助行動をしたらよいか、その行為をする能力が自分にあるかどうかといったことなどを考え、援助計画を決めなくてはならない。動機づけに関連する個人的な要因として、援助的であるということに関しての自己同一性（self-identity with regard to helpfulness）、自尊感情や個人的価値・目標などがある。また、子どもの情動的反応（同情や個人的苦痛）、その状況でのコストと利益についての損得勘定、他者の要求や困窮の責任についての原因帰属なども関連している。個人的目標のもととなる価値や要求は年齢とともに変化するし、その相対的な重要性も変化する。このステップでは、ある特定の状況での個人的目標の階層化が問題となる。この階層化に関して、向社会的道徳判断（prosocial moral judgment）の研究で、アイゼンバーグ（Eisenberg, 1986）は、表15-1に示した6つの発達レベルを提起している。自分の快楽に結びつく考え方から、承認や対人的指向、相手の立場に立った共感的な理由を経て、強く内面化された価値観に基づくものへと発達していく。こうした個人の行動目標の階層化が、援助するかしないかの意思決定をする。

　最後のステップは、「意図と行動のリンク」である。助けるかどうかの意思決定が行為に移される過程、および行為の結果がフィードバックされる過程を含んでいる。助ける意図があっても実際に助けるかどうかは、行為に関連する個人の能力と、状況の変化にかかっている。また、助けることに成功したかどうかは、将来の向社会的発達と行動に影響を及ぼす。なお、助けないと決定した場合と助けようとしたがうまくいかなかった場合には、自己防衛が必要となる。

　このようにこのモデルは、向社会的行動の生起に関連する変数についてよく配慮されたものであり、向社会的行動の発達を考えるうえで参考になる。なお、最

表15-1　向社会的行動についての判断の発達（Eisenberg, 1986）

レベル	概要	おおよその年齢
Ⅰ：快楽主義的・自己焦点的指向	道徳的な配慮よりも自分に向けられた結果に関心をもっている。他人を助けるか助けないかの理由は，自分に直接得るものがあるかどうか，将来お返しがあるかどうか，自分が必要としたり好きだったりする相手かどうか（感情的な結びつきのため），といった考慮である。	小学校入学前および小学校低学年
Ⅱ：要求に目を向けた指向	たとえ他人の要求が自分の要求と相対立するものでも，他人の身体的，物質的，心理要求に関心を示す。この関心は，自分でよく考えた役割取得，同情の言語的表現や罪責感のような内面化された感情への言及といった事実ははっきりとみられず，ごく単純なことばで表明される。	小学校入学前および多くの小学生
Ⅲ：承認および対人的指向，あるいは紋切り型の指向	良い人・悪い人，良い行動・悪い行動についての紋切り型のイメージ，他人からの承認や受容を考慮することが，向社会的行動をするかどうかの理由として用いられる。	小学生の一部と中・高校生
Ⅳa：自己反省的な共感的指向	判断は，自己反省的な同情的応答や役割取得，他人の人間性への配慮，人の行為の結果についての罪責感やポジティブな感情などを含んでいる。	小学校高学年の少数と多くの中・高校生
Ⅳb：移行段階	助けたり助けなかったりする理由は，内面化された価値や規範，義務および責任を含んでおり，より大きな社会の条件，あるいは他人の権利や尊厳を守る必要性への言及を含んでいる。しかし，これらの考えは明確に強く述べられるわけではない。	中・高校生の少数とそれ以上の年齢の者
Ⅴ：強く内面化された段階	助けたり助けなかったりする理由は，内面化された価値や規範，責任性，個人的および社会的に契約した義務を守ったり，社会の条件を良くしたりする願望，すべての個人の尊厳，権利および平等についての信念に基づいている。自分自身の価値や受容した規範に従って生きることにより，自尊心を保つことに関わるプラスあるいはマイナスの感情も，この段階の特徴である。	中・高校生の少数だけで，小学生にはまったくみられない

近アイゼンバーグは同情や向社会的道徳判断が，向社会的行動に直接影響するといった図15-2のような簡潔なモデルを提案している（Eisenberg, 2005）。

第3節　向社会性の発達に関連する諸要因

向社会的行動に関連する要因の中でも，多くの研究がなされている変数について，とくにわが国の研究を中心にみていくことにする。

1　共感性と同情

向社会的行動に関連する要因として，最も多く取り上げられる要因が共感性

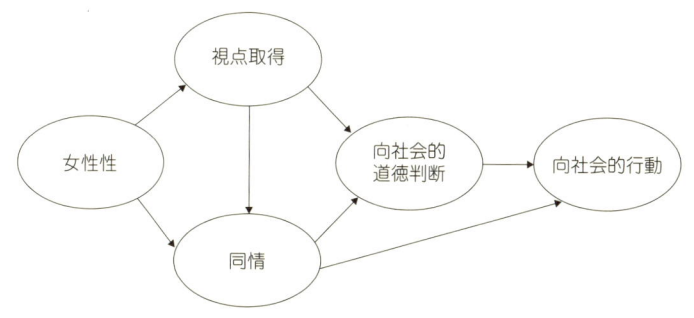

図15-2　向社会的行動へのパス・モデル（Eisenberg, 2005）

(empathy) である。共感性は向社会的行動の動機づけの過程にかかわっている。共感性の定義にはさまざまなものがあるが，アイゼンバーグ（Eisenberg, 1986）は共感性と同情（sympathy）を次のように区別している。共感性とは，相手の情動状態から生じ，その状態にともなってこちら側に生じるような情動状態である。相手の情動と一致した代理的な感情経験であり，相手と感情をともにすること（feeling with）である。これに対して，同情とは相手の情動の状態についての情動反応であって，それが相手についてのあわれみや悲しみ，配慮（思いやり）の感情を作り上げる。同情は相手と同じ情動を感じることを意味しているわけではなく，相手あるいは相手の状態に対して感じる感情のこと（feeling for）である。

最近ではホフマン（Hoffman, 2000/2001）が，共感性を「他人の感情との正確なマッチングではなく，自分自身の置かれた状況よりも他人の置かれた状況に適した感情的反応である」（訳書，p.36）と定義している。ホフマンによれば，ほかの誰かが実際に苦痛におちいっているのを見ると，見ているこちら側も苦痛を感じるという「共感的苦痛（empathic distress）」が向社会的行動の動機として働いていると指摘している。

わが国でも共感性が高いと向社会的行動の出現率が高いことが，多くの研究で示されてきた。たとえば，浜崎（1985）は，保育園年長児を対象に個別実験で，共感性の高いものほど分与行動が多いことを明らかにした。首藤（1985a）は小学校5年生を対象にした研究で，情緒的共感は分与行動を促進することを明らかにしている。女子大学生を対象にした調査研究で，鈴木（1992）は共感性と外向性は向社会的行動に強い正の影響を与えていることを明らかにしている。

最近では先述したようにアイゼンバーグ（Eisenberg, 2005）は，共感性というよりは同情が向社会的行動に直接影響を与えるというパス・モデル（図15-2）を提案している。また，マルチほか（Malti et al., 2009）も，同情と道徳的動機づけ

(moral motivation) が向社会的行動に関連していることを明らかにしている。

2 向社会的道徳判断など

首藤 (1985b) は，幼稚園年長児を対象に分与行動を検討する中で，他者志向的理由づけは愛他的な分与行動を動機づけると述べている。

伊藤 (2006) は，遊び場面を向社会的行動の文脈として位置づけたところ，向社会性についての認知の個人差は，仲間との相互作用，困窮場面遭遇やその改善回数と関連があることを明らかにしている。そして，幼児の向社会的行動の育成を考える場合，他者の思考や感情の理解を促し，情動的反応性を高めるといった配慮に加え，向社会性についての自己評価を日常生活の中でいかに高めるかといった配慮が必要であると指摘している。

向社会的道徳判断のレベルと向社会的行動との関連を直接検討した研究は，ほとんどない。今後の課題であろう。

3 向社会的行動の社会化

向社会的行動の社会化について，わが国の研究はモデリング研究に集中している。代表的な研究として，森下 (1985) は保育園年長児を対象に個別実験を実施し，女子で教師を受容的に認知している者ほど，愛他行動を多くモデリングしたことを明らかにしている。さらに森下 (1990) では，幼稚園4歳児でもモデリングの効果が見られることを報告している。

役割演技の効果を検討した浜崎 (1992) の研究では，自分の立場から他者の苦しみや悲しみを見ると同時に，自分自身が困窮者の立場で苦しみや悲しみの情動を代理的に経験する結果，年長児の援助行動や分与行動が増加することを報告している。

こうしたモデルを観察したり，役割演技をしたりすることによって，向社会的行動が促されることが，主として幼稚園や保育園の児童を対象とした研究で明らかにされている。

最近では，須藤 (2008) の研究で，自閉性障害児が言語刺激や状況刺激のような手がかりだけでなく，援助者自身に属する手がかり（観察反応を自発させる刺激）を援助行動の弁別刺激として利用できることを明らかにしている。

4 その他

伊藤ほか (1999) は，自己主張も自己抑制もすると認知している5歳児は，自

由遊び場面での自発的な向社会的行動を多く行っていること，主張型幼児は仲間から援助を依頼される回数が少ないことを見出している。

また塚脇ほか（2009）は，大学生を対象にした研究で「愛他的な性向の者は，思いやりや善意に基づき，周囲の気分や雰囲気を良好にするために遊戯的なユーモア刺激を表出する」ことを明らかにしている。

第4節　今後の課題と展望

向社会的行動を多く示す子ども，つまりは「思いやり」のある子を育てることは，重要な課題である。二宮（2005）は，1985年以降20年間のわが国の向社会的行動に関する研究を概観し，今後の課題として3点を指摘している。第1に，向社会的行動はどのように習得・獲得されていくのかを明らかにすることである。親のしつけ実践や親子関係の質が，どのように向社会的行動の発達にかかわっているのか，いわゆる社会化について明らかにしていく必要がある。第2に，青年期や成人期の向社会性について明らかにすることである。発達心理学の枠組みの研究のほとんどは，幼稚園児や小学生を対象にしたものが多く，社会心理学の枠組みの研究は大学生を対象にしたものばかりである。中学生や高校生の向社会性について明らかにするとともに，この時期の仲間からの影響，家庭外やマスコミなどの影響についても検討する必要がある。さらには成人期以降の者たちの向社会性の発揮の仕方について，明らかにしていくことも大切なテーマである。第3は，社会心理学の研究で明らかになっている点を，子どもでも当てはまるかを確認する作業である。

向社会的行動の形態や内容は多岐にわたっており，数多くの要因とその要因の間の複雑な関係によって形成されている。アイゼンバーグの提起したモデルは，こうしたさまざまな要因間の関係をうまく1つの図にまとめている。しかし，どんなに巧みに計画された研究でも，向社会的行動を規定する要因すべてを同時に取り上げて研究することはできない。向社会性の発達について，1つの研究の中で，重要と思われる要因を1つあるいはせいぜい数個選び，それらの要因が特定の形態の向社会的行動にどうかかわっているかを分析するのが精一杯である。そして，おおむねそうした研究は相関的研究である。地道な作業ではあるが，さまざまな研究結果を重ね焼いていく中で，モデルを確認していくことが大切であろう。いずれにせよ，向社会的行動にかかわる研究は，わが国では質量ともに少ないのが現状であり，ますます多くの研究がなされることを期待したい。

引用文献

Eisenberg, N.（1986）. *Altruistic emotion, cognition, and behavior*. Hillsdale, NJ: Erlbaum.

Eisenberg, N.（2005）. The development of empathy-related responding. In G. Carlo & C. P. Edwards（Eds.）, *Moral motivation through the life span. Vol. 51 of the Nebraska symposium on motivation*（pp.73-117）. Lincoln: University of Nebraska Press.

Eisenberg, N., Fabes, R. A., & Spinrad, T. L.（2006）. Prosocial development. In W. Damon & R. M. Lerner（Editors-in-chief）& N. Eisenberg（Vol. Ed.）, *Handbook of child psychology: Vol.3. Social, emotional, and personality development*（6th ed., pp.646-718）. New York: Wiley.

浜崎隆司．（1985）．幼児の向社会的行動に及ぼす共感性と他者存在の効果．心理学研究，**56**，103-106．

浜崎隆司．（1992）．幼児の向社会的行動におよぼす役割演技の効果．心理学研究，**63**，42-46．

Hoffman, M. L.（2001）．共感と道徳性の発達心理学：思いやりと正義とのかかわりで（菊池章夫・二宮克美，訳）．東京：川島書店．（Hoffman, M. L.（2000）. *Empathy and moral development: Implications for caring and justice*. Cambridge: Cambridge University Press.）

石川満佐育・濱口佳和．（2007）．中学生・高校生におけるゆるし傾向性と外在化問題・内在化問題との関連の検討．教育心理学研究，**55**，526-537．

伊藤順子．（2006）．幼児の向社会性についての認知と向社会的行動との関連：遊び場面の観察を通して．発達心理学研究，**17**，241-251．

伊藤順子・丸山（山本）愛子・山崎　晃．（1999）．幼児の自己制御タイプと向社会的行動との関連．教育心理学研究，**47**，160-169．

加藤　司・谷口弘一．（2009）．許し尺度の作成の試み．教育心理学研究，**57**，158-167．

Malti, T., Gummerum, M., Keller, M., & Buchmann, M.（2009）. Children's moral motivation, sympathy, and prosocial behavior. *Child Development*, **80**, 442-460.

森下正康．（1985）．幼児の攻撃行動・愛他行動のモデリング：教師モデルに関する受容的－拒否的態度の認知の影響．心理学研究，**56**，138-145．

森下正康．（1990）．幼児の攻撃行動と向社会的行動のモデリングにおよぼす母子関係の影響．心理学研究，**61**，103-110．

二宮克美．（1995）．たくましい社会性を育てる．二宮克美・繁多　進（編），たくましい社会性を育てる（pp.171-186）．東京：有斐閣．

二宮克美．（2005）．日本における向社会的行動研究の現状：この20年間の歩みと課題．東海心理学研究，**1**，45-54．

首藤敏元．（1985a）．児童の共感と愛他行動：情緒的共感の測定に関する探索的研究．教育心理学研究，**33**，226-232．

首藤敏元．（1985b）．幼児の愛他行動に及ぼす理由づけの効果．教育心理学研究，**33**，243-247．

須藤邦彦．（2008）．自閉性障害児における援助行動を生起させる条件の検討：援助者の観察反応を通して．教育心理学研究，**56**，268-277．

鈴木隆子．（1992）．向社会的行動に影響する諸要因：共感性・社会的スキル・外向性．実験社会心理学研究，**32**，71-84．

塚脇涼太・樋口匡貴・深田博己．（2009）．ユーモア表出と自己受容，攻撃性，愛他性との関係．心理学研究，**80**，339-344．

第16章
攻撃性・抑うつと問題行動

戸田有一

　本章では，最近の日本国内の攻撃性や抑うつに関する研究を，海外の研究動向を概観しながら紹介・検討し，今後の課題を展望する。第15章との対比では「反社会的行動・非社会的行動」を見ていくことになるが，反・非社会的行動に関する研究は，最近では，その背景の傾向性としての攻撃性や抑うつに焦点があてられて研究されることが多く，また，うつ病を含む精神医学的な診断分類と攻撃性の関連も論じられている（Connor, 2002/2008）。国内でも，石川・濱口（2007）が外在化問題（身体的攻撃や関係性攻撃）と内在化問題（抑うつや特性不安）の両者に焦点をあて，齋藤ほか（2008）は抑うつと認知・情動的攻撃性や自己への攻撃性の関連を検討しているように，一見逆方向あるいは別の問題に思える攻撃性と抑うつの問題は，同時に視野に入れ，関連も想定しておくべき問題である。

　もちろん，学校等や非行臨床における問題意識からは，「いじめ」「不登校」「キレ」「非行」など，具体的な教育課題に沿って研究や実践が展開されている。しかし，それらの課題も互いに独立に生起しているわけではない。たとえば，境ほか（2004）はひきこもり行動チェックリストを作成しているが，その因子は攻撃的行動，対人不安，強迫行動，家族回避行動，抑うつ，日常生活活動の欠如，不可解な不適応行動，社会不参加，活動性の低下，不規則な生活パターンである。ここにおいても，攻撃性と抑うつの諸課題の非独立性が示唆されている。

　本章においても，主に攻撃性に関する研究を踏まえ，抑うつとの関係に焦点をあてた研究を紹介し，いじめなどの学校臨床的課題に関する研究にも言及していく。

第1節　攻撃性研究の概観

1　攻撃研究が目指すこと

　反・非社会的行動は，短いスパンでは社会の維持を脅(おびや)かすように見えても，長期的な社会の存続に貢献する可能性もある。しかし，攻撃行動が歯止めを失った場合には，特定の種あるいは生態系全体への深刻なダメージがもたらされる可能性もある。とはいえ，攻撃行動をすべて望ましくないとして「攻撃行動がない」社会を目指していくのであれば，あるいは，「抑うつを誰もが経験しない」社会を目指していくのであれば，ハックスリー（Huxley, A. L.）がフィクションとして提示した逆説的な『すばらしい新世界』を目指すことになる。そのSF世界では，すべての欲望が最新の技術で満たされ，すべての悩みが副作用なき錠剤で消し去られる。政治・経済・自然科学が人間の動物的なニーズにすべて応え，社会科学が人間の生き様を操作しきった全体主義的世界を描くSF小説は，攻撃性や抑うつに関する膨大な研究や実践が絶大な効果はもたないことの悲観をぬぐい，人間が簡単に理解・操作されない精妙な存在であることを語っているようでもある。

2　攻撃の分類と性差

　上記のような前提でも，攻撃が忍受可能な範囲を超えることは，社会や学校において問題である。過度な攻撃の予防や対応のために，攻撃行動や攻撃性について理解する必要がある。近年は，攻撃の本質を理解するための分類研究が，幼児期から児童・青年期にかけてさかんに行われている。

　ハバードほか（Hubbard et al., 2010）は，子どもの攻撃を機能面から分類する諸提案を検討している。反応的攻撃と能動（率先）的攻撃（reactive/proactive），敵意的攻撃と道具的攻撃（hostile/instrumental），報復的攻撃と略奪的攻撃（retaliatory/predatory）という分類はいずれも，子どもの攻撃を，防衛・報復によるものか，計算された意図的なものかに分けるものとしている。

　一方で，いじめ研究においてはむしろ攻撃の形態面への着目がなされてきた。直接と間接の2分類，直接－身体的，直接－言語的，間接的の3分類等であるが，いじめは反応的攻撃ではなく，計算された意図的な攻撃であるという前提があったのかもしれない。攻撃の研究においても，クリックとグロットピーター（Crick & Grotpeter, 1995）の顕在性攻撃と関係性攻撃の尺度がよく引用されているが，これも攻撃の形態に着目したものである。

日本国内での研究においては，この機能面と形態面を統合して分類する試みが見られる。畠山・山崎（2002）は，幼稚園年長児の自然発生的に生起する攻撃行動を1年間観察し，攻撃する側が攻撃を行うに至った原因（相手の行為や攻撃する側の意図）に着目した観察研究から，直接的−道具的攻撃と直接的−脅し攻撃および，関係性攻撃の3つのタイプに分類している。勝間・山崎（2008）においては，反応的表出性攻撃，反応的不表出性攻撃および道具的関係性攻撃の3分類が用いられている。

　今後，置き換えられた攻撃（淡野，2010），攻撃対象，攻撃の機能，攻撃形態のすべてを織り込んだ分類が提案されるかもしれない。しかし，その分類が，現実課題の新たな分節化を提案するべきなのか，あるいはすでにある現実課題の分類に適合する方がいいのかの検討が必要と思える。後者の立場で，現実課題に対応するためであれば，たとえば，学校でのいじめとキレには道具的攻撃と反応的攻撃がほぼ相応するかもしれないが，完全な対応ではないことに留意したい。とくにネットいじめは，反応的攻撃として行われている可能性もある。

　これらの分類研究は，国際的な研究の中でも，性差との関連で行われてきた。先述の畠山・山崎（2002）でも，2タイプの直接的攻撃は女児に比べて男児に，関係性攻撃は男児に比べて女児に多く観察されたことが報告されている。この攻撃の性差に関しては，男児は身体や持ち物を傷つける攻撃などが，女児は関係を傷つける攻撃がそれぞれ多いという仮説がある。この仮説に関しては，藤生（2001, pp.146-147）がいじめの場合を中心にまとめているが，結論は収束していない課題である。

3　攻撃性と認知の歪み

　攻撃の亢進の原因として，近年着目されているのが認知の歪みである。

　ギブス（Gibbs, 2003）は，攻撃的な行動の要因として，発達の遅れ（delay）・認知の歪み（distortion）・社会的スキルの欠如（deficiency）の3つが主であると指摘し，頭文字をとって3Dと称している。この提案は，発達を促したり社会的スキルの訓練を行ったりすることのみでは，過剰あるいは不適切な攻撃行動を適正化するのには不十分であるということを含意している。そして，発達に遅れが見られず社会的スキルも獲得しているように見えるにもかかわらず攻撃が過剰・不適切になる子のために，別のアプローチを提案することに結びついている。ギブスは，そのような子は対人関係における認知に歪みがあり，一次的歪みは「自己中心性」で，二次的歪みには①他者への非難，②最悪を想定，③最小化／誤ラベル

の3種類があるとする。診断の手法として How I Think Questionnaire を開発し，EQUIP という対処プログラムも提案している。この認知の歪みに関してはギブスのアイディアはバンデューラ（Bandura, A.）の考えを踏まえてのものであるが，バンデューラのモデルの方が精緻で説得力がある。

　バンデューラは，モデリングや自己効力感の研究で知られているが，1980年代から最近まで自己調整過程の選択的非活性化の問題（最近は，道徳不活性：moral disengagement という用語が頻繁に使われている）に関する研究を行っている。それは，いわば，一度学習あるいは発達させた道徳的な考え方や行動を解除する思考様式で，行動側面（the behavior locus）では，道徳的正当化（行動のよい目的の，手段としての行動の悪さに比べての過大評価），都合よい比較（他者の行動の悪さの自己の行動の悪さに比べての過大評価），婉曲なラベル（実際の悪さに比べての，印象上の悪さの過小化）の3つ。発動側面（the agency locus）では，責任の転嫁と責任の拡散（分業と共同意思決定と共同行為がある）の2つ。結果側面（the outcome locus）では，結果の無視や矮小化。受容側面（the locus of the recipients or objects）では，没人間化と非難の帰属の2つである（Osofsky et al., 2005）。ただし，この心理過程は適法状況下でも起きる。オソフスキーほか（Osofsky et al., 2005）は，死刑執行の場における看守などの道徳不活性（この場合，職務上の必要から，人命を奪うという行為への関与を自らに課すため，殺人はいけないという考えをここでは適用しないこと）について検討しているが，適法ではあっても個人の道徳に反している可能性のある職業的行為を行う際の精神面の健康の維持に，道徳不活性が関与しているのではないかという問題意識からの研究である。

　国内での認知の歪みに関する研究については，たとえば，吉澤・吉田（2004）が，社会的ルールの知識構造やその認知的歪曲が社会的逸脱行為傾向をどの程度予測するのかを検討している。また，大西ほか（2009）のいじめの正当化に関する研究も，この認知の歪みの研究に位置づけられるであろう。中谷・中谷（2006）は，子どもの反抗行動に対する母親の認知と虐待的行為の関係を，とくに子どもの行動の背景に悪意や敵意をみる被害的認知に着目して検討し，予測した先行要因→認知的要因（媒介要因）→虐待的行為のプロセスを確認している。

　この認知の歪みを含む包括的なモデルとしては社会的情報処理モデル（Crick & Dodge, 1994）があり，濱口（2002）や吉澤（2005）の紹介が参考になる。

4　仲間や親などの影響

　子どもの攻撃性に仲間や親などの影響があることは想像に難くなく，攻撃行動

の形成は乳幼児期からなされている(詳しくは,Tremblay et al., 2005)。子どもが,仲間や親などの影響だけで人生の方向性を決めてしまわないように,保育・教育という営みが存在しているのだが,それでも現状において,親や仲間のあり方がどれほど大きい規定性をもっているのかを,数多くの研究が示している。

前述の道徳不活性との関連では,ペルトンほか(Pelton et al., 2004)はアフリカ系アメリカ人で低所得・シングルマザーの子どもたち限定で調査を行い,前向きな子育て(positive parenting)と問題行動の少なさの連関に道徳不活性が媒介変数となる可能性を示唆している。平山(2001)は,中学生の精神的健康(神経症傾向・怒り・非協調性)と,父親の家庭関与についての父母評定の一致度の関連性を検討した。その結果,男子では神経症傾向・怒り・非協調性すべてが,母親の評定した父親の家庭関与と負の相関を示した。女子では神経症傾向が父母評定ともに父親の家庭関与と負の相関を示していた。中学生の神経症傾向が最も高くなるのは,父親が自分の家庭関与を高く自己評価している一方で母親は低く評定している不一致群であった。

小保方・無藤(2005)は,中学生の非行傾向行為の規定要因(逸脱した友人の存在,親子関係,友人関係,セルフコントロール)および抑止要因について検討を行い,中学生の非行傾向行為には逸脱した友人がいることの影響が強いことを示した。また,学年が低い方が,親子関係が非行傾向行為に影響を与えており,学年があがるとセルフコントロールの影響が増加することが示された。このような傾向性を変えていくためにも仲間は重要である。たとえば,フェルドマン(Feldman, 1992)は向社会的な仲間集団が反社会的行動の青年の行動変化をもたらすかどうかを検討している。興味深いのは,どのような実践をしたのかではなく,集団のリーダーの「経験」(ソーシャルワークを学ぶ院生か,それとも訓練を受けていない学部生か)の違いが,行動変化と関連していたことである。

5 いじめと社会的スキル

攻撃行動やいじめなどを予防するために,ソーシャルスキル教育などが提案されて用いられてきている(Toda, 2011)が,いじめと社会的スキルの欠如がどのように関係しているのかについては議論がある。詳しくは松尾(2002)が紹介しているが,それは,サットンほか(Sutton et al., 1999)の研究で提起された問題で,いじめ加害の中心者は実は他者の認知や感情を推測する心の理論課題においてむしろ高得点を示しているというものである。また,攻撃的行為障害の青年を統制群と比較し,他者が痛みを感じていると推認される場面を見せた研究(Decety et al., 2009）では，機能的 MRI によって視覚化された脳血流反応が異なることを示している。この反応の違いは生得的なものとして論じられているのではなく，長期的に攻撃を目撃したりした経験が脳神経の反応パターンの違いとしても顕れたと考えられている。

これらの研究からは「相手の苦しみが楽しい」という問題がうかがえる。それは「相手の苦しみが苦しい」という共感性を欠いているともいえる。いじめの中心者が冷静に相手の感情を読みつつ共感性を欠くのであれば，「相手の気持ちを想像する」「される側にたつ」ための説諭やロールプレイは，いじめの中心者への対策としては的外れであろう。深刻ないじめが，いじめられる側を関係の中につなぎとめておきつつ攻撃を繰り返して愉悦や優越感を得る，継続的な「関係内攻撃」（戸田ほか，2008）であるならば，いじめを継続するためには冷静な感情推測スキルを必要とし，共感的痛みが邪魔になるのは想像に難くない。

磯部・佐藤（2003）は，幼児の攻撃と社会的スキルとの関係に教師評定を用いて迫り，関係性攻撃得点と身体的攻撃得点によって分けた関係性攻撃群・身体的攻撃群・両高群・両低群について社会的スキルを比較している。両低群に比べて関係性攻撃を高く示す子ども（関係性攻撃群と両高群）は，規律性スキルは欠けるが他の社会的スキル（友情形成スキルと主張性スキル）は比較的優れていること，関係性攻撃群男児は友情形成スキルが全般的に優れている一方，同じ群の女児は友情形成スキルが一部欠けていることも見出された。

幼児期から青年期にかけて，関係性攻撃やいじめをする子について，少なくとも，スキルの偏りと攻撃性とが関連して見られるということは言えるであろう。

第2節　攻撃性と抑うつの関連

攻撃性と抑うつの関係について見ていくために，まず，個人内の攻撃性と抑うつの関連性を見ていき，そのうえで，保護者や仲間の攻撃によってもたらされる抑うつについて検討する。とくに，いじめによる影響に焦点をあてる。

1　個人の攻撃性と抑うつ

坂井・山崎（2005）は，攻撃性のタイプと内在化問題の関連についての重要な研究を概観して知見を整理している。とくに，攻撃性のタイプと内在化問題の関連を考える際に性差を考慮することの重要性が示されている。以下，小学生から大学生にかけて，攻撃性と抑うつの関連に関心を寄せる研究を紹介する。

たとえば，坂井・山崎（2003）は，小学生における3タイプの攻撃性が抑うつと学校生活享受感情に及ぼす影響を検討している。表出性攻撃と関係性攻撃をする児童が仲間から拒否される傾向が強いことから，結果として孤立感が高まり，抑うつが高くなる道筋を推測し，他の攻撃性の影響を排除した場合，表出性攻撃や関係性攻撃ではなく，不表出性攻撃の高さのみが抑うつにつながっていた（坂井・山崎，2005）と論じている。

武田（六角）（2000）は，児童期の抑うつは成人の抑うつに比し攻撃性が特異的とされることに注目し，小学3〜6年生に自己報告形式の抑うつ尺度と，攻撃性の特徴を見るP-Fスタディを実施した。その結果，抑うつ傾向の高い児童の方が他者に対する攻撃性が高く，自己に対する攻撃性が低かった。

石川・濱口（2007）は，中学生・高校生のゆるし傾向性と外在化問題（身体的攻撃や関係性攻撃）および内在化問題（抑うつや特性不安）との負の関連を見出している。

齋藤ほか（2008）は，大学生の自己志向的完全主義（完全欲求，高目標設定，失敗過敏など）が，攻撃性および自己への攻撃性にどのように関連するのかを検討している。その結果，不適応的完全主義が強いほど認知・情動的攻撃性が強まり，認知・情動的攻撃性が強いほど自己への敵意が強まること等を示唆している。また，不適応的完全主義はネガティブな反すうと，ネガティブな反すうは抑うつと関連があり，抑うつが認知・情動的攻撃性や自己への攻撃性に影響を与えている可能性を示唆している。

以上の諸研究から，個人内の攻撃性と抑うつの併存については，発達の時期や攻撃性のタイプを考慮しつつ，精緻にとらえる必要があることがわかる。

2　親などの影響

次に，親などの攻撃性が，子どもにどのような影響を与えているのかについて考えたい。そもそも，ケイリーほか（Keiley et al., 2009）が4年半にわたる4時点の縦断的研究で，夫婦の自己および相互評定による攻撃性，抑うつ，不安がアルコール依存とどのように影響しあうのかを検討した結果に示されているように，夫婦間の攻撃と抑うつの関連の様相も複雑である。

国内では，川島ほか（2008）が，両親の夫婦間葛藤が子どもによる両親間葛藤認知を媒介して青年期の子どもの抑うつ傾向と関連するかどうかを検討している。その結果，両親の葛藤自己評価が青年の抑うつを直接説明せず，巻き込まれ感や自己非難がそれらを媒介しているということを示している。大原・楡木（2008）

は，児童自立支援施設入所児童の情緒と行動の特徴と虐待の有無や種類との関係を探っている。施設児童のうち虐待のない男子群は被虐待群・統制群より「非行的行動」「攻撃的行動」と外向尺度で高く，「思考の問題」も抱えていることが明らかになった。虐待こそが子どもの攻撃性につながるというような単純な図式ではないようだ。虐待種別では，身体的虐待をされた子の特徴に「不安・抑うつ」が見られた。

親の葛藤や虐待は，それぞれ子どもの抑うつに関係しているが，そこに子どもの側の受け止め方も関係している。家庭への介入だけではなく，子どもの受け止め方への介入がどの時期にどこまで可能なのかを考えるためにも，このような知見は意義がある。

第3節　いじめと内在化問題

1　いじめと抑うつ

いじめられた側だけではなく，いじめた側においても抑うつが見られることは，今までの研究においても示されていた。

フィンランドにおける 14～16 歳の生徒のいじめと精神保健上の諸問題（摂食障害・抑うつ・不安症状・心身症・度を越えた飲酒・薬物使用）の関係についての調査結果（Kaltiala-Heino et al., 2000）によると，いじめの被害と加害の両方を経験している被加害者は抑うつや不安感がひどく，度を越えた飲酒や薬物使用は加害者，次に被加害者の中で多かった。この研究では，被加害者の問題の深刻さを憂慮している。たしかに，被加害者は「いじめられる側がよくない」という論理に逃げるわけにもいかないし，「いじめる側が悪い」という論理に立つわけにもいかない。

同じく北欧のノルウェーでは，14 歳の生徒のいじめと抑うつや自殺念慮の関連を検討した結果，いじめ加害と被害・抑うつ・自殺念慮のすべてが正の相関を示していた（Erling, 2002）。いじめ被害者の自殺が多く報道されることから，自殺念慮はいじめ被害側に特有と思われがちだが，この結果はその通念に反する。同様の結果は，フィンランドの他の研究でも示されている。いじめ被加害者はもちろんのこと，いじめのみの生徒も，いじめられのみの生徒と同じかそれ以上に自殺念慮があったと回答している（Kaltiala-Heino et al., 1999）。同様の結果は，ニューヨークで行われた研究（Brunstein-Klomek et al., 2007）においても示されている。

長期的には，学校でのいじめ経験があったと回顧する群は，31 歳から 51 歳の

あいだに抑うつと診断された比率が有意に高いことを示している研究もある（Lund et al., 2009）。回顧的手法であるため因果関係は不明だが，学校でのいじめが，後々の人生にまで影響を与えているとしたら，重大な問題である。

2　いじめの目撃と抑うつ

いじめをする側の抑うつや，いじめられて抑うつになるという可能性だけではなく，いじめを目撃したことによる問題も，近年，指摘されている。リバースほか（Rivers et al, 2009）は，いじめを目撃した経験が子どもの精神的な健康に重大な影響を与えることを示唆している。そのいじめの目撃において，友だち（friend）がいじめられている場合には抑うつになるが，いじめられているのが友だちではない場合にはそうならないという報告もある（Bonanno & Hymel, 2006）。友だちの定義に文化差がある可能性があるが，関係によっていじめ目撃と抑うつの因果関係が異なるという指摘は興味深い。

このような知見を総合すると，森田・清永（1986）によるいじめの構図における，加害者，被害者，観衆，そして傍観者のすべてが，抑うつのリスクを抱えていることがわかる。いじめにおける被害者の入れ替わりや被害の見えにくさなども考慮すると，深刻な被害にあっている被害者への支援とともに，いじめのあるクラスや学年全体の抑うつの問題への配慮も必要であろう。

引用文献

Bonanno, R., & Hymel, S.（2006）. Exposure to school violence: The impact of bullying on witnesses. *Paper presented at the biennial meeting of the International Society for the Study of Behavior Development*, Melbourne, Australia, July, 2006.

Brunstein-Klomek, A., Marrocco, F., Kleinman, M., Schonfeld, I. S., & Gould, M. S.（2007）. Bullying, depression, and suicidality in adolescents. *Journal of the American Academy of Child and Adolescent Psychiatry*, **46**, 40–49.

Connor, D. F.（2008）. 子どもと青年の攻撃性と反社会的行動：その発達理論と臨床介入のすべて（小野善郎，訳）. 東京：明石書店.（Connor, D. F.（2002）. *Aggression and antisocial behavior in children and adolescents: Research and treatment*. New York: Guilford.）

Crick, N. R., & Dodge, K. A.（1994）. A review and reformulation of social information-processing mechanisms in children's social adjustment. *Psychological Bulletin*, **115**, 74–101.

Crick, N. R., & Grotpeter, J. K.（1995）. Relational aggression, gender, and social-psychological adjustment. *Child Development*, **66**, 710–722.

Decety, J., Michalska, K. J., Akitsuki, Y., & Lahey, B. B.（2009）. Atypical empathic responses in adolescents with aggressive conduct disorder: A functional MRI investigation. *Biological Psychology*, **80**, 203–211.

Erling, R.（2002）. Bullying, depressive symptoms and suicidal thoughts. *Educational Research*, **44**, 55–67.

Feldman, R. (1992). The St. Louis experiment: Effective treatment of antisocial youths in prosocial peer groups. In J. McCord & R. E. Tremblay (Eds.), *Preventing antisocial behavior: Interventions from birth through adolescence* (pp.233-252). New York: Guilford Press.

藤生英行．(2001)．いじめ (bullying) に関する諸外国の文献的研究：教師の基本的知識としての知見のまとめ．*上越教育大学心理教育相談研究*, **1**, 139-159.

Gibbs, J. C. (2003). *Moral development and reality: Beyond the theories of Kohlberg and Hoffman*. Thousand Oaks, CA: Sage.

濱口佳和．(2002)．攻撃性と情報処理．山崎勝之・島井哲志 (編), *攻撃性の行動科学：発達・教育編* (pp.40-59)．京都：ナカニシヤ出版．

畠山美穂・山崎 晃．(2002)．自由遊び場面における幼児の攻撃行動の観察研究：攻撃のタイプと性・仲間グループ内地位との関連．*発達心理学研究*, **13**, 252-260.

平山聡子．(2001)．中学生の精神的健康とその父親の家庭関与との関連：父母評定の一致度からの検討．*発達心理学研究*, **12**, 99-109.

Hubbard, J. A., Morrow, M. T., Romano, L. J., & McAuliffe, M. D. (2010). The role of anger in children's reactive versus proactive aggression: Review of findings, issues of measurement, and implications for intervention. In W. F. Arsenio & E. A. Lemerise (Eds.), *Emotions, aggression, and morality in children: Bridging development and psychopathology* (pp.201-217). Washington, D. C.: American Psychological Association.

石川満佐育・濱口佳和．(2007)．中学生・高校生におけるゆるし傾向性と外在化問題・内在化問題との関連の検討．*教育心理学研究*, **55**, 526-537.

磯部美良・佐藤正二．(2003)．幼児の関係性攻撃と社会的スキル．*教育心理学研究*, **51**, 13-21.

Kaltiala-Heino, R., Rimpelä, M., Marttunen, M., Rimpelä, A., & Rantanen, P. (1999). Bullying, depression, and suicidal ideation in Finnish adolescents: School survey. *British Medical Journal*, **319**, 348-351.

Kaltiala-Heino, R., Rimpelä, M., Rantanen, P., & Rimpelä, A. (2000). Bullying at school: An indicator of adolescents at risk for mental disorders. *Journal of Adolescence*, **23**, 661-674.

勝間理沙・山崎勝之．(2008)．児童における3タイプの攻撃性が共感に及ぼす影響．*心理学研究*, **79**, 325-332.

川島亜紀子・眞榮城和美・菅原ますみ・酒井 厚・伊藤教子．(2008)．両親の夫婦間葛藤に対する青年期の子どもの認知と抑うつとの関連．*教育心理学研究*, **56**, 353-363.

Keiley, M., Keller, P. S., & El-Sheikh, M. (2009). Effects of physical and verbal aggression, depression, and anxiety on drinking behavior of married partners: A prospective and retrospective longitudinal examination. *Aggressive Behavior*, **35**, 296-312.

Lund, R., Nielsen, K. K., Hansen, D. H., Kriegbaum, M., Molbo, D., Due, P., & Christensen, U. (2009). Exposure to bullying at school and depression in adulthood: A study of Danish men born in 1953. *European Journal of Public Health*, **19**, 111-116.

松尾直博．(2002)．学校における暴力・いじめ防止プログラムの動向：学校・学級単位での取り組み．*教育心理学研究*, **50**, 487-499.

森田洋司・清永賢二．(1986)．*いじめ：教室の病い*．東京：金子書房．

中谷奈美子・中谷素之．(2006)．母親の被害的認知が虐待的行為に及ぼす影響．*発達心理学研究*, **17**, 148-158.

小保方晶子・無藤 隆．(2005)．親子関係・友人関係・セルフコントロールから検討した中学生の非行傾向行為の規定要因および抑止要因．*発達心理学研究*, **16**, 286-299.

大原天青・楡木満生．(2008)．児童自立支援施設入所児童の行動特徴と被虐待経験との関係．*発達心理学研究*, **19**, 353-363.

大西彩子・黒川雅幸・吉田俊和．(2009)．児童・生徒の教師認知がいじめの加害傾向に及ぼす影響：学級の集団規範およびいじめに対する罪悪感に着目して．教育心理学研究，**57**，324-335．

Osofsky, M. J., Bandura, A., & Zimbardo, P. G.（2005）. The role of moral disengagement in the execution process. *Law and Human Behavior*, **29**, 371-393.

Pelton, J., Gound, M., Forehand, R., & Brody, G.（2004）. The moral disengagement scale: Extension with an American minority sample. *Journal of Psychopathology and Behavioral Assessment*, **26**, 31-39.

Rivers, I., Poteat, V. P., Noret, N., & Ashurst, N.（2009）. Observing bullying at school: The mental health implications of witness status. *School Psychology Quarterly*, **24**, 211-223.

齋藤路子・沢崎達夫・今野裕之．(2008)．自己志向的完全主義と攻撃性および自己への攻撃性の関連の検討：抑うつ，ネガティブな反すうを媒介として．パーソナリティ研究，**17**，60-71．

坂井明子・山崎勝之．(2003)．小学生における3タイプの攻撃性が抑うつと学校生活享受感情に及ぼす影響．学校保健研究，**45**，65-75．

坂井明子・山崎勝之．(2005)．児童の攻撃性と適応および健康．美作大学・美作大学短期大学部紀要，**50**，1-6．

境　泉洋・石川信一・佐藤　寛・坂野雄二．(2004)．ひきこもり行動チェックリスト（HB-CL）の開発および信頼性と妥当性の検討．カウンセリング研究，**37**，210-220．

Sutton, J., Smith, P. K., & Swettenham, J.（1999）. Social cognition and bullying: Social inadequacy or skilled manipulation? *British Journal of Developmental Psychology*, **17**, 435-450.

武田（六角）洋子．(2000)．児童期抑うつの特徴に関する一考察：攻撃性を手がかりに．発達心理学研究，**11**，1-11．

淡野将太．(2010)．置き換えられた攻撃研究の変遷．教育心理学研究，**58**，108-120．

Toda, Y.（2011）. Bullying (ijime) and its prevention in Japan: A relationships focus. In R. Shute, P. Slee, R. Murray-Harvey, & K. Dix (Eds.), *Mental health and wellbeing: Educational perspectives* (pp.179-189). South Australia: Shannon Research Press.

戸田有一・Dagmar Strohmeier・Christiane Spiel．(2008)．人をおいつめるいじめ：集団化と無力化のプロセス．加藤　司・谷口弘一（編著），対人関係のダークサイド（pp.117-131）．京都：北大路書房．

Tremblay, R. E., Hartup, W. W., & Archer, J. (Eds.).（2005）. *Developmental origins of aggression*. New York: Guilford Press.

吉澤寛之．(2005)．社会的情報処理モデルによる反社会的行動研究の統合的考察：心理学的・生物学的・社会学的側面を中心として．名古屋大学大学院教育発達科学研究科紀要　心理発達科学，**52**，95-122．

吉澤寛之・吉田俊和．(2004)．社会的ルールの知識構造から予測される社会的逸脱行為傾向：知識構造測定法の簡易化と認知的歪曲による媒介過程の検討．社会心理学研究，**20**，106-123．

第IV部
情動と動機づけ

第17章
情動の起源と発達

坂上裕子

　情動に対してさまざまな学問領域からのアプローチが試みられているいま，情動研究は，情動が心理学において周辺的現象として扱われていた過去の状況からは想像もつかないほどの隆盛をみせている。これは，「知性を乱す情動」から「人の適応を支える知性を備えた情動」へと，情動の捉え方が変化したからにほかならない。「情動革命」と称される変化が生じてから約30年が経つが，その間に情動や情動発達に関する考えはどのように変わったのであろうか。本章では，「情動革命」の原動力となり，情動発達研究の中心的役割を担ってきた機能主義的見解に依拠しつつ，情動の起源と早期における発達について概観する。

第1節　発達心理学研究における情動観の変遷

1　発達心理学における情動研究の黎明期

　発達心理学の歴史において，情動が科学的研究の俎上に乗せられ，体系的に研究されるようになったのは，さほど昔のことではない。キャンポスほか（Campos et al., 1983）は，長きにわたり情動が研究対象として認められてこなかった理由をこう指摘する。まず，西洋の宗教や哲学では，情動は心身を汚し，破壊さえしうる邪悪な力をもつため，厳しい統制下に置かれるべきであるとされてきた。また，情動は個人内の主観的現象であり，心理学の科学的手法には馴染まない，と考えられてきた。もっとも，1940年代から60年代には，社会的微笑や分離不安など，情動を扱った発達研究は行われていたが，その焦点は，知覚や記憶などの認知発達の理解にあった。このような情動観のもとでは，情動の機能が問われることも，情動が個人という枠を越えて扱われることもなかった。

　しかし，そのような時代の中でも，情動研究の新しい芽は着実に育ってはいた。その芽とは，ダーウィンの学説の再評価と表情への科学的関心の復活である。

ダーウィン（Darwin, 1872/1998）は著書の中で，動物のさまざまな表出行動やヒトの表情について詳述し，両者の類似性を指摘した。そして，動物のさまざまな表出行動は，環境からの要請（敵からの保身や性的パートナーへの接近など）に適応すべく，道具的行動として動物が身につけてきたであろう顔面筋の動きや身振りであり，ヒトにおいてはその一部が意図や思考を伝える機能を有するようになったのではないか，と考えた。ダーウィンの説に着想を得たトムキンス（Tomkins, 1962, 1963）は，情動を，他の諸システム（知覚システムや運動システムなど）と連動して緊急時に働き，個体の生き残りを支える行動を動機づける機能をもつ，基本的システムの一つに位置づけた。トムキンスの説はすぐには受け入れられなかったが，彼の考えの中核部分はその後，エクマンやイザードの基本情動理論や，キャンポスの機能主義的見解などへと継承され，80年代にはこれらの新たな見解が，情動革命と呼ばれる進展を情動研究にもたらした。

2　新たな情動観と情動研究の発展：基本情動理論と機能主義的見解

基本情動理論：ダーウィンからトムキンスへの流れを汲み，表情を中心とする情動の研究に先鞭をつけたのは，エクマン（Ekman, 1973, 1992）やイザード（Izard, 1971, 1977）などのネオダーウィン派と呼ばれる論者であった。彼らは，喜び，興味，悲しみ，怒り，恐れ，驚きといった数種類の情動を基本情動と呼び，これらの情動はヒトの適応を支えるべく，それ以上分割できない情動の基本単位としてヒトという種に普遍的に備わっていると考えた。そして，脳の中枢に情動プログラムの存在を仮定し，各情動に固有の生得的神経的基盤があると考えた。たとえばイザードは，人がある種の事象に遭遇すると，神経系，表出行動，主観的経験からなる情動システムが自動的に読み出され，各情動に対応した適応的行動（怒りであれば攻撃行動など）が動機づけられる，とした。

両者がとくに着目したのは，情動の顔面表出，すなわち表情であった。彼らは，情動がヒトという種に普遍的に備わったものであるならば，表情の産出や認識には通文化性が認められると考え，さまざまな文化の人を対象に実証研究を行った（Ekman & Friesen, 1971；Izard, 1971）。また，表情にかかわる筋肉運動を特定すべく，FACS（Ekman & Friesen, 1978）やMAX（Izard, 1979）といった表情の記号化システムを開発した。これを契機に，客観的測定は困難であるとされてきた情動状態の指標に表情が用いられるようになり，乳児の情動研究に進展がもたらされた。

一方で，基本情動理論に基づく研究の進展は，新たな議論や課題を生みだした。その一つが，表情という特定の要素のみに頼って情動を測定することへの批判で

ある。一部の論者からは，発達早期には，特定の状況で誘発されることが想定される情動と実際に観察された表情の間に明確な対応が認められないこと（Camras, 1992）や，視覚的断崖実験において乳児が表情ではなく多様な行動によって恐れを示していること（Bertenthal & Campos, 1990）が指摘され，表情のみを情動の指標として用いることが問題視され始めた。こうした問題の解決の端緒となるべく提出されたのが，キャンポスらの機能主義的見解であった。

機能主義的見解：基本情動理論では，特定の情動と事象の間や，情動の構成要素（神経系，表出行動，主観的経験）間に強い連関を想定する。しかし，実際には，同じ刺激からさまざまな情動が惹起されたり，同じ情動が異なる事象によって惹起されたり，同じ情動に多様な表出行動がともなうことがある。そこでキャンポスほか（Campos et al., 1983；Campos et al., 2004）は，惹起される情動の種類や強度は，個人が何をしようとしているのか（目標），また目標に照らしたときに周りの状況（文脈）がどう評価されるのかによって決まるのではないか，と考えた。そして，その状況で引き起こされる一連の行為には，個人の目標に関連する共通の機能があるとし，情動を機能の面から捉えるべく，「個人がその人にとって重要な事柄に関して，自身と刻々と変化する状況との関係を確立，維持，変化させようとする試みあるいは準備状態」（Saarni et al., 2006, p.227）と定義した。

キャンポスらによれば，情動は，ヒトが環境からのさまざまな要請に適応していく過程の中で選択されてきた内的調整機能（情報の選択や処理，反応の選択，行動の活性化や方向づけ）と社会的，対人的調整機能（表情や声，身振りなどによる他者への情動や状況の伝達）を有する。こうした機能の類似性という観点から，情動はいくつかの種類に分けられる。その場合，同種の情動には，表出行動や評価パターンが異なる多様なエピソードが含まれることになる。そこで彼らは，同じ情動に属するエピソードの共通性と多様性の両方を含意すべく，情動群（emotion family）という概念を案出し，情動を，表情や主観的経験，行為や行為を実現するための身体の準備状態，個人の目標や関心，評価，生理的状態，社会的・物理的文脈など，相互に関連した多数の要素から成り立つものと捉えた（表 17-1）。そして，ある情動が惹起する際には，これらの全要素が認められるとは限らず，そのうちのいくつかが文脈に応じて柔軟に組織化される，と考えた。

表17-1 いくつかの情動群の特徴 (Saarni et al., 2006 をもとに作成)

情動群	目標	自己に関する評価	他者に関する評価	行為傾向	適応的機能
嫌悪	汚染や病気を回避する	この刺激は身体を汚染したり病気を引き起こしたりする		積極的に拒絶する	汚染や病気を回避する／避けるべき物体や事象、特性を学ぶ／他者に汚染の存在を伝える
恐れ	自己が身体的、心理的に安全な状態でいることを保つ	この刺激は私の安全を脅（おびやか）す		逃げる／積極的に引きこもる	危険を避ける／危険な事象や特性を学ぶ／他者に危険を知らせる
怒り	個人が到達しようと力を注いでいる目標状態	目標への到達を妨害する障害がある		障害を除去すべく、積極的に行動を起こす	困難な目標を達成する／障害を克服し目標に到達することを学ぶ／自分の権力や支配力を伝える
悲しみ	個人が到達しようと力を注いでいる目標状態	私の目標は到達不可能なものである		何もしない／消極的に引きこもる	エネルギーを保持する／どの目標が実現可能であるかを学ぶ／他者から慰めを引き出す
恥	他者の尊敬と愛情を維持する、自己評価を保つ	私は悪い（自己評価が歪められている）	誰かが私がいかに悪いかということに気づいている	積極的・消極的に引きこもる／他者を避ける、隠れる	適切に振る舞う／社会的基準を学習、維持する／他者や他者の基準に従う意志を伝える
罪悪感	自己の内在化された基準を満たす	基準に反することをしてしまった	誰かが私の行為によって傷ついた	外への行動／修復をする、他者に知らせる、自らを罰する	向社会的に振る舞う／道徳的、向社会的行動を学び維持する／自身の後悔や誠意を伝える
誇り	自己や他者の尊敬を維持する	私は素晴らしい（私は自身を尊敬している）	誰かが私のことを素晴らしいと考えている	自分を引き上げる行動／自身が達成したことを他者に見せたり知らせたりする	適切に振る舞う／社会的な基準を維持する／自身に基準を満たす能力があることを伝える

第2節　情動の発達

1　情動が発達するとはどういうことか

　情動の捉え方が異なれば、情動発達に関する考え方も異なってくる。ここでは代表的な3つの立場を取り上げ、情動の発達とは何か、また何によって情動発達が引き起こされると考えられているのかをみていく。

構造発達的見解による情動の発達：構造発達的見解とは，発達を未分化な状態から分化，統合へと向かう，質的変容の過程と考える立場である。

ルイス（Lewis, 1992/1997, 2008）によれば，乳児が生誕時に示す情動は，環境への満足，注意・興味，苦痛の3種類である。その後，3カ月までに喜び，悲しみ，嫌悪が，また6カ月までに驚き，怒り，恐れがそれぞれの一次的情動から分化し，発現する。これらの情動の発現には，刺激の知覚，弁別，再認，比較などにかかわる基本的認知能力が大きな役割を果たす。さらに1歳後半に客体的自己意識が獲得されると，照れや羨望，共感といった自己意識的情動が発現する。その後，養育者によるしつけなどを通して課された基準や規則が，自己のものとして内在化され，自己の行動がそれらの基準や規則を満たしているか否かを評価する能力が獲得される2歳半～3歳頃になると，誇り，恥，罪悪感などの自己評価的情動が発現する。このように，社会化の役割を考慮しつつも，情動発達における認知能力の役割を重視しているのが，彼の見解の特徴といえる。

基本情動理論による情動の発達：基本情動論者の中でも，唯一発達的視点を包含したイザードの考えによれば，人には個々の情動に対応した中枢神経プログラムが生得的に備わっており，個々の情動は特定の時期に遺伝的プログラムに沿って発現する（Izard & Malatesta, 1987）。情動システムの発達は，運動，認知の発達や評価プロセスからは独立しており，乳児の経験は，情動発達に影響を与えるとしても，情動の発現時期を幾分か変えるにすぎない。また，情動の中核的経験は生涯を通じてほぼ不変であり，社会化や認知の発達にともなって，情動システムと認知システムや行動システムとのつながりが徐々に確立され，表出行動や情動経験の意図的なコントロールが可能になっていく（Ackerman et al., 1998）。このように，情動システムの独立性を強調し，発達における生得的要因を重視している点が，彼の見解の特徴といえる。

機能主義的見解による情動の発達：機能主義の立場では，認知の発達や経験，社会化によって，環境との相互作用パターンの数や複雑さが変化していくことを情動の発達と捉えている（Barrett, 1998；Campos et al., 1983；Saarni et al., 2006）。そして，情動発達の要因は，情動を構成する多様な要素間の関連の中にあり，情動そのものが一つのシステムとして自己組織化する，と考える（Saarni et al., 2006）。

例としてキャンポスほか（Campos et al., 1992）は，這い這いを始めた乳児は，高さへの警戒や怒り，癇癪をより多く示すようになり，親の側も子どもの危険な行動を統制すべく，怒りや恐れにより焦点化するようになることを示している。運動発達にともない子どもが周りの環境に働きかける手段が変わると，子どもの目

標や関心，文脈に関する評価も変わり，子どもに惹起される情動や，親による社会化の仕方も変化するのだといえる。

このように情動発達を自己組織化のプロセスと捉える最近のもう一つの立場に，ダイナミカル・システムズ・アプローチ（dynamical systems approach：DSA；Camras & Witherington, 2005）がある。DSAは，情動の基本的な捉え方については機能主義と軌を一にするが，機能主義ではあまり焦点が当てられない発達プロセスの記述と発達機序の解明を目指す立場として，今後の展開が期待されている。

2　情動的コミュニケーションの発達

機能主義的見解の普及とともに情動発達研究の焦点は，子どもが自身を取り巻く環境とのかかわりを調整すべく，情動をいかなる文脈でいかに用いるのか，そのやり方は加齢とともにどう変化するのか，といったことに向けられてきた。ここではその中でも，乳児期の情動研究の中心的テーマである情動的コミュニケーションを取り上げる。情動的コミュニケーションは，ある人が情動を示し，それを感知した人がその影響を受けるときに生じ，①情動シグナルの知覚と弁別，②表情や道具的行為による情動シグナルへの反応，③情動シグナルに対する評価，の3要素から成る。情動的コミュニケーションは加齢とともに複雑さを増すが，サーニほか（Saarni et al., 2006）はその発達に，4つの段階を想定している。

段階1（胎生期〜6週）情動シグナルに対する初期の反応：他者の情動に対して，単純ではあるが明確な反応を示す。このことは，音声刺激への新生児の反応によって確かめられており，他の新生児の泣き声を聞くと泣く（Martin & Clark, 1982）という情動伝染の現象は，その一例といえる。また，新生児は他の新生児の泣き声を聞いた際に苦痛の表情を示す（Dondi et al., 1999）ことから，単に泣き声を模倣しているのではなく，泣きの意味に反応しているものと推測される。さらに，音声刺激への反応を検討した実験（Mastropieri & Turkewitz, 1999）では，新生児が声の情動価（ポジティブかネガティブか）を弁別しており，その能力が胎児期の経験によるものであることが示唆されている。

段階2（6週〜7-9カ月）前参照的コミュニケーション：養育者とのやりとりにおいて，自身に向けられた情動の情動価に応じた反応を示す。たとえば，乳児が養育者と対面した際に同じタイミングで同じ情動価の表情を示すことは，2カ月頃から確認されている（Cohn & Tronick, 1988）。またファーナルド（Fernald, 1993）は，英語圏の5カ月児に，英語，独語，伊語で子どもを是認する言葉をポジティブなトーンで話した刺激と，禁止する言葉をネガティブなトーンで話した刺激を聞か

せたところ，各刺激のトーンに応じた表情が観察されたことを報告している。ただし，この年代ではまだ，個々の情動（怒り，悲しみ，恐れなど）を弁別するには至らず，個々の表情が有する社会的シグナルとしての意味を理解することはまだ難しいようである。

ところで，先述のとおり機能主義では，文脈や文脈の評価を情動の構成要素の一つと考える。最近の研究では，乳児が早期から文脈の違いを感知しており，かつ文脈の評価には個人差があることが示されている。3，6，9カ月児を対象とした，静止顔パラダイムを用いた研究（Legerstee & Markova, 2007）では，いずれの月齢の乳児も，母親が意図的に無表情になった場合よりも，物理的理由（瓶から水を飲む）で無表情になった場合に，より多く微笑みを示したという。別の研究（Markova & Legerstee, 2006）では生後5週と13週の乳児を，母親が①乳児と自然にやりとりする，②子どもの動きや情動表出を模倣する，③1週間前に乳児とやりとりをした際の録音を聞き，それを再演しつつやりとりする，という条件下で観察した。その結果，乳児への応答性が日常的に高い母親の乳児は，自然条件でポジティブな発声を示すことが最も多く，再演条件でネガティブな発声を示すことが最も多かった。一方，乳児への応答性が日常的に低い母親の乳児の反応には，条件による差はなかった。以上の知見は，乳児が早期から文脈の評価を行っているだけではなく，その評価には，各母子に固有のやりとりの歴史を反映した個人差が存在することを示唆している。

段階3（9～18カ月／2歳）行動調整と参照的コミュニケーション：この年代には認知面や社会面の変化が著しく，情動的コミュニケーションに大きな変化が生じる。その最たるものが，身振りを用いた参照的コミュニケーションの始まりである。9カ月頃になると乳児は，養育者が何に注意を向けているのかを視線や指さしから理解しうるようになり，自身も同じ対象に注意を向けるようになる。また，養育者の注意を自身にとって重要な事象に向けさせることも可能になる。このように三項関係が成り立ち，ものを介したやりとりが始まると，養育者が発した情動シグナルの意味を特定の事象に付与し，それを手がかりに，自身の行動を選択，調整できるようになる（Sorce et al., 1985）。

ところで，他者の情動を自身の行動の指針として的確に用いるためには，他者がどの対象にいかなる情動を向けているのかを正確に特定する必要がある。マーティンほか（Martin et al., 2008）は乳児に，女性が2種類の玩具の一方に恐れ，悲しみ，中立のいずれかの情動を向けている映像を見せたあと，乳児の前に同じ玩具を置き，玩具への接触時間を測定した。その結果，12～14カ月児では，中立

的な映像を見た条件よりも，恐れや悲しみが向けられた映像を見た条件で，玩具への接触時間が短かった。しかし，2種類の玩具の間，また恐れと悲しみの間では，接触時間に差がなかった。一方，16〜18カ月児では，恐れが向けられた玩具への接触時間が最も短かった。これは，ネガティブな情動価の意味の理解は，12カ月頃でも可能であるが，情動が向けられた対象の特定と個々の情動表出の意味の理解は，15カ月頃にならないと難しいことを示唆する。なお，このトピックの最近の知見については松中・開（2009）を参照されたい。

段階4（18カ月／2歳〜）他者意識的情動の生起：三項的やりとりにおける大きな変化として，照れや恥，罪悪感や誇りなど，その生起に高次の認知がかかわる複雑な情動が認められるようになる。これらの情動は，自己意識的情動（Lewis, 1992/1997）と通常は呼ばれているが，サーニらはその生起に他者の情動的反応が大きく関与している点を重視して，これらを他者意識的情動と呼んでいる。

サーニと同様に，他者の反応が果たす役割を重視するバレット（Barrett, 1997, 1998）は，ルイス（本章 p.206 参照）が主張するような客体的自己意識や，基準や規則についての完全な理解は，恥や罪悪感が発現するための必要条件ではない，としている。そして，恥や罪悪感は，自身の行動に対する養育者の情動反応に関心を向けることによってもたらされる基準や規則への気づき，主体としての自己への気づき，客体としての自己への気づきと連動しながら，乳児期から幼児初期にかけて徐々に発達する，という立場をとっている。最近の複数の研究（Barrett, 2005；Kochanska et al., 2002；坂上，2002）では，恥や罪悪感に関連した行動（視線の回避や修復行動）が1歳後半で認められることが報告されており，ルイスが想定する2歳半よりもかなり早い時期に，恥や罪悪感が発現する可能性が示唆されている。また，照れや罪悪感の反応と自己意識の関連についても，必ずしも一貫した結果が得られておらず，現時点ではいずれの見解が妥当であるかを結論づけることは難しい（詳細は坂上，2010を参照）。自己意識的情動に関する理論や研究にはこの10年ほどの間に飛躍的な進歩があったが，その発現機序や発達を検討した研究は相対的に少なく，今後の研究が待たれている。

最後に，この年代には情動語の使用が始まり，親子間で情動に関する会話が行われ始める（Bretherton et al., 1986）。以降の年代では，親子の会話や仲間とのやりとり，認知発達に支えられて，情動に関してより精緻な理解が築かれ，精緻な理解に支えられた情動的コミュニケーションが可能になる。情動理解や情動制御を中心とする情動的コンピテンスの発達については，次章を一読されたい。

第3節　情動表出と文化

　エクマンやイザードの研究をはじめ，表情認識の通文化性を支持する知見がこれまでに多数蓄積されてきた。その一方で，表情はどの文化でも100％正確に認識されるわけではなく，正答率には文化に起因すると推測される体系的な差異が存在することも明らかになってきた。発達心理学の領域でも，表情の産出における文化間の共通性と差異が検討されてきたが，最近では文化差の形成メカニズムに研究の関心が向けられている。たとえばカムラスほか（Camras et al., 1998）は，乳児期の段階ですでに，情動表出に文化差があることを示している。この研究では，米国，中国，日本の11カ月児を，フラストレーション状況と恐れを誘発する状況に導入し，中国の乳児は米，日の乳児に比して全体的な表出性が低く，泣きに至る潜時が長く，ドゥシェンヌ・スマイル（口角が上がり，目の周りの筋肉が動く，喜びにともなう微笑）が少なかったことを見出している。

　情動表出の文化差がいつ，どのように作られるのかをめぐっては，3つの考え方がある（Camras et al., 2006）。1つは，乳児には成人の表情とほぼ同じ表情が備わっているが，その後の社会的表示規則の獲得によって，文化に応じた表出の仕方が獲得されるという立場（基本情動理論の立場）である。この立場では，情動表出の文化差はかなり後になって現れることになる。2つめは，表情の文化差は，民族間の気質的差異を反映したものである，という立場である。この立場では，情動的な反応性という気質レベルの違いが民族間に存在するため，情動表出には早期から文化差がみられる，と考える。3つめは，発達早期には個々の表情は分化しておらず，社会的発達や社会化の影響を受けて漸次的にどの情動をどのように産出するかが決められていく，という立場（機能主義的見解）である。この立場では，表情の組織化に貢献する社会化の仕方が文化で異なるために，早い時期から情動表出に文化差が認められる，と考える。

　カムラスほか（Camras et al., 2006）は，中国本土在住の中国人（MC），中国系アメリカ人（CA），ヨーロッパ系アメリカ人の養子である中国人（AC），ヨーロッパ系アメリカ人（EA）の4歳女児を対象に，情動を喚起させるスライドと嗅覚刺激への反応を観察し，表情に対する民族性と文化・家庭環境の影響を検討した。その結果，EAはMCよりも微笑みや嫌悪，全体的表出性の得点が高く，ACはMCよりも嫌悪を多く示したという。また，子どもの表出性に主に関係していたのは，母親の肯定的情動の表出性と養育態度（厳しさや挑発）であった。この結

果は，同じ民族であっても，家庭環境によって表出性に差が生じることを示唆している。しかし，上記3つの立場のいずれが妥当であるかを判断するには，この研究のみでは不十分である。今後より早期からの縦断的な比較文化的研究が行われることで，文化差の発生の機序について解明が進むことが望まれる。

　情動に関する研究は，情動表出の通文化性の検討（本章p.203）を契機として，大きな進展を遂げてきた。そして，脳科学の進展により情動の生物学的基盤が次第に明らかにされ（本ハンドブック第3巻第14章「情動と時間」を参照），また，チンパンジーの情動表出の研究（Vicks et al., 2007）等によって情動の種間普遍性が確かめられつつある今，情動研究は，その生得性や適応的機能を前提としながら，情動の表出や経験，情動発達における社会や文化の役割を検討する，新たな段階へと移ってきた。今後，さまざまな領域からの研究知見がつながることで，情動発達に関する包括的な理解が可能になっていくことであろう。

引用文献

Ackerman, B. P., Abe, J. A., & Izard, C. E. (1998). Differential emotions theory and emotional development: Mindful of modularity. In M. F. Mascolo & S. Griffin (Eds.), *What develops in emotional development?* (pp.85-106). New York: Plenum Press.

Barrett, K. C. (1997). Emotion communication and the development of social emotions. *New Directions for Child Development*, **77**, 69-88.

Barrett, K. C. (1998). A functionalist perspective to the development of emotions. In M. F. Mascolo & S. Griffin (Eds.), *What develops in emotional development?* (pp.109-134). New York: Plenum Press.

Barrett, K. C. (2005). The origins of social emotions and self-regulation in toddlerhood: New evidence. *Cognition and Emotion*, **19**, 953-979.

Bertenthal, B. I., & Campos, J. J. (1990). A systems approach to the organizing effects of self-produced locomotion during infancy. In C. Rovee-Collier & L. P. Lipsitt (Eds.), *Advances in infancy research* (Vol. 6, pp.1-60). Norwood, NJ: Ablex.

Bretherton, I., Fritz, J., Zahn-Waxler, C., & Ridgeway, D. (1986). Learning to talk about emotions: A functionalist perspective. *Child Development*, **57**, 529-548.

Campos, J. J., Barrett, K. C., Lamb, M. E., Goldsmith, H. H., & Stenberg, C. (1983). Socioemotional development. In M. Haith & J. Campos (Vol. Eds.), *Handbook of child psychology: Vol.2. Infancy and developmental psychobiology* (4th ed., pp.783-915). New York: Wiley.

Campos, J., Frankel, C., & Camras, L. (2004). On the nature of emotion regulation. *Child Development*, **75**, 377-394.

Campos, J., Kermoian, R., & Zumbahlen, M. (1992). Socioemotional transformations in the family system following infant crawling onset. In N. Eisenberg & R. A. Fabes (Eds.), *New directions for child development: Vol.55. Emotion and its regulation in early development* (pp.25-40). San Francisco: Jossey-Bass.

Camras, L. A. (1992). Basic emotions and expressive development. *Cognition and Emotion*, **6**, 269-284.

Camras, L. A., Chen, Y., Bakeman, R., Norris, K., & Cain, T. R. (2006). Culture, ethnicity, and children's facial expressions: A study of European American, Mainland Chinese, Chinese American, and adopted

Chinese girls. *Emotion*, 6, 103–114.

Camras, L. A., Oster, H., Campos, J., Campos, R., Ujiie, T., Miyake, K., Wang, L., & Meng, Z. (1998). Production of emotional facial expressions in European American, Japanese, and Chinese infants. *Developmental Psychology*, 34, 616–628.

Camras, L. A., & Witherington, D. C. (2005). Dynamical systems approaches to emotional development. *Developmental Review*, 25, 328–350.

Cohn, J. F., & Tronick, E. Z. (1988). Mother-infant face-to-face interaction: Influence is bidirectional and unrelated to periodic cycles in either partner's behavior. *Developmental Psychology*, 24, 386–392.

Darwin, C. (1998). *The expression of the emotions in man and animals.* New York: Oxford University Press. (Original work published 1872)

Dondi, M., Simion, F., & Caltran, G. (1999). Can newborns discriminate between their own cry and the cry of another newborn infant? *Developmental Psychology*, 35, 418–426.

Ekman, P. (Ed.). (1973). *Darwin and facial expression.* New York: Academic Press.

Ekman, P. (1992). Are there basic emotions? *Psychological Review*, 99, 550–553.

Ekman, P., & Friesen, W. (1971). Constants across culture in the face and emotion. *Journal of Personality and Social Psychology*, 17, 124–129.

Ekman, P., & Friesen, W. V. (1978). *Facial action coding system: A technique for the measurement of facial movement.* Palo Alto, CA: Consulting Psychologists Press.

Fernald, A. (1993). Approval and disapproval: Infant responsiveness to vocal affect in familiar and unfamiliar languages. *Child Development*, 64, 657–674.

Izard, C. E. (1971). *The face of emotion.* New York: Appleton-Century-Crofts.

Izard, C. E. (1977). *Human emotions.* New York: Plenum Press.

Izard, C. E. (1979). *The maximally discriminative facial movement coding system* (Max). Newark: University of Delaware Instructional resources Center.

Izard, C. E., & Malatesta, C. Z. (1987). Perspectives on emotional development I: Differential emotions theory of early emotional development. In J. D. Osofsky (Ed.), *Handbook of infant development* (2nd ed., pp.494–554). New York: Wiley.

Kochanska, G., Gross, J. N., Lin, M.-H., & Nichols, K. E. (2002). Guilt in young children: Development, determinants, and relations with a broader system of standards. *Child Development*, 73, 461–482.

Legerstee, M., & Markova, G. (2007). Intentions make a difference: Infant responses to still-face and modified still-face conditions. *Infant Behavior and Development*, 30, 232–250.

Lewis, M. (1997). *恥の心理学：傷つく自己* (高橋惠子，監訳／遠藤利彦・上淵　寿・坂上裕子，訳). 京都：ミネルヴァ書房. (Lewis, M. (1992). *Shame: The exposed self.* New York: Free Press.)

Lewis, M. (2008). The emergence of human emotions. In M. Lewis, J. M. Haviland-Jones, & L. F. Barrett (Eds.), *Handbook of emotions* (3rd ed., pp.304–319). New York: Guilford Press.

Markova, G., & Legerstee, M. (2006). Contingency, imitation, and affect sharing: Foundations of infants' social awareness. *Developmental Psychology*, 42, 132–141.

Martin, G. B., & Clark, R. D. (1982). Distress crying in neonates: Species and peer specificity. *Developmental Psychology*, 18, 3–9.

Martin, N. G., Witherington, D. C., & Edwards, A. (2008). The development of affect specificity in infants' use of emotion cues. *Infancy*, 13, 456–468.

Mastropieri, D., & Turkewitz, G. (1999). Prenatal experience and neonatal responsiveness to vocal expressions of emotion. *Developmental Psychobiology*, 35, 204–214.

松中玲子・開　一夫. (2009). 乳児における情動・感情の情報の利用，およびその発達過程.

心理学評論, **52**, 88-98.

Saarni, C., Campos, J. J., Camras, L. A., & Witherington, D. (2006). Emotional development: Action, communication, and understanding. In W. Damon & R. M. Lerner (Series Eds.), N. Eisenberg (Vol. Ed.), *Handbook of child psychology: Vol.3. Social, emotional, and personality development* (6th ed., pp.229-299). New Jersey: John Wiley & Sons.

坂上裕子．(2002)．歩行開始期における母子の葛藤的やりとりの発達的変化：一母子における共変化過程の検討．発達心理学研究, **13**, 261-273.

坂上裕子．(2010)．歩行開始期における自律性と情動の発達：怒りならびに罪悪感, 恥を中心に．*心理学評論*, **53**, 38-55.

Sorce, J. F., Emde, R. N., Campos, J., & Klinnert, M. D. (1985). Maternal emotional signaling: Its effect in the visual cliff behavior of 1-year-old. *Developmental Psychology*, **21**, 195-200.

Tomkins, S. (1962). *Affect, imagery, consciousness: Vol.1. The positive affects*. New York: Springer.

Tomkins, S. (1963). *Affect, imagery, consciousness: Vol.2. The negative affects*. New York: Springer.

Vick, S.-J., Waller, B. M., Parr, L., Pasqualini, M. S., & Bard, K. A. (2007). A cross spiecies comparison of facial morphology and movement in humans and chimpanzees using the Facial Action Coding System (FACS). *Journal of Nonverbal Behavior*, **31**, 1-20.

第18章
情動理解と情動調整の発達：情動的知性を育む

久保ゆかり

> インタビュアー：発表会，どうだった？
> 6歳児：楽しかった。はじめ……，出たときは，ちょっと照れて，なんて言うんだっけ……
> インタビュアー：照れて？
> 6歳児：んー，照れてる，なんかちょっと，なんて言うんだっけ……「緊張」だ。緊張して……

　ある幼稚園で発表会行事のあとにインタビューをしたところ，6歳の男児がこのように語ってくれた。発表会では，保護者など多数の聴衆の前で劇や歌などを披露する。それは，楽しさや誇らしさを感じると同時に当惑や緊張も感じるといった，多重な情動を感じる場面であると思われる。幼児期も後半になるとこの例のように，自身の情動に注意をむけ，それを表現する言葉を探し，語り始める。おそらく発表会には，自らの情動を調整しつつ参加していたのではなかろうか。そのような情動理解や情動調整の力は，どのように発達するのだろうか。本章は，その問いを検討する際に手がかりを提供しうる研究について紹介し，あわせてこれからの研究課題についても検討する。

第1節　情動的知性・情動的コンピテンスの発達

　豊かな人生を送ることを支える力としては，いわゆる知能検査で捉えられる言語能力や論理数学的な能力とは別の，「実践的な知性」(Wagner & Sternberg, 1985) や「社会的な知性」(Goleman, 2006) が重要であることは以前より指摘されてきた。近年，とくに情動に絡む力がクローズアップされ，それは情動的知性 (Salovey et al., 2008) あるいは情動的コンピテンス (Saarni et al., 2006；Sherer, 2007) と呼ばれる。

情動的知性について精力的に研究しているサロベイほか（Salovey et al., 2008）は，情動的知性とは，「個人の幸福と成長を促進するために，①情動を知覚し，評価し，表出する能力，②情動を用いて思考を促進させる能力[1]，③情動を理解し分析する能力，④情動を調節する（manage）能力」（p.533）のことであるとしている。
　一方，その発達を検討しているサーニほか（Saarni et al., 2006）は，より詳細にスキルを列挙しているが，それは次の3つにまとめることができる。すなわち，①自身の情動に気づきその意味を受け取り調整する力，②他者の情動に気づき共感的に理解し関わる力，③自他の間で情動のコミュニケーションを適切に展開する力。ここで共感的な理解や対人的な文脈への注目は，発達臨床も専門としているサーニならではの特長となっているが，おおまかにみていくならば，情動的知性の代表的な側面としては，情動理解と情動調整をあげることができる。この章では，その2つを中心に検討する。ただし，共感的な理解や対人的な文脈への注目は，後述するように豊かな人間関係を支える力を捉えるときに必要不可欠であると考えられる。そこで，それらについて検討する手がかりを提供しうる研究であるかどうかという視点を併せもって，みていくことにする[2]。

第2節　情動についての理解の発達

1　情動についての直観的な把握と自覚的な理解

　人間の新生児には，出生直後から，他児の泣き声につられるようにして泣くなどといった，情動伝染（emotional contagion）がみられる。それは，共感の原形とも考えられている（Hoffman, 2008）。1歳頃からはそれに加え，他者の情動表出に対して距離をもって注目したり，必要に応じて参照すること（social referencing）が出現し，他者の情動表出と状況を結びつけて意味を把握し，状況に対する自分の行動を調節したりするようになってくる（Saarni et al., 2006）。他者の情動について直観的に把握する力が育っているようにみえる。
　3歳を過ぎる頃になると子どもに対してインタビューをして，仮想的な状況において，人は一般にどのような情動をもつのかについて，尋ねることができるようになる。たとえば，デンハムほか（Denham et al., 2002）は，パペットを使って状況を提示して登場人物の情動を推測させたり，喜怒哀楽の表情を同定させたり

---

[1]　②については，「情動自体が有する知」として重要である。「情動の知」についての議論は，遠藤（2009）を参照されたい。
[2]　情動発達について，より包括的なレビューとしては，内山（2010）がある。

している。

　それらを含め従来の課題を集大成して，ポンズほか（Pons et al., 2004）は測定ツールを開発している。それは，絵で状況や表情を提示し，表情図などを指差すことで回答するもので，次の9つの要素からなる。①表情認知，②状況によってひき起こされる情動の理解（たとえば怪獣に追いかけられた人の情動），③欲求に基づいた情動の理解（同一の状況だが正反対の欲求をもっている2人の情動），④信念に基づいた情動の理解（狐に追われているとは知らずニンジンを食べている兎の情動），⑤想起することが情動におよぼす影響の理解（ペットを失ったことを思い出した人の情動），⑥情動を隠すことが可能であることの理解（他児にからかわれている子が，苦痛を隠そうとして微笑んでいる場合の情動），⑦情動を調整することの理解（悲しい気持ちを止めたいと思っている人が，「ほかのことを考える」といった方略をとることを推測），⑧多重な情動の理解（ポジティブな情感[3]とネガティブな情感の両方を喚起されそうな贈り物を受け取っている人の情動），⑨道徳的情動の理解（悪いことをしたが親にそのことを言えなかった子どもの情動）。以上の課題を3〜11歳に対して実施した結果，情動理解の発達について次の3つの相が見出された。

　第1相（幼児期）：基本的な表情認知・典型的な状況に基づいた情動といった，情動の定型的な理解（①②⑤）

　第2相（児童期前期）：欲求・信念・意図に基づいた情動といった，情動の内面的な側面の理解（③④⑥）

　第3相（児童期後期）：人は，状況を異なる視点や規準から捉えて多重な情動を感じるということを理解でき，情動を調整することが理解できるという，情動についての内省的な（reflective）理解（⑧⑨⑦）

　それは，幼児期から青年期前期にわたる，情動理解の発達を捉えようとしているもので，状況論的な理解から始まり，欲求・信念・意図などを重視する心理学的な理解が加わり，さらにその上に，「出会った状況から人が多次元的に抽出する，その人自身にかかわるさまざまな意味を理解すること」（久保・丹羽，2008, p.108）が加わるものと捉えることができる。13カ月後を追うという縦断的な調査（Pons & Harris, 2005）の結果，その3相の順序に沿って成績は向上し，その遅早には，ある程度一貫した個人差のあることが確認された。

　ただしそこでは，仮想的状況において人は一般にどのような情動をもつかを質問しており，人一般についての自覚的な理解を扱っていることに留意する必要が

---

[3]　「情感」は，情動現象の意識的，経験的側面を指し示すもので，英語圏における feeling に対応するものとして用いることにする。

ある。実際の生活場面に近い状況で，子どもがどうふるまうかを取り上げた場合には，もっと早期から情動理解が始まっていることが示唆されている。たとえば，欲求に基づいた情動の理解（第2相に相当）の兆しは，18カ月児でみられた（Repacholi & Gopnik, 1997）。あるいは多重な情動（第3相に相当）に関しても実際の生活場面について尋ねると，この章の冒頭の例のように，「楽しかった」り，「照れ」ていたり，「緊張」したりといったように，幼児でも語れた（久保, 2009）。このように情動理解には，直観的な把握と自覚的な理解という質の異なるものが混在している。そのような質の違いを考慮して，情動理解の発達をきめ細かく描いていくことが，これからの課題である。

2 情動についての理解と実際の社会的な行動との関連

前項のようにみてくると，情動についての自覚的な理解は二次的な現象であって，実際の情動の絡まった社会的な行動ややりとりそのものとはほとんど関連をもたないのではないかという疑問もわいてくるかもしれない。それに対しては，前述の，情動についての自覚的な理解を測定した研究（Denham et al., 2002）が，3，4歳時点でその理解が低いことが，2年後の時点にクラスにおける実際の怒り・攻撃反応が多くなることを予測したことを報告している。またカッティングとダン（Cutting & Dunn, 2006）も，4歳児において情動についての自覚的な理解が進んでいることと，友だちあるいは兄姉と良好なやりとりをすることとが関連していることを見出している。つまり，情動について自覚的な理解がすすんでいることは，全般的には，実際の良好な社会的行動と関連が深いことが推測される。

しかし他方で，情動理解がすすんでいることには，マイナスの面もあることが報告されている（Cutting & Dunn, 2002）。5歳児を対象にして，情動理解を測る課題（情動の原因を推測する課題や「心の理論」課題，多重な情動の理解課題など）をし，さらに「失敗を先生に批判される」という話を示し，自分の能力をどのように評価したか，そのあとで先生は何と言うかと思うかなどを尋ねた。その結果，情動理解力が高いほど，自分の能力を低く評価してしまう傾向が見られ，情動理解に長けていると他者からの批判を敏感に取り入れてしまうという危険性のあることが示された。

そこからは，情動理解全般と，社会的な行動全般との関連だけでなく，個別的な関連をも検討することが必要ではないかと思われる。たとえば前述の研究（Cutting & Dunn, 2002）をより詳細にみていくと，多重な情動の理解力のみは，自己評価の低さとの間に相関がなく，先生の発言を肯定的に予測する程度と弱いな

がらも正の相関が見られた。多重な情動を理解することは，批判している先生の気持ちにも多重性のあることの気づきにつながり，他者からの批判を過剰に取り入れることを緩和する可能性があるのかもしれない。

また，他者への温かい関心・共感がなければ，情動理解は良好な社会的行動を阻害する場合のあることも報告されている。サットンほか（Sutton et al., 1999）によると，いじめの首謀者は，追従者や犠牲者，犠牲者を守ろうとする者よりも，情動理解力が高いことが報告されている。情動理解力が高いということは，どうすれば他者をいやな気持ちにさせられるかについても理解がすすんでいることになると考えられる。

そこからは，サーニほか（Saarni et al., 2006）が情動的知性として「共感的な理解」を強調したことが想起される。共感性は，自他を融合させる心理的過程であり，社会生活を，争いがより少なく楽しみがより多いものにすることに貢献すると論じられている（Davis, 2004）。情動理解が，他者との良好な社会的な行動へとつながるには，共感的な理解や他者への温かい関心が不可欠なのであろう。

その共感の発達については，情動伝染のような原初的なものから始まり，類似経験や知識が喚起されて他者の情動と類似の情動になることが加わり，さらには他者の視点を想像することにより他者の情動を理解しようとする視点取得が出現していくとされている（Hoffman, 2008）。それに対して最近，他者への温かい関心は，従来考えられていたよりも早期から芽生えている可能性が示唆されている（Vaish et al., 2009）。そこでは，大切なものを攻撃的に壊されている大人に対して心配そうに注視し，その後その大人を助ける行動が増えることが，18カ月児で見られた。その大人は中性的な表情でいるように設定されていたので，子どもが心配そうに注視したことは，情動伝染では説明がつかず，他者への視点取得が生じているのではないかと議論されている。共感的な理解の視座を含んだ情動理解研究の発展が望まれる。

第3節　情動調整の発達[4]

1　情動表出の調整・情感の調整についての理解

情動表出の調整については，すでに乳児期から状況に応じて情動表出の強さを変化させうることがあり（Jones et al., 1991），幼児期には，社会文化的な表示規則

---

[4] 幼児期の情動調整の発達については，久保（2010）が概観しており，第3節の代表的な研究の詳細はこちらも参照されたい。

に沿った形で情動表出を変えることが可能である（Cole, 1986）。また，幼児期を通して，自他の表情認知の正確さが向上し（菊池，2004），情動表出の機能（泣きの表出が他者から向社会的行動をひき出すことなど）の理解も深まっていくこと（溝川，2011）が明らかになってきている。

一方，情感[3]の調整についての理解の発達については，ステッジほか（Stegge & Meerum Terwogt, 2007）が検討しまとめている。幼児から青年までを対象に，悲しみをひき起こす出来事などを聞かせ，種々の対処方略の例をあげて，その効果の有無と理由を尋ねた。その結果，次のような3つのステップを見出している。

第1ステップ（幼児期）：情感と思考内容がリンクしていることの理解
第2ステップ（児童期）：同一事象に対して以前とは異なる視点から捉えて評価を変える（生じる情感も変わる）方略の有効性の理解
第3ステップ（青年期）：異なる方略（たとえば問題焦点型対処と情動焦点型対処）の，短期的・長期的帰結の理解

その第1と第2ステップは，前述したポンズほか（Pons et al., 2004）の情動理解の発達の第2と第3相に似ている。それらの背後には，情動についての自覚的な理解を支える認知発達的な力といった共通の基盤が仮定できるかもしれない。

2　情動調整の個人差

状況に応じて情動表出を抑制したり，注意を転換あるいは集中させ情感を変えたりすることは，気質や自己制御についての研究においても取り上げられており（中川，2011），情動調整も含め行動を意図的に制御する力として，「エフォートフル・コントロール（effortful control：以下ECと略記）」に光があてられている。

そして，ECの弱いことと衝動性の高いこと（たとえば，考えずに行動してしまう傾向を親や教師が評定することで測定される）とが結びつくと，攻撃性や非行性といった外在化問題傾向と関連することが見出されている（Eisenberg et al, 2004）。他方，ECの弱いことは衝動性の低いことと結びつくと，不安・抑うつ，心身症といった内在化問題傾向との関連が示唆されている。とくにECのうち，注意を柔軟に制御することの弱さは，ネガティブな思考から距離をおくことを難しくし，内在化問題傾向へとつながるのではないかと論じられている（Eisenberg et al., 2009）。

そのようなECに関する一連の研究をまとめてアイゼンバーグほか（Eisenberg

et al., 2007）は，情動調整について次のような3類型モデルを提示している。衝動性が高く行動抑制をすることがほとんどないといった【調整不足】タイプは外在化問題をもたらしやすい。衝動性が低く新奇な状況を怖がるなどの行動抑制が高いといった【調整過剰】タイプは，内在化問題をもたらしやすい。それに対して，ECが上手な，【適度な調整】タイプは良好な社会的適応に結びつきやすい。情動調整と社会的適応の関連は逆U字型であるのかもしれないことが示唆される。

そこからは，情動調整を育むには，それぞれの子どもの個人差に応じた働きかけをする必要のあることが推測される。保育の場での研究（高濱，1995）では，調整過剰気味の抑制的な子どもに対して保育者がその子どもの意図や情動を探り表現することを支える働きかけをしていくことを通して，その子なりの自己発揮が出てくるといった変化が記述されている。子どもの個人差とともに時間による変化も含めて捉え，発達経路の個人差もあわせて検討すべきではなかろうか。

第4節　情動的知性が育まれる対人的な文脈——養育者とのやりとり

子どもの情動的知性は，実際には生活の場において対人的な文脈の中で育まれる。そこで次に対人的な文脈として，養育者とのやりとりと，子ども同士のやりとりに焦点をしぼり，情動的知性が発達する現場について検討する。

1　家庭の情動的雰囲気（emotional climate）

子どもは，まずは家庭（あるいはそれに代わる場）において，自身の情動が家族（あるいはそれに類するメンバー）からさまざまに扱われる経験をすることや，家族の情動がほかのメンバーからどのように扱われるかを見聞きする経験を通して，人はどのような情動を経験しているときにどのようにふるまうものなのか，どのように対処していくものなのかを学んでいくと考えられる（Thompson & Meyer, 2007）。そして家庭での情動に関する経験の基盤となるものとして，家庭の情動的雰囲気があげられている。そこでは，養育者の情動表出性が重要であることが報告されている。具体的には，家庭において養育者がポジティブな情動表出性を有することと，子どもの情動調整も含んだECの高さとは関連があり，それを介して，社会的な適応のよさ（「友だちがたくさんいる」などの項目について親や教師が評定）と関連があった（Eisenberg et al., 2001）。

他方，ネガティブな情動表出性については，結果は必ずしも一貫してはいない。極端に強く頻繁であるなら，子どもの情動的な安心・安全感が損なわれ，情動的

知性の育ちは妨げられる危険性が高いのだろう。しかし，家族の間でネガティブな情動が表出されても，それが建設的に扱われていくなら，むしろ子どもの情動的コンピテンスの発達は促されるのではなかろうか。マッコイほか（McCoy et al., 2009）の研究では，親同士が葛藤を表出したとしても，それが建設的な仕方で示されるなら，むしろその子どもの向社会的な行動の発達が促される傾向が報告されており，その可能性が示唆される。

なお，家庭の情動的雰囲気が子どもの情動的知性に影響をあたえる要因として，子どもが「情動とうまくつきあっていける（manage）」との感覚をもつことを促すことがあるのかもしれないと論じられている。コールほか（Cole et al., 2009）は，子どもの情動調整についての理解の高さが，子どもがフラストレーションを感じている状況（美しく包装された贈物を見せられながらも開けることは許されず，壊れたおもちゃで遊んでいなければならない場面）で養育者が示した「支持性（supportiveness）」と関連することを見出した。「支持性」は，同情を表出する，子に注意を払う，子に対して肯定的でいる，愛情表現をするなどの行動を指しているものであり，オープンで寛容な情動的雰囲気を作ると考えられる。そこでは，ネガティブな情動も感じてよいのだということが伝えられると同時に，それに巻き込まれるのではなく，適切な距離をもってつきあっていくことが可能なのだということが伝えられるように思われる。

2　養育者の，子どもの情動に対する意識

養育者の情動表出や行動のみならず，態度や意識についても研究が進んでいる。ベーリンとキャシディ（Berlin & Cassidy, 2003）は，子どもの情動表出に対する養育者の意識が，子どもの情動表出の実際と関連していたことを示している。3, 4歳児の親に，子どもの情動表出を統制する程度を自己報告してもらい，同時に子どもには競争的なゲーム（2回続けて負け，3回目は勝つように仕組んでおく）に参加してもらって，ゲーム直後の表情を観察しコード化した。その結果，親が子どもの情動表出を統制する程度が高いと自己報告するほど，その子どもは，情動表出（負けたときの悲しみ，勝ったときの喜び）が少なく，親とその情動を共有する（親を見ながら情動表出をする）ことも少なく，負けたときに怒りを抑圧すること（唇をきつく結ぶなどの行動）が多かった。養育者の意識が，幼児期の子どもの情動表出に大きな影響を及ぼすことがうかがえる。

情動に対する養育者のより自覚的な態度を捉えた研究としては，メタ情動（meta-emotion）の研究がある（Hooven et al., 1995）。子どもが5歳から8歳になるま

での3年間を調査し，親が情動についてコーチすること（子どもの情動に気づき，情動の揺れるときを，子どもと話し合うチャンスと捉える。共感をもって子どもの話を聞き，子どもの情動を無視・軽視・批判したりせず，妥当なものとして受けとめ，問題をともに考えるなど）が，子どもの社会情動的発達と学業達成を促すことを見出している。とくに，親が自身の怒りや悲しみといったネガティブな情動について自覚的に意識したり，それが有用な機能をもつと捉えたり，また親が子どももネガティブな情動も含めて多様な情動を経験することを覚知し受容し，情動に対処する方略について自覚的に考えたりしているほど，その子どもの社会情動的な発達が促されることを見出している。そこからは，子どもの情動を統制するのではなく，情動表出を重要なことと受け止め，ともに考えていこうとすることの方が，子どもの社会情動的発達にとって有用であることがうかがえる。

　親が子どもの情動に気づき受容するというメタ情動の基底には，子どもを，思考や情動，意図などをもつ者と捉えるという見方があろう。親がそのような見方をしていることが，子どもの情動理解を促すことは，ドロスナイほか（De Rosnay et al., 2004）でも見出されている。4～6歳児の親が自分の子どもの特徴を心的な言葉（思考，情動，意図など）を使用して記述する程度は，子どもの情動理解の高さと関連があった。本邦でも，母親が，乳児を心をもったひとりの人間として捉えるという特徴（mind-mindedness）をもっていることが，その子どもの後の情動理解の高さと関連することが見出されている（篠原, 2011）。シャープとフォナジー（Sharp & Fonagy, 2008）は mind-mindedness や心の理論，メタ情動研究なども含めて検討し，子どもの情動調整の発達，ひいては心理的な健康にとって重要なのは，養育者が子どもを「心を有した動作主として捉えること（心理化：mentalizing）」であるとまとめている。

3　養育者の役割の変化

　シャープとフォナジー（Sharp & Fonagy, 2008）は，しかし，養育者が子どもの内面を推測することの正確さは中程度であれば十分であることも示唆している。まず，7～11歳の子ども自身に，仲間関係で苦痛を感じる可能性のある状況のシナリオを示し，「あなただったら，仲間に対してどのように思うか」を尋ねた。次にその子どもの親たちに，自身の子どもの答えを推測してもらい，それが子どもの答えと一致していたかどうかを調べた。さらに，子どもたちには各種の精神病理尺度に答えてもらって，心理社会的適応を測定した。その結果，親の推測の正確さが低い場合には，その子どもの心理社会的適応は低いことが見出された。し

かし，正確さが中くらいの場合と，高い場合の間には有意差がなかった。

ここで，子どもの年齢（7～11歳）に留意すべきと思われる。青年期に近づくにつれ，養育者の役割としては，子どもの内面を精緻に推測することよりも，それはほどほどにして，むしろ子どもが必要としたときに受け止めることの方が重要になっていくということが背景としてあるのではなかろうか。青年期に向かい，子どもの社会生活の中心は仲間関係へと移っていき，養育者は子どもの情動生活について精緻に知ることはできなくなるし，また，そうする必要も減ってくるのではなかろうか。

メタ情動の研究でも，子どもが青年期に近づくにつれ，子どもの情動そのものよりも，親が自身の情動を受け容れていることの方がより重要となることが示唆されている。中学生を対象とした研究（Katz & Hunter, 2007）では，メタ情動のうち，とくに親が自身の怒り・悲しみを受容しているほど，その子どもは抑うつ傾向がより低く，外在化問題傾向もより低いことを見出している。養育者が自身の情動を受容している姿を子どもにみせることは，適切な役割モデルを提供することになり，また自身の情動を受容しているなら，必要のあったときに子どもの情動やそれに関する情報に対して歪曲せずに接近できるのではないかと論じられている。

4 養育者による社会化の背後にある社会・文化的な文脈

ここまでは対人的な文脈として，養育者とのやりとりの影響を検討してきた。その背後には，養育者が暮らしている社会・文化的な文脈があり，その影響を養育者は受けて，子どもに対して社会化を行っていると考えられる。

たとえば，コールほか（Cole et al., 2006）は，そのことを如実に示している。ネパールの2つの文化（Tamang：タマンとBrashman：ブラシュマン）において，幼児と大人のやりとりを観察し，情動に関する養育実践を捉えるとともに，大人にインタビューをして文化的価値観について尋ねた。その結果，タマンでは，大人は子どもの怒りに対しては叱り，恥に対しては理由を聞いたり譲歩したりした。その養育実践は，タマンの文化的価値観――情け深く我慢強いことを重視し，怒りは社会的調和を乱すものとみなし，恥を重視する見方――と一貫していた。一方ブラシュマンでは，子どもの怒りに対しては理由を聞いたり譲歩したりしたが，恥に対しては無視した。その養育実践は，ブラシュマンの文化的価値観――適切に調整されている怒りは，優位性や有能性を確立するのに役立つとする見方――と一貫していた。このように養育実践は，それを取り巻く社会・文化的な価値観

の中に組み込まれてあるものである。情動的知性の発達は，より広い社会文化的文脈が重層的に組み合わされたものの中で捉えていく必要があると思われる。

5 情動的知性が育まれる対人的な文脈——子ども同士のやりとり

　子どもの情動的知性を育む対人的な文脈として，養育者を取り上げてきたが，きょうだいや同輩といった他の子どもとのやりとりも重要である。幼児期を例にとると，怒りをはじめとするネガティブな情動について理解したり調整したりする力を身につけるには，園などにおける子ども同士のやりとり，とくにいざこざが練習の場ともいうべきものを提供していると考えられる（久保，2010）。それというのはまず，その情動を当事者として経験することが重要であるからである。それは，子どもに配慮する大人とのやりとりでは経験されにくく，子ども同士のやりとりにおいてこそよく経験されうるからである。また，子ども同士のやりとりの中では，ネガティブな情動表出が，有利にも不利にも働くという経験をしやすいからである。たとえば久保（2010）は，泣いたことによって，仲間から援助行動をひきだせたと同時に，「おまえは赤ちゃんか」とも言われてしまった例をあげている。その経験を通して，情動表出が多様な機能をもつことを実感できると思われる。さらに，ネガティブな情動経験や表出が少ない子どもにとっては，他児同士のいざこざを見聞きすることで，当事者に近い経験をすることが可能であると思われる。実際いざこざが生じると，周囲の子どもたちもしっかりと注目することは，園生活などでよく見られることである（都築・上田，2009）。

　子ども同士のやりとりが練習の場を提供するならば，いざこざ場面は，従来よくなされてきたように「対人的な葛藤の解決方略の発達」という観点のみから分析するのではなく，情動的知性の発達という観点からも分析できるのではないかと考える。デンハムほか（Denham et al., 2003）は，就学前児たちの自由遊び場面を観察し，仲間のネガティブな情動表出に対して，わざと相手の問題を激化させるとか，仕返しするとか，反対の情動を返す（相手の悲しみに対し喜ぶ）などといった反応を，「情動調整の失敗」とみなして分析している。いざこざ場面をそのように分析することによって，対人的な文脈の中で，情動的知性の発達を捉えることが可能になるのではなかろうか。

　仲間のネガティブな情動表出に対する反応としては，場所を移し距離をとり緊張状態を回避したり，おどけた仕草やふざけなどで遊びへと移行したりしていくような暗黙的な対応や，仲間からの問題提起と捉えて交渉していく明示的な対応もありうる（広瀬，2006；Westlund et al., 2008）。それらはおのおの異なる性質の情

動調整の試みと捉えることができる。そのようないざこざ場面を追っていくことによって，自他の間で情動のコミュニケーションを適切に展開する力（Saarni et al., 2006）について検討する手がかりが得られるのではなかろうか。

幼児期を例にあげてきたが，仲間をはじめとする他者とのやりとりにおいて情動的知性が磨かれるのは，児童も青年も大人も基本的には同様であろう。生涯にわたって発達していく情動的知性を，対人的な文脈の中で捉える研究の発展が待たれる。

引用文献

Berlin, L. J., & Cassidy, J. (2003). Mothers' self-reported control of their preschool children's emotional expressiveness: A longitudinal study of associations with infant-mother attachment and children's emotion regulation. *Social Development*, **12**, 477-495.
Cole, P. M. (1986). Children's spontaneous control of facial expression. *Child Development*, **57**, 1309-1321.
Cole, P. M., Dennis, T. A., Smith-Simon, K. E., & Cohen, L. H. (2009). Preschoolers' emotion regulation strategy understanding: Relations with emotion socialization and child self-regulation. *Social Development*, **18**, 324-352.
Cole, P. M., Tamang, B. L., & Shrestha, S. (2006). Cultural variations in the socialization of young children's anger and shame. *Child Development*, **77**, 1237-1251.
Cutting, A., & Dunn, J. (2002). The cost of understanding other people: Social cognition predicts young children's sensitivity to criticism. *Journal of Child Psychology and Psychiatry*, **43**, 849-860.
Cutting, A. L., & Dunn, J. (2006). Conversations with siblings and with friends: Links between relationship quality and social understanding. *British Journal of Developmental Psychology*, **24**, 73-87.
Davis, M. H. (2004). Empathy: Negotiating the border between self and other. In L. Z. Tiedens & C. W. Leach (Eds.), *The social life of emotions* (pp.19-42). Cambridge, UK: Cambridge University Press.
De Rosnay, M., Pons, F., Harris, P. L., & Morrell, J. M. B. (2004). A lag between understanding false belief and emotion attribution in young children: Relationships with linguistic ability and mothers' mental-state language. *British Journal of Developmental Psychology*, **22**, 197-218.
Denham, S., Blair, K., DeMulder, E., Levitas, J., Sawyer, K., Auerbach-Major, S., & Queenan, P. (2003). Preschool emotional competence: Pathway to social competence. *Child Development*, **74**, 238-256.
Denham, S. A., Caverly, S., Schmidt, M., Blair, K., DeMulder, E., Caal, S., Hamada, H., & Mason, T. (2002). Preschool understanding of emotions: Contributions to classroom anger and aggression. *Journal of Child Psychology and Psychiatry*, **43**, 901-916.
Eisenberg, N., Gershoff, E. T., Fabes, R. A., Shepard, S. A., Cumberland, A. J., Losoya, S. H., Guthrie, I. K., & Murphy, B. C. (2001). Mother's emotional expressivity and children's behavior problems and social competence: Mediation through children's regulation. *Developmental Psychology*, **37**, 475-490.
Eisenberg, N., Hofer, C., & Vaughan, J. (2007). Effortful control and its socioemotional consequences. In J. J. Gross (Ed.), *Handbook of emotion regulation* (pp.287-306). New York: Guilford Press.
Eisenberg, N., Spinrad, T. L., Fabes, R. A., Reiser, M., Cumberland, A., Shepard, S. A., Valiente, C., Losoya, S. H., Guthrie, I. K., Thompson, M., & Murphy, B. (2004). The relations of effortful control and impulsivity to children's resiliency and adjustment. *Child Development*, **75**, 25-46.

Eisenberg, N., Valiente, C., Spinrad, T. L., Cumberland, A., Liew, J., Reiser, M., Qing, Z., & Losoya, S. H. (2009). Longitudinal relations of children's effortful control, impulsivity, and negative emotionality to their externalizing, internalizing, and co-occurring behavior problems. *Developmental Psychology*, **45**, 988–1008.

遠藤利彦．(2009)．情動は人間関係の発達にどうかかわるのか：オーガナイザーとしての情動，そして情動的知性．須田　治（編），情動的な人間関係の問題への対応（pp.3-33）．東京：金子書房．

Goleman, D. (2006). *Social intelligence: The new science of human relationships*. New York: Bantam Books.

広瀬美和．(2006)．子どもの調整・仲直り行動の構造：保育園でのいざこざ場面の自然観察的検討．乳幼児教育学研究，**15**，13-23.

Hoffman, M. L. (2008). Empathy and prosocial behavior. In M. Lewis, J. M. Haviland-Jones, & L. F. Barrett (Eds.), *Handbook of emotions* (3rd ed., pp.440–455). New York: Guilford Press.

Hooven, C., Gottman, J. M., & Katz, L. F. (1995). Parental meta-emotion structure predicts family and child outcomes. *Cognition and Emotion*, **9**, 229–264.

Jones, S. S., Collins, K., & Hong, H. W. (1991). An audience effect on smile production in 10-month-old infants. *Psychological Science*, **2**, 45–49.

Katz, L. F., & Hunter, E. C. (2007). Maternal meta-emotion philosophy and adolescent depressive symptomatology. *Social Development*, **16**, 343–360.

菊池哲平．(2004)．幼児における自分自身の表情に対する理解の発達的変化．発達心理学研究，**15**, 207-216.

久保ゆかり．(2009)．幼児の感情理解の発達を捉えるインタビュー法：感情生活者としての子ども一人ひとりと出会う．東洋大学社会学部紀要，**46**, 31-46.

久保ゆかり．(2010)．幼児期における情動調整の発達：変化，個人差，および発達の現場を捉える．心理学評論，**53**, 6-19.

久保ゆかり・丹羽さがの．(2008)．児童期の感情．上淵　寿（編），感情と動機づけの発達心理学（pp.105-115）．京都：ナカニシヤ出版．

McCoy, K., Cummings, E. M., & Davies, P. T. (2009). Constructive and destructive marital conflict, emotional security and children's prosocial behavior. *Journal of Child Psychology and Psychiatry*, **50**, 270–279.

溝川　藍．(2011)．4，5歳児における嘘泣きの向社会的行動を引き出す機能の認識．発達心理学研究，**22**, 33-43.

中川敦子．(2011)．注意と自己制御．日本児童研究所（編），児童心理学の進歩2011年版（pp.29-55）．東京：金子書房．

Pons, F., & Harris, P. L. (2005). Longitudinal change and longitudinal stability of individual differences in children's emotion understanding. *Cognition and Emotion*, **19**, 1158–1174.

Pons, F., Harris, P. L., & de Rosnay, M. (2004). Emotion comprehension between 3 and 11 years: Developmental periods and hierarchical organization. *European Journal of Developmental Psychology*, **1**, 127–152.

Repacholi, B. M., & Gopnik, A. (1997) Early reasoning about desires: Evidence from 14- and 18-month-olds. *Developmental Psychology*, **33**, 12–21.

Saarni, C., Campos, J. J., Camras, L. A., & Witherington, D. (2006). Emotional development: Action, communication, and understanding. In W. Damon & R. M. Lerner (Series Eds.), N. Eisenberg (Vol. Ed.), *Handbook of child psychology: Vol.3. Social, emotional, and personality development* (6th ed., pp.226–299). New York: John Wiley & Sons.

Salovey, P., Detweiler-Bedell, B. T., Detweiler-Bedell, J. B., & Mayer, J. D. (2008). Emotional intelligence. In M. Lewis, J. M. Haviland-Jones, & L. F. Barrett (Eds.), *Handbook of emotions* (3rd ed., pp.533–547). New York: Guilford Press.

Sharp, C., & Fonagy, P. (2008). The parent's capacity to treat the child as a psychological agent: Constructs, measures and implications for developmental psychopathology. *Social Development*, 17, 737–754.

Sherer, K. R. (2007). Componential emotion theory can inform models of emotional competence. In G. Matthews, M. Zeidner, & R. D. Roberts (Eds.), *The science of emotional intelligence: Knowns and unknowns* (Series in affective science. pp.101–126). New York: Oxford University Press.

篠原郁子．(2011)．母親の mind-mindedness と子どもの信念・感情理解の発達：生後5年間の縦断調査．*発達心理学研究*，22，240–250．

Stegge, H., & Meerum Terwogt, M. (2007). Awareness and regulation of emotion in typical and atypical development. In J. J. Gross (Ed.), *Handbook of emotion regulation* (pp.269–286). New York: Guilford Press.

Sutton, J., Smith, P. K., & Swettenham, J. (1999). Social cognition and bullying: Social inadequacy or skilled manipulation? *British Journal of Developmental Psychology*, 17, 435–450.

高濱裕子．(1995)．保育者と自己抑制タイプ児との意図の相互調整．*保育学研究*，33，166–174．

Thompson, R. A., & Meyer, S. (2007). Socialization of emotion regulation in the family. In J. J. Gross (Ed.), *Handbook of emotion regulation* (pp.249–268). New York: Guilford Press.

都築郁子・上田淑子．(2009)．子ども同士のトラブルに対する3歳児のかかわり方の発達的変化：1年間の保育記録とビデオ記録にもとづく実践的事例研究．*保育学研究*，47，22–30．

内山伊知郎（編）．(2010)．特集：感情発達．*心理学評論*，53，3–150．

Vaish, A., Carpenter, M., & Tomasello, M. (2009). Sympathy through affective perspective taking and its relation to prosocial behavior in toddlers. *Developmental Psychology*, 45, 534–543.

Wagner, R. K., & Sternberg, R. J. (1985). Practical intelligence in real-world pursuits: The role of tacit knowledge. *Journal of Personality and Social Psychology*, 49, 436–458.

Westlund, K., Horowitz, L., Jansson, L., & Ljungberg, T. (2008). Age effects and gender differences on post-conflict reconciliation in preschool children. *Behaviour*, 145, 1525–1556.

第19章
アタッチメント

中尾達馬

　アタッチメント（愛着：attachment）は，人と人の「絆」あるいは「情緒的結びつき」として言及されることが多い。だが，厳密には，「危機的状況において，あるいは今後起きる可能性のある危機に備えて，特定対象との近接を求め，これを維持しようとする個体の傾向」（Bowlby, 1969/1991a, 訳書, pp.437-438）を意味する。赤ちゃんとその養育者を例にとると，アタッチメントとは，文字どおり，不安や恐れを感じたときに，赤ちゃんが養育者にくっつく（アタッチする）傾向なのである。このようなときに，養育者は，子どもが逃げ込んで保護や助けを求めることができる確実な避難所（safe haven）としての役割を担う。また，子どもが落ち着いたあとでは，養育者は，子どもがそこを拠点に外界へ積極的に出て行くための安全基地（secure base）としての役割も担っている（Ainsworth et al., 1978）。

　この一連の流れを，子ども側の内的感情状態という点で記すと，不安や恐れといったネガティブ情動を低減し，主観的な安全感・安心感を得る（felt security；Sroufe & Waters, 1977）ということになろう。そのため，アタッチメントは，「一者の情動状態の崩れを二者の関係性によって制御するシステム」（dyadic regulation system；Sroufe, 1996；遠藤, 2007）であるとも言える。さらに，先のようなやりとりが繰り返される中で，子どもは，必要なときに養育者は自分を確実に守ってくれるという信頼感（confidence in protection；Goldberg et al., 1999）をもつようになる。

　さて，ボウルビィ（Bowlby, J.）がアタッチメント理論の考え方を世に問い始めてから，そして，エインズワース（Ainsworth, M. D. S.）がアフリカのウガンダやアメリカのボルチモアで母子の自然観察を行ってから，すでに50年以上の月日が経過している（Cassidy, 2008）。その間に，多くの研究者によって，乳幼児期から老年期にわたるアタッチメントの諸相に関して膨大な知見が蓄積されてきた（詳細は，Cassidy & Shaver, 2008；数井・遠藤, 2005；Prior & Glaser, 2006/2008 を参照）。

　そこで本章では，アタッチメントの「生涯発達」と「世代間伝達」を中心に，

アタッチメント研究の動向を概観し，その現状と課題を整理する。

第1節　人生初期のアタッチメント
　　　──ボウルビィとエインズワースを中心に

　人生初期のアタッチメントに対するボウルビィとエインズワースの考え方は，後の発達段階におけるアタッチメントを理解する際のひな形となる。そこで，まず，これらについて簡潔にまとめる。

1　標準的なアタッチメント発達プロセス

　ボウルビィ（Bowlby, 1969/1991a）は，人生初期のアタッチメントの標準的な発達プロセスとして4つの段階を仮定した（表19-1左側）。これら4段階における変化を整理すると，次のようになる（数井・遠藤，2005）。すなわち，発達最早期のアタッチメントは基本的に，赤ちゃんの状態を敏感に察知してくれる他者の存在があってはじめて成立するものである（すなわち，受動的）。だが，心身の発達にともなって子どもは徐々に能動的に他者とかかわるようになる。また，人に対する識別力の発達にともない，アタッチメント対象とそうでない大人に対して分化した反応を行うようになる。さらに，認知発達にともない，物理的近接（実際にくっつくこと）だけでなく，表象的近接（アタッチメント対象を思い浮かべること）によっても，安心感を得ることができるようになる。

表19-1　アタッチメントの標準的（normative）な発達プロセス

	ボウルビィ （Bowlby, 1969/1991a）	エインズワースほか （Ainsworth et al., 1978）
第1段階 出生～生後12週頃	人物の識別をともなわない定位と発信	アタッチメント形成の前段階
第2段階 生後12週頃～6カ月頃	一人または数人の特定対象に対する定位と発信	まさにアタッチメントを形成している段階
第3段階 生後6カ月頃～2, 3歳頃	発信や移動による特定対象への近接性維持	アタッチメントが明らかに形成された段階
第4段階 3歳前後～	目標修正的協調性の形成*	目標修正的協調性の形成*

＊目標修正的協調性とは，自分と相手の相互の感情や意図の一致・不一致を敏感に察知し，自分と相手の両方に都合がよくかつ自分の安全・安心感を最大限に満たすことができるように，目標に合わせてアタッチメント行動を適宜柔軟に修正することである。

2　アタッチメントの個人差

　第1から第2段階にかけて形成されたアタッチメントの個人差は，第3段階において明確にわかるようになる（表19-1右側）。そして，この段階における子どものアタッチメントの個人差を測定するために開発された手法が，ストレンジ・シチュエーション法（Strange Situation Procedure：SSP；Ainsworth et al., 1978）である（詳細は，数井・遠藤，2005を参照）。SSPは，日常生活の中で子どもがよく出合う出来事（新奇場面，分離と再会）を模式化している。たとえば，母親が赤ちゃんを連れて，友人（赤ちゃんにとっては見知らぬ大人［ストレンジャー］）を訪ねるとする。そこで母親は，赤ちゃんの面倒を友人に見てもらいながら，その場を離れることがあるだろう。そのためSSPでは，乳幼児を新奇な部屋（実験室）において見知らぬ大人と対面させるだけでなく，そこで乳幼児に養育者との分離・再会を2度経験させる（これらの場面は，子どもにとっては危機的状況であり，アタッチメントの個人差が生じやすい）。そして，①分離場面で泣きや混乱を示すかどうか，②再会場面ですぐに落ち着ける（いつまでもぐずぐずしない）かどうか，③部屋の中にある玩具で遊ぶといった実験室探索の際に，養育者を安全基地として用いるかどうかに基づき，アタッチメントの個人差を分類する[1]（表19-2）。

　アタッチメント分類と適応との関連については，次のように捉えることができる（Weinfield et al., 2008）。すなわち，「外界の探索活動」という点では，不安定型（アンビヴァレント型，回避型）は安定型に比べて適応的ではない。だが，「アタッチメント対象との近接性の維持」という点では，安定型だけでなく不安定型も，無秩序・無方向型に比べて，適応的である。つまり，アタッチメントと適応との関連については，アタッチメントの安定性（attachment security：安定型かどうか）という視点だけでなく，アタッチメント行動が組織化されているかどうか（無秩序型かどうか）という視点もまた重要なのである。

3　アタッチメントの個人差の規定因

　すべての子どもは，生まれながらにして，他者にくっつくことで安心感や慰めを得ようとする（Bowlby, 1969/1991a）。だが，子どものこのような欲求は，どのような親子関係においても同じように満たされるわけではない。そのため，親子関

---

[1]　アタッチメント分類には，表19-2の4分類だけでなく，3分類（安定型，アンビヴァレント型，回避型），2分類（安定型［Bタイプ］と不安定型［Bタイプ以外：Aタイプ，Cタイプだけの場合とDタイプまで含める場合の2通りがある］）が存在する。また，文献によっては，アンビヴァレント型を抵抗型（resistant）と表記する場合もある（Cassidy & Shaver, 2008）。

表19-2 ストレンジ・シチュエーション法（SSP）におけるアタッチメントの個人差*（数井・遠藤，2005 や中尾，2008 に基づき作成）

アタッチメント分類	SSP での行動特徴
回避型 （Avoidant, A タイプ） 22%	アタッチメントのシグナルを最小化（minimize）するタイプであり，分離時にあまり泣いたりせずに，再会時には養育者を避けようとする。さらに探索時には，養育者とかかわりなく行動することが多い。
安定型 （Secure, B タイプ） 66%	分離時にある程度泣いたりするが，再会時には養育者との身体接触を求め，すぐに落ち着くことができる。また養育者を安全基地として，積極的に探索活動を行う。
アンビヴァレント型 （Ambivalent, C タイプ） 12%	アタッチメントのシグナルを最大化（maximize）するタイプであり，分離時に非常に強い泣きや混乱を示し，さらに再会時には養育者に身体接触を求める一方で，怒りながら養育者を叩いたりする。そして，養育者に執拗にくっついていようとし，なかなか泣きやまずにぐずぐずするので，養育者を安全基地として探索活動を行うことができない。
無秩序・無方向型 （Disorganized/ Disoriented, D タイプ） 全体の15%	上記の3タイプとは異なり，行動がバラバラ（無秩序的）で，何をしたいのか・どこへ行きたいのかがわかりにくい（行動に方向性がない）タイプである。たとえば，突然すくんでしまったり，何もないところを見つめたり，じっと固まって動かなくなったりする。

＊ 表中の％は，AからCタイプを合計すると100％になる。Dタイプについては，ある状況ではDタイプ的行動を示す乳児でも，それ以外の状況ではAからCタイプと同じように振る舞うため（D-Secure，D-Insecure という下位分類も可能なため），全体に対する％で示した。

係の性質に応じて，子どもは特定の反応パターンを身につけるようになる。このような想定に基づき，エインズワースほか（Ainsworth et al., 1978）は，養育者の敏感性（sensitivity：子どものシグナルに気づき，それを正確に解釈し，適切かつ迅速な反応を行うこと）を中心に，養育者の日常的な子どもに対するかかわり方と子どものアタッチメント分類との関連性を整理した（表19-3）。

なお，子どものもつ生得的個性である気質（たとえば，怖がりやすさ，いらだちやすさ，ぐずりやすさ）がアタッチメントの個人差を規定するという論者もいる（たとえば，Kagan, 1984）。だが，両者の間に理論的に想定されるような関連があるという知見は少なく，子どもの気質がアタッチメントの個人差に影響を与える可能性は否定できないが，それのみでアタッチメント分類が決定されるわけではない。現段階では，子どものアタッチメントが安定型か不安定型かについては，敏感性を中心とした養育者側の影響が大きいが，不安定型の子どもがSSPで，養育者に対して回避型的な行動をとるのかアンビヴァレント型的な行動をとるのかについては，気質という子ども側の影響が大きいと捉えることが多いようである（Vaughn et al., 2008）。

表19-3 養育者の日常的なかかわりとそれに対する子どもの反応パターン（数井・遠藤，2005に基づき作成）

子どもが「回避型」の親子	養育者：拒絶的な振る舞いが多く，子どもが近寄ってくると，それを嫌がり離れていく（とくに，子どもが苦痛を示す場合）。
	子ども：養育者がこれ以上離れていかないように，アタッチメント・シグナルを最小化する。
子どもが「安定型」の親子	養育者：敏感性が高くかつ一貫したかかわりを行う。
	子ども：養育者の行動の予測がつきやすく，分離時に不安を感じたとしても再会時にはすぐに立ち直り，探索活動を行うことができる。
子どもが「アンビヴァレント型」の親子	養育者：気まぐれで一貫性のないかかわりを行う。
	子ども：養育者の行動は予測がつきにくく，いつ相手が自分のそばを離れていくのかわからない。そこで，アタッチメント・シグナルを最大化することで，相手の関心を自分に引きつけておこうとする。怒りながら養育者を叩いたりするのは，「何で私を置いていったの」という抗議を示すことで，自分がまた一人で置いていかれる状況を未然に防ごうとするためである。
子どもが「無秩序・無方向型」の親子	養育者：突然，過去のトラウマ体験の記憶がよみがえったり，精神的安定性を崩すことによって，自らがおびえ混乱する。そして，このおびえ混乱した様子が，子どもをおびえさせる。つまり，（自ら）おびえ／（他者を）おびえさせる（frightened/frightening）行動が特徴的である。
	子ども：養育者が安全基地であると同時に恐怖の対象となってしまうので，呆然とうつろにその場をやり過ごすことになる。

もっとも，養育者側の敏感性がアタッチメントの安定性の規定因として重要であるとはいっても，それ単独では，親子間のアタッチメントの関連のおよそ23％（van IJzendoorn, 1995）を説明するにすぎない。その理由としては，もしかしたら，規定因を養育者個人の特性だけに限定することに無理があり，家族全体の情緒的風土や社会的文脈（たとえば，家族内外のストレスや支援の有無・程度，夫婦関係の質）を考慮する必要があるためなのかもしれない（数井・遠藤，2005）。

第2節　アタッチメントの生涯発達

人生初期に母親との間で形成されたアタッチメントは，その後，どの程度の連続性を有するのだろうか。また，どのような領域において，後の発達的帰結を予測するのだろうか。

1　アタッチメントの連続性・変化

発達心理学の他の領域に比べて，アタッチメントの領域は，縦断的研究の知見

が豊富である。約20年にも及ぶ長期縦断研究がアメリカ，ドイツ，イギリス，イスラエルで行われ，それらは現在も進行中である（詳細はGrossman et al., 2005を参照）。たとえば，アメリカのツイン・シティで白人の中流階級サンプルを対象に，1歳時点のSSPと18〜21歳時点における成人アタッチメント面接（Adult Attachment Interview：AAI；George et al., 1996）[2] [3]におけるアタッチメント分類の関連を検討した研究では，3分類間では64%，2分類間では72%もの一致率が得られた（Waters et al., 2000）。

ただし，中流階級において低い時間的安定性を報告した研究も存在していた（たとえば，Grossmann et al., 2005）。そこでフラーリー（Fraley, 2002）は，アタッチメントの時間的安定性に関する24研究についてメタ分析を行った。その結果，2分類の関連性は，相関係数rでは，およそ.39であり，乳幼児期から青年・成人期にかけては，概して，中程度の連続性があることが示唆された。

では，この連続性を支えているものとはいったい何だろうか。子どもは，アタッチメントに関するやりとりを特定対象との間で繰り返すことで，2歳前後から，①アタッチメント対象は，自分の支援や保護の求めに対して，概して，応じてくれる人物かどうか，②自分は，アタッチメント対象から，援助を受けやすい人物かどうか，という他者および自己についてのアタッチメントの内的作業モデル（internal working models：IWM；Bowlby, 1973/1991b）を形成する。そして，人はIWMを適宜活用し，アタッチメントに関する情報を処理するわけであるが，実は，このIWMには，加齢とともに構造的安定性・固定性を増すという特徴が備

---

[2] AAIは，調査対象者に幼少期の自分と養育者との関係性について語ることを求める半構造化面接である。SSPが養育者との物理的近接性を問題としていたのに対して，AAIは，過去の養育者とのアタッチメントに関連した相互作用の記憶への表象的近接性を問題とする。AAIでは，語りの内容ではなく，語りの構造（あるいは語り方・語り口）に基づき分析が行われ，調査対象者は，安定自律型（Autonomous），アタッチメント軽視型（Dismissing），とらわれ型（Preoccupied），未解決型（Unresolved）の4タイプのいずれかに分類される（詳細は，遠藤，2006やHesse, 2008を参照）。

[3] 幼児期以降のアタッチメントの個人差は以下の方法で測定される（詳細は，Cassidy & Shaver, 2008；数井・遠藤，2005；Prior & Glaser, 2006/2008を参照）。生後9カ月から5, 6歳頃までは，アタッチメントの個人差は，主に，行動レベルにおいて査定される。ただし，幼稚園に入学する3, 4歳頃からは，ドール・プレイや絵画反応手続き，ストーリー完成法といった表象レベルでの測定も行われはじめる。
　児童期以降については，アタッチメントの個人差は，主に，表象レベルにおいて測定される。8歳頃までは，乳幼児アタッチメント研究で用いられる測定法の応用が多いが，児童期中期以降は，成人アタッチメント研究の測定法の応用が多い。
　青年期・成人期以降については，2つの研究および測定法の流れがある。一つは親子関係といった縦のアタッチメントを研究対象とする正統的アタッチメント研究の流れであり，そこでは脚注[2]のAAIが用いられる。もう一つは，恋人関係や配偶者関係といった現在の親密な対人関係における横のアタッチメントを研究対象とする社会人格系のアタッチメント研究の流れであり，そこでは質問紙を用いて成人アタッチメントの個人差が測定される。

わっている。そのため，一生涯において基本的に同じ IWM を用いて，種々の状況における情報処理や自身の行動のプランニングが行われるので，結果的に，認知面・感情面・行動面におけるアタッチメントの個人差は連続性を有することになる（遠藤，2007）。

もっとも，ミネソタ縦断研究（Sroufe et al., 2005）のようなハイリスク・サンプル（たとえば，家族計画の欠如，低収入）では，SSP と AAI における時間的安定性は，3 分類間で 39%，2 分類間で 51% と，その一致率は低くなる（Weinfield et al., 2000）。また，先のウォーターズらの研究（Waters et al., 2000）においても，ネガティブ・ライフイベント（たとえば，親の離婚）がない群では，その一致率は 3 分類間で 72%，2 分類間で 78% まで上昇する。したがって，アタッチメントに関するテーマが含まれたライフイベント（たとえば，ネガティブなもの：離婚，死別，親の精神病理，ポジティブなもの：結婚，出産）は，アタッチメントの質を変化させる可能性を秘めている（遠藤，2007；中尾，2008）。

2　発達の帰結に対する予測因としてのアタッチメント

従来，発達におけるアタッチメントの重要性は，インプリンティングやハーロウの代理母の実験（Harlow, 1971/1978），そしてマターナル・デプリベーション（Bowlby, 1951/1967）との関連で論じられてきた（数井・遠藤，2005）。すなわち，アタッチメントに関する欲求は，飢えや渇きといった生理的欲求と同様に，誰もがもっておりそして満たすべき欲求であるという意味で重要なのである。そして近年では，縦断的研究の進展によって，乳幼児期におけるアタッチメントの個人差が後の発達的帰結にどのような影響を与えるのかという予測因としての重要性も明らかになった。具体的には，その影響力は，環境への効力感（依存性／自律性，自己信頼，自己効力感），不安・怒り・共感性という情緒的側面，社会的コンピテンスという対人的側面，そして精神病理（不安障害，行為障害，解離障害）の領域に及ぶ（Weinfield et al., 2008）。

たとえば，ミネソタ親子プロジェクトでは，乳児期に不安定型だった子どもは，安定型だった子どもに比べて，就学前期において，（友だちとではなく）教師とより相互作用を行い，サークル・タイム（みんなで輪になって歌やダンスをする時間）の際に教師の隣によく座り，全体的に依存的であると評定されていた（Sroufe et al., 1983）。また，回避型や無秩序型の乳幼児は，児童期において，怒りや攻撃的反応を示しやすく（Renken et al., 1989），乳幼児期の無秩序型アタッチメントは，16 歳時点と 19 歳時点における青年期の解離症状を予測していた（Carlson, 1998）。

最後に，社会的コンピテンスについては，別のプロジェクトにおける観察研究では，子どもの遊び相手との連携・調整行動についての観察が行われ，乳幼児期に不安定型だった子どもの指図は，遊び相手によってしばしば拒絶されるが，安定型だった子どもの指示は，遊び相手により受け入れられることが示された（Fagot, 1997）。

なお，上述した領域（たとえば，環境への効力感）以外の領域では，たとえ関連があったとしても，アタッチメントとの間に理論的な関連性を想定することができない場合もある。たとえば，ミネソタ親子プロジェクトでは，乳幼児のアタッチメントと16歳時点の数学の成績との間に関連があった（Teo et al., 1996）。だが，アタッチメントの安定性が数学の問題処理能力に対して（間接的な影響を及ぼすという解釈は可能であっても）直接的な影響を与えるという解釈を理論的に導くことは困難である。

3　各発達段階におけるアタッチメント対象

乳幼児期におけるアタッチメント対象は，母親だけというわけではない。子どもたちは，生後1年間のうちに，通常，2名から3名（たとえば，父親，保育者）に対してアタッチメントを発達させる（Cassidy, 2008）。そして児童期になると，徐々に家族外の人たちと過ごす機会が増え，新しいアタッチメントが生まれる。だが，ピア（同輩：同性・異性の友人）との関係の重要度は増すが，児童期の主たるアタッチメント対象は，あくまで養育者である（Kobak et al., 2005）。

児童期から青年期にかけては（8歳から14歳の間に），ピアと養育者の「確実な避難所」としての役割が逆転し，主たるアタッチメント対象が養育者からピアへと移行する（Hazan & Zeifman, 1994）。そして，恋愛関係がアタッチメント関係となるまでには約2年，同性の親友関係がそうなるには約5年の年月が必要となる（Fraley & Davis, 1997）。

中年期・老年期については，世代間の連帯・助け合い（intergenerational solidarity）や社会的ネットワークの調査を参考にするならば，①中年期におけるアタッチメント対象は，配偶者だけでなく母親や子どもであること，②性別を考慮した場合には，いわゆる愛情的結びつきは，年老いた母親と中年期の娘という組み合わせにおいて強いことが示唆されている（Magai, 2008）。

第3節　アタッチメントの世代間伝達

　今までに実施されたアタッチメントの世代間伝達に関する 18 の研究に対するメタ分析の結果 (van IJzendoorn, 1995) によれば，養育者の AAI と子どもの SSP におけるアタッチメント分類との間には，2 分類間で 74％，3 分類間で 70％，4 分類間で 63％の一致率があった。また，2 世代ではなく，3 世代にわたるアタッチメントの世代間伝達を検討した研究 (Benoit & Parker, 1994) では，祖母と母親，母親と子どもだけでなく，祖母と子どものアタッチメントにも関連があり，祖母と母親，あるいは母親と子どもの関係のパターンがわかれば，ある程度，他の世代間の関係パターンを予測することが可能であった。

　このアタッチメントの世代間伝達の問題は，日本においても検討が行われている。数井ほか (2000) では，母親 (平均 33 歳) とその子ども (平均 3 歳 4 カ月) について，母親が安定型である場合には，子どものアタッチメントは安定しているが，母親が不安定型である場合には，子どものアタッチメントも不安定的になることが示された。また，金政 (2007) では，大学生の子ども (平均 19.9 歳) とその母親 (平均年齢 48.8 歳) のペアにおいても，両者のアタッチメント間に有意な関連が見出された。したがって，日本という非西欧文化圏においても，アタッチメントの世代間伝達が実証されたと言えよう。

　ただし，数井・遠藤 (2005) が指摘するように，アタッチメントの世代間伝達は，虐待の世代間伝達のように，「第 1 世代の過去のある特質が，第 2 世代の現在の同特質と連続性を有する」(養育者の幼少期のアタッチメントが子どもの現在のアタッチメントと関連する) という仮定を行いながら，実際には，「第 1 世代の現在のある特質が，第 2 世代の現在の同特質と連続性を有する」(養育者と子どもの現在のアタッチメントが関連する) あるいは「第 1 世代の現在のある特質が，第 2 世代のある別の特質と特異的な関連性を有する」(養育者の敏感性が子どものアタッチメントと関連する) という側面を取り出し調査している。すなわち，過去に形成したアタッチメントについての IWM が高い時間的安定性を有するために，過去と現在は関連があり，そして，現在の IWM が養育における敏感性に影響をし，その結果，子どものアタッチメントの安定性と関連するという複数の推論のもとに成り立っていることを忘れてはいけない。

第4節　まとめと残された課題

　ここ50年の間で，すなわち，アタッチメントの生涯発達や世代間伝達について多くの有用な知見が得られる過程において，アタッチメントそのものについての考え方にも変化が生じてきた。そこで最終節では，アタッチメントについて提案されたモデルを紹介し，残された課題について述べる。

1　アタッチメントのモデル

　心理学的観点からは，人生初期におけるアタッチメントの安定性を，後の発達段階における適応や発達的帰結の直接的規定因ではなく，寄与因子の一つとして捉えるモデルが提案されている（Weinfield et al., 2008）。このことを，ボウルビィ（Bowlby, 1973/1991b）は，「鉄道の線路」のたとえによって表現していた。すなわち，始発点は同じだとしても，それが順次枝分かれしていくというモデルである。このアタッチメントの生涯発達モデルにおいては，発達全体を捉えようとした場合には，発達早期に形成したアタッチメント独自の影響だけでなく，アタッチメントが他の重要な発達的変数とどのように絡み合いながら後の発達に影響を与えるのかという視点が重要となる（Sroufe et al., 2005）。

　生理学的観点からは，ストレッサーに対するアタッチメントの緩衝帯（buffer）としての役割を，「高次制御機構」（higher-order regulator）と「隠れた制御機構」（hidden regulator）とに分けて考えるモデルが提案されている（Hofer, 1995）。言い換えると，アタッチメントは，高次制御機構というソフトウェアの側面（IWMを用いて，私たちが通常行う各種対処方略）だけでなく，隠れた制御機構というハードウェアの側面（たとえば，コルチゾールやノルエピネフリンの分泌といった生体器官の機能）にも影響を与えると想定するのである。

　生物学あるいは進化心理学的観点からは，約30％もの人が不安定型であるという現状（表19-2）を踏まえて，ある特定の状況下では不安定型にも安定型と同様に適応的な側面があるのではないかというモデルが提案されている。たとえば，繁殖戦略という点については，安定型も不安定型も方略の違いこそあれ，包括適合度は高いというモデルである（Belsky et al., 1991）。

2　今後の課題

　子どもは通常，複数の対象に対してアタッチメントを形成する。だが，これら

が質的に異なった場合には，以下のような問いが生じてくる。1つ目は，個々のアタッチメント対象（たとえば，母親，父親，保育者）が，それぞれ子どもの適応にどのような影響を与えるのか，という問いである。このことについては，保育者へのアタッチメントは，個対集団という学校教育場面におけるアタッチメントと関連があり（数井・遠藤，2005），父親へのアタッチメントにおいては，遊び場面における敏感性（探索の際の適切なガイドや足場作り）が重要である（Grossmann et al., 2005）という可能性が指摘されている。もう一つは，複数の質的に異なるアタッチメントが，個人の中で，IWMという形でどのように構造化されているのか（たとえば，統合されているのか，階層性を有するのか）という問題である。今後の解明が望まれる

引用文献 ……………………………………………………………………………

Ainsworth, M. D. S., Blehar, M. C., Waters, E., & Wall, S. (1978). *Patterns of attachment: A psychological study of the strange situation*. Hillsdale, NJ: Erlbaum.

Belsky, J., Steinberg, L., & Draper, P. (1991). Childhood experience, interpersonal development, and reproductive strategy: An evolutionary theory of socialization. *Child Development*, **62**, 647–670.

Benoit, D., & Parker, K. C. H. (1994). Stability and transmission of attachment across three generations. *Child Development*, **65**, 1444–1456.

Bowlby, J. (1967). *乳幼児の精神衛生*（黒田実郎，訳）．東京：岩崎学術出版社．(Bowlby, J. (1951). *Maternal care and mental health* (WHO Monograph No.2). Geneva: World Health Organization.)

Bowlby, J. (1991a). *母子関係の理論Ⅰ 愛着行動*（新版）（黒田実郎・大羽 蓁・岡田洋子・黒田聖一，訳）．東京：岩崎学術出版社．(Bowlby, J. (1969/1982). *Attachment and loss: Vol. 1. Attachment*. New York: Basic Books.)

Bowlby, J. (1991b). *母子関係の理論Ⅱ 分離不安*（新版）（黒田実郎・岡田洋子・吉田恒子，訳）．東京：岩崎学術出版社．(Bowlby, J. (1973). *Attachment and loss: Vol. 2. Separation*. New York: Basic Books.)

Carlson, E. A. (1998). A prospective longitudinal study of attachment disorganization/disorientation. *Child Development*, **69**, 1107–1128.

Cassidy, J. (2008). The nature of the child's ties. In J. Cassidy & P. R. Shaver (Eds.), *Handbook of attachment: Theory, research, and clinical applications* (2nd ed., pp.3–22). New York: Guilford Press.

Cassidy, J., & Shaver, P. R. (Eds.). (2008). *Handbook of attachment: Theory, research, and clinical applications* (2nd ed.). New York: Guilford Press.

遠藤利彦．(2006)．語りにおける自己と他者，そして時間：アダルト・アタッチメント・インタビューから逆照射して見る語りの特質．心理学評論，**49**，470–491.

遠藤利彦．(2007)．アタッチメント理論とその実証研究を俯瞰する．数井みゆき・遠藤利彦（編），アタッチメントと臨床領域（pp.1–58）．京都：ミネルヴァ書房．

Fagot, B. I. (1997). Attachment, parenting, and peer interactions of toddler children. *Developmental Psychology*, **33**, 489–499.

Fraley, R. C. (2002). Attachment stability from infancy to adulthood: Meta-analysis and dynamic modeling of developmental mechanisms. *Personality and Social Psychology Review*, **6**, 123-151.

Fraley, R. C., & Davis, K. E. (1997). Attachment formation and transfer in young adults' close friendships and romantic relationships. *Personal Relationships*, **4**, 131-144.

George, C., Kaplan, N., & Main, M. (1996). *Adult Attachment Interview protocol* (3rd ed.). Unpublished manuscript, University of California at Berkeley.

Goldberg, S., Grusec, J. E., & Jenkins, J. M. (1999). Confidence in protection: Arguments for a narrow definition of attachment. *Journal of Family Psychology*, **13**, 475-483.

Grossmann, K. E., Grossmann, K., & Waters, E. (Eds.). (2005). *Attachment from infancy to adulthood: The major longitudinal studies*. New York: Guilford Press.

Harlow, H. F. (1978). 愛のなりたち（浜田寿美男，訳）．京都：ミネルヴァ書房．(Harlow, H. F. (1971). *Learning to love*. San Francisco: Albion.)

Hazan, C., & Zeifman, D. (1994). Sex and the psychological tether. In K. Bartholomew & D. Perlman (Eds.), *Advances in personal relationships: Vol. 5. Attachment processes in adulthood* (pp.151-178). London: Kingsley.

Hesse, E. (2008). The adult attachment interview: Protocol, method of analysis, and empirical Studies. In J. Cassidy & P. R. Shaver (Eds.), *Handbook of attachment: Theory, research, and clinical applications* (2nd ed., pp.552-598). New York: Guilford Press.

Hofer, M. A. (1995). Hidden regulators: Implications for a new understanding of attachment, separation, and loss. In S. Goldberg, R. Muir, & J. Kerr (Eds.), *Attachment theory: Social, developmental, and clinical perspectives* (pp.203-230). Hillsdale, NJ: Analytic Press.

Kagan, J. (1984). *The nature of the child*. New York: Basic Books.

金政祐司．(2007)．青年・成人期の愛着スタイルの世代間伝達：愛着は繰り返されるのか．心理学研究，**78**, 398-406.

数井みゆき・遠藤利彦（編著）．(2005)．アタッチメント：生涯にわたる絆．京都：ミネルヴァ書房．

数井みゆき・遠藤利彦・田中亜希子・坂上裕子・菅沼真樹．(2000)．日本人母子における愛着の世代間伝達．教育心理学研究，**48**, 323-332.

Kobak, R., Rosenthal, N., & Serwik, A. (2005). The attachment hierarchy in middle childhood: Conceptual and methodological issues. In K. A. Kerns & R. A. Richardson (Eds.), *Attachment in middle childhood* (pp.71-88). New York: Guilford Press.

Magai, C. (2008). Attachment in middle and later life. In J. Cassidy & P. R. Shaver (Eds.), *Handbook of attachment: Theory, research, and clinical applications* (2nd ed., pp.532-551). New York: Guilford Press.

中尾達馬．(2008)．愛着に関する生涯発達．上淵　寿（編），感情と動機づけの発達心理学（pp.213-232）．京都：ナカニシヤ出版．

Prior, V., & Glaser, D. (2008). 愛着と愛着障害：理論と証拠にもとづいた理解・臨床・介入のためのガイドブック（加藤和生，監訳）．京都：北大路書房．(Prior, V., & Glaser, D. (2006). *Understanding attachment and attachment disorders: Theory, evidence and practice*. London: Jessica Kingsley.)

Renken, B., Egeland, B., Marvinney, D., Mangelsdorf, S., & Sroufe, L. A. (1989). Early childhood antecedents of aggression and passive-withdrawal in early elementary school. *Journal of Personality*, **57**, 257-281.

Sroufe, L. A. (1996). *Emotional development: The organization of emotional life in the early years*. New York: Cambridge University Press.

Sroufe, L. A., Egeland, B., Carlson, E. A., & Collins, W. A. (2005). *The development of the person: The Minnesota study of risk and adaptation from birth to adulthood*. New York: Guilford Press.

Sroufe, L. A., Fox, N. E., & Pancake, V. R. (1983). Attachment and dependency in developmental perspective. *Child Development*, **54**, 1615-1627.

Sroufe, L. A., & Waters, E. (1977). Attachment as an organizational construct. *Child Development*, **48**, 1184-1199.

Teo, A., Carlson, E., Mathieu, P. J., Egeland, B., & Sroufe, L. A. (1996). A prospective longitudinal study of psychosocial predictors of achievement. *Journal of School Psychology*, **34**, 285-306.

van IJzendoorn, M. H. (1995). Adult attachment representations, parental responsiveness, and infant attachment: A meta-analysis on the predictive validity of the Adult Attachment Interview. *Psychological Bulletin*, **117**, 387-403.

Vaughn, B. E., Bost, K. K., & van IJzendoorn, M. H. (2008). Attachment and temperament: Additive and interactive influences on behavior, affect, and cognition during infancy and childhood. In J. Cassidy & P. R. Shaver (Eds.), *Handbook of attachment: Theory, research, and clinical applications* (2nd ed., pp.192-216). New York: Guilford Press.

Waters, E., Merrick, S., Treboux, D., Crowell, J., & Albersheim, L. (2000). Attachment security in infancy and early adulthood: A twenty-year longitudinal study. *Child Development*, **71**, 684-689.

Weinfield, N. S., Sroufe, L. A., & Egeland, B. (2000). Attachment from infancy to early adulthood in a high-risk sample: Continuity, discontinuity, and their correlates. *Child Development*, **71**, 695-702.

Weinfield, N. S., Sroufe, L. A., Egeland, B., & Carlson, E. (2008). Individual differences in infant-caregiver attachment: Conceptual and empirical aspects of security. In J. Cassidy & P. R. Shaver (Eds.), *Handbook of attachment: Theory, research, and clinical applications* (2nd ed., pp.78-101). New York: Guilford Press.

第20章
友情・恋愛・親密性

金政祐司

　人は親密な関係を築こうとする。それは遠い昔，か弱きヒトが生き残るためには避けては通れぬ道であったのかもしれない。しかしながら，それが必要不可欠であったがゆえに，今日，私たちは親密な関係を形作ることに心地よさを覚え，親しい人たちとお互いの経験や感情を共有することに喜びを感じるのであろう。さらに，そのことは親密な関係が私たち自身の適応と深いかかわりをもつことにもつながる。本章では，このような親密な関係について，友人関係ならびに恋愛関係に焦点を当てながら近年の研究知見を概観するとともに，情報化が急速に進展し対人関係の流動性が増大する現代の社会において，それら両関係をよりよく維持していくための要因を探っていくこととする。

第1節　友人関係

1　友人関係の重要さと希薄さ

　友人関係は，とくに青年期において重要なものとなることが指摘されている（松井，1996；宮下，1995）。青年期は親からの心理的な独立を図るとともに，自己を取り巻く環境の変化やアイデンティティの確立といったさまざまな問題を抱える発達段階であり，それら困難な問題に積極的に対処していくためにも，また，心理的な安寧を保つうえにおいても，悩みや考えを分かち合う友人関係は他の世代と比較して非常に重要な意味をもちうるといえる。実際，青年期においては，それまでのサポート源であった両親から同性友人や恋人へとサポートを求める対象が次第に移行することが報告されており（Furman & Buhrmester, 1992），また，ハートアップとスティーブン（Hartup & Stevens, 1997）は，友人関係が個人を社会化させるとともに，自尊心やウェルビーイング（well-being）といった個人の適応性を促進させる資源としても機能すると述べている。

上記のことからすると友人関係は個人にとって重要で貴重なものであると言えるが，近年，青年期の友人関係の希薄化を指摘する声も多く見られる（たとえば，石本ほか，2009；落合・竹中，2004）。岡田（2007a）や松下・吉田（2007）は，現代の若者の特質として，内面的なかかわり合いを避け表面的な楽しさを追求する傾向，また，友人から低い評価を受けることを恐れ互いに傷つけ合わないように防衛的で表面的な関係を形成する傾向があると考察している。さらに，岡田（2007b）では，そのような傾向をもつ者は，友人と内面的なかかわり合いを求める傾向の高い者と比して，自尊心が低く，病理的な自己愛傾向が強いことが示されている。

　ただし，そのような現代青年の友人関係の希薄さに反駁する主張（浅野，2006；和田，2002）も存在しており，福重（2007）は，「多チャンネル化」，「多様化」，「選択化」，「コミュニケーションの繊細化」が現代の若者の友人関係の特徴を表していると言及している。つまり，現代の若者は，インターネットや携帯電話の発展および普及によって対人関係の流動性が上昇したことで，さまざまなチャンネルによって多種多様な友人関係を形成する機会が増大し関係性を選択的に切り替える必要が生じたために，自身の置かれている状況や文脈に対して敏感で繊細にならざるをえないというのである。このような友人関係での状況に応じた切り替えに着目した研究（大谷，2007）でも，既存の研究における友人関係を捉える次元の少なさに触れるとともに，友人関係が希薄であるかどうかは必ずしも個人の適応性の有力な予測子とはなりえないことを指摘している。

2　友人関係の発達的変化

　友人という概念の捉え方は，当然個人差も存在するが，個人の発達段階によっても変化する（McDougall & Hymel, 2007）。総務省青少年対策本部（2001）の調査によると，仲のよい友人の数を「2〜3人」，「4〜5人」とする割合は，年齢とともに上昇するが，「10人以上」とする割合は，中学生で一番高くなるものの，その後は下降する傾向にある。また，友人との関係を「とても楽しい」とする割合は，小学校4年生〜6年生の74.6％から年齢とともに徐々に減少し，22〜24歳では51.0％にまで下降する。これらの結果は，友人という概念が年齢とともに変容することを示唆するものとして捉えることができよう。

　また，友人とのつきあい方も年齢とともに変化することが知られている。落合・佐藤（1996）によると，青年期初期の中学生で優勢であった「誰とでも同じように仲良くしようとしているが，自分の本音は出さない"浅く広く"関わるつ

表20-1 青年期における友人とのかかわり方の発達的変化に関する研究の概観

側面	内容	発達的変化	研究
相互理解	積極的な自己開示を行い，互いの価値観などについて話し合う。	基本的に年齢とともに上昇する傾向にある。	落合・佐藤（1996）榎本（1999）
選択的親密化	誰とでも仲よくすることを望むのではなく，ある程度限定した人たちと閉鎖的だが親密な友人関係を築く。	年齢とともに上昇，特に中学から高校にかけて上昇する傾向にある。	落合・佐藤（1996）長沼・落合（1998）榎本（1999）
自律性・独立性	自分の意見や考え，主体性を大切にし，相手と対立しても自分の意見を表明することができる。	年齢とともに上昇，特に高校から大学にかけて上昇する傾向にある。	榎本（1999）岡田（2002）柴橋（2004）
自己防衛性と同調	友人からどう思われているかを懸念し，他者と意見が異なることに不安を感じる。また，傷つくことを恐れ，本音を表出せずに他者に同調する。	年齢とともに下降する傾向にある。	落合・佐藤（1996）榎本（1999）柴橋（2004）石本ほか（2009）
共行動と類似性の希求	友人と一緒にいることを希求し，友人と共通の行動を取ろうとする。また，友人との類似性や共通性を重視する。	年齢とともに下降，特に高校から大学にかけて下降する傾向にある。	長沼・落合（1998）榎本（1999）吉岡（2001）岡田（2006）

きあい方」は，年齢が増すにつれて減少していき，反対に「限られた相手と積極的に関わり，わかり合おうとする"深く狭く"関わるつきあい方」が年齢とともに次第に増加していくとされる。ただし，近年では，中学生から大学生へと年代が上がるにつれて，表面的に円滑な関係を希求する青年が増え，反対に，親密で内面の開示を行うような関係を求める青年が減少していくことを示す研究（岡田，2007c）もある。上記の研究以外にも，これまで友人関係の発達的変化を対象とした研究は多数提出されているが，それらを概観するならば表20-1のようになるであろう。

第2節 恋愛と結婚

1 恋愛のプロセス

現代の若年層においては，愛情を抱いた相手と恋愛関係を形成し，ある程度の交際期間を経て結婚に至るというのが恋愛から結婚へとつながる一般的なルートと考えられていよう。この点について，松井（2000）は，大学生843名を対象として，「恋人もしくは最も親しい異性」と経験した行動についての調査を行い，恋愛における行動パターンが一次的構造を示すことを明らかにするとともに，恋愛行動の進展を5つの段階に分割している（図20-1）。模式図（松井，2006）によ

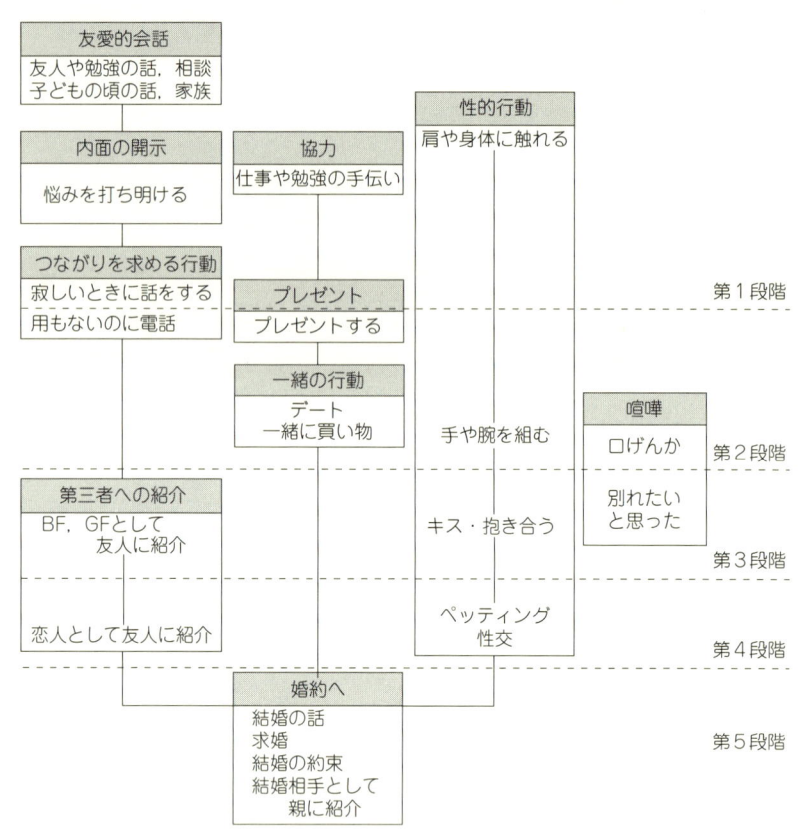

```
友愛的会話
友人や勉強の話，相談
子どもの頃の話，家族

内面の開示
悩みを打ち明ける

協力
仕事や勉強の手伝い

性的行動
肩や身体に触れる

つながりを求める行動
寂しいときに話をする
用もないのに電話

プレゼント
プレゼントする                                第1段階

一緒の行動
デート
一緒に買い物

手や腕を組む

喧嘩
口げんか                                      第2段階
別れたい
と思った

第三者への紹介
BF，GFとして
友人に紹介

キス・抱き合う
                                              第3段階

恋人として友人に紹介

ペッティング
性交                                          第4段階

婚約へ
結婚の話
求婚
結婚の約束
結婚相手として
親に紹介                                      第5段階
```

図20-1　恋愛行動の進展に関する模式図（松井，2000，2006）

れば，大学生における恋愛行動は，「開示行動」，「共同行動」，「性行動」，「葛藤行動」の4領域が時間の推移にともなって順に各段階へと移行していくとされる。

　ただし，このような恋愛行動の進展は，時代による変化が見られることも指摘されている（松井，2006）。1982年に行われた同様の調査（松井，1990）と比較すると，携帯電話が普及したためか，「用もないのに電話する」という行動がより第1段階に近づいており，また，以前の調査では，第5段階に位置していた「ペッティング」，「性交（セックス）」といった性行動の経験率が上がり，先の模式図では第4段階に移行していた。これは性に対する意識が時代とともに変化し，愛情を前提とした性交渉に対する肯定的意見が増加したことなどがその背景にあると考えられよう。

2 成人のアタッチメント理論から見る恋愛関係

前章で紹介されているアタッチメントという立場から青年・成人期の恋愛関係を捉えようとしたものが，成人のアタッチメント理論である。シェイバーとハザン (Shaver & Hazan, 1988) は，アタッチメント行動が「揺りかごから墓場まで」(Bowlby, 1977, p.203) 人を特徴づけ続けるとするボウルビィの主張を踏まえ，青年・成人期においても，アタッチメントは主に恋愛関係（もしくは夫婦関係）といった二者関係の絆の形成や継続性に寄与し，また，それらの関係の特質に対しても影響を与えうるとする成人のアタッチメント理論（ロマンチック・アタッチメント）を提唱した。

成人のアタッチメント理論においては，青年・成人期の恋愛関係（もしくは夫婦関係）も乳幼児期の子どもと養育者との関係と同様，お互いが強い心の絆で結ばれているアタッチメント関係であるとされる。その理論的根拠として，シェイバーとハザン (Shaver & Hazan, 1988) は，子どもと養育者の関係ならびに恋愛関係の双方がともにアタッチメント関係として定義づけられるための4つの要素，すなわち，近接性の模索，分離苦悩，確実な避難所，安全基地を有していることを指摘している。

このように乳幼児期での子どもと養育者との関係と青年・成人期の恋愛関係を相似的なものとして理論的に結びつける際に重要となってくる概念が内的作業モデルである。ボウルビィのアタッチメント理論では，個人は乳幼児期における養育者との長期的で継続的な相互作用を通して，自己や他者への信念や期待を形成していくとされ，そのような心的表象は内的作業モデルと呼ばれる。そして，乳幼児期からのアタッチメント関係において連綿と培われてきたであろう内的作業モデル（その行動の表出形としてのアタッチメントスタイル）は，漸次的に変容する可能性を秘めながらも個人の行動や思考を方向づけることで確証的に維持されていくがゆえに，後の青年・成人期の恋愛関係にまで影響を及ぼす蓋然性を有するとされるのである。この仮説を支持するように，約20年間にわたる縦断的研究 (Simpson et al., 2007) では，乳幼児期（1歳時）にストレンジ・シチュエーション法（第19章参照）によって測定されたアタッチメントスタイルが，小学校での対人コンピテンス (peer competence) ならびに16歳時の友人関係でのセキュリティー（安心感・信頼感）を媒介して，成人後（20～23歳）の恋愛関係の質（関係内の日常的な感情経験，関係葛藤時のネガティブ感情経験，カップル間の協力行動）に影響を及ぼすことが示されている。

ハザンとシェイバー (Hazan & Shaver, 1987) に端を発する成人のアタッチメント

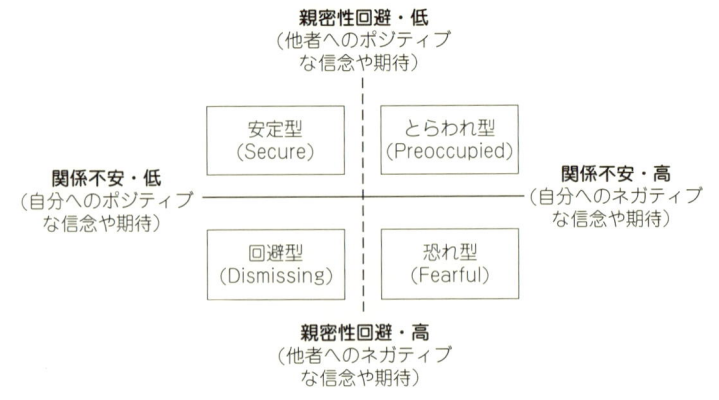

```
              親密性回避・低
           (他者へのポジティブ
             な信念や期待)

        ┌──────────┬──────────┐
        │  安定型   │ とらわれ型 │
        │ (Secure) │(Preoccupied)│
関係不安・低│          │          │関係不安・高
(自分への ├──────────┼──────────┤(自分への
 ポジティブ│  回避型   │  恐れ型   │ ネガティブ
 な信念や │(Dismissing)│ (Fearful) │ な信念や
 期待)   │          │          │ 期待)
        └──────────┴──────────┘

              親密性回避・高
           (他者へのネガティブ
             な信念や期待)
```

図20-2　青年・成人期の4つのアタッチメントスタイル（Bartholomew & Horowitz, 1991 を改変）

　研究においては，上記の自己ならびに他者への信念や期待は，自己報告型の尺度によって測定され，それぞれ関係不安（もしくは見捨てられ不安），親密性回避という概念として理解される（Feeney et al., 2000）。関係不安の高さは，先の自己への信念や期待のネガティブさを意味し，過度な親密さの希求，相手から見捨てられることへの不安や焦燥感として，また，親密性回避の高さは，他者への信念や期待のネガティブさを表しており，親密さへの嫌悪や他者に依存することへの忌避傾向として捉えられる。この関係不安と親密性回避は，アタッチメント次元と呼ばれ，その高低の組み合わせによって，個人のアタッチメントのパターン，すなわち，青年・成人期のアタッチメントスタイルは4つに分類される（図20-2）。

　これまで青年・成人期のアタッチメントスタイル（もしくはアタッチメント次元）が恋愛関係や夫婦関係に及ぼす影響については，さまざまな観点から数多くの検討がなされてきている。たとえば，恋愛や夫婦関係における自己開示や感情表出に関する研究では，親密性回避の高さは自己開示の低さや感情表出の抑制を予測すること（たとえば，Bradford et al., 2002；Feeney, 1999），また，関係不安が高い場合には，ネガティブな開示や感情表出を行いやすく，そのトーンや表情もネガティブになりやすいことが示されている（Bradford et al., 2002；Campbell et al., 2005；Feeney & Hohaus, 2001；Tran & Simpson, 2009）。

　青年・成人期のアタッチメントスタイルは，恋愛や夫婦関係における感情経験や関係への評価（たとえば，関係への満足度やコミットメント）とも関連する。これまで多数の研究において，関係不安や親密性回避の高さといった不安定なアタッチメント傾向は，基本的に本人のみならずそのパートナー（恋愛相手や配偶

者）のネガティブ感情経験と正の関連を，ポジティブ感情経験や関係への評価とは負の関連を示すことが報告されている（たとえば，Feeney, 1999；Rholes et al., 2006；Shaver et al., 2005）。さらに，金政（2009, 2010）は，青年・成人期のアタッチメント関係と仮定される青年期の母子関係と恋愛関係ならびに中年期の夫婦関係についてペア調査を行い，それら3つの関係において，本人のアタッチメント次元と本人と各関係のパートナー（母親，恋愛相手，配偶者）の経験する関係内の感情ならびに関係への評価との間にはある共通の関連性が見られること，とくに関係不安は，本人とパートナー双方のネガティブ感情経験を媒介する形で関係への評価に影響を及ぼすことを示している。これらの結果は，青年期の母子関係と恋愛関係ならびに中年期の夫婦関係がある種の共通項を有するアタッチメント関係であることを示唆しているといえよう。

第3節　親密な関係のよりよき維持のために

1　友人関係の維持や満足感にかかわる要因

　友人関係は，個人にとって重要な関係であるがゆえに相互のサポートの提供と受容が関係をうまく維持していくための一つの要因となりうる。たとえば，デシほか（Deci et al., 2006）は，友人関係でお互いが相手のことを自主的にサポートしているほど，双方が認知する情緒的信頼感や関係満足度といった友人関係の質が高くなることを示している。このような友人関係における相互サポートやその認知が関係満足度や関係の良好さに寄与することを報告する研究はほかにも見られており（たとえば，Barry & Wentzel, 2006；Buhrmester et al., 1988），その関連の堅固さを示唆しているといえるだろう。

　また，関係満足度は，友人関係における動機づけや友人への期待などとも関連し，友人関係への動機づけが高い場合，学習活動場面において友人への援助要請や友人との相互学習が促進されやすく，さらに，そのことが友人関係の充実感につながることが示されている（岡田，2008）。友人への期待については，その期待が相手によってどの程度遂行されているかの認知とのズレによって関係満足度を規定すること，その影響は関係の進展段階もしくは関係性の違いによって異なることが報告されている（下斗米，2000）。加えて，友人への期待とその遂行度の認知のズレ，すなわち，友人関係での期待はずれは個人の適応状態にまで影響を及ぼすという報告もある（中村・浦，1999）。

　近年，携帯電話やメール，インターネットなどの急速な普及によって友人関係

のコミュニケーションのありようが変容してきているといわれる。古谷・坂田(2006)では，身近に会える近距離友人と，会う機会の少ない遠距離友人では関係満足度を規定する要因が異なり，遠距離友人では対面のコミュニケーションが困難であるがゆえに携帯電話や携帯のメールでのコミュニケーションによって関係の維持を図っている可能性が示唆されている。このように友人関係のコミュニケーションもしくは友人との関係性自体がメディアからの影響を多分に受けていると考えられることから，今後，それらについて発達的視点を交えた研究が望まれるところであろう。

2　恋愛関係の維持や満足感にかかわる要因

　恋愛関係と先の友人関係との大きな差異は，前者が排他性とセクシュアリティの問題をはらんでいることにあるといえる。日本や欧米の文化圏では，基本的に，個人が多様な友人関係を同時に複数有することは社会的に容認されうるが，恋愛関係の場合には，それは容認されないことが多い。そのため，恋愛関係は，友人関係と比して，関係の崩壊や終焉がある程度明確に存在するという特徴があり，また，そうであるがゆえに関係内での出来事や感情経験が直接的に個人の適応状態に影響を及ぼしやすい。このことから，恋愛関係の継続性や満足度などの関係の特質に影響を及ぼす要因に関しては，自己開示や日常的なコミュニケーション（たとえば，Attridge et al., 1995；多川・吉田，2006），関係への互いの投資量（たとえば，Rusbult, 1983），代替となる関係の有無（たとえば，Drigotas & Rusbult, 1992；Rusbult et al., 1998），関係葛藤やその対処法（たとえば，Surra & Longstreth, 1990）など，これまで幾多の研究においてさまざまな角度からの検討がなされてきている。

　一般的に恋愛関係は肯定的な関係として捉えられることが多いが，恋愛関係が常に個人に対して安心感やサポートといったよいことばかりを提供してくれるとは限らない。ときに恋愛は個人に対してネガティブな経験を強いることもある。たとえば，立脇(2007)は，親密な異性との関係で経験されるネガティブ感情と関係の質との関連に焦点を当て，恋愛関係においては，相手に対するいらだちや面倒さなどを意味する「攻撃・拒否感情」が，片思い関係では，悲しい，不安といった「親和不満感情」が，関係満足度と関係継続意志の双方にネガティブな影響をもたらすことを示している。また，相馬・浦（2009）も，個人が自身の恋愛関係を特別なものであると見なす特別観が相手に対する協力的な態度や行動を促す一方で，恋愛関係を閉鎖的なものとする可能性を増大させ，個人が関係以外の他者からサポートを取得する機会を失わせてしまうことを示している。このよう

な恋愛の光の部分だけでなく闇の部分にも焦点を当てる研究の必要性は今後さらに増していくことであろう。

　他人とうまく関係を続けていくことは難しい。それがお互いの悪いところも見えてくるような親密な関係であればなおのことであろう。現代のように情報化が急速に進み関係の流動性が増大し続け，それが人に有形無形の影響を及ぼす社会において，親密な関係をよりよく維持，継続していくためにはどうすればいいのか，その方法や認識を探るための研究が今後望まれるものとなる。

引用文献

浅野智彦．(2006)．若者の現在．浅野智彦（編），検証・若者の変貌：失われた10年の後に (pp.233-260)．東京：勁草書房．

Attridge, M., Berscheid, E., & Simpson, J. A. (1995). Predicting relationship stability from both partners versus one. *Journal of Personality and Social Psychology*, **69**, 254-268.

Barry, C. M., & Wentzel, K. R. (2006). Friend influence on prosocial behavior: The role of motivational factors and friendship characteristics. *Developmental Psychology*, **42**, 153-163.

Bartholomew, K., & Horowitz, L. M. (1991). Attachment styles among young adults: A test of a four-category model. *Journal of Personality and Social Psychology*, **61**, 226-244.

Bowlby, J. (1977). The making and breaking of affectional bonds. *British Journal of Psychology*, **130**, 201-210.

Bradford, S. A., Feeney, J. A., & Campbell, L. (2002). Links between attachment orientations and dispositional and diary-based measures of disclosure in dating couples: A study of actor and partner effects. *Personal Relationships*, **9**, 491-506.

Buhrmester, D., Furman, W., Wittenberg, M. T., & Reis, H. T. (1988). Five domains of interpersonal competence in peer relationships. *Journal of Personality and Social Psychology*, **55**, 991-1008.

Campbell, L., Simpson, J. A., Boldry, J., & Kashy, D. A. (2005). Perceptions of conflict and support in romantic relationships: The role of attachment anxiety. *Journal of Personality and Social Psychology*, **88**, 510-531.

Deci, E. L., La Guardia, J. G., Moller, A. C., Scheiner, M. J., & Ryan, R. M. (2006). On the benefits of giving as well as receiving autonomy support: Mutuality in close friendships. *Personality and Social Psychology Bulletin*, **32**, 313-327.

Drigotas, S. M., & Rusbult, C. E. (1992). Should I stay or should I go? A dependence model of break-ups. *Journal of Personality and Social Psychology*, **62**, 62-87.

榎本淳子．(1999)．青年期における友人との活動と友人に対する感情の発達的変化．教育心理学研究，**47**，180-190．

Feeney, J. A. (1999). Adult attachment, emotional control, and marital satisfaction. *Personal Relationships*, **6**, 169-185.

Feeney, J. A., & Hohaus, L. (2001). Attachment and spousal caregiving. *Personal Relationships*, **8**, 21-39.

Feeney, J. A., Noller, P., & Roberts, N. I. (2000). Attachment and close relationships. In C. Hendrick & S. S. Hendrick (Eds.), *Close relationships* (pp.185-201). Thousand Oaks, CA: Sage.

福重　清．(2007)．変わりゆく「親しさ」と「友だち」：現代の若者の人間関係．高橋勇悦ほか（著），現代日本の人間関係：団塊ジュニアからのアプローチ (pp.27-61)．東京：学

文社.

Furman, W., & Buhrmester, D. (1992). Age and sex differences in perceptions of networks of personal relationships. *Child Development*, **63**, 103-115.

古谷嘉一郎・坂田桐子. (2006). 対面, 携帯電話, 携帯メールでのコミュニケーションが友人との関係維持に及ぼす効果:コミュニケーションのメディアと内容の適合性に注目して. 社会心理学研究, **22**, 72-84.

Hartup, W. W., & Stevens, N. (1997). Friendship and adaptation in the life course. *Psychological Bulletin*, **121**, 355-370.

Hazan, C., & Shaver, P. R. (1987). Romantic love conceptualized as an attachment process. *Journal of Personality and Social Psychology*, **52**, 511-524.

石本雄真・久川真帆・齋藤誠一・上長 然・則定百合子・日潟淳子・森口竜平. (2009). 青年期女子の友人関係スタイルと心理的適応および学校適応との関連. 発達心理学研究, **20**, 125-133.

金政祐司. (2009). 青年期の母-子ども関係と恋愛関係の共通性の検討:青年期の2つの愛着関係における悲しき予言の自己成就. 社会心理学研究, **25**, 11-20.

金政祐司. (2010). 中年期の夫婦関係において成人の愛着スタイルが関係内での感情経験ならびに関係への評価に及ぼす影響. パーソナリティ研究, **19**, 134-145.

松井 豊. (1990). 青年の恋愛行動の構造. 心理学評論, **33**, 355-370.

松井 豊. (1996). 親離れから異性との親密な関係の成立まで. 斎藤誠一(編), 青年期の人間関係 (pp.19-54). 東京:培風館.

松井 豊. (2000). 恋愛段階の再検討. 日本社会心理学会第41回大会発表論文集, 92-93.

松井 豊. (2006). 恋愛の進展段階と時代的変化. 齊藤 勇(編), イラストレート恋愛心理学:出会いから親密な関係へ (pp.62-71). 東京:誠信書房.

松下姫歌・吉田芙悠紀. (2007). 現代青年の友人関係における "希薄さ" の質的側面. 広島大学大学院教育学研究科紀要, **56**, 161-169.

McDougall, P., & Hymel, S. (2007). Same-gender versus cross-gender friendship conceptions: Similar or different? *Merrill-Palmer Quarterly*, **53**, 347-380.

宮下一博. (1995). 青年期の同世代関係. 落合良行・楠見 孝(編), 講座生涯発達心理学:4 自己への問い直し:青年期 (pp.155-184). 東京:金子書房.

長沼恭子・落合良行. (1998). 同性の友達とのつきあい方からみた青年期の友人関係. 青年心理学研究, **10**, 35-47.

中村佳子・浦 光博. (1999). 適応及び自尊心に及ぼすサポートの期待と受容の交互作用効果. 実験社会心理学研究, **39**, 121-134.

落合良行・佐藤有耕. (1996). 青年期における友達とのつきあい方の発達的変化. 教育心理学研究, **44**, 55-65.

落合良行・竹中一平. (2004). 青年期の友人関係研究の展望:1985年以降の研究を対象として. 筑波大学心理学研究, **28**, 55-67.

岡田 涼. (2006). 青年期における友人関係への動機づけの発達的変化:横断的データによる検討. 名古屋大学大学院教育発達科学研究科紀要(心理発達科学), **53**, 133-140.

岡田 涼. (2008). 友人と学習活動における自立的な動機づけの役割に関する研究. 教育心理学研究, **56**, 14-22.

岡田 努. (2002). 友人関係の現代的特徴と適応感及び自己像・友人像の関連についての発達的研究. 金沢大学文学部論集 行動科学・哲学篇, **22**, 1-38.

岡田 努. (2007a). 現代青年の心理学:若者の心の虚像と実像. 京都:世界思想社.

岡田 努. (2007b). 大学生における友人関係の類型と, 適応及び自己の諸側面の発達の関

連について.パーソナリティ研究,**15**,135-148.

岡田 努.(2007c).現代青年の友人関係と自己像・友人像についての発達的研究.金沢大学文学部論集,**27**,17-34.

大谷宗啓.(2007).高校生・大学生の友人関係における状況に応じた切替:心理的ストレス反応との関連に注目して.教育心理学研究,**55**,480-490.

Rholes, W. S., Simpson, J. A., & Friedman, M. (2006). Avoidant attachment and the experience of parenting. *Personality and Social Psychology Bulletin*, **32**, 275-285.

Rusbult, C. E. (1983). A longitudinal test of the investment model: The development (and deterioration) of satisfaction and commitment in heterosexual involvements. *Journal of Personality and Social Psychology*, **45**, 172-186.

Rusbult, C. E., Martz, J. M., & Agnew, C. R. (1998). The investment model scale: Measuring commitment level, satisfaction level, quality of alternatives, and investment size. *Personal Relationships*, **5**, 357-391.

Shaver, P. R., & Hazan, C. (1988). A biased overview of the study of love. *Journal of Social and Personal Relationships*, **5**, 473-501.

Shaver, P. R., Schachner, D. A., & Mikulincer, M. (2005). Attachment style, excessive reassurance seeking, relationship processes, and depression. *Personality and Social Psychology Bulletin*, **31**, 343-359.

柴橋祐子.(2004).青年期の友人関係における「自己表明」と「他者の表明を望む気持ち」の心理的要因.教育心理学研究,**52**,12-23.

下斗米淳.(2000).友人関係の親密化過程における満足・不満足感および葛藤の顕在化に関する研究:役割期待と遂行とのズレからの検討.実験社会心理学研究,**40**,1-15.

Simpson, J. A., Collins, W. A., Tran, S., & Haydon, K. C. (2007). Attachment and the experience and expression of emotions in romantic relationships: A developmental perspective. *Journal of Personality and Social Psychology*, **92**, 355-367.

相馬敏彦・浦 光博.(2009).親密な関係における特別観が当事者たちの協調的・非協調的志向性に及ぼす影響.実験社会心理学研究,**49**,1-16.

総務省青少年対策本部(編).(2001).第2回青少年の生活と意識に関する基本調査報告書.内閣政策統括官.

Surra, C. A., & Longstreth, M. (1990). Similarity of outcomes, interdependence, and conflict in dating relationships. *Journal of Personality and Social Psychology*, **59**, 501-516.

多川則子・吉田俊和.(2006).日常的コミュニケーションが恋愛関係に及ぼす影響.社会心理学研究,**22**,126-138.

立脇洋介.(2007).異性交際中の感情と相手との関係性.心理学研究,**78**,244-251.

Tran, S., & Simpson, J. A. (2009). Prorelationship maintenance behaviors: The joint roles of attachment and commitment. *Journal of Personality and Social Psychology*, **97**, 685-698.

和田 実.(2002).友人関係.和田 実・諸井克英(著),青年心理学への誘い:漂流する若者たち(pp.67-86).京都:ナカニシヤ出版.

吉岡和子.(2001).友人関係の理想と現実のズレ及び自己受容から捉えた友人関係の満足度.青年心理学研究,**13**,13-30.

第21章
動機づけ

上淵 寿

第1節 動機づけの定義

　動機づけとは，報酬を求めて罰を避けるという，目標志向的心理現象を指す。「目標」(goals) とは，将来得られる可能性のある「結果」であり，その実現（あるいは非実現）[1]のために行動が向かう概念である。

　ゆえに，動機づけとはさまざまな心理現象にまたがる現象である。言い換えれば，動機づけとは固有の心理領域をもたない。むしろ，諸々の心理現象を目標志向的観点からみれば，それは心理現象を動機づけ現象としてみていることになる。つまり，動機づけは「研究領域」ではなく「研究アプローチ」である。

　しかしながら，動機づけ的なアプローチで説明できる心理学領域は広いが，それらの大半は他の章で説明されている。一方で，子どもが幼少である際の環境への興味・関心も見逃すことができない。そこで，まず乳幼児期における環境へのかかわりについて考察し，それ以降の発達期について，本章では「動機づけ」の名のもとに研究が進められている，とくに物事への積極的なかかわりという意味での，達成動機づけについて主に述べることとする。

第2節 乳児期における動機づけ

　乳幼児の物理環境や物事への積極性として理解される動機づけを，現在ではマスタリーモチベーション（mastery motivation）と呼ぶことが多い。このマスタリーモチベーションの定義は，蓋然的には「内発的で課題の達成やスキルの獲得を求

---

[1] 目標には正の目標（結果として実現させたい物事）と，負の目標（結果として実現させたくない物事）の2つがある。

める動機づけ」とまとめることができる (Messer, 1993)。

1 注意,実行機能としてのマスタリーモチベーションの発達

マスタリーモチベーションは,発達初期は,新奇性への反応として生じる。新生児でも,馴化（じゅんか）と新奇性の選好がみられる (Slater et al., 1983)。この性質を利用した馴化法 (habituation method) は,乳児の発達研究で頻繁に用いられる。これは,乳児が対象を他の物と弁別して注視できること,つまり事物の特徴や性質を部分的にでも捉えることができることを意味する。

乳児は,生後3カ月ぐらいから,自己の行為と環境の随伴性を理解する (Papousek, 1969；Rovee-Collier & Hayne, 1987；Watson & Ramey, 1972)。ゆえに乳児の情報処理能力は,かなり高いことがわかる。養育者は,相互作用に乳児の興味を持続させるような働きかけをする。養育者の働きかけの影響により,乳児は情報処理時間を長くとり,結果として知識獲得が促される。こうした注意や随伴性の検出には,原始的情動 (primary emotions) がかかわっている。後に,基本情動 (basic emotions) が成立してからは,情動,とくに興味 (interest) や喜び (joy, gratitude) がかかわる。また,随伴性の検出や理解に基づき,随伴性の期待（予期：expectancy）が生じる。

さらに生後9カ月頃から,具体的な目標志向性をもって,子どもは行動し始める。それに対して,養育者は,乳児の興味に追随し,ラベリングをする。それによって,自己の興味や注意活動自体を知覚するようになり,それを制御対象とする準備が整う。つまり,自己制御や情動制御等をより精緻に行えるようになっていく。生後12カ月前後から,子どもは手段－目的関係を理解し始める (Messer, 1993)。

2 乳児期の動機づけの背景要因

マスタリーモチベーションは,環境と効果的な相互作用をする動機づけであるが (White, 1959),とくにその中心をなす感情は,「興味」という情動である。だが「個別情動」(different emotions；Izard, 1994) としての興味は,生後すぐではなく,生後1年目以内に成立する。しかし,その兆候である新奇性の選好等は,生後かなり早く現れる。子どもに限らず,ヒトは興味をひくものをみつけようと環境内で探索行動をし,興味をひく物を操作し,その喚起状態を保つ (Hunt, 1965)。この場合は,興味が行動の目的であり,内発的動機づけの始まりともいえる。

動機づけの精緻化には,因果関係と目的論の発達が,鍵となる。まず,因果関

係理解の発達が，乳児期初期から始まることは，常識となりつつある（Goswami, 1998/2003）。

原因と結果の関係を安定的と捉えれば，次回も同様のことが起こったり，起こせると，乳児は推論するようになる（Rovee-Collier & Hayne, 1987）。因果関係の推論は，いわゆる期待（expectancy）の発達とその使用を促す。

乳児の動機づけも，探索的な「環境との効果的な相互作用」から，次第に自分が物や他者に一定の効果を与えることを求めるようになる。つまり，目的志向的な動機づけに変化する。たとえば，積み木を4つ積み上げると，喜んだりする。重要なのは一定の目標を設定し，その目標を成就することである。

目標志向性の発達は，何かが目的に向けて行為をすることや，意図をもって行為するという目的論的な理解があって，はじめて成立するものである。現時点での知見によれば，自己や他者の意図の理解は，生後2年目に生じるようである（Meltzoff, 1995, 2002；Meltzoff et al., 1999）。

3　養育者とマスタリーモチベーションの関係の影響

マスタリーモチベーションが，課題達成などの「物理環境内」での有能性の獲得とかかわるのならば，社会的環境での有能性の獲得と関係の深い愛着（第19章参照）との関係は，どのようなものだろうか。

古典的な愛着研究では，愛着の安定性は，探索システムと愛着システム（という2つの動機づけシステム）へのかかわりとのバランスを重視してきた（Ainsworth & Bell, 1970；Bowlby, 1982）。愛着と探索システムは独立しているが，同時に，相互依存的とみなされることもある（Grossmann et al., 1999）。

動機づけと愛着には関係がある。ストレンジ・シチュエーション法などによる分類によれば，安定型の方が，不安定型よりも動機づけが高いと概観できる。とくに，乳幼児期においてAタイプ，Bタイプは，課題への持続性が高いが，Cタイプは，課題への持続性が低い（Frodi et al., 1990；Maslin et al., 1986）。Aタイプの持続性が高いのは，探索システムが優位だからであり，Bタイプは愛着と探索のバランスがとれている（Maslin-Cole & Spieker, 1990）。一方，Cタイプは愛着システムが優位と考えることができる。

一般的には，愛着から動機づけへの影響関係を想定する立場が大勢を占めている。まず，愛着の安定（安全基地）が，探索行動を活発化させると考える研究者がいる（Harter, 1981）。同様に愛着が原因と考える立場でも，愛着関係の感情的応答性が探索行動の有能さに影響するという主張もある（Ainsworth, 1985）。

また，児童期以降を対象とした動機づけ研究では，自己決定感（perceived self-determination）がよく研究テーマになる。自己決定感に基づく動機づけは，自分で自分のすることを決めるという知覚を求めようとする行為である。自己決定感が，乳幼児期の意図や目的の理解の発達を基礎とするのはいうまでもない。現在では，自己決定感は内発的動機づけの主要素として考えられている（Deci & Ryan, 2002）。

第3節　幼児期の動機づけ

　幼児期以降，認知発達の影響によって，動機づけプロセスは複雑化し，精緻化する。とくに自己の動機づけやその結果への評価基準が増え，評価の対象も目標の成功か失敗にとくに注目するようになる。さらに自己の能力に焦点化し，対象化する萌芽もみられる。また，他者との関係で制御，調整されるタイプの発達が，考えられる。他者からのフィードバックにも敏感になる。
　このような発達は，いずれも自己表象の発達と関係がある。つまり，自己自体の概念や表象が評価対象となり，さらに，概念駆動型の動機づけに発展していく。この概念駆動型の動機づけは，児童期以降ではさらに発達することになる。

1　マスタリーモチベーションから達成動機づけへ

　12カ月前後の手段－目的関係や意図の理解によって，目的達成の要素が加わることで，マスタリーモチベーションのプロセス自体が大きく変わり，達成動機づけの始まりといえる内容に変化する。
　達成動機づけは，環境に働きかける有能さ（コンピテンス）を求める意味では，マスタリーモチベーションの延長上に位置するとみなせるが，社会的に価値が高いことを求めることが，その中核に位置することに注意したい。つまり，達成動機づけでは，有能さは知識獲得や適応のためのスキル獲得，あるいはこれらの知識の運用のためだけではなく，それ自体が価値があるものとされ，評価の対象へと変化する。
　さらに，もう一つ重要な問題がある。成功や失敗を早くから，子どもは理解する。主にその情報源は，課題そのものに顕在的な目標である。しかし，自分の遂行を他の基準を使って評価することもある。他の基準とは，他者の遂行や，以前の自分の遂行である。

2 目的達成のための基準と比較

課題の成功・失敗の自己評価は，発達初期からできることが知られている (Jennings, 1993)。しかし一口に自己評価といってもさまざまなタイプがある。ここでは社会的比較評価 (social comparison) と呼ばれる評価を検討する。この評価は，同じ課題をしている他者の成績と自己の成績を比較して，成功か失敗か等を判断するタイプである。

最近の知見では，社会的比較は，幼児期後期からできるという知見が多い。3歳～5歳の間で，輪投げなどの達成課題を使った実験により，子どもは社会的比較ができると言われる (Heckhausen, 1984；Ruble & Flett, 1988；Yee & Brown, 1992)。しかし，小学校低学年でも社会的比較情報を使用しないという報告もある (Ruble et al., 1976)。スティペックほか (Stipek & MacIver, 1989；Stipek et al., 1992) は，子どもにとって日常的な場面や課題を用いて実験を行った。その結果，3歳半以降で，子どもは課題自体の基準とは別に，社会的比較情報を用いて自己評価を行うことを示した。

ただ，社会的比較能力の獲得とその積極的使用とは別である。人が社会的比較を自発的に用いるのは，社会的比較が特性査定のために重要な活動だからだろう (Butler, 1989；高田，1992；上淵，1999)。

達成にかかわる評価は，課題遂行の結果から，やがて観察不可能な「能力」にも拡大し，能力を観察可能な情報を基に推論して査定する。また，上記の比較評価は，養育者等から与えられるものだろう。養育者から与えられる基準は，「よい－わるい」と単純化できるものが多いために，特性理解は，まず「よい－わるい」という評価から始まり，それが次第に分化すると考えられる (Ruble & Dweck, 1995)。基準を内化することで，子どもは自己の行動やその結果を評価するようになる。

3 自己評価，社会的価値，他者の眼差しへの注目，自己価値の評価の関係

遂行や能力の自己評価の発達に応じて，自己評価は動機づけに影響する。課題遂行に成功したと評価した場合は，子どもはさらに問題解決に従事するかもしれない。一方，課題遂行に失敗した場合，まだできると判断したら，罪悪感を経験し，再挑戦する。しかし，何をしても無駄だと判断した場合は，恥を経験するか，課題にコミットするのをやめて，同様の状況が再現するのを回避するだろう。

そして，結果や能力の査定結果は，自己価値の評価と深くかかわるようになる。たとえば，努力等から分化した能力概念を獲得していないと考えられる5歳の子

どもでも，課題遂行の結果を称賛されて，次に同様の課題で失敗した場合，課題のプロセスや努力を称賛される場合と比べて，無力感を経験しやすい（Burhans & Dweck, 1995）。つまり，遂行のプロセスではなく結果に焦点化した場合，その成功の有無が自己価値の評価に影響する。

それは，達成結果や行動，それから推測される能力だけではなく，自己そのもの（自己概念，自己表象）のあり方が，社会的に価値づけられていることへの覚知が，急速に高まるからである。ゆえに，児童期以降，とくに動機づけ研究では，社会的な自己の行動，結果，態度等への社会的なみえを中核とする認知や行動が，研究対象となっていく。

4　他者からのかかわりと動機づけの発達

こうした遂行結果の評価や能力評価が自己価値と結びつくには，やはり客観的自己意識や，それにかかわる自己意識的情動がかかわり，さらに情動を通した養育者等とのコミュニケーションが，影響していることはいうまでもないだろう。

幼児期の動機づけに影響する養育者の要因としては，たとえば，養育者の知識獲得や問題解決への支援等が研究されている（Gaiter et al., 1982）。

親の子どもへの一般的な働きかけの一つとして，スキャフォールド（scaffold：足場作り）ということばを使う研究者も増えている（Meadows, 1996など）。そして子ども自身が情緒的適応を作り出すための支援としてのスキャフォールドと，知識獲得や認知能力の発達の支援としてのスキャフォールドを同じ枠組で捉えようとしている。

また，他者との感情的相互作用が，動機づけの発達に影響を及ぼす例は多い。ハーターの自己に関するモデル（Harter, 1981）では，コンピテンスから自尊心，自己価値へという一連の経路が想定されている。すなわち，乳児期の環境と相互作用する有能性から，幼児期から児童期にかけての有能さからみた自己価値の評価と基準の内在化へと変化し，自尊心にかかわる行動を動機づけるようになる。また，学習者が単独でできることと他者の支援によってできることの間である，発達の最近接領域は，一般には感情や動機づけの文脈では語られない。しかしそこでの学習や発達を支援し擁護する，メンターの学習者へのかかわりが，実際には感情的コミュニケーションに満ちていて，それが知識獲得に影響すると主張する研究者もいる（Goldstein, 1999）。

以上のような幼児期の動機づけにかかわる発達が基盤となって，児童期，青年期における，達成動機づけや，自尊感情にかかわる動機づけ，内発的動機づけ，

自己効力,達成目標,無力感等が発達すると考えられる。

第4節　児童期

とくに 10 歳以降になると,認知発達にともない,目標や期待,信念の保持が容易になり,より複雑化する。そのため,統制の位置,自己効力,期待,達成目標,学習性無力感,内発的動機づけ（宮本・奈須,1995）,といった,達成にかかわる動機づけ研究ではお馴染みの概念は,この発達期から次第に適用可能になってくる。とくに児童期後期（11,12歳頃）から,上記の動機づけ概念は研究の中心的な位置を占めるようになる。

また,仲間関係からも動機づけは影響を受ける。ウェンツェルが指摘するように,仲間関係と達成動機づけは深い関係にある。たとえば,仲間たちが学業成績が低かったり,学業に関心がない場合,子どもはあえて学校学習をしなくなることがある。反対に,仲間が学業に熱心な場合は,子どもは積極的に学校学習にむかう傾向にあるようだ（Wentzel, 1996）。なお,児童期の詳細については,伊藤（2008）等を参照されたい。

第5節　青年期

この発達期ではアイデンティティをめぐる発達が重視されている。また青年期では,児童期よりもさらに,学校,職場,サークル等のコミュニティへの参加が密になる。ここで,人は学校や職場等々のコミュニティへの初心者として参加し,やがてコミュニティの中核メンバーになるというプロセス[2]を歩むとしよう。このプロセスで獲得されるのが,いわゆるアイデンティティである。このアイデンティティは,危機と傾倒の2点から分類することができる。どちらも,積極的な選択や没頭を含意することから,アイデンティティとは,人生における重要な動機づけプロセスや態度とみることができるだろう。パリスほか（Paris et al., 2001）は,自己やアイデンティティの重要性を検討している。また,パリスほか（Paris et al., 2001）は,個性化,アイデンティティの形成,自己の確証を目的として,自

---

[2]　このようなプロセスを,正統的周辺参加（legitimate peripheral participation；LPP；Lave & Wenger, 1991）と呼ぶ。また,コミュニティへの参加時に生じる,人とコミュニティとの相克という実践をヒッキー（Hickey, 2003）は,関与的参加（engaged participation）と呼んでいる。
[3]　自己制御学習とは,自己の学習に対して能動的にかかわり,そのプロセスをモニターしたり,修正する学習形態を指す。

己制御学習[3]は生じると主張する。または，自己制御学習を，複数の可能自己の中からなりたい自己を選び取っていくと捉える（Markus & Nurius, 1986）プロセスとみなす。

第6節　成人期・老年期

この時期，とくに老年期に入ると時間的展望が大きく変化する。社会情動選択理論に基づく研究によれば（Carstensen, 2006；Fredrickson & Carstensen, 1990；Fung & Carstensen, 2006；大家，2008），自分の人生で残された時間を強く意識する場合，高齢者だけでなく青年ですらも，対人関係をより拡張するよりも，馴染みのある人たちと過ごしたいと考えるようになる。このように生活や人生に対する動機づけも変化することに注意したい。

第7節　比較文化的発達に対する動機づけ的視座

比較文化的視座によれば，一般に東アジアの人々は集団主義，相互協調的自己に代表されるように，集団の調和を重視し，それに動機づけられて行動するとされてきた。一方，欧米の人々は，個人主義，相互独立的自己に代表されるように，独立した個人の意思を重視し，それによる動機づけで行動するとみなされてきた（Markus & Kitayama, 1991など）。

しかし，近年必ずしも上記の考え方に適合しない知見も得られるようになってきている。たとえば，ハヤシ（Hayashi, 1996）によれば，スポーツに関しては，ハワイの先住民族とアメリカ本土の白人は，どちらも相互協調的自己の傾向が高く，相互独立自己が相対的に弱かった。

一方で文化の影響も大きいようだ。たとえば，アブーラビア（Abu-Rabia, 1995）は，イスラエルでユダヤ語を第二言語として学習するアラブの生徒たちにとって，問題の多い社会的文脈が，第二言語学習への動機づけに負の影響を与えることを指摘している。ゆえにアラブの生徒たちに文化的に馴染みがあり，生活に適した学習内容が必要と主張した。このような比較文化的発達研究は，今後さらに重要になってくるだろう。

引用文献

Abu-Rabia, S. (1995). Attitudes and cultural background and their relationship to English in a multicultural social context: The case of male and female Arab immigrants in Canada. *Educational Psychology*, **15**, 323-336.

Ainsworth, M. D. S. (1985). Patterns of infant-mother attachments: Antecedents and effects on development. *Bulletin of the New York Academy of Medicine*, **61**, 792-812.

Ainsworth, M. D. S., & Bell, S. M. (1970). Attachment, exploration, and separation: Illustrated by the behavior of one-year-olds in a strange situation. *Child Development*, **41**, 49-67.

Bowlby, J. (1982). *Attachment and loss: Vol.1. Attachment* (2nd ed.). New York: Basic Books.

Burhans, K. K., & Dweck, C. S. (1995). Helplessness in early childhoood: The role of contingent worth. *Child Development*, **66**, 1719-1738.

Butler, R. (1989). Mastery versus ability appraisal: A developmental study of children's observations of peer's work. *Child Development*, **60**, 1350-1361.

Carstensen, L. L. (2006). The influence of a sense of time on human development. *Science*, **312**, 1913-1915.

Deci, E. L., & Ryan, R. M. (Eds.). (2002). *Handbook of self-determination*. Rochester, NY: University of Rochester Press.

Fredrickson, B. L., & Carstensen, L. L. (1990). Choosing social partners: How old age and anticipated endings make us more selective. *Psychology and Aging*, **5**, 335-347.

Frodi, A., Grolnick, W., Bridges, L., & Berko, J. (1990). Infants of adolescent and adult mothers: Two indices of socioemotional development. *Adolescence*, **25**, 363-374.

Fung, H. H., & Carstensen, L. L. (2006). Goals change when life's fragility is primed: Lessons learned from older adults, the September 11th Attacks and SARS. *Social Cognition*, **24**, 248-278.

Gaiter, J. L., Morgan, G. A., Jennings, K. D., Harmon, R. J., & Yarrow, L. J. (1982). Variety of cognitively oriented caregiver activities: Relationships to cognitive and motivational functioning at one and 31/2 years of age. *Journal of Genetic Psychology*, **41**, 49-56.

Goldstein, L. S. (1999). The relational zone: The role of caring relationships in the co-construction of mind. *American Educational Research Journal*, **36**, 647-673.

Goswami, U. (2003). 子どもの認知発達（岩男卓実・上淵　寿・古池若葉・富山尚子・中島伸子，訳）．東京：新曜社．(Goswami, U. (1998). *Cognition in children*. London: Psychology Press.)

Grossmann, K. E., Grossmann, K., & Zimmermann, P. (1999). A wider view of attachment and exploration: Stability and change during the years of immaturity. In J. Cassidy & P. R. Shaver (Eds.), *Handbook of attachment: Theory, research, and clinical applications* (pp.760-786). New York: Guilford Press.

Harter, S. (1981). A model of mastery motivation in children: Individual differences and developmental change. In W. A. Collins (Ed.), *Aspects of the development of competence: The Minnesota symposia on child psychology: Vol.14* (pp.215-225). Hillsdale, NJ: Lawrence Erlbaum Associates.

Hayashi, C. T. (1996). Achievement motivation among Anglo-American and Hawaiian male physical activity participants: Individual differences and social contextual factors. *Journal of Sport and Exercise Psychology*, **18**, 194-215.

Heckhausen, H. (1984). Emergent achievement behavior: Some early developments. In J. G. Nicholls (Vol. Ed.) & M. L. Maehr (Series Ed.), *Advances in motivation and achievement: Vol.3. The development of achievement motivation* (pp.1-32). Greenwich, CT: JAI Press.

Hickey, D. T. (2003). Engaged participation versus marginal non-participation: A stridently sociocultural approach to achievement motivation. *Elementary School Journal*, **103**, 401-429.

Hunt, J. McV. (1965). Intrinsic motivation and its role in psychological development. In D. Levine (Ed.), *Nebraska symposium on motivation Vol.13* (pp.189-282). Lincoln: Univesity of Nebraska Press.

伊藤忠弘. (2008). 児童期の動機づけ. 上淵　寿（編著），感情と動機づけの発達心理学 (pp.125-148). 京都：ナカニシヤ出版.

Izard, C. E. (1991). *The psychology of emotions*. New York: Plenum Press.

Jennings, K. D. (1993). Mastery motivation and the formation of self-concept from infancy through early childhood. In D. Messer (Ed.), *Mastery motivation in early childhood: Development, measurement, and social processes* (pp.36-54). London: Routledge.

Lave, J., & Wenger, E. (1991). *Situated learning: Legitimate peripheral participation*. New York: Cambridge University Press.

Markus, H. R., & Kitayama, S. (1991). Culture and the self: Implications for cognition, emotion, and motivation. *Psychological Review*, 98, 224-253.

Markus, H., & Nurius, P. (1986). Possible selves. *American Psychologist*, 41, 954-969.

Maslin, C., Bretherton, I., & Morgan, G. (1986). *The influence of attachment security and maternal scaffolding on toddler mastery motivation*. Paper presented at the International Conference on Infant Studies. Beverly Hills, CA.

Maslin-Cole, C., & Spieker, S. J. (1990). Attachment as a basis for independent motivation: A view from risk and nonrisk samples. In M. T. Greenberg & D. Cicchetti (Eds.), *Attachment in the preschool years: Theory, research, and intervention* (pp.245-272). Chicago: University of Chicago Press.

Meadows, S. (1996). *Parenting behaviour and children's cognitive development*. Hove, UK: Psychology Press.

Meltzoff, A. N. (1995). Understanding the intentions of others: Re-enactment of intended acts by 18-month-old children. *Developmental Psychology*, 31, 838-850.

Meltzoff, A. N. (2002). Imitation as a mechanism of social cognition: Origins of empathy, theory of mind, and the representation of action. In U. Goswami (Ed.), *Blackwell handbook of childhood cognitive development* (pp.6-25). Oxford: Blackwell Publishing.

Meltzoff, A. N., Gopnik, A., & Repacholi, B. M. (1999). Toddlers' understanding of intentions, desires, and emotions: Explorations of the dark ages. In P. D. Zelazo, J. W. Astington, & D. R. Olson (Eds.), *Developing theories of intention: Social understanding and self-control* (pp.17-41). Mahwah, NJ: Lawrence Erlbaum Associates.

Messer, D. (Ed.). (1993). *Mastery motivation in early childhood: Development, measurement, and social processes*. London: Routledge.

宮本美沙子・奈須正裕（編著）．(1995)．達成動機の理論と展開：続・達成動機の心理学．東京：金子書房．

大家まゆみ．(2008)．青年期・成人期・老年期における動機づけの発達．上淵　寿（編著），感情と動機づけの発達心理学 (pp.167-186)．京都：ナカニシヤ出版．

Papousek, H. (1969). Individual variability in learned responces in human infants. In R. J. Robinson (Ed.), *Brain and early behaviour* (pp.251-266). London: Academic Press.

Paris, S. G., Byrnes, J. P., & Paris, A. H. (2001). Constructing theories, identities, and actions for self-regulated learners. In B. J. Zimmerman & D. H. Schunk (Eds.), *Self-regulated learning and academic achievement: Theoretical perspectives* (2nd ed., pp.253-287). Mahwah, NJ: Lawrence Erlbaum Associates.

Rovee-Collier, C., & Hayne, H. (1987). Reactivation of infant memory: Implications for cognitive development. *Advances in Child Devevelopment and Behavior*, 20, 185-238.

Ruble, D. N., & Dweck, C. S. (1995). Self-conceptions, person conceptions, and their development. In L. Wheeler & P. Shaver (Series Eds.), N. Eisenberg (Vol. Ed.), *Review of personality and social psychology: Vol.15. Social development* (pp.109-139). Thousand Oaks, CA: Sage.

Ruble, D. N., & Flett, G. L. (1988). Conflicting goals in self-evaluative information seeking: Developmental and ability level analysis. *Child Development*, 59, 97-106.

Ruble, D. N., Parsons, J. E., & Ross, J. (1976). Self-evaluative responses of children in an achievement setting. *Child Development*, **47**, 990-997.

Slater, A., Morison, V., & Rose, D. (1983). Locus of habituation in the human newborn. *Perception*, **12**, 593-598.

Stipek, D., & MacIver, D. (1989). Developmental change in children's assessment of intellectual competence. *Child Development*, **60**, 521-538.

Stipek, D., Recchia, S., & McClintic, S. (1992). Self-evaluation in young children. *Monographs of the Society for Research in Child Development*, **57** (1, Serial No.226).

高田利武．(1992)．他者と比べる自分．東京：サイエンス社．

上淵　寿．(1999)．達成関連推論の発達研究に関する展望．東京学芸大学紀要第 1 部門教育科学，**50**，101-110.

Watson, J. S., & Ramey, C. T. (1972). Reasoning to response contingent stimulation early in infancy. *Merril-Palmer Quarterly*, **18**, 219-227.

Wentzel, K. R. (1996). Social goals and social relationships as motivators of school adjustment. In J. Juvonen & K. R. Wentzel (Eds.), *Social motivation: Understanding children's school adjustment* (pp.226-247). New York: Cambridge University Press.

White, R. W. (1959). Motivation considered: The concept of competence. *Psychological Review*, **66**, 297-333.

Yee, M. D., & Brown, R. (1992). Self-evaluation and intergroup attitudes in children aged three to nine. *Child Development*, **63**, 619-629.

第V部
自己とアイデンティティ

第22章
自己理解と自己概念

小松孝至

　本章で取り上げるのは，おもに乳幼児期から児童期にかけての「自己理解」「自己概念」の発達である。具体的には，まず，乳児期から幼児期にかけて，自己がその過去や心的状態（情動，認知，意図，欲求など）も含めて子どもの認識の対象として明らかになる過程（本章ではこの過程を自己理解の発達と呼ぶ）をとりあげる。次に，こうした過程を経て子どもがもつようになる自己の記述や自己評価（本章ではこれを自己概念と総称する）の発達的変化と多様性について論じる[1]。

　自己（self）の普遍的な定義は難しいが，たとえば，今日の心理学にも強い影響力をもつ枠組みとして，自己を I（主我・知者としての自我）と Me（客我・被知の自我）の 2 側面から捉えるジェームズ（James, 1892/1992-1993）の見方が挙げられる。ジェームズ（James, 1892/1992-1993）は，主我について「考える主体」（訳書，上，p.272），客我について「考え得る最広義においては，人が我がものと呼び得るすべてのものの総和」（訳書，上，p.246）という説明を与えている（引用は傍線・傍点などを省略）。心理学においては，認識や評価の対象となる自己，つまり，客我が伝統的に実証研究の対象となってきており（Harter, 2006），本章にも，客我の研究と呼べるものが多く含まれる。もっとも，主我と客我は分離したものではない。子どもたちが自分自身を認識し評価する具体的な内容は，子どもが自分自身についてどのように理解する「考える主体」であるのかを明らかにするものといえる。

　また，自己の発達をこのような観点から捉えるにあたっては，自己理解・自己概念が，子どもの周囲の他者との相互作用，さらに相互作用の媒介となることばや相互作用を特徴づける文化的な要因を背景として成立・発達することにも留意する必要がある。このような関係は，たとえば自伝的記憶の成立過程（第 1 節 2

---

[1]　本章では「自己理解」と「自己概念」をこのように使い分けたが，この 2 語の指す内容は研究によって異なることにも留意されたい。

を参照）を論じたネルソンとファイバッシュによる，言語や記憶等の発達と，周囲の他者との相互作用など外的要因を組み込んだ複雑なモデル（Nelson & Fivush, 2004）に示されている（小松，2010 参照）。そして，そうした過程を経て作り上げられた自己概念や自己評価は，単なる知識として存在するだけでなく，子どもたちの社会的な行動や，学校での学習などと結びついている。本章でも，こうしたさまざまな関連要因に目を向けながら，自己理解・自己概念について論じることとしたい。

第1節　幼児期における自己理解の成立と発達

1　自己の対象化と時間軸上の広がり

　トマセロ（Tomasello, 1993）は，生後 9 カ月～1 年頃からみられるいわゆる共同注意行動が「意図をもつ主体」というカテゴリーの形成と，子ども自身がそのカテゴリーに含まれて認識されていることを示すと考えている。このことは，共同注意行動が自己理解の発達を考えるうえでも重要な指標となることを示唆している。さらに，これに続く 1 歳半から 2 歳の時期に，視覚的な認識対象としての自己の明確化の進展を示すと考えられるのが自己鏡映像の認知（Lewis & Brooks-Gunn, 1979）である。

　この 2 歳前後には，（個人差はあるが）子どもの語彙にも大きな増加がみられる。そして，子どもたちは，ことばによって自分の心的状態を徐々に表現しはじめる（研究例として，木下，2008）。また，この時期の親子の会話では，子どもの過去の経験が話題となることもみられはじめる（Eisenberg, 1985）。つまり，この時期に子どもたちは，ことばを用いて「目には見えない」内面や過去などを含めた自己の認識も示しはじめる。

　ただ，子どもたちにとって自己の過去と現在は，この時期からやや後に統合的な像を結ぶようである。自己鏡映像の認知をいわば時間軸上で発展させたポヴィネリらの実験（Povinelli et al., 1996）では，数分前に自分の頭にステッカーを付けられた場面のビデオを見ても，3 歳までの子どもたちではそれを意識し手を伸ばすなどの行動が少ないことが示されている。この結果は，自己の過去と現在が，4 歳以降により明確に結びつけられて理解されるようになることを示唆している。

　これら，共同注意行動や自己鏡映像の認知，遅延自己映像の認知等，子どもの自己理解の発達を反映すると考えられる課題については，近年さまざまな要因との関連が検討され（例：共同注意行動の特徴とのちの社会的な行動特性との関連

［Van Hecke et al., 2007］，養育の特徴が異なる文化間での自己鏡映像認知等の時期の違い［Keller et al., 2004］，自己鏡映像認知等自己理解の指標と脳の成熟との関連［Lewis & Carmody, 2008］)，発達上の位置づけを明確化しようとする試みが続いている。

一方，これらの課題への子どもの反応が，自己や他者に関するどのような「理解」を反映しているのかについてはさまざまな解釈が可能であり，議論の続いているところでもある。たとえば，共同注意行動の一形態といえる 1 歳前後の子どもの「指さし」に関しては，他者の「意図」のどのような理解を反映するのかについての論争（D'Entremont & Seamans, 2007；Tomasello et al., 2007）がみられる。また，遅延自己映像の認知についても，どの程度自己表象に限定した課題と言えるかが議論されている（木下，2008 参照）。これらの論争は，諸課題と「自己」との結びつきを自明視せず考察を深める必要性を示している。

2　経験を物語ることの重要性

前節で述べたような発達的変化を通して，幼児期の子どもは過去の経験や心的状態を含めて自己を理解していく。近年の研究では，こうした発達の過程で，ことばを介した他者との相互作用（会話）の果たす役割が注目されている。

この，相互作用と自己理解の発達に関連して重要性が指摘されるのが物語（narrative）[2]である。ブルーナー（Bruner, 1990/1999）が述べるように，物語は私たちが社会とその中での経験を統合してとらえるうえでの認識の原理である。そして，日常的に子どもと周囲の他者が子どもの過去の経験を話題にする会話にも物語はみられ，とくに子どもの自伝的記憶の構成において重要な役割を果たすと考えられている。ネルソンとファイバッシュ（Nelson & Fivush, 2004）も指摘するように，この自伝的記憶は他者との関係や時間軸の中の自己を規定する働きをもつものであり，子どもの自己を考察するにあたっても重要な一側面である。彼女らはまた，こうした会話が自他の視点や経験の固有性を子どもが理解するためにも重要であることを指摘する（Fivush & Nelson, 2006）。

さて，このような過去の経験に関する会話については，ともに語る大人のスタイルにみられる精緻化（elaboration）の個人差が重視されている。この個人差は，会話の中で出来事の細部にいたる情報を提示し，オープンエンドの質問を多用す

---

[2]　物語にはさまざまな定義があるが，最もシンプルなものであるラボフとワレツキー（Labov & Waletzky, 1967）の定義は「少なくとも 1 つの時間的な接続を含んで複数の節（clause）が連続したもの」(p.28) であり，本や映画等のメディア経由で接するそれだけでなく，時系列，あるいは因果などで事象同士を結びつけるごく簡単な発話も物語たりうる。

る，より精緻化を行う（more elaborative）親と，質問数や細部の情報の提示が少なく，同じ質問を繰り返す，精緻化の少ない（less elaborative）親という次元で捉えられる。そして，親の精緻化の度合いが高い子どもたちは，調査者の求めに応じて経験についてより詳細に語るうえ，いわゆる心の理論に関する課題に正答する時期が早いなど，自他理解の諸側面との関連が見出されている（Fivush et al., 2006）。また，こうした知見をふまえて，会話における親のスタイルを変化させる介入の試みもなされている（Reese & Newcombe, 2007）。もっとも，会話における精緻化と子どもの自伝的な語りの関連については，親から子への一方向的な因果関係ではなく，親子が相互に影響し合うことが想定されている。

このように，親をはじめとした周囲の他者とことばを介して相互作用をもつことは，過去から連続する存在，心的世界をもつ存在として自己そして他者を理解し，その経験を意味づけるために重要な役割を果たしていると考えられる。近年では，これら幼児期の知見をふまえながら，児童期以降の自伝的物語（Pasupathi & Wainryb, 2010）やライフストーリー（Bohn & Berntsen, 2008）の特徴に目を向ける研究もみられる。

3　経験の物語の多様性

子どもの自伝的記憶と結びついた，会話とその中での物語については，2で述べた精緻化以外にもさまざまな側面が検討され，子どもたちが経験を物語ることが，他者との関係の質や社会文化的な要因の影響を受けることが示唆されている。

この会話における話題のうち，多くの研究で対象となってきたものとして，子どもの経験した情動が挙げられる。出来事にともなって経験された情動は，それを共有することの対人関係上の重要性等を踏まえつつ，その性差（女児に多い）等に目が向けられている（Fivush & Buckner, 2003）。また，情動を経験した出来事に関する母子の物語り方の質，具体的にはさまざまな情動をともなう経験をうまく調和のとれた雰囲気で（たとえば混乱や過剰な情動の表出なしに）語ることや，先述した精緻化の程度，また，ネガティブな情動をオープンに語れることなどとアタッチメントの安定性との関連も示されている（Oppenheim et al., 2007；Laible & Panfile, 2009）。さらに，父母それぞれをパートナーとしたときの物語り方の違い（Haden et al., 1997）や，親子間の会話ときょうだい間の会話での情動への言及の違い（Brown & Dunn, 1992）等を考慮すると，子どもは周囲のさまざまな他者との会話の中で，関係（の質）に応じて自己の異なる側面に目を向け，物語っていくことになるといえる。

さらに，経験の物語られ方には文化差が示され，過去のどのような行動がどう評価されるかに，文化の中で共有される考え方が関連することが示されている。ミラー（Miller, 1994）は，家庭において幼児が多様な形でふれ，かかわる物語実践（narrative practices）を，子どもの自己と密接に結びついたものとして概念化し，家庭での観察を通して，子どもの過去の行動が物語られる場面を検討する比較文化研究を行った。彼女らの研究では，たとえば台湾の中流階層の家庭では，子どもの過去の逸脱的な行為がいわば教訓のように語られることが多いのに対し，シカゴの中流階層の家庭では，子どもの過去の行為は楽しい話，是認すべきものとして扱われるといった差を見出し，背景として儒教に基づく台湾の文化と，子どもの自尊感情を重視するアメリカの文化の違いがあると考察している（Miller et al., 1997）。こうした文化差は，その中で構築される子どもの自己概念の文化差（第2節2）とも関連づけて考えることができる。

第2節　自己概念の発達と多様性

1　自己概念の発達

　前節で述べた経験を物語る会話や，自分のふるまいに対する他者からの評価などを積み重ねる中で，子どもたちは，自分自身や他者の特徴について，特性的な表現（例「いじわる」「やさしい」等）を用いることも可能になり，その内容は認知発達ともあいまって変化していく。また，並行して子どもの自己に対する評価も変化する。これらの内容について，たとえば「～ちゃんはどんな子かな？」といった問いを用いるオープンエンドのインタビューや，自己評定式の質問紙調査などによって発達的変化が検討されている。こうした研究に関するハーター（Harter, 2006）のレビュー[3]では，幼児期から青年期初期までの発達の特徴として次のような点が挙げられている。

　①幼児期（3〜4歳）：観察可能な特徴（「ABCがわかる」「大きな家に住んでいる」など），行動，持ち物や好みなどによる自己の記述がみられる。それぞれの内容は相互に結びつけられたり，より抽象的な特徴にまとめられたりせず，自己評価には非現実的なポジティブさがある。よい－悪い，親切－いじわるなどの相反する特徴を「全か無か」（all or none）で捉える傾向が強く，これらが一人の人物の中に共存することが認められない。

---

[3]　ハーターは，これら自己の記述や評価を自己表象（self-representation）という概念を用いてまとめている。

②児童期初期から中期（5〜7歳）：ポジティブな自己評価や全か無かによる判断などの特徴は前の段階から引き続いてみられるが，とくに有能さ（自身の社会的スキルや認知能力など）が中心的になる。また，この有能さをはじめ，以前には断片的であった自己に関する諸概念が結びつけて認識されはじめる。

③児童期中期から後期（8〜11歳）：「人気がある」「賢い」などの一般化された表現，また，他者との関係の中の自己に関する記述がふえる。これらの特徴や自分自身の感情などについて，相互に対立する異なる側面が自身の中にあることが理解される。ひとりの人間としての自分の価値に関する全体的な認識がみられはじめる一方で，自己評価はこれまでほどポジティブではなくなる。社会的比較や，理想の自己と現実の自己の違いの認識などがこうした変化の背景として考えられる。

④青年期初期：対人関係や社会的スキルに関する自分の特徴が自己概念においてより中心的になる。一緒にいる相手による自己の変化など，自己像や自尊感情のありかたが分化して捉えられるようになる。また，「話好き」「やかましい」「ひょうきん」などの特徴を，さらに「外向的」とまとめるような高次の抽象化がみられる。

このような発達過程に加え，自己概念はその個人差についてもさまざまな検討がなされている。次にこの点について，近年の知見を紹介したい。

2　自己概念発達の諸側面

第1節で述べたように，子どもが自己のさまざまな側面を理解するにあたっては，周囲の大人との間で，過去や未来を含む自分自身のさまざまな側面について物語ることが重要と考えられている。ハーター（Harter, 2006）も，こうした機会を奪われた子どもが自己を語る語彙に乏しいことや未来の自己像を描きにくいことに関する臨床的な知見を示している。この例にもみられるように，子どもの自己概念の個人差の原因としては，養育者との相互作用や関係の質がしばしば挙げられる。とくに虐待の影響について多くの研究がなされ，近年の例では，うつ症状とも関連づけながら，虐待を受けた子どもの自己について，児童期の変化過程を検討する縦断研究（Kim & Cicchetti, 2006）等がみられる。

養育者との関係の質を考えるうえで重要な枠組みであるアタッチメントの理論においても，子どもの自己表象やその個人差は重要な視点であり，自己概念との関連も検討されている。乳幼児期のアタッチメントの質が，幼児期後期や児童期の自己概念や行動の特徴とどの程度の関連を示すのかについては，明確な結論が

得られてはいない。しかし，アメリカで，貧困層を対象に行われた縦断研究 (Sroufe et al., 2005) のように，乳幼児期のアタッチメントの安定性と，幼児期・児童期の自己像との関連性を示す実証研究もみられている。

この後，児童期後期から青年期の始まりにかけては，対人関係の中の自己に目が向くことにともない，友人との関係や友人から見た自己像が重要となっていく。この点についても，さまざまな視点から縦断研究が行われ，たとえば，児童期に身体的・精神的ないじめを受けること (victimization) と自己・他者の認知との関連や，そうした認知がさまざまな問題行動と結びつく可能性 (Troop-Gordon & Ladd, 2005)，学業面での仲間からの評価と学業的自己概念，学業成績との関連 (Gest et al., 2008) などが検討されている。

これら，経験や環境の違いによる自己概念の個人差に加え，民族や文化も自己概念の発達的変化にかかわる要因として重要である。たとえば，前節で述べた経験に関する会話と関連づけつつ，3歳児の自己記述を中国（北京）とアメリカの2グループ（中国系移民およびヨーロッパ系住民）で検討した研究では，ヨーロッパ系のアメリカ人の子どもで，行為主体としての (agentic) 自己記述が多いことが示され，その文化差がかなり早期から存在する可能性が論じられている (Wang, 2006)。また，社会的アイデンティティ理論 (Tajfel, 1981) をふまえ，内集団バイアスや自己高揚などと結びついた，人種や性別の成員性の感覚を子どもが獲得する過程についても研究がなされている（レビューとして Ruble et al., 2004)。

日本文化の特徴については，8歳女児へのインタビュー調査の日独比較（小林，1998）で，日本人児童の関係志向的発言が多いとする結果や，デーモンとハート (Damon & Hart, 1988) の枠組みを発展させた幼児・児童へのインタビュー調査（佐久間（保崎）ほか，2000）において，他者との協調性に関する回答が多くみられた結果など，いわゆる「相互協調的自己観」(Markus & Kitayama, 1991) が，子どもの自己記述に反映されることを示唆する結果が得られている。さらに，この「日本的自己」の発達過程については，相互協調的自己観と相互独立的自己観の双方に着目した縦断研究も行われている（高田，2011)。

3 教育・発達支援と自己概念

これまで述べてきた自己概念の諸側面のうち，自尊感情をはじめとした自己の評価については，私たちがそれを高く維持しようとする志向性をもち，かつそれを高く維持することが適応的であると考えられてきた。自尊感情が低い個人は，うつや不安の傾向が強く，他者に対する評価もネガティブであり (Rosenberg &

Owens, 2001), 因果のプロセスや関連の強さについては議論もあるが, 逸脱行動との結びつきも指摘される (Kaplan, 2001)。また, 第2節2で挙げた諸研究においても, 自己評価はさまざまな社会的問題行動, 学業成績等と結びつけて考えられている。低い自尊感情は, こうした点を考えれば決して適応的ではなく, 自尊感情を高める教育実践の効果を検討する研究はさまざまな形で行われてきた。近年の研究では, 失敗などネガティブな経験について自己否定的な認知を固定化させないよう促す介入の検討 (川井ほか, 2006) 等が挙げられる。

一方で, 自尊感情の不安定性の問題点 (高い自尊感情が変動 [低下] しやすい個人が行動上の問題を示しやすい) と関連して, 子どもたちの中でも, 高い自尊感情が攻撃的行動を正当化することなどと結びついている場合があることを示す研究もある (Menon et al., 2007)。こうした研究は, 子どもの自己評価の研究やその支援が, 単に高い自己評価を目指すだけでなく, より個別性を考慮しつつ, 多様な観点からなされるべきことを示唆している。

自己概念は, 発達障害との関連においても重視される。多様な発達障害のある子どもたちの支援において, 子どもたちがつくりあげる自己概念がひとつのカギとなること, たとえば, 行為主体としての自己感を高めること, 過度に高い, あるいは低い自己評価の改善, などの重要性が障害の特徴と関連づけつつ指摘されている (田中ほか, 2007)。ここでも, 周囲の他者の障害理解と関連づけつつ, 個別性を考慮することが重要になるといえる。

このように, 教育や発達支援の観点から子どもの自己概念を考える際は, その個別性に着目することがより重要となる。そこでは, 子どもの自己を特定の尺度のみで明らかにしうるものではなく, 個々の経験に即して固有の形でつくりあげられるものとして捉え, ひとまとまりの人格という観点から理解することが求められるといえよう。

引用文献

Bohn, A., & Berntsen, D. (2008). Life story development in childhood: The development of life story abilities and the acquisition of cultural life scripts from late middle childhood to adolescence. *Developmental Psychology*, **44**, 1135–1147.

Brown, J. R., & Dunn, J. (1992). Talk with your mother or your sibling? Developmental changes in early family conversations about feelings. *Child Development*, **63**, 336–349.

Bruner, J. (1999). 意味の復権:フォークサイコロジーに向けて (岡本夏木・仲渡一美・吉村啓子, 訳). 京都:ミネルヴァ書房. (Bruner, J. (1990). *Acts of meaning*. Cambridge, MA: Harvard University Press.)

Damon, W., & Hart, D. (1988). *Self-understanding in childhood and adolescence*. New York: Cambridge University Press.

D'Entremont, B., & Seamans, E. (2007). Do infants need social cognition to act socially? An alternative look at infant pointing. *Child Development*, **78**, 723-728.

Eisenberg, A. R. (1985). Learning to describe past experiences in conversation. *Discourse Processes*, **8**, 177-204.

Fivush, R., & Buckner, J. P. (2003). Creating gender and identity through autobiographical narratives. In R. Fivush & C. A. Haden (Eds.), *Autobiographical memory and the construction of a narrative self: Developmental and cultural perspectives* (pp.149-167). Mahwah, NJ: Lawrence Erlbaum.

Fivush, R., Haden, C. A., & Reese, E. (2006). Elaborating on elaborations: Role of maternal reminiscing style in cognitive and socioemotional development. *Child Development*, **77**, 1568-1588.

Fivush, R., & Nelson, K. (2006). Parent-child reminiscing locates the self in the past. *British Journal of Developmental Psychology*, **24**, 235-251.

Gest, S. D., Rulison, K. L., Davidson, A. J., & Welsh, J. A. (2008). A reputation for success (or failure): The association of peer academic reputations with academic self-concept, effort, and performance across the upper elementary grades. *Developmental Psychology*, **44**, 625-636.

Haden, C. A., Haine, R. A., & Fivush, R. (1997). Developing narrative structure in parent-child reminiscing across the preschool years. *Developmental Psychology*, **33**, 295-307.

Harter, S. (2006). The self. In W. Damon & R. M. Lerner (Series Eds.), N. Eisenberg (Vol. Ed.), *Handbook of child psychology: Vol.3. Social, emotional, and personality development* (6th ed., pp.505-570). Hoboken, NJ: John Wiley & Sons.

James, W. (1992-1993). 心理学（今田　寛，訳）（上）（下）．東京：岩波書店（岩波文庫）．(James, W. (1892). *Psychology: Briefer course*. New York: Henry Holt.)

Kaplan, H. B. (2001). Self-esteem and deviant behavior: A critical review and theoretical integration. In T. J. Owens, S. Stryker, & N. Goodman (Eds.), *Extending self-esteem theory and research: Sociological and psychological currents* (pp.375-399). New York, Cambridge University Press.

川井栄治・吉田寿夫・宮元博章・山中一英．(2006)．セルフ・エスティームの低下を防ぐための授業の効果に関する研究：ネガティブな事象に対する自己否定的な認知への反駁の促進．教育心理学研究，**54**，112-123．

Keller, H., Yovsi, R., Borke, J., Kärtner, J., Jensen, H., & Papaligoura, Z. (2004). Developmental consequences of early parenting experiences: Self-recognition and self-regulation in three cultural communities. *Child Development*, **75**, 1745-1760.

Kim, J., & Cicchetti, D. (2006). Longitudinal trajectories of self-system processes and depressive symptoms among maltreated and nonmaltreated children. *Child Development*, **77**, 624-639.

木下孝司．(2008)．乳幼児期における自己と「心の理解」の発達．京都：ナカニシヤ出版．

小林　亮．(1998)．独立的自己と相互依存的自己に関する8歳児女子の日独比較．発達心理学研究，**9**，84-94．

小松孝至．(2010)．ことばの発達と自己．秦野悦子（編），シリーズ子どもへの発達支援のエッセンス第1巻　生きたことばの力とコミュニケーションの回復（pp.3-27）．東京：金子書房．

Labov, W., & Waletzky, J. (1967). Narrative analysis: Oral versions of personal experience. In J. Helm (Ed.), *Essays on the verbal and visual arts* (pp.12-44). Seattle, WA: University of Washington Press.

Laible, D., & Panfile, T. (2009). Mother-child reminiscing in the context of secure attachment relationships: Lessons in understanding and coping with negative emotions. In J. A. Quas & R. Fivush (Eds.), *Emotion and memory in development: Biological, cognitive, and social considerations* (pp.166-195). New York: Oxford University Press.

Lewis, M., & Brooks-Gunn, J. (1979). *Social cognition and the acquisition of self.* New York: Plenum Press.
Lewis, M., & Carmody, D. P. (2008). Self-representation and brain development. *Developmental Psychology*, **44**, 1329-1334.
Markus, H. R., & Kitayama, S. (1991). Culture and the self: Implications for cognition, emotion and motivation. *Psychological Review*, **98**, 224-253.
Menon, M., Tobin, D. D., Corby, B. C., Menon, M., Hodges, E. V. E., & Perry, D. G. (2007). The developmental costs of high self-esteem for antisocial children. *Child Development*, **78**, 1627-1639.
Miller, P. J. (1994). Narrative practices: Their role in socialization and self-construction. In U. Neisser & R. Fivush (Eds.), *The remembering self: Construction and accuracy in the self-narrative* (pp.158-179). New York: Cambridge University Press.
Miller, P. J., Wiley, A. R., Fung, H., & Liang, C. (1997). Personal storytelling as a medium of socialization in Chinese and American families. *Child Development*, **68**, 557-568.
Nelson, K., & Fivush, R. (2004). The emergence of autobiographical memory: A social cultural developmental theory. *Psychological Review*, **111**, 486-511.
Oppenheim, D., Koren-Karie, N., & Sagi-Schwartz, A. (2007). Emotion dialogues between mothers and children at 4.5 and 7.5 years: Relations with children's attachment at 1 year. *Child Development*, **78**, 38-52.
Pasupathi, M., & Wainryb, C. (2010). On telling the whole story: Facts and interpretations in autobiographical memory narratives from childhood through midadolescence. *Developmental Psychology*, **46**, 735-746.
Povinelli, D. J., Landau, K. R., & Perilloux, H. K. (1996). Self-recognition in young children using delayed versus live feedback: Evidence of a developmental asynchrony. *Child Development*, **67**, 1540-1554.
Reese, E., & Newcombe, R. (2007). Training mothers in elaborative reminiscing enhances children's autobiographical memory and narrative. *Child Development*, **78**, 1153-1170.
Rosenberg, M., & Owens, T. J. (2001). Low self-esteem people: A collective portrait. In T. J. Owens, S. Stryker, & N. Goodman (Eds.), *Extending self-esteem theory and research: Sociological and psychological currents* (pp.400-436). New York: Cambridge University Press.
Ruble, D. N., Alvarez, J., Bachman, M., Cameron, J., Fuligni, A., Coll, C. G., & Rhee, E. (2004). The development of a sense of "we": The emergence and implications of children's collective identity. In M. Bennett & F. Sani (Eds.), *The development of the social self* (pp.29-76). Hove, UK: Psychology Press.
佐久間（保崎）路子・遠藤利彦・無藤　隆．(2000)．幼児期・児童期における自己理解の発達：内容の側面と評価の側面に着目して．発達心理学研究，**11**，176-187.
Sroufe, L. A., Egeland, B., Carlson, E., & Collins, W. (2005). *The development of the person: The Minnesota study of risk and adaptation from birth to adulthood.* New York: Guilford Press.
Tajfel, H. (1981). *Human groups and social categories.* Cambridge, UK: Cambridge University Press.
高田利武．(2011)．相互独立性・相互協調性の発達的変化：青年期を中心とした縦断的検討．発達心理学研究，**22**，149-156.
田中道治・都筑　学・別府　哲・小島道生（編）．(2007)．発達障害のある子どもの自己を育てる：内面世界の成長を支える教育・支援．京都：ナカニシヤ出版．
Tomasello, M. (1993). On the interpersonal origins of self-concept. In U. Neisser (Ed.), *The perceived self: Ecological and interpersonal sources of self-knowledge* (pp.174-184). New York: Cambridge University Press.
Tomasello, M., Carpenter, M., & Liszkowski, U. (2007). A new look at infant pointing. *Child Development*, **78**, 705-722.
Troop-Gordon, W., & Ladd, G. W. (2005). Trajectories of peer victimization and perceptions of the self

and schoolmates: Precursors to internalizing and externalizing problems. *Child Development*, **76**, 1072–1091.

Van Hecke, A. V., Mundy, P. C., Acra, C. F., Block, J. J., Delgado, C. E. F., Parlade, M. V., Meyer, J. A., Neal, A. R., & Pomares, Y. B. (2007). Infant joint attention, temperament and social competence in preschool children. *Child Development*, **78**, 53–69.

Wang, Q. (2006). Relations of maternal style and child self-concept to autobiographical memories in Chinese, Chinese immigrant, and European American 3-year-olds. *Child Development*, **77**, 1794–1809.

第23章
自己と文化

平井美佳

　本章では，自己と文化の相互構成的な関係について論じる。自己は文化の影響を受け，文化を取り入れ，文化の中で形作られていく。一方で，主体としての自己は，文化との調整を行い，文化に働きかけ，ときに文化を変容させ創造もする。すなわち，自己と文化は，互いに互いを作り合うといえる。

　自己とは，認知や感情および行動の主体としての側面と，その主体が構成する客体化された表象の束としての側面の両者が相互にかかわり合いながら，行動の調整を行うという機能をもったシステムであると定義できる。近年の社会脳（social brains）の研究において，自己認知は複雑な社会生活を営むようになった種としてのヒトがもつ進化の産物として捉えられる（たとえば，開・長谷川，2009）。また，いわゆる自己概念や自己評価は，行動や感情を意味づけ，組織化し，方向づけ，保護するなどの役割を担うと考えられる（たとえば，Epstein, 1973；Harter, 1999）。たとえば，「子どもが好きな私」という自己概念は特定の目標に向かって行動を起こさせ，「他者と同じだけの価値がある私」という自己評価は成功や失敗についての評価を左右するかもしれない。よって，自己は行動や感情の枠組み，いわば行動の調整者として働くといえる。

　この行動の調整者としての自己は，その人が生活する状況において機能的で有用な枠組みとして発達する必要がある。前章において論じられたように，自己は他者との相互作用の中で発達し，そこには文化が密接に絡み合っている。自己に影響を与えるのは周囲の他者だけではなく，自己と他者とがともに埋め込まれたより大きな文脈と，そこで共有された文化が相互に影響し合うと考えられる（Bronfenbrenner, 1979）。人間は日常の相互作用を通して，共有される意味や価値などの文化を内在化し，適応的な自己を発達させる。つまり，自己は社会・文化的な産物であるともいえる。ただし，自己は文化から一方的に影響を受けるのみならず，文化に対して主体的に働きかけもする。要するに，生物としての神経学的

基盤をもつ自己システムは，他者や文化と相互に調整を行いながら発達していくといえよう（Sameroff, 2010, p.18）。

　本章では，まず，文化とは何か，どのように捉えられるのかについて整理したうえで，自己が文化によっていかにして形作られるかについて論じる。このときいわゆる文化心理学的な視点が重要な鍵となる。次に，文化心理学的な視点から自己と文化の相互構成について論じる代表的な理論に焦点を当て，その特徴について整理する。最後に，積極的な主体としての自己が文化との相互調整を行うことを論じ，その過程で起こりうる文化変容の可能性についても触れる。

第1節　文化によってつくられる自己

　人間は発達のあらゆる過程において文化とともに生き，日常の他者との相互作用を通して文化の内容を学習していくといえる。自己は文化的な産物であり，自己の発達は文化的なプロセスであるともいえるであろう。

1　文化とは何か

　1990年代に台頭または復権した文化心理学（cultural psychology）は，人間の心の普遍性を追究してきた実験心理学と，文化を独立変数として文化差を記述してきた比較文化心理学に対する批判と反省をもとに，文化と人間の心理的システムの相互構成的な過程を扱おうとする（たとえば，Cole, 1996/2002；波多野・高橋，1997；柏木ほか，1997；Kitayama & Cohen, 2007）。この文化心理学において「文化」とは，「人々の間に共有され，人々の行動を媒介する人工物とその体系」と定義される。文化という人工物には道具や制度など人間の外におかれる物だけではなく，個々人の心の中に常識や価値観などとして内在化されるものも含まれる。

　文化心理学は，人間行動の文化を超えた普遍性と同時に，文化による多様性にも注目する（Shweder et al., 2006）。たとえば，ヨーロッパ系アメリカ人の家庭では乳児を親とは別の部屋に眠らせることが多いが，これは世界全体で見れば一般的なスタイルではなく，日本においても幼児が親と一緒に寝ることは多い。一方で，思春期を過ぎた子どもと異性の親が共に眠ることはどの文化においても少ない。このような習慣は文化間である程度の共通性をもちながら，特定の価値観や考え方（たとえば，早期から子どもの自律性を重んじること）がかかわって，異なる形で実践および継承されていくと考えられる。

　文化はどのようにして捉えられるか。ロゴフ（Rogoff, 2003/2006）は，上記のよ

うな「家族の誰と寝るか」、「子どもにいつからナイフや火を使わせるか」、「上の子が下の子の面倒をどの程度見るか」といった人間行動の多様性やそのパターンについてコミュニティへの参加や関与という視点から捉えることを提唱している。コミュニティとは、共通した持続的な組織、価値、理解、歴史、そして実践をもつ人々の集団であり、人々はそれへの参加を通して共通のやり方を取り入れていくという。

　また、文化を人々に共有された意味や価値などの表象として捉える立場もある。たとえば、モスコヴィッチ（Moscovici, 2001）が社会構成主義的立場から社会的表象として、また、スペルベル（Sperber, 1996/2001）が自然主義的立場から文化的表象として理論化しているものが挙げられる。これらの理論では、社会や文化で共有された表象（意味や価値、スクリプトなど）が、やりとりを通して個人に感染し、人々が比較的に類似した表象をもつようになり、それらの表象が行動を制約あるいは促進すると考える。さらに、ブルーナー（Bruner, 1990/1999）も、文化に根ざす意味を重視し、人は「自身や他者の心がどのようなものか」、「どのようにかかわるのか」、「どのように振る舞うのか」、「可能な生き方とは何か」についてのフォークサイコロジー（素朴心理学）を、他者との相互作用の中で学んでいくと論じた。

　したがって、文化は心の外だけではなく心の中にも存在し、同じ歴史的時間・空間に暮らす人々に共有されるものであるといえる。また、文化は世代間で継承され、時代を超えていくものでもある。さらに、もし多くの人が同意すれば文化全体が変化する、さらに新しい文化が創られることもあると考えられる。

2　文化的産物としての自己

　前章においても論じられたように、自己の発達は他者との関係やその相互作用と切り離すことができない。たとえば、子どもが寝る前に親と公園に行った経験について語り合うとき、「滑り台もしたね」「楽しかった？」といった親の足場作り（scaffolding）によって、自伝的記憶は引き出され、装飾され、内容的・評価的に構成されていく。このような養育者との日常の相互作用を通して、子どもは他者と意味を共有し、そこに埋め込まれた価値や期待を取り入れていくと考えられる（Nelson, 2007）。たとえば、「いい子」についての親や社会の考え方は、しつけや会話における言語的コミュニケーション、さらに表情や態度などの非言語的なコミュニケーションによる日常のやりとりを通して子どもに伝えられ、子どもはその価値観をしだいに取り入れていくであろう。

また，学校に通うようになると，養育者以外の他者（教師，仲間など）や日々の授業や活動を通して，たとえば「みんなで仲よくしなければならない」，「よい成績を取る方がいい」といった考え方を内在化するようになる。さらに，青年期以降も生涯発達的に，周囲の他者や共通の活動を通して，また，書物や制度，マスメディアなどに触れることで，そこで共有された文化を自己に取り入れていくものと考えられる。

　このようにして自己は，先述のような行動の調整者として適切に機能し，その人が生きていくうえで有用な枠組みとして形成されていく。すなわち，自己は，共有された意味や価値としての文化を取り入れていくことで，その状況においてある程度適切に振る舞うことを促す，あるいは，不適切な行動を抑制する働きをするべく発達していくと考えられる。

第2節　自己と文化の理論

　上述のような日常の相互作用を通して，自己は文化によって形成される。その結果として，文化によって異なるパターンの人間行動が見出される。これらの差異のパターンを整理する際，自己と文化の相互構成的な関係は，以下に述べる2つの異なるパターンに対照化されて論じられることが多い。

1　文化的自己観

　上述の文化心理学的立場からマーカスと北山（Markus & Kitayama, 1991）は，文化的自己観（cultural construal of self）の概念を提唱した。文化的自己観の理論では，異なる行動のパターンが見出されるのは，人々が異なる自己観をもつからだと考える。この文化的自己観を仮定することにより，文化と人間との相互作用やそのプロセスを扱うことが可能となるとされる（北山，1998）。

　より具体的には，文化的自己観は，とくに米国をはじめとする西洋文化で優勢な相互独立的（independent）自己観と日本を含む東洋文化で優勢な相互協調的（interdependent）自己観の2つに区別することができるという。そして，前者における自己は他者と切り離された独立的な実体であるのに対し，後者における自己は他者との境界が曖昧な関係的な実体であるとした（図23-1）。これらの文化的自己観はそれぞれに暗黙のうちに物事に意味を与え，また，人が考え，感じ，実際に行動する際の枠組みを提供し，認知，感情，動機など多様な行動に影響を与えるとされる（表23-1）。そして，異なる習慣や制度，日常の子育てやコミュニ

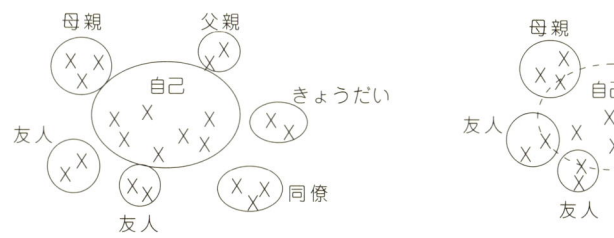

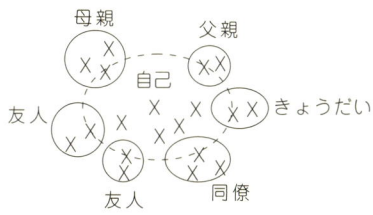

A. 相互独立的自己観（independent view of self）　　B. 相互協調的自己観（interdependent view of self）

図23-1　2つの文化的自己観（Markus & Kitayama, 1991, p.226）

表23-1　2つの自己観の特徴（Markus & Kitayama, 1991, p.230）

特徴	相互独立的自己観	相互協調的自己観
定義	社会的文脈から分離している	社会的文脈とつながっている
構造	境界がある，単一的，安定的	柔軟，多様
重要な性質	内的，私的（能力，志向，感情）	外的，公的（地位，役割，関係）
課題	ユニークである 自己を表現する 内的能力を実現する 自分の目標を成就する 直接的："自分の考えを言う"	所属する，合わせる 適所を得る 適当な活動に参加する 他者の目標を成就する 間接的："他者の心を読む"
他者の役割	自己評価：他者は社会的な比較，反省，評価のために必要	自己定義：特定の社会的文脈における他者との関係が自己を定義する
自尊感情の基盤	自己表現の能力，内的特徴の評価	順応力，自己抑制，社会的文脈との調和

ケーションを介して，発達の過程で異なる自己観が取り入れられ，その結果として異なる行動が選択される。

たとえば，相互独立的自己観が優勢な場合は「自分がどうしたいか」が，相互協調的自己観が優勢な場合は「他者がどう思うか」が，日々のやりとりの中で強調されることで自己観が形成され，異なる目標や他者との関係，自尊感情の基盤をもつようになると考える。日常的な例としては，子どもが嫌いなものを食べさせるために「自分の体のためになるから」と説明するのか，あるいは，「作った人が悲しむから」と説明するのかといった例が挙げられる。

北山らはさらに，2つの対照的なパターンから成る自己経路（selfways；Markus et al., 1997），存在の様式（mode of being；Kitayama et al., 2007），文化的課題（cultural task；Kitayama et al., 2009）といった概念やモデルを提起し，実証的なデータを収集・整理して理論化を進めている。たとえば，文化が暗黙理に期待する価値にかかわる複数の文化的課題があり，それらの課題に対する個人のかかわり方や，課題に関連する心理的傾向は多様であるとしている。すなわち，文化が単に人々に

影響する過程のみならず，文化が促す課題に異なる取り組み方をする自己にも焦点が当てられ，2つのパターン内の個人差についても説明される。よって，文化と人間の相互構成的な関係とそのプロセスについての理解には，自己が重要な役割を果たすといえる。

2 自律性と関係性にまつわる文化

文化的自己観の理論は，独立性や自律性と，関係性や相互協調性という二側面に着目して文化の多様性を整理しようとする点で，かねてからある文化差の理論，たとえば個人主義・集団主義（individualism and collectivism：IC；Hofstede, 1980；Triandis, 1995/2002）と符合するものがある。発達研究においても，同様の視点から文化差について考察する研究者も多い（たとえば，Greenfield, 1994；Raeff, 2006）。たとえば，ロスバウムほか（Rothbaum et al., 2000）も，日米における乳幼児から成人までの対人関係の発達を扱う研究を整理し，日本における発達の道筋を共生的調和（symbiotic harmony），米国におけるそれを生成的緊張（generative tension）と名づけ，対照化している。なお，類似の対照化は，ジェンダー間の差を説明する際にも用いられる（Cross & Madson, 1997）。すなわち，文化による差異のパターンは独立－依存あるいは個－関係という軸で記述されやすいといえる。これらのパターンを対照化することで，人間と文化の相互構成的な関係が示されることが多い。

しかし，これらの理論がいわば二項対立的に対照化することについて問題を指摘する声もある。たとえば，自己の研究者であるハーターは，健康的な適応とは二分されて扱われてきた両者の統合によって実現されることを指摘し，自己に焦点化された自立性，他者に焦点化された関係性，相互性の3つの中で，アメリカにおいても相互性が最も関係の質がよく適応的であることを示した（Harter, 1999）。また，ギシンガーとブラット（Guisinger & Blatt, 1994）は，西洋心理学が伝統的に対人的関係性よりも個性化に重きを置き，一方で，女性や民族的マイノリティ集団，および，非西洋の人々における関係性を重視してきたとしたうえで，人間にとって関係性と自己定義という2つの発達路線が弁証法的に相互作用すると論じた。以上の指摘や他の指摘（たとえば，Baumrind, 1998；Raeff, 1997；Shimizu, 2000；Spiro, 1993；高橋, 1996）は，文化差のパターンとして対照化された自律性と関係性の両者がともに，文化を超えて人間にとって重要であることを指摘している。

カイチバシュ（Kâğıtçıbaşı, 2007）も，自律性と関係性の両者が人間にとってともに基本的な要求であるとしたうえで，従来のトルコでは関係的で他律的な自己が

優勢であったが，都会に住む教育を受けた人々は欧米に優勢とされる独立的で自律的な自己に触れる経験を経て，両者を組み合わせた自律的-関係的自己（autonomous-related self）をもつに至ったと指摘している。さらに，この自律的-関係的自己が人間の2つの基本的要求を満たすという点で最適であり，これからのグローバルな時代には世界のあらゆる場所においてこの自律的-関係的自己に収斂(しゅうれん)していくであろうとさえ予測している。

もっとも文化的自己観の理論は文化や人間を二分しているのではなく，文化と人間の相互構成過程を扱うために，両者のパターンの違いに注目しているといえる。人間にとってともに重要な自律性と関係性が，文化の多様性と普遍性にいかにかかわるかについてさらなる検討が望まれる。

第3節　自己と文化の調整

ここまで主として文化が自己に影響を与える過程に焦点化して論じてきたが，自己と文化の間では相互交渉がなされ，その結果として自己と文化の関係が調整される。したがって，文化が提示する内容を自己がそのまま受け入れるとは限らない。主体としての自己が必要となれば，文化と積極的にかかわり，取捨選択し，ときには文化を変容させると考えられる。

1　文化との調整における主体としての自己

道徳性の研究者であるチュリエル（Turiel, 2002）は，文化に対する状況の重要性について論じている。すなわち，人は文化が期待するとおりに行動する場合もあるが，状況によっては文化に逆らうこともあるという心の柔軟性（flexibility of mind）をもつことを指摘した。たとえば，女性が大騒ぎして楽しむのは適切ではないという価値観が共有される文化に暮らしていたとしても，親しい人と家の中に限っては，騒いで楽しむかもしれない。文化と人間の関係を考える際，単に文化から影響を受けることのみならず，文化に対する積極的な主体（active agent）を捉えることが必要であるという。

このような積極的な主体，換言すれば主体としての自己を仮定することで，自己と文化の関係におけるダイナミクスがより明確に描かれる。北山らの理論もこの主体としての自己とその調整者としての役割を重視している（Kitayama et al., 2007）。2つの対照的なパターンで示されているのは，自己と文化の相互構成的過程であり，文化によって育まれる自己は文化に対する積極的な主体でもある。

平井（2000, 2006）は，上記の巨視的な文化差の理論でいえば相互協調的な自己観をもつことが期待されているとされる日本人の大学生や高齢者らが，自己と他者の葛藤状況において状況に応じて調整を行うことを示した。より具体的には，異なる状況の性質（異なる人間関係の種類，問題の重要性）から成る複数の仮説的ジレンマ場面を用いて，「もし私だったらどうするか」について発話思考法を用いた面接により問うた。その結果，たとえば結婚や就職，住居といった将来にかかわるような自己にとって重要な場面では要求を通そうと自己を主張するが，そうでなければ相手に従い，合わせるといった回答が多く得られた。最近の幼児を対象とした面接調査においても，幼児でさえも「おやつに食べたいケーキ」は友だちに譲るが，「宝物のおもちゃ」は貸さないか，より年長になると条件をつけて貸すなど，自己と他者のバランスを考慮する方略を提案した子どもが多く見出された。
　これらの面接における語りからは，人々がともに重要な自己と他者の両者を考慮しつつ，状況に応じて慎重に両者の調整を図るという，メンタル・ネゴシエーションとでも呼ぶべき心的プロセスが明らかにされたといえよう。語りの例を挙げれば，ある大学生は，「自分の人生を考えたときとかで，これは譲れない，これを譲っちゃったら，なんかあとで後悔しそうなことに関しては，自分の意見を通したいと思う」と述べ，また，ある高齢者は，「あのね，非常にあくどい言い方だけれども，あの，大した問題じゃないのはね，相手に任せると。それからね，ここはちょっと押さえておかなきゃというところはね，自己主張しますよ」と述べた。すなわち，他者や共有する文化が期待していたとしても，主体としての自己がそれに従うことをよしとしない場合には，自己はそれに従わない，あるいは，部分的に従う，交渉するといった調整を図ると考えられる。
　このように自己は，文化によって影響を受けるのみならず，文化に対して積極的な調整を行うといえる。つまり，自己や人間関係の特定のパターンをより強く期待する文化に暮らしているからといって，常にそれに従って行動するのではなく，人々は状況に応じて主体的に文化との調整を行い，文化とのかかわり方を決めていると考えられる。

2　文化の変容の可能性

　先の例で挙げたように，子どもに文化を伝達する担い手として大きな役割を果たすのは養育者であろうが，その程度は発達の時期に応じて異なりながらも，仲間，教師，親戚，近隣の人などの養育者以外の他者も影響を与えるだろう。また，

人間関係は生涯にわたって広がりを見せながら変化していく（たとえば，Lewis & Takahashi, 2005/2007）。よって，自己に影響する他者や集団は多様でありうる。また，すべての他者はそれぞれ家庭や学校，職場，地域，国といった，異なるレベルや規模の集団の成員でもあり，そこで特定の価値観や習慣といった文化が共有されているとすれば，それぞれの文化が対立あるいは矛盾する場合もあるだろう。さらに，個人が場所を移動することにより，時間が流れるにつれ，異なる文化に触れることはままあるだろう。

　主体としての自己は，このような複数の異なるパターンに接触する中で，より自己に適した文化への参加あるいは共有を選択していくと考えられる。そして，類似の選択をする人々が増えた場合に，文化全体が特定の異なる方向に向かって変容したり，あるいは，新しく創造されたりすることも考えられる。つまり，文化内の個人差とその集積が，やがてコミュニティや共有された価値や意味のパターン全体に影響を与えるような文化の変容をもたらす場合もあるだろう。

　一時点でのスナップショットのみでは文化の変容を捉えることができないが，時間を超えた歴史的な記録は，人間と社会や文化との適応的な関係を観察する価値ある機会である（LeVine, 2010）。たしかに，歴史を振り返れば，移民，学校教育や資本主義経済の導入，フェミニストらの運動，インターネットの普及などは，個人とその個人がかかわる文化を変容させてきたといえる。たとえば，近年の中東などで起こる民主化運動は，インターネットを通して他の文化に触れた若者たちによる行動が大きな力となって展開されている。とりわけ，ソーシャル・ネットワーキング・サービス（SNS）という新しいツールとしての文化が人々の間に広まり，また，そこで共同的に構築された新たな意味や価値としての文化も人々に広まっていく可能性があろう。

　ただし，長い年月をかけて維持されてきた文化が容易に変わるわけではないこともまた確かであろう。たとえば，女性の社会進出は家族や社会，そして女性と男性の自己や関係性の在り様をたしかに変えてきた。しかし，歴史をかけて築かれた性役割は現在も色濃く残り，女性の生きづらさ，さらに現代では男性の生きづらさにも影響している。

　このような文化の変容や変容しない文化を見ていくことで，人間と文化との相互構成的な過程，また，人間がヒトという種として本来的にもつ特徴に関して得ることのできる示唆は大きいと考えられる。今後のさらなる研究の蓄積が期待されるところである。そして，この文化の変容について検討するうえでも，文化に対して主体としてかかわる自己の役割に注目していくことが必要であろう。

引用文献

Baumrind, D.（1998）. From ought to is: A neo-marxist perspective on the use and misuse of the culture construct. *Human Development*, **41**, 145-165.

Bronfenbrenner, U.（1979）. *The ecology of human development: Experiments by nature and design*. Cambridge, MA: Harvard University Press.

Bruner, J. S.（1999）. 意味の復権：フォークサイコロジーに向けて（岡本夏木・仲渡一美・吉村啓子，訳）. 京都：ミネルヴァ書房.（Bruner, J. S.（1990）. *Acts of meaning*. Cambridge, MA: Harvard University Press.）

Cole, M.（2002）. 文化心理学：発達・認知・活動への文化‐歴史的アプローチ（天野　清，訳）. 東京：新曜社.（Cole, M.（1996）. *Cultural Psychology: A once and future discipline*. Cambridge, MA: Harvard University Press.）

Cross, S. E., & Madson, L.（1997）. Models of the self: Self-construals and gender. *Psychological Bulletin*, **122**, 5-37.

Epstein, S.（1973）. The self-concept revisited: Or a theory of a theory. *American Psychologist*, **28**, 404-414.

Greenfield, P. M.（1994）. Independence and interdependence as developmental scripts: Implications for theory, research, and practice. In P. M. Greenfield & R. R. Cocking（Eds.）, *Cross-cultural roots of minority child development*（pp.1-37）. Hillsdale, NJ: Erlbaum.

Guisinger, S., & Blatt, S. J.（1994）. Individuality and relatedness: Evolution of a fundamental dialectic. *American Psychologist*, **49**, 104-111.

Harter, S.（1999）. *The construction of the self*. New York: Guilford Press.

波多野誼余夫・高橋惠子.（1997）. 文化心理学入門. 東京：岩波書店.

平井美佳.（2000）. 問題解決場面における自己と他者の調整. 教育心理学研究，**48**, 462-472.

平井美佳.（2006）. 自己‐他者間の葛藤における調整："個人主義・集団主義"概念の再検討. 東京：風間書房.

開　一夫・長谷川寿一（編）.（2009）. ソーシャルブレインズ：自己と他者を認知する脳. 東京：東京大学出版会.

Hofstede, G.（1980）. *Culture's consequences: International differences in work-related values*. Beverly Hills, CA: Sage.

Kâğıtçıbaşı, Ç.（2007）. *Family, self, and human development across cultures: Theory and applications*（2nd ed.）. Hillsdale, NJ: Erlbaum.

柏木惠子・北山　忍・東　洋（編）.（1997）. 文化心理学：理論と実証. 東京：東京大学出版会.

北山　忍.（1998）. 自己と感情：文化心理学による問いかけ. 東京：共立出版.

Kitayama, S., & Cohen, D.（Eds.）.（2007）. *Handbook of cultural psychology*. New York: Guilford Press.

Kitayama, S., Duffy, S., & Uchida, Y.（2007）. Self as cultural mode of being. In S. Kitayama & D. Cohen（Eds.）, *Handbook of cultural psychology*（pp.136-174）. New York: Guilford Press.

Kitayama, S., Park, H., Sevincer, A. T., Karasawa, M., & Uskul, A. K.（2009）. A cultural task analysis of implicit independence: Comparing North America, Western Europe, and East Asia. *Journal of Personality and Social Psychology*, **97**, 236-255.

LeVine, R. A.（Ed.）.（2010）. *Psychological anthropology: A reader on self in culture*. Chichester, UK: Wiley-Blackwell.

Lewis, M., & Takahashi, K.（Eds.）.（2007）. 愛着からソーシャル・ネットワークへ：発達心理学

の新展開（高橋惠子，監訳）．東京：新曜社．(Lewis, M., & Takahashi, K. (Eds.) (2005). *Beyond the dyad: Conceptualization of social networks* (Human Development, vol.48, no.1-2). Basel: Karger.)

Markus, H. R., & Kitayama, S. (1991). Culture and the self: Implications for cognition, emotion, and motivation. *Psychological Review*, **98**, 224-253.

Markus, H. R., Mullally, P. R., & Kitayama, S. (1997). Selfways: Diversity in modes of cultural participation. In U. Neisser & D. A. Jopling (Eds.), *The conceptual self in context: Culture, experience, self-understanding* (pp.13-61). Cambridge, UK: Cambridge University Press.

Moscovici, S. (2001). *Social representations: Explorations in social psychology*. New York: New York University Press.

Nelson, K. (2007). *Young minds in social worlds: Experience, meaning, and memory*. Cambridge, MA: Harvard University Press.

Raeff, C. (1997). Individuals in relationships: Cultural values, children's social interactions, and the development of an American individualistic self. *Developmental Review*, **17**, 205-238.

Raeff, C. (2006). *Always separate, always connected: Independence and interdependence in cultural contexts of development*. Mahwah, NJ: Erlbaum.

Rogoff, B. (2006). 文化的営みとしての発達：個人，世代，コミュニティ（當眞千賀子，訳）．東京：新曜社．(Rogoff, B. (2003). *The cultural nature of human development*. NY: Oxford University Press.)

Rothbaum, F., Pott, M., Azuma, H., Miyake, K., & Weisz, J. (2000). The development of close relationships in Japan and the United States: Path of symbiotic harmony and generative tension. *Child Development*, **71**, 1121-1142.

Sameroff, A. (2010). A unified theory of development: A dialectic integration of nature and nurture. *Child Development*, **81**, 6-22.

Shimizu, H. (2000). Beyond individualism and sociocentrism: An ontological analysis of the opposing elements in personal experiences of Japanese adolescents. *Human Development*, **43**, 195-211.

Shweder, R. A., Goodnow, J., Hatano, G., LeVine, R. A., Markus, H., & Miller, P. (2006). The cultural psychology of development: One mind, many mentalities. In W. Damon & R. M. Lerner (Series Eds.) & R. M. Lerner (Vol. Ed.), *Handbook of child psychology: Vol. 1. Theoretical models of human development* (6th ed., pp.716-792). New York: Wiley.

Sperber, D. (2001). 表象は感染する：文化への自然主義的アプローチ（菅野盾樹，訳）．東京：新曜社．(Sperber, D. (1996). *Explaining culture: A naturalistic approach*. Oxford: Basil Blackwell.)

Spiro, M. (1993). Is the Western conception of the self "peculiar" within the context of the world cultures ? *Ethos*, **21**, 497-523.

高橋惠子．(1996). 文化心理学への期待とその課題．日本児童研究所（編），児童心理学の進歩 *1996* 年版（pp.302-308）．東京：金子書房．

Triandis, H. C. (2002). 個人主義と集団主義：2つのレンズを通して読み解く文化（神山貴弥・藤原武弘，編訳）．京都：北大路書房．(Triandis, H. C. (1995). *Individualism and collectivism*. Boulder, CO: Westview Press.)

Turiel, E. (2002). *The culture of morality: Social development, context, and conflict*. Cambridge UK: Cambridge University Press.

第24章
アイデンティティとパーソナリティ：生涯発達的視点

杉村和美

　心理・社会的アイデンティティ（Erikson, 1968/1973）は，人がこの時代この社会の中で，意義のある存在として位置づいているという感覚である。青年期以降のパーソナリティの重要な一側面であり，人が自分自身を生きることを支える根本的な感覚である。この感覚は，他者と深くかかわりながらも自分の独自性を自覚し，時間や状況にともなうさまざまな変化の中でもその感覚を保持し続ける営みによって成立する。本章では，こうしたアイデンティティの感覚の発達を，家庭や学校，仲間などの社会的文脈との関係で論じる。具体的には，社会的文脈におけるアイデンティティ発達のプロセス，その多様な経路，発達のメカニズムに焦点を当てる。また，発達の時期としては，アイデンティティの感覚が明確になる青年期を中心にするが，生涯にわたるその発達についても触れる。

第1節　アイデンティティ形成の始まり——同一視から同一性へ

　自分なりの探求（exploration）に基づくアイデンティティの感覚が明確になるのは，おおよそ18歳以降である（Archer, 1982）。身体的成熟や認知発達がピークを迎えるのは青年期前・中期なので，アイデンティティの達成が青年期後期に可能になるというのは，身体や認知面の発達だけではアイデンティティは十分成立しないことを意味する。自分自身を社会の中で意義ある存在として定義するためには，親からの情緒的な独立や自己決定の経験といった，自律性の獲得に向けたさまざまな経験が必要なのである。
　この経験の最も基本的なものは，家庭内の親子間コミュニケーションである。親子間コミュニケーションとアイデンティティ形成の関連を明らかにする研究は，グロートヴァントとクーパー（Grotevant & Cooper, 1985）によって始められた。彼らによれば，青年のアイデンティティは，親子間のコミュニケーションの連鎖の

中から現れる。具体的には，アイデンティティの発達は，親子が関係の中でそれぞれの独自性（individuality）とお互いの結合性（connectedness）をどのように発揮したり扱ったりしているのかによって特徴づけられていた。青年期中期にあたる高校生を対象にした彼らの研究では，青年のアイデンティティの探求は，結合性の文脈の中で，子どもが親との相違，すなわち独自性を表明するようなコミュニケーションを展開していることと関係していた。つまり，こうしたコミュニケーションの積み重ねの中で，青年は親への同一視に基づく自己像をこえた，親とは異なる独自な存在としての自己を経験することができるのである。

　その後の研究は，親子がコミュニケーションの中で青年のアイデンティティを共同で構築していく様子を，より直接的に検討している。カーペルマンとスミス（Kerpelman & Smith, 1999）は，それぞれの親子のコミュニケーション・パターンが，子どものアイデンティティに違いを生み出すことを示唆している。彼らは，非行問題で家庭裁判所で審理された青年期前・中期の娘（11-16歳）とその母親を対象にして，娘の性格をめぐる2人のコミュニケーションを記録し，いくつかのパターンに分類した。そしてそれぞれのパターンと，母と娘それぞれが別の面接調査で報告した娘のアイデンティティとの関連を検討した。その結果，娘が自分の性格を主張したときに，母親がそれを承認するやりとりを多く示す親子の場合，娘が報告した自分自身のアイデンティティには肯定的な内容が多く見られた。これに対して，娘が自分の肯定的な性格を主張しても，母親がそれを批判したり認めなかったりするやりとりを多くする親子においては，他の親子よりも，娘が報告するアイデンティティに理想的な内容，つまり自分をもっと向上させなければならないといったものが多く出てきた。ありのままの自己像を認め，受け入れることが困難になるのである。このようなコミュニケーションが繰り返された場合，アイデンティティ形成の道筋は歪められるのではないだろうか。

　また，マーシャルほか（Marshall et al., 2008）は，子どもの進路について親子が会話する様子を記録し，どのようにして子どもの進路の可能性が引き出され，明確にされていくのかを検討した。それによれば，母親はさまざまなやり方で青年期前・中期の青年（平均年齢13歳）が漠然と描いている将来の可能性を，選択肢という目に見える形にして，探索を手助けしていた。たとえば，瞬間的に単語を提示するカードのように，母親が進路に関するイメージを次々出していく「フラッシュカード」や，青年が出した進路に関するイメージを現実と結びつけて，受け入れられるかどうかを評価する「マッチング」といったやりとりが見いだされた。この年齢段階では，親子とも特定の進路に固執せず多様な選択肢を吟味している。

時間の経過とともに，この中から次第に特定の進路に関するやりとりが優勢になっていくのだろう。

　これらの研究からは，青年期前期から始まる親とは異なる自分の視点を明確にしていく作業が，実際にどのようなものであるかが見えてくる。その作業を自分ひとりで行うのではなく，親とともに行っている点が重要である。アイデンティティ形成において，社会的文脈（ここでは他者）との関係性の問題は，その出発点から無視できないものなのである。また，これらの研究が青年期前・中期を対象にしていることも重要である。この段階ですでにアイデンティティをめぐるコミュニケーションが日常的に行われているとすれば，アイデンティティ研究は青年期後期だけに焦点を当てているわけにはいかない。わが国のアイデンティティ研究のほとんどは青年期後期を対象にしているが（たとえば，大野ほか，2004；杉村，2005；谷，2008），形成のプロセスをより詳細に理解するためには，早い年齢段階への注目も必要だろう。

第2節　アイデンティティ発達のプロセスと多様な経路

　アイデンティティ発達のプロセスを理解する研究は，縦断研究によってアイデンティティ・ステイタス（地位）の変化を検討することに始まった。アイデンティティ・ステイタスとは，アイデンティティの課題に取り組むプロセスを類型化したものである。職業や価値観といった人生の重要な選択・決定について，悩んだり迷ったりした期間である「探求」と，自分が選択したものに真剣に打ち込む「コミットメント」の有無や程度によって，個人を達成型，モラトリアム型，早期完了型，拡散型の4つのステイタスに分類する（無藤，1979）。青年期を対象にした初期の縦断研究の結果を総合すると（たとえば，Kroger, 1988；Waterman & Goldman, 1976；Waterman & Waterman, 1971），青年期後期から成人期初期にかけて，多くの個人が，とりわけ職業の領域で，アイデンティティ・ステイタスにおける前進的な変化を経験するが，すべての人が達成に至るわけではないようである。アイデンティティ発達の経路には多様性があることが想定される。近年の研究は，アイデンティティ発達の個人差を詳細に検討するために，探求とコミットメントをいくつかの次元に分けるようになった（たとえば，Crocetti et al., 2008；Luyckx et al., 2008；Klimstra et al., 2010）。たとえばラックスほか（Luyckx et al., 2008）は，アイデンティティの探求には，広い選択肢の探求（exploration-in-breadth），特定の選択肢の深い探求（exploration-in-depth），自己への興味や認識論的関心ではなく不安や恐

れに基づく反芻的な探求（ruminative exploration）の3つの次元があることを見いだした。次元を区分することで，アイデンティティ形成の詳細なプロセスを検討することが可能になる。一般には広い探求から始まり，ひとたびコミットメントが形成されれば，それについての深い探求を行うと考えられるが（Luyckx et al., 2008），反芻的な探求を行う個人は，いつまでもコミットメントを形成できない可能性がある。現在は諸次元の得点の組み合わせから，アイデンティティ・ステイタスよりも詳細なタイプを区別しているところで，実際の多様な経路の検討はこれからの課題である。こうしたアイデンティティの次元における個人差は，青年期中期までに定着する可能性が示されているので（Klimstra et al., 2010；Meeus et al., 2010），青年期前期からのそれぞれのタイプの発達の経路を明らかにする研究が期待される。

　より重要なことは，こうした経路の違いがどのようにして生み出されるのかを説明することである。これに対しては，アイデンティティ発達のプロセスとメカニズムを一般的・包括的に記述するモデルが有効である。こうしたモデルの端緒となったグロートヴァント（Grotevant, 1987）のプロセス・モデルは，探求のプロセスをいくつかのステップに分けるとともに，このプロセスがさまざまな内的・外的要因と相互作用しながら進展する様子を図式化している。相互作用の部分をさらに具体的に示したのが，カーペルマンほか（Kerpelman et al., 1997）のアイデンティティ・コントロール・セオリーやボスマとクンネン（Bosma & Kunnen, 2001）のトランザクション・モデルである。これらはアイデンティティ発達のメカニズムを記述する枠組みとなる。モデルの中心的な要素は個人のコミットメントと文脈の不適合による葛藤で，これを契機としてアイデンティティを維持する（あるいは変容させる）サイクルが作動する。いずれも，長期のアイデンティティ発達は短期のプロセスの反復によって決定されると考えている。

　こうしたモデルに従えば，すでにある程度コミットメントを形成した個人の場合，文脈との不適合を経験しても，まずはさまざまな仕方で自分自身のコミットメントを維持しようとする。たとえば，大学生の女性が，自分自身のキャリア・アイデンティティを揺るがすような情報に接したときに，どのようにアイデンティティを維持するのかを実験的に検討した研究がある（Kerpelman & Lamke, 1997）。具体的には，恋人との間でどのような会話を交わすのかを調べた。その結果，自分自身のアイデンティティへの確信度が高い女性ほど，情報を受け取った直後にすぐに恋人との会話を開始し，その量も多く，自己確認のための努力が高いことがわかった。このような営みを繰り返すなら，既存のコミットメントは

当面維持されるだろう。

　文脈との不適合を繰り返し経験したり，不適合の程度がそれまでのコミットメントを維持できないほど大きくなるなどして，アイデンティティを維持することが困難になったとき，個人は自分自身のコミットメントを変化させる。この変化のプロセスは，成人を対象にした事例研究によれば行ったり来たりのものであり (Kroger, 2003)，大学生の海外留学をはさんで行われた6カ月の縦断研究によれば，コミットメントの強さや内容の，日々の微細な変化によって特徴づけられる (Vleioras & Bosma, 2005)。また，これらの研究からは，感情がコミットメントの変化を予測することも見いだされている。たとえば，既存のコミットメントと文脈からの情報が不適合であった場合，否定的な感情が体験されているうちはコミットメントは維持され，肯定的な感情が生じれば変化しうることが示唆されている (Vleioras & Bosma, 2005)。

　以上の研究では，まだアイデンティティ形成の途上にある個人の場合については検討されていない。アイデンティティ発達のメカニズムに関するモデルはどれも，既存のコミットメントの維持と変容について記述しており，コミットメントの形成については触れていないのである。しかし，これについても同じ枠組みで考えることができるだろう。第1節で述べたように，青年は文脈（たとえば両親）との間で相互作用を繰り返しながらコミットメントを明確にしていく。アイデンティティにかかわる問題について，未熟であっても自分なりの視点を表明したり，他者によってそれを受け止められたり，現実との整合性を検討するような作業の反復が，アイデンティティ形成の道筋を決定していくと考えられるのである。

　今のところ，アイデンティティ発達の多様な経路を特定する研究と発達のメカニズムを解明する研究は別々に行われている。今後は，それぞれの経路の青年たちが文脈とどのような相互作用を行っているのかを明らかにする研究が期待される。

第3節　文脈の中でのアイデンティティ発達

　多くのアイデンティティ研究者は，アイデンティティが個人と文脈の相互作用の中から現れるという考え方を共有しているが (Beyers & Çok, 2008)，時系列に沿って相互作用を捉えた研究となるとまだ少ない。そこで，ここでは一時点での検討も含めて，文脈的要因が個人のアイデンティティにどのように織り込まれていくのかを検討した研究を概観する。また最近，青年のアイデンティティを共同

で構築する相手の視点や働きへの関心が高まっているので（Schachter & Marshall, 2010），そうした研究にも目を配る。青年にとって重要な文脈のうち家庭（両親）については第1節で触れたので，本節では仲間，学校，社会・文化の3つを取り上げる。

1 仲間の役割

仲間は，縦関係にある親とは異なり，対等の立場から青年のアイデンティティ形成を支える。自分自身の行動や考え方に対する仲間からのフィードバックは，青年の自己評価や自己定義の重要な材料となる。これまでの研究では，青年がアイデンティティの探求を開始するとき（Kerpelman & Pittman, 2001），自分自身がこれでいいのかという確証を必要とするとき（Josselson, 1992），これまでのアイデンティティを見直して再構築するときなど（Forthun et al., 2006），アイデンティティ発達のさまざまな局面で，仲間からのフィードバックが重要な役割を果たすことがわかっている。

より積極的に，仲間が相手のアイデンティティ形成に関与する可能性を示したのが，大学新入生を対象にして，授業の場で5週間の縦断研究を実施した杉村と清水の研究である（Sugimura & Shimizu, 2010）。この時期，学生は高校とは異なる大学の学びに直面し，学ぶ存在としての自分自身をいかに定義するのかという問題に取り組む。受講生同士の討論を中心にしたこの介入授業によって，仲間は「アイデンティティの手がかり」（identity clues）を提示したり，「探求の道筋の共同構築」（companionship）を行うなどさまざまな形で，討論の相手の学び領域のアイデンティティ形成に参加することが見いだされた。このように仲間の役割を検討する近年の研究は，仲間からのアイデンティティ形成の影響だけではなく，青年が仲間の視点を取り入れて，アイデンティティを共同で構築するプロセスを明らかにする方向に展開している。

2 学校環境のインパクト

青年が多くの時間を過ごす学校は，アイデンティティ発達の文脈として重要な意味をもつと考えられ，研究の必要性が繰り返し指摘されてきた（Grotevant, 1987；Phinney & Goossens, 1996）。現在までに行われた研究は非常に少ないが，青年期前・中期を対象として，学校環境や学校移行のアイデンティティ形成へのインパクトを検討している（たとえば，French et al., 2006；Lannegrand-Willems & Bosma, 2006；Roker & Banks, 1993）。

このうち，フランスで将来の進路が決まる時期にあたる8年生の生徒（14-16歳）を対象にした1年間の縦断研究では，アイデンティティ形成にとって望ましい学校環境が検討されている（Lannegrand-Willems & Bosma, 2006）。具体的には，生徒の社会的地位，留年率，進学率の程度によって3つの中等学校を選択し，学校のレベル，個人の学業成績，学校での主観的経験の何がアイデンティティ（学校領域）に影響を与えるのかを検討した。その結果，学年の最初では学業成績や学校での主観的経験が肯定的であることがアイデンティティの探求やコミットメントの高さにかかわっていたが，学年の最後になるとそれらよりもむしろ学校のレベルが高いことがかかわっていた。

　こうした研究からは，それぞれの学校環境の特徴が，そこで学ぶ生徒のアイデンティティ形成の違いを生み出す可能性がうかがわれる。しかし，ひとくちに学校環境といっても，そこに含まれる要素は実に多様である。学校という文脈とアイデンティティ形成の関係をより精緻に論じるためには，いったい学校でアイデンティティにかかわるどのような刺激が提供されているのかを見る必要があるのではないか。教師や仲間との対人関係だけでなく授業においても，生徒が自分自身を探索し定義する契機が含まれているはずである（杉村，2002）。実際，教師が特定の科目を教える中で，アイデンティティという用語をまったく用いていないのに，勉強を通した自己探求や自己定義について語ることが見いだされている（Schachter, 2010）。こうした発言を生徒がどのように認識するのか。それは，生徒のアイデンティティ形成に対して短期的・長期的にどのような意味をもつのか。そうした問題に着目した研究が必要だと考える。

3　社会・文化による制約と方向づけ

　アイデンティティ研究は他の分野の発達研究と比べて，社会や文化の問題にあまり関心を払ってこなかった（Phinney & Baldelomar, 2011）。この問題は，1990年代にまず民族アイデンティティ研究の形で（Phinney, 1992），2000年以降にようやく個人と社会・文化との相互作用の観点から扱われるようになった。ヨーダー（Yoder, 2000）やシャクター（Schachter, 2002）の理論的検討は，この流れの中心をなす。

　ヨーダーは，社会・文化的文脈の中でのアイデンティティ発達をより正確に理解するには，文脈がもつアイデンティティに対する「障壁」（identity barriers）の特徴を考慮する必要があると指摘した。たとえば，アイデンティティ探求は，環境が個人に自由な探求を許すのかどうかという問題とかかわっている。また，一昔

前ならありえないような職業へのコミットメントが，時代の変化で可能になることもある。シャクターは，イスラエルの正統派のユダヤ教徒の青年を対象にしたナラティブ研究によって，アイデンティティの問題の扱い方自体が，社会・文化的文脈による「制約」(identity constrains) を受けることを明らかにした。具体的には，この研究の対象者は，宗教上の規則と現代社会が認める自由な性行動のジレンマに直面しており，それをどのように扱うのかという問題を，アイデンティティの重要なテーマとして抱えている。彼らは，アイデンティティ理論が考えるように2つの問題のどちらかを選択したりひとつに統合するだけではなく，その両方をさまざまな仕方でアイデンティティの中に共存させていた。そのようなアイデンティティの問題の扱い方は，彼らが日々生きている文脈の中で編み出されたものである。

　こうしたアイデンティティに対する障壁や制約は，実際には青年が日常的にかかわる他者から伝達されることが多い。両親や仲間といった身近な他者を，たんなる相互作用の相手ではなく，社会・文化の価値観と青年の欲求や関心をつなぐ存在としてあらためて位置づけ直す必要があるだろう。そのような観点から，青年のアイデンティティ形成にかかわる他者の視点を検討したのがシャクターとヴェンチュラ (Schachter & Ventura, 2008) である。彼らは，青年のアイデンティティ形成に意図的に関与する人物を identity agents と呼び，そうした人物（この研究では両親）が共通にもつ視点を取り出している。それによれば，両親は，社会・文化の価値観，両親自身の価値観，そして子どもの欲求や関心を査定・再査定しながら，それらの仲立ちをするという。また，『アイデンティティ (Identity)』誌上で2010年に組まれた identity agents に関する特集では，両親以外に教師，カウンセラー，仲間などもこうした役割を担うことが論じられている (Schachter & Marshall, 2010)。identity agents の概念に基づく研究は，他者との間の日常的な相互作用の中でアイデンティティが短期的に変化するプロセスと，社会・文化との関係で長期的に発達するプロセスの関連を理解する一助となるだろう。

第4節　成人期におけるアイデンティティ発達

　成人期におけるアイデンティティ発達に関する最近の研究には，アイデンティティ・ステイタス・アプローチを用いて発達的変化を記述する研究 (Fadjukoff et al., 2005)，個人がアイデンティティの問題に取り組むスタイルに注目した研究 (Whitbourne et al., 2002)，中年期・老年期のアイデンティティの再構成の様相を明

らかにする研究（Kroger, 2003；岡本，2002；中年期のアイデンティティ研究に関するレビューとして，清水，2008）がある。

　このうち注目したいのは，これまで検討されてこなかった長期的なアイデンティティ発達について新たな知見を提示した，フィンランドの縦断研究である（Fadjukoff et al, 2005）。この研究では，同一の都市で 1959 年に生まれた人（男性 97 名，女性 100 名）の，27 歳，36 歳，42 歳にわたるアイデンティティ・ステイタスの変化が検討されている。取り上げられたアイデンティティの領域は，職業，親密な関係，ライフスタイル，政治，宗教の 5 つであった。これによれば，男女ともに 27 歳の時点ではいずれの領域でもモラトリアムや拡散が目立っていたが，42 歳になってようやく職業，親密な関係，ライフスタイルの領域で多くの人が達成に至ることがわかった。この結果は，アイデンティティ発達は青年期で終わるのではなく，成人期になっても続く長い道のりであることを意味する。

　この研究の別の重要な結果は，5 つのアイデンティティの領域のうち職業，親密な関係，ライフスタイルは，達成の人の割合が増加するという意味で重要であったが，政治と宗教の領域はさほど重要ではなかったことである。政治と宗教においては 42 歳になっても拡散が目立っており，その割合は政治では 27 歳時点より増加さえしている。現代のフィンランドの成人が自分を定義するとき，社会的な問題より「仕事と家庭」という身近な問題における個人的選択の方が意味をもつということである。

　領域の重要度は国や文化によって大きく異なると思われるが，現代の日本も同じような傾向ではないか。初期の研究で，宗教と政治の領域がわが国の青年のアイデンティティ形成の契機になりにくいことが示されており（無藤，1979；山本，1988），その後もこの状況に変化があったとは考えにくい。加えて，政治は次第に不安定さを増しており，それとの関係で自己を定義することはさらに難しくなっていると考えられる。領域ごとのアイデンティティの重要性の違いや領域間の関係の問題は，個人が多様な領域でアイデンティティの感覚をもつようになった現代において重要なテーマである（溝上，2007）。しかし，領域の間のぶつかり合いやその処理のしかたについては，第 3 節で紹介したシャクター（Schachter, 2002）以外はあまり検討していない。どの領域でどのアイデンティティ・ステイタスの割合が増加するのかという問題だけではなく，領域間の関係という観点からアイデンティティ発達の方向性を検討する研究も必要だろう。

おわりに

　本章では，社会的文脈におけるアイデンティティ発達のプロセス，その多様な経路，発達のメカニズムに関する研究を概観し，今後の課題を述べた。最後に，本書のテーマである社会・文化の問題に再び焦点を合わせて，これまでの研究で取り上げられてこなかった課題を指摘したい。現代のわが国の青年（あるいは成人）が直面しているアイデンティティの問題は何かということである。第3節で触れたように，欧米ではアイデンティティ発達と文脈の関係を検討する最良のテーマのひとつとして，民族アイデンティティがある。移民が増加し，彼らが主流の文化にどのように適応してアイデンティティを形成していくのかという問題は，1990年代になって切実な課題となったのである。日本では同じ頃から経済的な変動が激しくなり，青年期に関して言えば若者の不安定就労や失業が増大し，成人期への移行が困難になり始めた。たとえばこうした問題の中でのアイデンティティ形成とはどのようなものなのか。

　白井ほか（2009）の大卒者（23〜39歳）を対象にした大規模調査によれば，学歴や収入などの社会関係資本をもっていることが社会への信頼を高め，成人期への移行を有利にする可能性があるという。アイデンティティ形成においても，不十分な資本しかもたないために探求や選択が妨げられるような困難に直面することがあるのではないか。また，青年期のアイデンティティ研究は主として大学生を対象にしてきたが，過半数が高等教育機関に進学する現在では，彼らの自律性の獲得の程度にも以前より幅があるように見える。彼らは，これまではあまり問題にならなかった領域でアイデンティティの課題に直面するのではないか。たとえば杉村と清水は（Sugimura & Shimizu, 2011），大学新入生の多くが，高校とは異なる大学の学びに直面して，学ぶ存在としての自分自身を再定義しなければならない危機に直面することを見いだしている。

　社会変動の中で浮かび上がってきた問題は，互いに変化しつつある個人のアイデンティティと社会・文化的文脈が，どのように接点をもつのかを検討するのに有効だと考える。特定の社会・文化的文脈におけるアイデンティティ発達の問題であっても，個人と文脈の相互作用のしかたに注目して検討することで，一般性をもつ知見を引き出すことが可能になる。現在までに提出されているアイデンティティ発達のプロセスとメカニズムに関するモデルや，アイデンティティ発達の多様な経路を捉えるための概念などは，そのための有効な枠組みとなる。

引用文献

Archer, S. L. (1982). The lower age boundaries of identity development. *Child Development*, **53**, 1551-1556.
Beyers, W., & Çok, F. (2008). Adolescent self and identity development in context. *Journal of Adolescence*, **31**, 147-150.
Bosma, H. A., & Kunnen, E. S. (2001). Determinants and mechanisms in ego identity development: A review and synthesis. *Developmental Review*, **21**, 39-66.
Crocetti, E., Rubini, M., Luyckx, K., & Meeus, W. (2008). Identity formation in early and middle adolescents from various ethnic groups: From three dimensions to five statuses. *Journal of Youth and Adolescence*, **37**, 983-996.
Erikson, E. H. (1973). アイデンティティ：青年と危機（岩瀬庸理，訳）．東京：金沢文庫．(Erikson, E. H. (1968). *Identity: Youth and crisis.* New York: Norton.)
Fadjukoff, P., Pulkkinen, L., & Kokko, K. (2005). Identity processes in adulthood: Diverging domains. *Identity: An International Journal of Theory and Research*, **5**, 1-20.
Forthun, L. F., Montgomery, M. J., & Bell, N. J. (2006). Identity formation in a relational context: A person-centered analysis of troubled youth. *Identity: An International Journal of Theory and Research*, **6**, 141-167.
French, S. E., Seidman, E., Allen, L., & Aber, J. L. (2006). The development of ethnic identity during adolescence. *Developmental Psychology*, **42**, 1-10.
Grotevant, H. D. (1987). Toward a process model of identity formation. *Journal of Adolescent Research*, **2**, 203-222.
Grotevant, H. D., & Cooper, C. R. (1985). Patterns of interaction in family relationships and the development of identity exploration in adolescence. *Child Development*, **56**, 415-428.
Josselson, R. (1992). *The space between us: Exploring the dimensions of human relationships.* San Francisco: Jossey-Bass.
Kerpelman, J. L., & Lamke, L. K. (1997). Anticipation of future identities: A control theory approach to identity development within the context of serious dating relationships. *Personal Relationships*, **4**, 47-62.
Kerpelman, J. L., & Pittman, J. F. (2001). The instability of possible selves: Identity processes within late adolescents' close peer relationships. *Journal of Adolescence*, **2**, 491-512.
Kerpelman, J. L., Pittman, J. F., & Lamke, L. K. (1997). Toward a microprocess perspective on adolescent identity development: An identity control theory approach. *Journal of Adolescent Research*, **12**, 325-346.
Kerpelman, J. L., & Smith, S. L. (1999). Adjudicated adolescent girls and their mothers: Examining identity perceptions and processes. *Youth and Society*, **30**, 313-347.
Klimstra, T. A., Hale, W. W., III, Raaijmakers, Q. A. W., Branje, S. J. T., & Meeus, W. H. J. (2010). Identity formation in adolescence: Change or stability? *Journal of Youth and Adolescence*, **39**, 150-162.
Kroger, J. (1988). A longitudinal study of ego identity status interview domains. *Journal of Adolescence*, **11**, 49-64.
Kroger, J. (2003). What transits in an identity status transition? *Identity: An International Journal of Theory and Research*, **3**, 197-220.
Lannegrand-Willems, L., & Bosma, H. A. (2006). Identity development-in-context: The school as an important context for identity development. *Identity: An International Journal of Theory and Research*, **6**, 85-113.

Luyckx, K., Schwartz, S. J., Berzonsky, M. D., Soenens, B., Vansteenkiste, M., Smits, I. et al. (2008). Capturing ruminative exploration: Extending the four-dimensional model of identity formation in late adolescence. *Journal of Research in Personality*, **42**, 58-82.

Marshall, S. K., Young, R. A., Domene, J. F., & Zaidman-Zait, A. (2008). Adolescent possible selves as jointly constructed in parent-adolescent career conversations and related activities. *Identity: An International Journal of Theory and Research*, **8**, 185-204.

Meeus, W., van de Schoot, R., Keijsers, L., Schwartz, S. J., & Branje, S. (2010). On the progression and stability of adolescent identity formation: A five-wave longitudinal study in early-to-middle and middle-to-late adolescence. *Child Development*, **81**, 1565-1581.

溝上慎一．(2007)．ポストモダン社会におけるアイデンティティの二重形成プロセスと心理学者の仕事．*心理科学*, **28**, 54-71.

無藤清子．(1979)．「自我同一性地位面接」の検討と大学生の自我同一性．*教育心理学研究*, **27**, 178-187.

岡本祐子．(2002)．アイデンティティ生涯発達論の射程．京都：ミネルヴァ書房．

大野　久・茂垣まどか・三好昭子・内島香絵．(2004)．MIMIC モデルによるアイデンティティの実感としての充実感の構造の検討．*教育心理学研究*, **52**, 320-330.

Phinney, J. S. (1992). The multigroup ethnic identity measure: A new scale for use with diverse groups. *Journal of Adolescent Research*, **7**, 156-176.

Phinney, J. S., & Baldelomar, O. A. (2011). Identity development in multiple cultural contexts. In L. A. Jensen (Ed.), *Bridging cultural and developmental approaches to psychology: New syntheses in theory, research, and policy* (pp.161-186). New York: Oxford University Press.

Phinney, J. S., & Goossens, L. (1996). Introduction: Identity development in context. *Journal of Adolescence*, **19**, 401-403.

Roker, D., & Banks, M. H. (1993). Adolescent identity and school type. *British Journal of Psychology*, **84**, 297-300.

Schachter, E. P. (2002). Identity constraints: The perceived structural requirements of a 'good' identity. *Human Development*, **45**, 416-433.

Schachter, E. P. (2010, March). *Teachers as identity agents: A qualitative study of the identity goals and practice of high-school teachers*. Poster presented at the 17th annual conference of the Society for Research on Identity Formation, Philadelphia, PA.

Schachter, E. P., & Marshall, S. K. (2010). Identity agents: A focus on those purposefully involved in the identity of others. *Identity: An International Journal of Theory and Research*, **10**, 71-75.

Schachter, E. P., & Ventura, J. J. (2008). Identity agents: Parents as active and reflective participants in their children's identity formation. *Journal of Research on Adolescence*, **18**, 449-476.

清水紀子．(2008)．中年期のアイデンティティ発達研究：アイデンティティ・ステイタス研究の限界と今後の展望．*発達心理学研究*, **19**, 305-315.

白井利明・安達智子・若松養亮・下村英雄・川崎友嗣．(2009)．青年期から成人期にかけての社会への移行における社会的信頼の効果：シティズンシップの観点から．*発達心理学研究*, **20**, 224-233.

杉村和美．(2002)．アイデンティティとは何か．梶田正巳（編），*学校教育の心理学* (pp.153-164)．名古屋：名古屋大学出版会．

杉村和美．(2005)．*女子青年のアイデンティティ探求：関係性の観点から見た2年間の縦断研究*．東京：風間書房．

Sugimura, K., & Shimizu, N. (2010). The role of peers as agents of identity formation in Japanese first-year university students. *Identity: An International Journal of Theory and Research*, **10**, 106-121.

Sugimura, K., & Shimizu, N. (2011). Identity development in the learning sphere among Japanese first-year university students. *Child and Youth Care Forum*, **40**, 25-41.

谷　冬彦．(2008)．自我同一性の人格発達心理学．京都：ナカニシヤ出版．

Vleioras, G., & Bosma, H. A. (2005). Predicting change in relational identity commitments: Exploration and emotions. *Identity: An International Journal of Theory and Research*, **5**, 35-56.

Waterman, A. S., & Goldman, J. A. (1976). A longitudinal study of ego identity development at a liberal arts college. *Journal of Youth and Adolescence*, **5**, 361-369.

Waterman, A. S., & Waterman, C. K. (1971). A longitudinal study of changes in ego identity status during the freshman year at college. *Developmental Psychology*, **5**, 167-173.

Whitbourne, S. K., Sneed, J. R., & Skultety, K. M. (2002). Identity processes in adulthood: Theoretical and methodological challenges. *Identity: An International Journal of Theory and Research*, **2**, 29-45.

山本里花．(1988)．女子学生の自我同一性に関する研究：自我の二指向性の観点から．*教育心理学研究*, **36**, 238-248.

Yoder, A. E. (2000). Barriers to ego identity status formation: A contextual qualification of Marcia's identity status paradigm. *Journal of Adolescence*, **23**, 95-106.

第25章
人生設計とキャリア発達

安達智子

　近年，情報化やグローバル化の進展により，仕事世界は大きく変容した。これまでにないほどさまざまな働き方が可能となり，人々の価値観は多様化し，転職，社会人の再学習，非正規労働が急激に増えた。これは，進学して学卒後に正社員として働き続けることを基本とした既存のキャリア発達理論では，説明不可能な現象といえる。すなわち，選択の一時点に焦点を絞り，適材適所を目指して行われてきた研究や実践では立ち行かなくなった。こうした流れの中，社会的認知（social cognition）の考えを取り入れた社会・認知的キャリア理論（social cognitive career theory：SCCT），社会的構成主義の考えを取り入れたキャリア・コンストラクション理論（career construction theory：CCT）が台頭し，キャリア発達の研究スタンスは大きく変容した。すなわち，文脈の重視，単線から複線へ，静から動への転換である。本章は，SCCTの枠組みに沿ってキャリア発達研究の動向を紹介し，今後の研究と支援の方向性について考えたい。

第1節　力動的キャリア発達へ

1　静的理論から動的理論へ

　レントほか（Lent et al., 1994, 2002）は，従来のキャリア発達理論への批判を込めて，「われわれは，真空状態におかれてキャリアを選択するのではない」と述べている。すなわち，これまでは個人の動機や価値観，興味にばかり関心が向けられ，個人を取り巻く文脈が十分に考慮されてこなかった。しかし，現実社会で起きているキャリア発達を文脈から切り離すことは不可能で（Cohen et al., 2004），本人が気づくか否かにかかわらず，人は絶えず環境から影響を受け，それを主体的に捉えて反応するというプロセスが生じているのである。
　このような考え方により，キャリア発達に対する支援の方向性も転換の時期に

ある。これまでは，いかにして合理的な選択をさせるかという適所への配置に主眼が置かれてきた。しかし，職を得ることをゴールとした支援だけでは，転職やライフイベントによる生き方の変更に対処できない。また，キャリア発達は幼少時にはじまり生涯を通じて繰り返される継続的プロセスで，進学や職業選択の一時点に限られたイベントではない (Betz, 2000)。そこで求められるのは，自己理解，情報収集，目標設定をする力，さらには，行動を起こして問題に対処し，現実世界との調整をはかる力である。

2 SCCTのコンセプト

キャリア発達を力動的に捉えようとする新しい流れが生まれたが，その考え方や前提を心理学の手法によって検証することは容易ではなく，また，どのようにしてキャリア支援に役立てるかは難しい課題である。そうしたなか，レントほか (Lent et al., 1994) によって提出されたのがSCCTである。彼らは，自らが考案したこの理論を「既存のパーツを用いた新しい理論」と表現している。言うなれば，自己効力，興味，サポートなど，心理学の諸概念を部品として，三者相互作用を鎹に組み立てた新たなキャリア発達理論である。

同理論において，キャリア選択は，進学や就職に限られた課題ではなく，生涯を通じて繰り返される発達的なプロセスとして説明されている。すなわちキャリアとは，幼少時に行う玩具や習い事の選択にはじまり，進学先，学科や専攻，職業，部署，趣味，余暇など，生涯を通じて行われる営みといえる。また，生き方や働き方が多様化した現代では，社会に出たあとに学び直したり，地域活動やボランティアなどのアン・ペイドワークがキャリアの根幹になることもある。SCCTは，このようなさまざまなかたちのキャリアに適用可能なモデルを用いて発達の過程を説明する。その根幹を成すのが個人 (person) であり，そこに環境 (environment)，行動 (behavior) を加えた3要因の間には相互作用が仮定されている。したがって，SCCT研究の多くは，これら3要因の関係性の一部分にフォーカスするかたちで検証を行っている。以下にその動向を紹介しよう。

第2節　個人・環境・行動

1　個人要因

個人属性：性別，人種，能力などの属性は，それらが直接的にキャリア発達を左右するのではなく，属性による差異が生まれる背景には，生育環境や学習経験

が作用している（Lent et al., 1994）。たとえば，キャリア発達の男女差は，男，女という性別によって規定されるのではなく，性別が生育環境と作用しながら学習経験をもたらし，学習が自己効力や興味，目標設定，そして行動の男女差を生み出す。最近では，男・女という性別にくわえて，レズビアンやゲイなどのジェンダー・マイノリティへと研究の裾野が広がりつつある（Morrow et al., 1996）。また，人種に焦点をあてたもの，とくに，エスニック・マイノリティを対象とした報告が多くみられる。彼らが体験する差別的環境や限られた学習経験，低い自己効力，環境に対するネガティブな認知に働きかけることで，キャリア支援に役立てようとするものである（Pope-Davis & Hargrove, 2001）。このように，個人属性を扱った研究では，差異の有無や得点比較などの現象記述にとどまらず，差異が生み出されるプロセスを説明している。すなわち，属性が，環境や学習経験による影響とあいまっていかなるかたちでキャリアにつながるかという発達的視点が重視されるのである。

　自己効力：SCCTは，理論を構成する多様なパーツの中でも，個人の認知を重視する立場にある。なかでも自己効力（self-efficacy）は理論の中核を成しており，ハケットとベッツ（Hackett & Betz, 1981）が，キャリアに対する自己効力（career self-efficacy：CSE）として概念化してから現在にわたって，多くの研究が蓄積されてきた。自己効力は，その領域特定的（domain-specific）な性質ゆえに，領域に応じてそれぞれの認知が検討されるが，キャリアに対する自己効力は，内容と過程に大別できる。

　内容（content）とは，どのような領域に高い自己効力をもつかを問うもので，数学や科学のコースに対する自己効力（Lent et al., 2001），職業に対する自己効力（Lindley & Borgen, 2002），さらには，リーダーシップやスピーチなど社会生活で求められる諸活動に対する自己効力（Rottinghaus et al., 2003）などがある。一方，キャリア選択に必要な諸活動に焦点をあてたのが過程（process）に関する自己効力である。これは職業未決定にアプローチすべく行われたテイラーとベッツ（Taylor & Betz, 1983）によるキャリア選択に対する自己効力（career decision-making self-efficacy：CDMSE）研究に端を発している。キャリア成熟に必要とされる自己理解，職業情報の収集，計画立案，選択，問題解決の5つについて測定するもので，キャリア発達研究の中でも最も多くの研究が蓄積されている。キャリアに対する自己効力研究の問題点は，その領域特定性ゆえに，領域に応じて行動が定義され測度が考案される（Betz & Hackett, 2006）こととかかわりがある。すなわち，定義や測度が混在して結果が一致せず，研究を困難にさせているのである。しか

し最近では、測定法や結果の比較・整理を試みた研究がみられるようになり（たとえば、Betz, 2007 ; Gainor, 2006）、こうした問題解決への助けとなるであろう。

結果期待：自己効力の作用を補う個人の認知として、結果期待（outcome expectation）が果たす役割も重要である。好ましい結果が得られるとの見通しがあるときには、興味、目標設定、行動が促され、努力や持続性につながる。これまでの研究の多くは、自己効力と結果期待の双方がキャリア選択にかかわりをもつことを見出している（たとえば、安達、2001 ; Gore & Leuwerke, 2000）。その一方で、ネガティブな予測が扱われておらず（Lent & Brown, 2006）、自己効力と切り離して測定することが難しいなど、測定上の問題も少なくない。しかし、能力や努力と得られる成果のつながりが不確かなキャリア選択では、遂行可能感だけでなく何が得られるかという予測も大切な役割を果たすのである（Lent et al., 2002）。

2　環境要因

キャリア発達に影響を及ぼす文脈には、生育環境、社会・文化、雇用市場などのマクロ変数、サポートや障害などが挙げられる。こうした環境要因についてSCCTは、本人がどのように捉えているかという主観的認知を通して考える。なかでもさかんに行われているのが、知覚されたサポート（perceived support）や障害（perceived barriers）、もしくは双方を取り入れた実証研究である（たとえば、Gushue & Whitson, 2006 ; Lent et al., 2001）。しかし現時点では、サポートや障害の知覚と他の変数の関連を指摘するにとどまり、具体的な介入法を提示するには至っていない。キャリア発達とかかわりの深い障害やサポート源を特定することで、問題へ対処する方策を得たり、活用可能な資源を認識し、ネットワークの構築へつなげるような示唆が得られるものと期待される（Lent & Brown, 2006）。

3　行動要因

測定の難しさゆえに進展がみられないのが目標を達成するための具体的行動、パフォーマンス、そしてフィードバックを取り入れた実証研究である。現在のところ、行動については、過去に行った頻度や程度について自己報告式の回答を求めるかたちで研究が進められているにすぎない（たとえば、Zikica & Saks, 2009）。このような点が、構成概念で組み立てたモデルと現実の行動は乖離しているとの批判を生み出すことになるのだろう。また、多様な生き方が可能となり、キャリア発達が曲線や複線を描く社会において、何をもってパフォーマンスとするかは人によってさまざまである。満足度や持続性などの指標がある一方で、個人に特

有の仕事観や生き方観もある（Savickas et al., 2009）。こうした主観的な側面も含めて多面的にパフォーマンスを捉えていく必要がある。

第3節　積極的介入へ向けて

1　選択肢の幅を広げるストラテジー

レント（Lent, 2005）は，既存の検査やツールを用いて，考慮の対象から外されたキャリア選択肢にたち戻るためのストラテジーを提案している。たとえば，標準化された検査を用いてテスト・バッテリーを組む手法である。適性検査で優れた結果を示す領域に対して興味が低いとき，クライエントは実際の能力よりも自己効力を低く認知している可能性がある。また，高く価値づける領域への興味が低い場合，その領域に対する結果期待が低いことが示唆される。こうした検査結果間の不一致を材料にして，考慮から外された選択肢を探ることができる。

最近，わが国においても活用されるようになったカード・ソート（card sort）法を用いて，除外されようとしている選択肢を探ることも可能である。第1のステップでは，①選択する，②選択しない，③考え中の3つに，さらに②選択しないを，(a) 能力があるならば選択する，(b) 価値あるものが得られるならば選択する，(c) いかなるときも選択しない，(d) その他に分類させる。(a) は，低い自己効力ゆえに，(b) は，低い結果期待ゆえに除外されようとしている選択肢である。これらについて，その認知は現状を適切に反映しているか，負の歪みはないか，さらには，何が認知を歪ませているのか確認していく。このように，既存の検査を活用して認知の再体制化を促すことが可能である。

2　自己効力の情報源への着目

最近10年ほどの間に，キャリアに対する自己効力の情報源に着目した実践報告がみられるようになった（たとえば，Alliman-Brissett et al., 2004；Sterrett, 1998）。それらの多くでは，介入によって自己効力が望ましい方向に変化すること，さらには，キャリア選択に向けた積極的活動が促され職を得るなどのパフォーマンスに結びつくことが示されている。一方，介入研究は研究成果の一般化が難しく，効果ありと判断された事例を他の領域や対象者にそのまま適用することができない。ゲイナー（Gainor, 2006）が指摘するように，他箇所で行われた方策に適宜修正を加えながら，各事例へ適用するために研究成果を比較・整理することが望まれる。

第4節　これからの時代を生き抜く力——キャリア形成力

　キャリア発達研究の長い歴史の中で力が注がれてきたのは，多くの対象に適用可能なアセスメントツールの開発や適所への配置であった。それが最近では，個人の主観的な意味づけや文脈，相互作用の大切さが指摘され，力動的な観点が重視されるようになった。しかし現段階では，人生を通じて変化し続けるという視点を取り入れることが難しく，移行の一時点に焦点を絞った研究や介入が大半を占めている。今後は，生涯にわたるキャリア生活で必要となる力，たとえば，サビカスほか（Savickas et al., 2009）が主張するアダプタビリティ（adaptability），夢や希望と現実社会のすり合わせを行う力（安達，2009），メタ認知による問題解決能力（Chien et al., 2006）など，文脈を適切に捉えそれらと自己の関係を調節していく力が求められる。つまり，SCCTで用いられている既存のパーツを用いた横断研究だけでなく，変化の激しいこれからの時代を切り抜ける新しいかたちのキャリア形成力について検討していくことになる。介入の在り方も，進学や就職を支援して適応をサポートするだけでなく，個人にとって適合的な生き方や働き方が実現するような力の育成に切り替えるときといえる。

引用文献 ....

安達智子．（2001）．大学生の進路発達過程：社会・認知的進路理論からの検討．*教育心理学研究*, **49**, 326-336.
安達智子．（2009）．フリーターのキャリア意識：彼らの考え方がいけないのか．白井利明・下村英雄・川﨑友嗣・若松養亮・安達智子．*フリーターの心理学：大卒者のキャリア自立*（pp.32-53）．京都：世界思想社．
Alliman-Brissett, A. E., Turner, S. L., Skovholt, T. M.（2004）. Parent support and African American adolescents' career self-efficacy. *Professional School Counseling*, **7**, 124-132.
Betz, N. E.（2000）. Self-efficacy theory as a basis for career assessment. *Journal of Career Assessment*, **8**, 203-222.
Betz, N. E.（2007）. Career self-efficacy: Exemplary recent research and emerging directions. *Journal of Career Assessment*, **15**, 403-422.
Betz, N. E., & Hackett, G.（2006）. Career self-efficacy theory: Back to the future. *Journal of Career Assessment*, **14**, 3-11.
Chien, J. C., Fischer, J. M., & Biller, E.（2006）. Evaluating a metacognitive and planned happenstance career training course for Taiwanese college students. *Journal of Employment Counseling*, **43**, 146-153.
Cohen, L., Duberley, J., & Mallon, M.（2004）. Social constructionism in the study of career: Accessing the parts that other approaches cannot reach. *Journal of Vocational Behavior*, **64**, 407-422.
Gainor, K. A.（2006）. Twenty-five years of self-efficacy in career assessment and practice. *Journal of*

Career Assessment, **14**, 161-178.

Gore, P. A. Jr., & Leuwerke, W. C. (2000). Predicting occupational considerations: A comparison of self-efficacy beliefs, outcome expectations, and person-environment congruence. *Journal of Career Assessment*, **8**, 237-250.

Gushue, G. V., & Whitson, M. L. (2006). The relationship among support, ethnic identity, career decision self-efficacy, and outcome expectations in African American high school students. *Journal of Career Development*, **33**, 112-124.

Hackett, G., & Betz, N. E. (1981). A self-efficacy approach to the career development of women. *Journal of Vocational Behavior*, **18**, 326-339.

Lent, R. W. (2005). A social cognitive view of career development and counseling. In S. D. Brown & R. W. Lent (Eds.), *Career development and counseling: Putting theory and research to work* (pp.101-127). Hoboken, NJ: John Wiley.

Lent, R. W., & Brown, S. D. (2006). On conceptualizing and assessing social cognitive constructs in career research: A measurement guide. *Journal of Career Assessment*, **14**, 12-35.

Lent, R. W., Brown, S. D., Brenner, B., Chopra, S. B., Davis, T., Talleyrand, R., & Suthakaran, V. (2001). The role of contextual supports and barriers in the choice of math/science educational options: A test of social cognitive hypotheses. *Journal of Counseling Psychology*, **48**, 474-483.

Lent, R. W., Brown, S. D., & Hackett, G. (1994). Monograph toward unifying social cognitive theory of career and academic interests, choice, and performance. *Journal of Vocational Behavior*, **45**, 79-122.

Lent, R. W., Brown, S. D., & Hackett, G. (2002). Social cognitive career theory. In D. Brown and associates, *Career choice and development* (4th ed., pp.255-311). San Francisco: Jossey-Bass.

Lindley, L. D., & Borgen, F. H. (2002). Generalized self-efficacy, Holland theme self-efficacy, and academic performance. *Journal of Career Assessment*, **10**, 301-314.

Morrow, S. L., Gore, P. A. Jr., & Campbell, B. W. (1996). The application of a sociocognitive framework to the career development of lesbian women and gay men. *Journal of Vocational Behavior*, **48**, 136-148.

Pope-Davis, D. B., & Hargrove, B. K. (2001). Future directions in career counseling, theory, research and practice with African Americans. In W. B. Walsh, R. P. Bingham, M. T. Brown, & C. M. Ward (Eds.), *Career counseling for African Americans* (pp.177-192). Mahwah, NJ: Lawrence Erlbaum.

Rottinghaus, P. J., Betz, N. E., & Borgen, F. H. (2003). Validity of parallel measures of vocational interests and confidence. *Journal of Career Assessment*, **11**, 355-378.

Savickas, M. L., Nota, L., Rossier, J., Dauwalder, J. P., Duarte, M. E., Guichard, J., Soresi, S., Esbroeck, R. V., & van Vianen, A. E. M. (2009). Life designing: A paradigm for career construction in the 21st century. *Journal of Vocational Behavior*, **75**, 239-250.

Sterrett, E. A. (1998). Use of a job club to increase self-efficacy: A case study of return to work. *Journal of Employment Counseling*, **35**, 69-78.

Taylor, K. M., & Betz, N. E. (1983). Applications of self-efficacy theory to the understanding and treatment of career indecision. *Journal of Vocational Behavior*, **22**, 63-81.

Zikica, J., & Saks, A. M. (2009). Job search and social cognitive theory: The role of career-relevant activities. *Journal of Vocational Behavior*, **74**, 117-127.

参考文献

日本キャリア教育学会（編）.（2008）. キャリア教育概説. 東京：東洋館出版社.

第26章
養育者としての発達：
親アイデンティティ・養育者心性

徳田治子

　本章では，1990年代半ば以降から行われた養育者の発達研究について，①養育者としての意識や養護性の発達，②親となる経験を通した自己やパーソナリティの発達，③ケア役割をめぐって生じるアイデンティティ葛藤に関する研究の3つに区分して整理する。

　養育者としての発達と一口に言っても，それが意味することは多様であり，養育者の心理や経験について扱った研究は多岐にわたる。本章では，養育者としての発達の側面を，養育者としての自覚や子どもへの愛情など，子どもを養育するうえで必要とされる心性やスキルの獲得だけでなく，子どもを養育することによって生じるパーソナリティや自己概念の変化，自分以外の他者の成長に携わることによって生じるさまざまな心理的葛藤とその統合の過程としても捉える。

　第1節では，養育者心性の形成過程に関する研究として，親としての準備段階として位置づけられる妊娠期の心理的過程，他者の育ちにかかわる心性としてのナーチュランス（養護性）の発達，里親と里子の家族意識の形成過程に関する研究について概観する。これらの研究は，親となる者を含め，養育者として子どもを養育するうえで必要とされる心性やスキルが妊娠や出産といった生物学的なイベントによってのみ達成されるものではなく，子どもとの情緒的やりとりや養育の対象となる子ども以外のさまざまな対象とのかかわりや支援によって育まれるものであることを明らかにしている。

　第2節では，親になる経験が成人期のパーソナリティ発達や自己概念の変化にもたらす影響について概観する。これらの研究は，主として乳幼児期の子どもをもつ親を対象にし，妊娠前後の自己概念の変化や子どもの養育に携わることによる積極的意義を明らかにしている。1990年代半ば以降，最も活発に研究が行われている研究領域であり，父親と母親の育児感情や親となる経験の相違を明らかにしている。

第3節では，子どもの養育に携わる経験をケア役割の遂行によって生じる心理的危機や葛藤の側面から捉えようとする研究についてまとめる。これらの研究は，主として成人期女性の発達を捉える研究文脈で行われてきた。これらの研究では，親になる経験やケア役割の遂行は，それに携わる者に喜びや他者との強い心理的結びつきをもたらす一方で，個人としての自己実現や身近な他者との関係においては，葛藤や緊張をもたらす経験であると位置づけられている。そして，親となる経験を自己や関係性をめぐる統合や再調整過程として捉え，成人期の重要な発達の側面として明らかにしようとしている。

第1節　養育者心性の形成過程

1　妊娠期における親意識の形成過程

　妊娠期は，身体的にも心理的にも変動が大きい時期であり，一般に親への実質的な移行過程のスタートとして位置づけられる。愛着対象としての胎児の表象に関する一連の研究からは，妊娠期の子どもに対する感情や表象が，出産後も比較的安定して継続すること（本島，2007），妊娠そのものを喜ぶことができず，受け入れることが難しい場合は，後の子どもとの関係性や育児態度に深刻な影響をもたらすことなどが指摘されている（藤井，1996；Reder & Duncan, 1999/2005）。

　本島（2007）は，妊娠期における母親の子ども表象とその発達的規定要因をレビューし，女性がお腹の子どもについてのイメージを急速に発達させるのは，胎動が始まる4～5カ月くらいであり，以後，妊娠中期から後期にかけて胎動のリズムや周期から子どもの個性を想像するようになり，生まれてくる子どものイメージを具体化しつつ，親としての自己イメージを徐々に発達させていくとしている。

　妊娠から出産後数年の間を，自分ひとりではないという新しい自己（co-セルフ）を形成し，それを確立，弱体化していく一連のプロセスであると位置づけた蘭（1989）は，妊娠中期から後期にかけての女性は，胎動を感じ，胎児との一体感をもつことによって，母親としての実感や安定感を得ると同時に，身重の不自由さを含め，子どもと共感する動きを獲得したり，子どもを優位に志向する認知の働きを獲得することを通して，出産後の生活に適応する準備を行っているとしている。岡本ほか（2003）では，胎動日記に記された母親の胎動への意味づけの分析を通して，妊婦がわが子のイメージを構成・再構成する過程を明らかにしている。

2 ナーチュランス（養護性）の発達

　子どもや子どもの養育にかかわる意識や態度は，わが子に対する心性とわが子に限らず子ども一般に対する肯定的な意識や態度としての心性に区別してとらえることができる（庄司，2008）。前者は，マターナル・アタッチメントや絆（ボンディング），後者は，親への準備性や育児性，ナーチュランス（養護性）と言われる（藤後，2005）。

　わが子への感情と子ども一般への感情や態度については，親になる前の子どもとの接触や世話をした経験の重要性が指摘されており，青年期以前の子どもとの接触経験やそれらの経験を通した肯定的な感情を基盤に，わが子への絆や愛着の発達が促進されることなどが示されている（原田，2006）。

　小嶋（2001）は，「相手（生きとし生けるもの）の健全な発達を促進するための共感性と技能」(p.150) をナーチュランス（養護性）と定義し，その核となる心性として「相手の育ちに関心をもち，寄与できることがそのまま自分の喜びとなる」(p.152) ことをあげている。そして，ナーチュランスの発達過程を生涯にわたるものと位置づけ，わが子を慈しみ，育てる心性は，養育者となることによって突如出現するものではなく，その萌芽は幼児期からすでに存在し，徐々に育まれていくものであるとしている。また，自分の子どもの養育経験が，自分以外の子ども一般へのナーチュランス（養護性）にどのように影響するかを明らかにした研究では（藤後，2005），自分の子どもの養育に携わるという経験が即座に他の子どもへのナーチュランスにつながるわけではなく，他の子どもへのナーチュランスを高めるには，子どもの養育経験を通して，養育者自身が子どものネガティブな側面への理解を深めること，また，継続して小さい子どもにかかわり，その相互作用のプロセスからポジティブなフィードバックを受けること，幼少期に多様な大人にかかわりケアされる経験を有していること等が必要であることが示されている。

3 里親における親意識・家族意識の形成過程

　児童虐待をはじめ，親の機能不全と子どもの保護の目的から，社会的養護の一環として里親による子どもの養育の重要性が高まっている。

　里親が里子との関係の中で，どのように親としての意識を形成されているかを捉えた研究では（御園生，2001），親子としての実感の有無やその位置づけは，里親自身が，里親としての自己をどのように捉え，どのような家族観や子ども観をもっているか，また，里子とのかかわりにおいてどのような情緒的経験をしてい

るかが密接にかかわっていることを明らかにしている。

　12年以上の養育経験がある里親を対象に，里親が自分なりの養育観をどのように形成していくかを捉えた研究では（江崎, 2009），里親は，里子との関係や養育をめぐるさまざまな心理的葛藤に直面する中で，里親としての自分や里子自身の気もちに向き合いつつ，同時に両者をとりまくさまざまな人間関係や機関に支えられながら里親としての自己を支える養育観を形成していくことを明らかにしている。

　養育を通して紡がれる里親の養育観が，自己と子どもとの直接的な関係だけでなく，それを取り巻く環境からのサポートによっても支えられているという結果は，通常の親子関係における養育者の発達を考えるうえでも示唆的である。

第2節　パーソナリティの発達と自己概念の変化

1　親になることによるパーソナリティの発達

　柏木・若松（1994）は，「子どもが新しい経験や役割に出会うなかで認知・人格・社会的あらゆる側面で発達してゆくのと同様に，おとなもまた，新しい経験に出会い，新しい役割をとるなかで発達する」（p.72）として，子どもの発達を規定する説明変数としてのみ位置づけられてきた親側の経験を発達的観点から明らかにする研究の方向性を打ち出した。柏木・若松（1994）は，3歳から5歳の幼児をもつ父親と母親346組を対象に，複数の面接および自由記述から作成した「親の発達」尺度を実施し，「親となる」ことによる人格発達の6つの側面を明らかにしている（「柔軟さ」，「自己抑制」，「運命・信仰・伝統の受容」，「視野のひろがり」，「生きがい・存在感」，「自己の強さ」）。また，6つの側面すべての得点において，母親が父親の得点を上回る一方で，育児による制約感などの否定的感情は，育児により多くの時間を割き，成長感をより強く感じている母親（とくに専業主婦）ほど高い傾向にあることを明らかにしている。柏木・若松の作成した「親の発達」尺度は，その後さまざまな研究で用いられており，それらの結果は，おおむね上記の結果を支持するものとなっている（たとえば，岡本, 2001）。

　森下（2006）は，第1子が未就学である家庭の父親224名を対象に質問紙調査を実施し，父親の発達の側面として「家族への愛情」，「責任感や冷静さ」，「子どもを通しての視野の広がり」，「過去と未来への展望」，「自由の喪失」の5つの側面を明らかにしている。また，柏木・若松（1994）との比較から，仕事への責任感の強まりや物事の捉え方の変化などを示す「責任感や冷静さ」，自分の子ど

時代やこれからの人生の展望が明確になるなどの「過去と未来の展望」，より身近なコミュニティへの関心や同じ立場にある親への関心等，仕事以外の人間関係を広げる機会とする「子どもを通しての視野の広がり」を父親独自の発達の側面を示すものとしている。

2 親への移行にともなう自己概念の変化

妊娠7，8カ月から3年間にわたって父親と母親の自己概念や親役割意識の変化とその相違を明らかにした小野寺（2003）は，母親になる女性が，次第に「怒り・イライラ」を増大させ，「社会にかかわる自分」や「配偶者としての自分」の縮小と「母親としての自分」の肥大化を報告するのに対し，父親は，「父親としての自分」には変化がなく，「社会にかかわる自分」を大きくしていることを明らかにしている。このような結果は，はじめて父親になる男性を対象にした研究でも報告されており，男性は，母親になる女性と比べて，子どもの誕生にともない「一家を支えていくのは自分である」という責任感を強くもつようになること，また，親になる自分についてより自信をもっていることが示されている（小野寺ほか，1998）。

母親と父親の比較においては，母親に比べ，父親の方が，親になる自分についての不安が低く，親としての自己評価が高いという結果が示されている（小野寺，2003）。また，両者の育児感情に関する研究では，育児や子どもへの肯定的感情は父母で差がない一方で，否定的感情については，父親よりも母親が高いことが明らかになっている（柏木・若松，1994）。父親と母親の自己概念や自己評価におけるこれらの違いは，男性と女性が一般的に現代社会で担わされている役割（とそのプレッシャー）によるものとも解釈できる。一方で，これらの研究結果をより詳しくみてみると，育児への制約感や否定的感情は，育児により多くの時間を費やし（父親より母親，有職母親より専業母親），育児によって自らが成長していると感じている者で高くなっている。母親が抱える育児への否定的感情や自己評価の低下が，すべてサポートのなさやストレスから導かれるものなのか，ある部分は他者の育ちに深くコミットする者には必然的にもたらされる経験であり，育児を通した成長に欠かせない要因としても位置づけられるのかについては，さらなる検討が必要と思われる。

3 子どもの発達段階における親の成長

親になることによる人格の発達を捉える研究は，これまで乳幼児期の子どもを

もつ親を中心に行われてきた。しかしながら，親としての役割や子どもとのかかわりは，乳幼児期に限定されるものではない。また，乳幼児期に求められる親としての役割と中高生を育てるために必要とされる親のあり方は当然異なってくる。したがって，子どもを育てるという経験が親自身の自己やアイデンティティ発達に与える影響も子どもの発達段階によって異なることが予想される。たとえば，氏家（2006）は，親としての成長を，親としての適切なふるまいの習得プロセスであると位置づけ，子どものパーソナリティ発達を軸とした4つの段階から（「安全なアタッチメントの発達」「イニシアティブ（自発性）の発達」「親の影響力からの自立と自己決定の練習」「アイデンティティの発達」），各段階における親課題の達成の難しさと達成を促進する要因について考察している。また，乳幼児を養育中の子育て期にある親と思春期・青年期の子どもを養育中の親を対象に，理想自己とのズレから成人期の自己の発達を明らかにした研究では（松岡ほか，2006），子どもの視点からとらえた自己像が，幼児期よりも思春期で，親の自己概念に影響することを明らかにしている。

親としての成長を生涯発達過程において捉えるうえでは，さまざまな発達段階にある親子の心理的過程をつぶさに明らかにしていく必要がある。

第3節　ケア役割をめぐる葛藤と統合

1　成人期女性におけるアイデンティティ発達研究

親になる経験やケア役割の遂行は，それに携わる者に喜びや他者との強い心理的結びつきをもたらす一方で，個人としての自己実現や身近な他者との関係においては，さまざまな葛藤や緊張をもたらす経験ともなる。

岡本（1996）は，女性にとっての育児期は，結婚・出産までに形成してきた「個としてのアイデンティティ」と新たに母親になることによって獲得されるべき「母親アイデンティティ」が葛藤を引き起こす時期であるとし，2つのアイデンティティの葛藤と統合の様態によって，2つの自己の葛藤へのかかわり方や育児の難しさの質や程度が異なることを明らかにしている（岡本，1996；豊田・岡本，2006）。岡本（1999）は，また，成人期のアイデンティティ発達においては，「個としてのアイデンティティ」と「関係性に基づくアイデンティティ」の双方が等しい重みづけをもちながら相互に影響しあいながら発達していくことが重要である一方で，その成長は，個としてのアイデンティティの達成と継続的な成長をベースにしているとの理論モデルを提示している。

「個としてのアイデンティティ」と「関係性に基づくアイデンティティ」がどのようなつながりにおいて成人期のアイデンティティ発達を支えていくかについては，より関係性を重視した立場も提示されている（杉村，2010）。一方，個としてのアイデンティティの成熟が，ケア役割や関係性に基づくアイデンティティ発達の基礎となるという見解は，子どものいない女性のアイデンティティ発達をとらえた研究でも指摘されている（森川，2000）。養育行動やケア役割を通した成人期のアイデンティティ発達をとらえるうえでこれら2つのアイデンティティがどのように関連しあって成人期の発達を促していくかについては，対象の幅を広げることも含め，今後さらなる研究が期待される。

2　関係性の再調整過程としてのアイデンティティ発達

とくに年少の子どもの養育に携わる養育者は，子どもとの関係においてはケアやサポートの提供者であると同時に，他者からのケアやサポートを受ける立場にもおかれる。一方で，子どもの誕生は，夫婦や家族をはじめとするさまざまな人間関係に変化をもたらし，それらの再調整が求められる局面でもある。

ケア役割の授受を介した関係性の発達的変化については，妊娠・出産を機にした成人期の母娘関係に関する研究がある（北村・無藤，2001）。これらの研究では，娘側の妊娠・出産を機に，母親から娘に対するサポートが増加すること，娘は，そのようなサポートの授受を介して，実母との心理的な結びつきを強めたり，実母をモデルとした母親としての自己イメージを形成し，両者の関係性の再編を行っていくことなどが示されている（岡山・高橋，2006）。

拡大家族において親族が育児と生活に密接にかかわる母親の相談事例の分析を通した研究では（田丸，2008），育児に関する祖父母の関与，なかでも祖母からのサポートは育児期女性の就労や育児への肯定感を支える一方で，育児期の女性に親としての不全感をもたらしたり，子どもとの関係形成に困難を感じさせる側面があることを明らかにしている。そして，サポートを受ける母親自身が，そのような環境の中で，家族との関係や親としての自己のあり方を捉え直し，再調整していく過程こそが，育児期女性のアイデンティティ発達の重要な一側面であることを見出している。

また，育児期の女性における被援助性の拡大とその変化プロセスに注目した研究では（加藤，2007），育児期の母親が，自らの親としての責任感や不安を背景に，「他者に頼ることへの抵抗」「他者の負担や迷惑への配慮」「母親としての自己存在の動揺」等，援助されることに対する心理的な揺れを経験しながらも，次第に

自分なりの被援助性に対する意味づけやルールを見出すことによって,「私にはできないことを助けてもらう」などといった被援助性の感覚を拡大させていくとともに,その親自身が後輩格の母親にとっての援助者となっていく世代的な援助過程の連鎖が明らかにされている。

3 自己への意味づけと葛藤をめぐる折り合いのプロセスとしての発達

すでに述べたように,子どもの養育や親になる経験は,親となる者にさまざまな変化や葛藤をもたらす。成人期女性の発達研究を牽引してきたジョセルソンは,女性が母親になる経験は複雑さと矛盾に満ちており,そのような親としての経験を育児にともなう喜びと苦痛といった二分法的なとらえ方に還元してしまうのではなく,相反する感情や葛藤の側面を母親自身がどのように捉え,自分なりのバランスをもって対処しているかに注目する必要があるとしている (Oberman & Josselson, 1996)。

ナラティブアプローチの観点から,親への移行過程にある女性を対象にインタビュー調査を実施し,人生という時間的広がりのなかで語られた育児期女性の子育ての意味づけを類型化した研究では (徳田, 2004),母親は,育児や親になる経験について「自明なものとしての子育て」や「成長課題としての子育て」というように,自らのライフスタイルや人生設計との関連でさまざまなかたちで意味づけを行っていること,また,これらの意味づけが,親として求められる役割と自らの欲求やニーズとの折り合いをつける納得の方略としての側面を有していることを明らかにしている。

いわゆる反抗期において,母親に子どもへの否定的な対応や育児への負担感が増大する背景には,母親側に「子ども理解者としての役割」,「ソーシャライザーとしての役割」「母親としての感情にむすびついた苛立ちや困惑」の3つの視点での揺れが生じることを明らかにした研究では (坂上, 2003),親自身がそのような視点の揺らぎを自分なりのやり方で調整したり,親子関係の変容に適応していく過程を通して,後の関係性の礎になる「子どもは自分の思うようにならない」,「わが子の気持ちを理解し,受け止めたいと思っても,必ずしもそうはできない」といった,わが子の「他者性」を改めて認識する視点を獲得していくことを明らかにしている。

以上,①養育者としての意識や養護性の発達,②親となる経験を通した自己やパーソナリティの発達,③ケア役割をめぐって生じるアイデンティティ葛藤の3つの観点から養育者の発達について概観してきた。子どもの養育やケア役割をめ

ぐる葛藤や心理的危機に関する研究は，これまで成人期女性の発達文脈を中心に展開されてきた．しかしながら，これらの過程は女性であることによって必然的に生じるものではなく，他者の養育に携わることによって生じる心性である．今後の展開においては，まず第一に父親である男性も含め，幅広い養育者を対象に研究を行っていく必要があろう．

引用文献

蘭香代子．(1989)．*母親モラトリアムの時代：21 世紀の女性におくる Co- セルフの世界*．京都：北大路書房．
江崎紳介．(2009)．里親の養育観に関する一考察：里母の心理的葛藤とソーシャルサポート形成の観点から．*臨床心理学研究（東京国際大学大学院臨床心理学研究科紀要）*，**7**，53-71．
藤井東治．(1996)．「望まない妊娠の結果生まれた児」への虐待をめぐる問題：児童虐待に関する調査と考察．*家族心理学研究*，**10**，105-117．
原田正文．(2006)．*子育ての変貌と次世代育成支援：兵庫レポートにみる子育て現場と子ども虐待予防*．名古屋：名古屋大学出版会．
柏木惠子・若松素子．(1994)．「親となる」ことによる人格発達：生涯発達的視点から親を研究する試み．*発達心理学研究*，**5**，72-83．
加藤道代．(2007)．子育て期の母親における「被援助性」とサポートシステムの変化 (2)．*東北大学大学院教育学研究科研究年報*，**55**，243-270．
北村琴美・無藤 隆．(2001)．成人の娘の心理的適応と母娘関係：娘の結婚・出産というライフイベントに着目して．*発達心理学研究*，**12**，46-57．
小嶋秀夫．(2001)．*心の育ちと文化*．東京：有斐閣．
松岡弥玲・加藤美和・神戸美香・澤本陽子・菅野真智子・詫間里嘉子・野瀬早織・森ゆき絵．(2006)．成人期における他者視点（子ども，配偶者，両親，友人，職場の人）の理想－現実のズレが自尊感情に及ぼす影響：性役割観との関連から．*教育心理学研究*，**54**，522-533．
御園生直美．(2001)．里親の親意識の形成過程．*白百合女子大学発達臨床心理センター紀要*，**5**，37-48．
森川早苗．(2000)．子供のいない女性の同一性の研究：中年期の同一性地位に関する一考察．*家族心理学研究*，**14**，1-13．
森下葉子．(2006)．父親になることによる発達とそれに関わる要因．*発達心理学研究*，**17**，182-192．
本島優子．(2007)．妊娠期における母親の子ども表象とその発達的規定因および帰結に関する文献展望．*京都大学大学院教育学研究科紀要*，**53**，299-312．
Oberman, Y., & Josselson, R. (1996). Matrix of mothering: A model of mothering. *Psychology of Women Quarterly*, **20**, 341-359.
岡本依子・菅野幸恵・根ヶ山光一．(2003)．胎animに対する語りにみられる妊娠期の主観的な母子関係：胎児日記における胎児の意味づけ．*発達心理学研究*，**14**，64-76．
岡本祐子．(1996)．育児期における女性のアイデンティティ様態と家族関係に関する研究．*日本家政学会誌*，**47**，849-860．
岡本祐子（編著）．(1999)．*女性の生涯発達とアイデンティティ：個としての発達・かかわ*

りの中での成熟．京都：北大路書房．

岡本祐子．(2001)．育児による親の発達とそれを支える家族要因に関する研究．広島大学大学院教育学研究科紀要第二部，**50**，333-339．

岡山久代・高橋真理．(2006)．妊娠期における初妊婦と実母の関係性の発達的変化．*母性衛生*，**47**，455-463．

小野寺敦子．(2003)．親になることによる自己概念の変化．*発達心理学研究*，**14**，180-190．

小野寺敦子・青木紀久代・小山真弓．(1998)．父親になる意識の形成過程．*発達心理学研究*，**9**，121-130．

Reder, P., & Duncan, S. (2005)．子どもが虐待で死ぬとき：虐待死亡事例の分析（小林美智子・西澤 哲，監訳）．東京：明石書店．(Reder, P., & Duncan, S. (1999). *Lost innocents: A follow-up study of fatal child abuse*. London: Routledge.)

坂上裕子．(2003)．歩行期開始期における母子の共発達：子どもの反抗・自己主張への母親の適応過程の検討．*発達心理学研究*，**14**，257-271．

庄司順一．(2008)．子どもに対する母親の結びつき．*子どもの虐待とネグレクト*，**10**，315-321．

杉村和美．(2010)．関係性から見たアイデンティティの発達：青年期から成人期へ．岡本祐子（編著），*成人発達臨床心理学ハンドブック：個と関係性からライフサイクルを見る*（pp.85-95）．京都：ナカニシヤ出版．

田丸尚美．(2008)．育児期の女性に見られるアイデンティティの危機と家族関係．*心理科学*，**29**，1-9．

徳田治子．(2004)．ナラティヴから捉える子育て期女性の意味づけ：生涯発達の視点から．*発達心理学研究*，**15**，13-26．

藤後悦子．(2005)．子育て中の親の「他人の子ども」へのナーチュランス（養護性）とその形成プロセスに関する研究．*子ども環境学研究*，**1**，86-95．

豊田史代・岡本祐子．(2006)．育児期の女性における「母親としての自己」「個人としての自己」の葛藤と統合：育児困難との関連．*広島大学心理学研究*，**6**，201-222．

氏家達夫．(2006)．親の成長と子育て．*教育と医学*，**639**，801-809．

第27章
ジェンダーとセクシュアリティ

伊藤裕子

　ジェンダーという用語が心理学の研究の中で使われだしたのは1980年代に入ってからである。それまで男女の違いを，生物学的な性に基づく差異（sex differences），あるいは性という地位に付帯する役割（sex role）の差異として扱ってきた領域がジェンダー研究と総称されるようになった。

　今日では一般に，生物学的性をセックス（sex），社会的・文化的に形成された性をジェンダー（gender）として区別するが，実際にはセックスとジェンダーの区別はあいまいで，両概念を明確に区別する定義はいまだに得られていない。しかし，ジェンダー研究が目指すのは，かつての性差心理学のように観察された性差の事実を単に明らかにするのではなく，その差異を生み出すプロセスは何かを，社会的・文化的文脈から明らかにしようとするものである。

　1970年代・80年代と比較すると，男らしさ・女らしさに関するジェンダーの自己概念がとくに女性において変化し（Twenge, 1997），ジェンダー・ステレオタイプもかつてに比べると不明確になった（湯川, 2002）。ジェンダーを取り巻く状況は確実に変化している。そのような中で子どもはどのようにジェンダー化され，アイデンティティを獲得していくのだろうか。

第1節　ジェンダーの発達

1　ジェンダー役割発達の理論とその過程

　ジェンダー役割（gender role）の発達理論には，大別すると社会的要因を重視したバンデューラ（Bandura, A.）をはじめとする社会的学習理論と，子ども自身の役割を強調したコールバーグ（Kohlberg, L.）の認知発達理論，ベム（Bem, S. L.）のジェンダー・スキーマ理論がある。

　社会的学習理論（social learning theory）では，子どもを取り巻く人的・物的な社

会環境がジェンダー役割の発達に直接的な影響を及ぼすと考える。その際，行動はモデリングと強化（代理強化）という2つの方法によって獲得される。すなわち，子どもはステレオタイプに一致する行動に対して強化を受け，一致しない行動に対して罰を受ける。子どもはこれらの経験を通して，自分の性にふさわしいとされる行動を識別し，一般化して，新しい状況でもその性にふさわしい行動をとるようになる。しかし，これだけでは異なる性にふさわしい行動も知っていることを説明できない。実際には，子どもは多くの男女の行動を観察し，その中から自分の性に典型的で適切だと思う行動を選択して能動的に模倣する（Golombok & Fivush, 1994/1997）。近年では，子どもの認知能力が，同性のモデリングにおいて基本的に重要な役割を演じているとする社会的認知理論（social cognitive theory）も提唱されている（Bussey & Bundura, 1999）。

一方，認知発達理論（cognitive developmental theory）は，子どもの認知能力の発達に基礎をおく。ピアジェ（Piaget, J.）の発達理論をもとに，子どもの性別理解のプロセスを3段階に分けた。第1段階は2歳頃で，子どもが自分を男女どちらの性に属するかを識別し，自己の性を正しくラベルづけすることで性同一性（gender identity）を獲得する。第2段階は3，4歳頃で，男女という性別が普遍的なラベルであることを理解するようになり，自分の性に適切とされる玩具や遊びを自ら積極的に取り入れて自己強化を図る（性の一貫性：gender stabilityの段階）。第3段階は5歳頃からで，時間が経過しても状況が変わっても性別は変わらないことを理解し，性の恒常性（gender constancy）を獲得する。そしてこの段階にきて，ようやく安定した性同一性を確立する（図27-1参照）。

しかし，この理論では，子どもの認知発達を普遍的だとみなしているため，発達の各段階において個人差が生まれる理由をうまく説明できない。ジェンダー・スキーマ理論（gender schema theory）では，子どもの認知発達に社会的環境要因が及ぼす影響を重視した。ジェンダー・スキーマとは，さまざまな環境における刺激情報の中から，ジェンダーに関連した情報に注意を向け，記憶し，構造化するための情報処理の枠組みを指す。スキーマとは体制化された知識体系であり，ジェンダー・スキーマが強く働くことで自己概念や行動はさらにジェンダー化されていく。スキーマの形成は，子どものパーソナリティ，発達水準，知的能力だけでなく，子どもを取り巻く社会的・文化的環境からのジェンダー化の圧力によっても影響を受ける。

このように子どもの認知能力に基礎をおくか，強化やモデリングの過程を重視するかという違いはあるが，実際には子どもの認知発達と社会的学習は，図27-

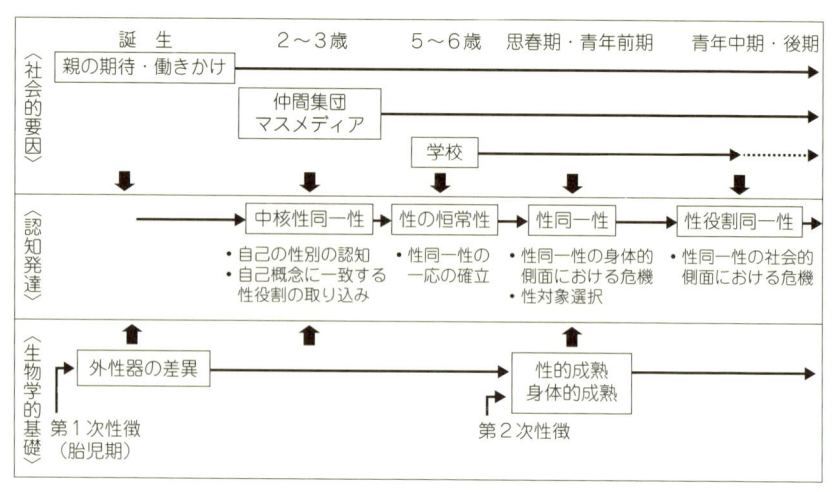

```
〈社会的要因〉
誕生        2〜3歳    5〜6歳    思春期・青年前期   青年中期・後期
親の期待・働きかけ ─────────────────────────────→
              仲間集団
              マスメディア ──────────────────────→
                        学校 ─────────────────→
     ↓         ↓         ↓         ↓         ↓

〈認知発達〉
            中核性同一性  性の恒常性   性同一性      性役割同一性
            ・自己の性別の認知  ・性同一性の  ・性同一性の身体的  ・性同一性の社会的
            ・自己概念に一致する  一応の確立   側面における危機   側面における危機
              性役割の取り込み        ・性対象選択

     ↑         ↑                   ↑
〈生物学的基礎〉
        外性器の差異            性的成熟
                              身体的成熟 ──────→
     第1次性徴              第2次性徴
     （胎児期）
```

図27-1　ジェンダー役割の発達過程（伊藤，2000）

1に示すように，生物学的基礎をもとに相互に密接に絡み合って進んでいく。

2　子どもを取り巻く環境

　子どもの社会化には，家族の影響をはじめとして，仲間集団や学校教育，マスメディアなどさまざまな要因が絡み合って影響を及ぼしている。

　親のかかわり：子どものジェンダー化を促す最も身近で強力なエージェントはやはり両親であろう。親が子どもの性別によって養育態度を変えているかという問題は，これまで多くの検討がなされてきた。初期の研究をレビューしたマカビーとジャクリン（Maccoby & Jacklin, 1974）は，親の養育態度は子どもの性別によってそれほど変わることはないという。しかし，例外として，性別にふさわしいとされる活動や遊び，玩具を奨励する傾向がみられたという。その後，この問題に関して172の研究をメタ分析したリットンとロムニィ（Lytton & Romney, 1991）もほぼ同様の結論を得た。親の養育態度を19の領域に分け，子どもの性別によって親のかかわりが異なるかを検討したところ，性別にふさわしいとされる活動や遊び，手伝いの奨励という1領域を除けば，残り18の領域，依存，達成の奨励，攻撃，しつけの厳しさなどにおいて，男の子と女の子の扱いに一貫した差異は見出されなかった。

　しかし，親自身が気づかないところで，子どもの性別によって自分の言動を変えていることがある。科学博物館の展示物の前でやりとりされた親子の会話を録

音し分析した研究によると，女の子だけの場合よりも男の子だけの場合の方が科学的説明がより多く行われていたという（Crowley et al., 2001）。近年では，子どもの性別による親の接し方の違いを検討するときには，実験や観察によりその様子を録音・録画したものを第三者が評定するという客観的な方法がとられることが多い（森永，2006）。

　仲間集団：一方，子どもがジェンダー化される過程において，親よりも仲間からの影響の方が強いという指摘もある。文化的知識や行動は親から直接子どもに伝えられるのではなく，子どもは主に仲間集団の態度や行動規範を獲得することを通して社会化されるという集団社会化理論（group socialization theory）が新たに展開されている（Harris, 1995）。子どもが同性の仲間を好む傾向はかなり早い時期からみられ，それは年齢とともに強くなる（Fagot & Hagan, 1991）。そうした同性集団の中で子どもたちはジェンダー・ステレオタイプに一致した遊びを展開し，相互に強化しあう。仲間がどのような行動をとり，周囲がそれにどう反応するかを観察することも，子どもにとってジェンダー役割を学習する重要な機会なのである。

　マスメディアの影響：子どものジェンダー化を促進する要因としてマスメディアの影響は重要である。テレビをはじめとして，絵本や雑誌，漫画や映画，ゲームソフトなどを通して，子どもは自らをヒーローやヒロインに同一視し，青年はファッションやライフスタイルを学んでいく。しかし，これらマスメディアでは，男女の役割に関して現実以上にステレオタイプな描写が多く（Glascock & Preston-Shreck, 2004），テレビ・コマーシャルにおいても，11カ国の研究レビューを通じてジェンダー・ステレオタイプの普遍性が見出されている（Furnham & Mak, 1999）。一方，それらの受け手である子どもについてみると，テレビを長時間視聴する子どもは短時間視聴の子どもよりジェンダー化された態度が多くみられたといい（Signorella et al., 1993），日本でも，視聴するテレビ番組が多いほど男児においてジェンダー役割の柔軟性が低下するという（相良，2000）。また高校生では，女性雑誌・男性雑誌への接触頻度が多いほど男女ともステレオタイプな性差観が強まるという（伊藤，1997）。

　このようにマスメディアの影響に関しては，テレビ番組（ドラマやアニメ）やテレビ・コマーシャル，絵本や雑誌など，提示されるメディアの内容分析が数多くなされる一方で，受け手側である子どもについては，テレビ視聴時間，選好するテレビ番組や女性誌・男性誌への接触頻度など，特定のメディアへの接触頻度の多寡とジェンダー化の関連をみるという手法をとることが多い。このような場

合，何がその態度や行動をもたらしたか要因の特定は困難である。マスメディアの直接的な影響力については，受け手側の個人差（接触経験，パーソナリティ，価値観など）もあって統一的な結論は出ていない（鈴木，2006）。

第2節　セクシュアリティ

セクシュアリティ（sexuality）とは，性的欲求，性意識，性行動およびそれらにかかわる意識と行動の総体を指す。それゆえセクシュアリティは，性同一性（gender identity）の一部でもある。性同一性は，性同一性障害（gender identity disorder）の側面から近年脚光を浴びるが，以下の3つの構成要素から成り，それらは相互に独立で（小此木・及川，1981），図27-1に示すような発達経路をたどる。まず，①中核性同一性（core gender identity）は，自分が男あるいは女であることについての自己認知と基本的確信で，いわゆる性自認といわれる。②ジェンダー役割は，第1節で述べてきたジェンダーにかかわる役割期待と役割遂行である。さらに，思春期に顕在化する③性的指向性（sexual orientation）は，性的な興味，関心，欲望の対象が異性，同性あるいは両性のいずれに向いているかという性的対象選択である。性同一性障害は，身体の性が①の中核性同一性と一致しないという問題であり，同性愛は③の性的指向性の問題である。

1　異性関係〜性行動の早期化と性の二重基準

1970年代以降，日本人の性に関する意識は，結婚を前提としない性交渉を可とする方向に変化してきた（NHK放送文化研究所，2004）。それは急激に変化する若者の性意識や性行動を大人の側が追認してきた結果でもある。大学生は言うに及ばず，高校生の性交経験率は年を追うごとに増加し，女子ではいずれの学年も男子を1割上回り，3年生では5割に近づく勢いである（東京幼稚園・小・中・高・心障性教育研究会，2002）。女子高校生の「援助交際」が言われ出したのは1990年代に入ってからだが，高崎（2008）の言葉を借りれば，「70年代のセックスが結婚と引き換えになるようなものだったとしたら，80年代にはティファニーのブレスレットのお礼程度に変化した。が，90年代も半ばにさしかかるころには，ちょっとしたお小遣い稼ぎの延長程度」（p.5）になったという。

実際，援助交際に関する大規模な実態調査（1997年実施）からは，金品と引き換えに，当初の「お茶やデート」が，回を重ねるにつれ次第に「セックス」に至る1次元構造が見出されている（櫻庭ほか，2001）。一方で，東京都生活文化局が

行った1981年の調査と先の援助交際に関する1997年の調査を女子高校生について再分析した松井（2002）によれば，81年の段階では性交経験のある女子高校生は，従来言われているような非行型・不適応型の傾向が確認できるが，97年になると非行型の傾向は消え，学校や家庭への不適応感は残るものの，むしろ意識面での違いが際立ち，流行追従傾向と金銭至上主義，そして何よりもぬくもり希求が女子高校生の性交経験の有無を分けているのだという。彼女たちは，学校や家庭に何となく居場所がない・寂しいという気持ちから，「だれかにそばにいてほしい」「だれかに優しくしてほしい」「人の温かさが無性に欲しくなる」というぬくもり希求の充足のためにセックスをする。今日のように，性交に対するハードルが既婚・未婚を問わず，また未成年か否かを問わず低くなれば，「好き・愛している」と「ただなんとなく」の境界も明確なものでなければならない理由はない。

　高校生・大学生にとって初めての性交の動機は男女とも「好きだったから」が最も多いが，男子では「好奇心」「経験してみたかった」もそれと同程度に多い。しかもその性交では「相手から」の誘い・要求に女子が応えるという構図が明確である（日本性教育協会，2001）。女子の好意や愛情が，男子の要求の受け入れ装置として機能している（池田，2006）といえる。すなわち，性行動の早期化と女子の意識や行動が男子に近づくことによってジェンダー差が縮小したことは明らかだが，男女に異なった規範を課す性の二重基準が弱化したとは言えないと池田（2006）はいう。むしろ，女子の性行動への抑圧的な規範が緩和されることによって，異性との「関係」を重視する女子が，愛情を理由に男子の要求を受け入れることも「自己決定」とみなされ，いわば「自己責任」として女子の側に負担，葛藤が重くなる巧妙な二重基準に変化したというのである。それは「援助交際」がマスコミを賑わしたときにも同じ構造がみてとれた。

2　性的指向の多様性

　性同一性障害でよく間違われるのは，たとえばMTF（Male to Female：生物学的には男性で，性の自己意識が女性であること）の男性が男性を好きになるとゲイ，すなわち同性愛といわれることがある。先述したように，自分が男であるか女かという性自認（中核性同一性）と，誰を好きになり，誰を性的パートナーとするかという性的指向性は基本的に独立している。それゆえ先の場合なら異性愛であり，女性を好きになれば同性愛だといえる。

　今日の社会は，とくに近代に入って以降，強制異性愛社会といわれ，同性愛の

人々が多くの差別や迫害を受けてきた。同性愛は治療すべき疾患だった。アメリカの精神疾患診断マニュアル DSM-Ⅲ に記載されていた同性愛が，そのリストから外されたのは 1970 年代も半ばになってからである。

ではなぜ異性ではなく同性に魅かれるのだろう。それはセクシュアリティの発生メカニズムにかかわるものである。一つは，遺伝子や出生前ホルモンの影響，もしくは脳の神経解剖学的構造に原因を求める生物学的本質主義（biological essentialists），いま一つは，異性愛，同性愛または両性愛といった分類自体を特定の文化的価値観に縛られたものだとする社会的構築主義（social constructionism）で，この 2 つの学説の間で今も論争は続いている（小倉，2001）。

同性愛が逸脱や異常ではなく，指向／嗜好の問題だといわれるようになっても，社会では依然として差別や偏見の目で見られていることは確かである。そのため，一般の男女（異性愛者）が同性愛者にどのような態度をもっているかについて研究は多く行われてきた。そこで明らかになったことは，男性の方が女性より同性愛者に対して一貫して否定的な態度を有しており，とくに同性愛男性に対して否定的だったことである（三井，2003）。これは男性役割葛藤の一つとして，男性間での親密な行動の抑制があり（林，2005），それが男性の同性愛恐怖（homophobia）を生んでいることと，女性に比べ男性の方が伝統的な性役割態度をもつことが関係していよう。

一方，わが国においてもようやく性的マイノリティについての研究が始まった。LGBT（lesbian, gay, bisexual and transgender）心理学やクイア研究（queer studies）は，1990 年代に始まった新しい研究分野である。クイアとは，もともとは変態を意味する蔑称であるが，性的マイノリティ，すなわち同性愛や両性愛，インターセックス，性同一性障害などの当事者が，自分たちの存在の独自性を示すために使い始めたものである。そこでは発生のメカニズムや比較態度研究，差別問題などさまざまな内容が取り上げられており，しかも研究者だけでなく当事者も参加していることが特徴である。

この中でも性同一性障害は広く認知されるようになり，学校での当事者への対応もなされるようになってきたが，その他について性教育で取り上げられることはきわめてまれである。セクシュアリティの多様性に関する情報を発達の早い段階から提供していくことが，異性以外を性的対象とする人々，およびその人々とかかわる人の精神的健康にとって重要なことだと池田（2006）はいう。

引用文献

Bussey, K., & Bandura, A.(1999). Social cognitive theory of gender development and differentiation. *Psychological Review*, **106**, 676-713.

Crowley, K., Callanan, M. A., Tenenbaum, H. R., & Allen, E.(2001). Parents explain more often to boys than to girls during shared scientific thinking. *Psychological Science*, **12**, 258-261.

Fagot, B. I., & Hagan, R.(1991). Observations of parent reactions to sex-stereotyped behaviors. *Child Development*, **62**, 617-628.

Furnham, A., & Mak, T.(1999). Sex-role stereotyping in television commercials: A review and comparison of fourteen studies done on five continents over 25 years. *Sex Roles*, **41**, 413-437.

Glascock, J., & Preston-Shreck, C.(2004). Gender and racial stereotypes in daily newspaper comics: A time-honored tradition? *Sex Roles*, **51**, 423-431.

Golombok, S., & Fivush, R.(1997). ジェンダーの発達心理学（小林芳郎・瀧野揚三，訳）．東京：田研出版．(Golombok, S., & Fivush, R.(1994). *Gender development*. New York: Cambridge University Press.)

Harris, J. R.(1995). Where is the child's environment? A group socialization theory of development. *Psychological Review*, **102**, 458-489.

林真一郎．(2005)．男性役割と感情制御．東京：風間書房．

池田政子．(2006)．セクシュアリティとジェンダー．福富 護（編），ジェンダー心理学（pp.138-156)．東京：朝倉書店．

伊藤裕子．(1997)．高校生における性差観の形成環境と性役割選択：性差観スケール（SGC）作成の試み．教育心理学研究，**45**，396-404．

伊藤裕子．(2000)．思春期・青年期のジェンダー．伊藤裕子（編），ジェンダーの発達心理学（pp.30-51)．京都：ミネルヴァ書房．

Lytton, H., & Romney, D. A.(1991). Parents' differential socialization of boys and girls: A meta-analysis. *Psychological Bulletin*, **109**, 267-296.

Maccoby, E. E., & Jacklin, C. N.(1974). *The psychology of sex differences*. Stanford, CA: Stanford University Press.

松井 豊．(2002)．青少年の「性」の心理的背景．性科学ハンドブック：7 セクシュアリティと心理学の最前線（pp.43-53)．東京：日本性教育協会．

三井宏隆．(2003)．ボディ・セルフ・アイデンティティ・セクシュアリティの心理学．京都：ナカニシヤ出版．

森永康子．(2006)．家族とジェンダー．福富 護（編），ジェンダー心理学（pp.19-37)．東京：朝倉書店．

NHK放送文化研究所（編）．(2004)．現代日本人の意識構造（第6版）．東京：日本放送出版協会．

日本性教育協会（編）．(2001)．「若者の性」白書（第5回青少年の性行動全国調査報告）．東京：小学館．

小倉千加子．(2001)．セクシュアリティの心理学．東京：有斐閣．

小此木啓吾・及川 卓．(1981)．性別同一性障害．懸田克躬ほか（編），現代精神医学大系：8 人格異常・性的異常（pp.233-273)．東京：中山書店．

相良順子．(2000)．児童の性役割態度の発達：柔軟性の視点から．教育心理学研究，**48**，174-181．

櫻庭隆浩・松井 豊・福富 護・成田健一・上瀬由美子・宇井美代子・菊島充子．(2001)．女子高校生における「援助交際」の背景要因．教育心理学研究，**49**，167-174．

Signorella, M. L., Bigler, R. S., & Liben, L. S. (1993). Developmental differences in children's gender schemata about others: A meta-analytic review. *Developmental Review*, **13**, 147-183.

鈴木淳子．(2006)．発達とジェンダー．鈴木淳子・柏木惠子，ジェンダーの心理学：心と行動への新しい視座（pp.35-67）．東京：培風館．

高崎真規子．(2008)．時代を経て空虚になった女の子の性．*現代性教育研究月報*，**26**（1），1-5．

東京都幼稚園・小・中・高・心障性教育研究会（編）．(2002)．児童・生徒の性（*2002年調査*）．東京：学校図書．

Twenge, J. (1997). Changes in masculine and feminine traits over time: A meta-analysis. *Sex Roles*, **36**, 305-325.

湯川隆子．(2002)．大学生におけるジェンダー（性役割）特性語の認知：ここ20年の変化．三重大学教育学部紀要（人文・社会科学），**53**，73-86．

人名索引

【A】

Abramovitch, R. 176
Abu-Rabia, S.（アブーラビア） 259
Ackerman, B. P. 206
足立啓 144
安達正嗣 67
安達智子 302, 304
Adelman, P. K. 68
Adler, R. P. 174
Adolphs, R. 153
上里一郎 116, 117
Ahnert, L. 90, 93
相川充 105
Ainsworth, M. D. S.（エインズワース） 228-231, 254
赤津純子 109
秋田喜代美 98
秋山弘子（Akiyama, H.） 70-72
Alexander, G. M. 28
Alia-Klein, N. 39
Alliman-Brissett, A. E. 303
網藤芳男 144
安藤寿康 30
安藤智子 63
安梅勅江 98
Antonucci, T. C. 74, 119
青木豊 82
Aranda, M. P. 75
蘭香代子 307
Archer, S. L. 286
Aristotle（アリストテレス） 11
Arsenio, W. F.（アルセニオ） 163, 165
浅野智彦 242
芦谷未来 84
Asquith, P. 163
Attridge, M. 248
Austin, W.（オースティン） 120

【B】

Baecher, C.（ベーチャー） 175, 176
Bailey, D. B. 97
Baillargeon, R.（ベラージョン） 152
Baker, D. J. P. 41
Bakermans-Kranenburg, M. J. 40
Baldelomar, O. A. 292

Baltes, P. B.（バルテス） 31-33
Bandura, A.（バンデューラ） 192, 316, 317
Banks, M. H. 291
Barker, R. G.（バーカー） 17, 18
Barnett, W. S. 97
Baron-Cohen, S.（バロン－コーエン） 151, 152
Barrera, M. Jr.（バレラ） 114, 115
Barrett, K. C.（バレット） 206, 209
Barry, C. M. 247
Bartholomew, K. 246
Baumrind, D. 177, 280
Bechara, A. 153
Bell, S. M. 254
Bellah, R. N. 16
Belsky, J.（ベルスキー） 40, 92, 97, 98, 237
Bem, S. L.（ベム） 316
Bengtson, V. L. 73, 74
Benoit, D. 236
Berenbaum, S. A. 29
Berlin, L. J.（ベーリン） 221
Berntsen, D. 267
Bertenthal, B. 204
Berti, A. E.（ベルティ） 172, 173
Betz, N. E.（ベッツ） 300-302
Beyers, W. 290
Birditt, K. S. 71
Bjorklund, D. F. 26, 52
Blatt, S. J.（ブラット） 280
Blos, P.（ブロス） 60, 61
Blumberg, M. S. 40
Bohn, A. 267
Bokhorst, C. L. 37
Bombi, A. S.（ボンビ） 170, 172
Bonanno, R. 197
Borge, A. I. H. 98
Borgen, F. H. 301
Bosma, H. A.（ボスマ） 289-292
Bowlby, J.（ボウルビィ） 51, 62, 82, 90, 91, 118, 228-230, 233, 234, 237, 245, 254
Bradford, S. A. 246
Braverman, L. B. 90
Bretherton, I. 209
Bronfenbrenner, U.（ブロンフェンブレンナー） 2, 4, 5, 12, 275
Brooks-Gunn, J. 265

Brosch, T. 49
Brothers, L.（ブラザーズ） 153
Brown, J. R. 54, 95, 267
Brown, R. 256
Brown, S. D. 302
Brownell, A. 114
Bruner, J. S.（ブルーナー） 10, 15, 266, 277
Brunstein-Klomek, A. 196
Buckner, J. P. 267
Buckner, R. L. 154
Buhrmester, D. 241, 247
Bukowski, W. 95
Buller, D. J. 26
Burchinal, M. 98
Burhans, K. K. 257
Burris, V. L.（ブリス） 171
Burton, L. M. 73
Bussey, K. 317
Butler, R. 256
Butler, R. N. 68
Buunk, B. P.（バンク） 114, 119
Byrne, R.（バーン） 153

【C】

Calder, N. 19
Campbell, J. J.（キャンベル） 96, 98
Campbell, L. 246
Campos, J. J.（キャンポス） 202, 204, 206
Camras, L. A.（カムラス） 204, 207, 210
Canetti, L. 117
Caplow, T. 175
Capron, C. 37
Carlson, E. 234
Carmody, D. P. 266
Carroll, D. C. 154
Carstensen, L. L. 259
Caspi, A. 33, 39
Cassidy, J.（キャシディ） 221, 228, 230, 233, 235
知花弘吉 144
Chien, J. C. 304
陳省仁 12
Cicchetti, D. 269
Clark, M. S. 120
Clark, R. D. 207
Clarke-Stewart, K. A.（クラークースチュワート） 92
Cleare, A.（クリア） 173
Cohen, D. 276

Cohen, L. 299
Cohen, L. J. 49
Cohen, S. 114
Cohn, J. F. 207
Çok, F. 290
Colapinto, J. 27
Cole, M.（コール） 10, 276
Cole, P. M.（コール） 219, 221, 223
Coll, C. G. 26
Collins, W. A. 35
Connellan, J. 28
Connor, D. F. 189
Cooper, C. R.（クーパー） 286
Cosmides, L. 26
Crick, N. R.（クリック） 190, 192
Crocetti, E. 288
Cross, S. E. 280
Crowley, K. 319
Cutting, A. L.（カッティング） 54, 217

【D】

Damasio, A. R. 153
Damon, W.（デーモン） 270
Danziger, K.（ダンジガー） 171
Darwin, C.（ダーウィン） 202, 203
Davis, K. E. 235
Davis, M. H. 218
De Rosnay（ドロスナイ） 222
Dearing, E. 97
Decety, J. 193
Deci, E. L.（デシ） 247, 255
Demick, J.（デーミック） 138, 142
Denham, S. A.（デンハム） 215, 217, 224
Dennis, T. A. 161
D'Entremont, B. 266
Derogatis, L. R. 164
DeSchipper, J. C. 98
Devlin, B. 42
Dewey, J.（デューイ） 11, 12
Diamond, M. 27
Dickinson, J.（ディッキンソン） 172
Dixon, R. M.（ディクソン） 64
Dodge, K. A. 192
Dondi, M. 207
Doss, V. S.（ドス） 175
Drigotas, S. M. 248
Dube, S. R. 36
Dubow, E. F. 115

Duggan, A. K.　38
Dunber, R. I. M.（ダンバー）　153
Duncan, G. J.　98
Duncan, S.　307
Dunn, J.（ダン）　51, 52, 54, 157, 217, 267
Dunsing, M.　176
Duyme, M.　37
Dweck, C. S.　256, 257

【E】
Eaves, L.　26
Edwards, D.　106
Eisenberg, A. R.　265
Eisenberg, N.（アイゼンバーグ）　181-185, 187, 219, 220
Ekman, P.（エクマン）　203, 210
Eliot, L.（エリオット）　28, 29
Emler, N.（エムラー）　172
江村理奈　105, 106
遠藤節昭　111
遠藤利彦　33, 61-63, 215, 228-234, 236, 238
榎本淳子　243
Epstein, S.　275
Erel, O.（エール）　93
Erikson, E. H.（エリクソン）　16, 58, 286
Erling, R.　196
越中康治　163
江崎紳介　309

【F】
Fadjukoff, P.　293, 294
Fagot, B. I.　235, 319
Faraone, S. V.　39
Farver, J.　97
Fearon, R. M. P.　37
Feeney, J. A.　246, 247
Feldman, R.（フェルドマン）　193
Fernald, A.（ファーナルド）　207
Field, T.　98
Fingerman, K. L.　71
Finkelstein, N. W.　95
Fivush, R.（ファイバッシュ）　265, 266, 267, 317
Flett, G. L.　256
Flynn, J.　42
Foley, D. L.　39
Fonagy, P.（フォナジー）　222
Forthun, L. F.　291
Fraley, R. C.（フラーリー）　37, 233, 235

Francis, R. C.　38
Fredrickson, B. L.　259
French, D. C.　116
French, S. E.　291
Friesen, W. V.　203
Frith, C. D.　154
Frodi, A.　254
藤枝静暁　105
藤井東治　307
藤村宣之　14
藤田文　108
藤生英行　191
福田廣　139
福岡伸一　136, 138
福岡欣治　118, 119
福重清　242
Fung, H. H.　259
Furman, W.　241
Furnham, A.（ファーナム）　173, 176, 319
Furth, H.　173
古谷嘉一郎　248

【G】
Gainor, K. A.（ゲイナー）　302, 303
Gaiter, J. L.　257
Gallagher, H. L.　154
Gasser, U.　126
Gearhart, J. P.　28
George, C.　233
Gest, S. D.　270
Gibbs, J. C.（ギブス）　191, 192
Glascock, J.　319
Glaser, D.　228, 233
Gleason, M. E. J.（グリースン）　114, 118, 119
Glocker, M. L.　49
Goffman, E.（ゴフマン）　13-15
Goldberg, S.　228
Goldman, J. A.　288
Goldstein, L. S.　257
Goleman, D.　214
Golombok, S.　317
Goossens, F. A.　51, 94
Goossens, L.　291
Gopnik, A.　151, 217
Gordon, W. T.　124
Gore, P. A. Jr.　302
Goswami, U.　254
Gottlieb, B. H.　114

人名索引　**327**

郷式徹　152
Greene, J.　166
Greenfield, P. M.　280
Groark, C. J.　82
Grossmann, K. E.　233, 238, 254
Grotevant, H. D.（グロートヴァント）　286, 289, 291
Grotpeter, J. K.（グロットピーター）　190
Guisinger, S.（ギシンガー）　280
Gurian, M.　28
Gushue, G. V.　302

【H】

蜂屋良彦　114
Hackett, G.（ハケット）　301
Haden, C. A.　267
葉賀美幸　96
Hagan, R.　319
Haidt, J.（ヘイト）　166
Hall, G. S.（ホール）　58
濱口佳和　182, 189, 192, 195
濱島朗　1
Hamarman, S.　40
浜崎隆司　185, 186
Hamilton, C. E.（ハミルトン）　96
Hamre, B. K.　115
繁多進　92
原田正文　308
Hargrove, B. K.　301
Harlow, H. F.（ハーロウ）　234
Harris, J. R.（ハリス）　21, 35, 319
Harris, P. L.　150, 216
Hart, D.（ハート）　270
Harter, S.（ハーター）　254, 257, 264, 268, 269, 275, 280
Hartup, W. W.（ハートアップ）　95, 241
Harvey, E.（ハーヴェイ）　92
長谷部（Hasebe, Y.）　164
長谷川真里　162
長谷川寿一　275
橋本剛　115, 117
橋本宰　118
Hastings, P.　96
畠山美穂　191
波多野誼余夫　276
服部敬子　95, 99
Hauser-Cram, P.（ハウザークラム）　64
Hawkes, K.　53

Hay, D. F.　94, 95
Hayashi, C. T.（ハヤシ）　259
林真一郎　322
林田大作　144
Hayne, H.　253, 254
Hayslip, B. Jr.　73
Hazan, C.（ハザン）　235, 245
Heckhausen, H.　256
Heller, K.　118
Helwig, C. C.　162
Henderson, B. A.（ヘンダーソン）　29
Herring, S. C.　126, 131, 132
Hesse, H.　233
Hickey, D. T.（ヒッキー）　258
Hill, J. P.　61
Hinde, R. A.（ハインド）　2
Hines, M.　28
平井美佳　282
平井信義　91
平石賢二　60, 61
開一夫　209, 275
平田修　86
平山聡子　193
広瀬美和　224
広田照幸　131, 132
Hofer, M. A.　237
Hoffman, J.（ホフマン）　60, 61
Hoffman, M. L.（ホフマン）　15, 185, 215, 218
Hofstede, G.　280
Hohaus, L.　246
Holister, J.　176
Hollingworth, L. S.　59
Holmbeck, G. N.　61
本田真大　106
Honeycutt, H.　38
Hooven, C.　221
Horowitz, L. M.　246
Howes, C.（ハウズ）　94-97
謝文慧（Hsieh Wen-huei）　141
Hubbard, J. A.（ハバード）　190
Hunt, J. McV.　253
Hunter, E. C.　223
Huth-Bocks, A. C.　49
Huxley, A. L.（ハックスリー）　190
Hyde, J. S.　29
Hymel, S.　197, 242

【I】

池田政子　321
今村幸恵　116
石毛みどり　116
石川満佐育　182, 189, 195
石本雄真　242, 243
磯部美良　194
磯村陸子　107
伊東純子　116
伊藤順子　186
伊藤忠弘　258
伊藤裕子　319
岩上真珠　69, 70, 72
Izard, C. E.（イザード）　203, 206, 210, 253

【J】

Jacklin, C. N.（ジャクリン）　318
Jackson, Y.（ジャクソン）　115
Jahoda, G.（ヤホダ）　171, 173, 174
James, J.（ジェームズ）　94
James, W.（ジェームズ）　264
Jang, K. A.　38
Jennings, K. D.　256
Jia, Y.　116
Jones, S. S.　218
Josselson, R.　291, 313
Jung, J.　114

【K】

Kagan, J.　231
Kâğıtçıbaşı, Ç.（カイチバシュ）　17, 280
嘉数朝子　115
Kaltiala-Heino, R.　196
神谷哲司　52
金谷有子　109
神田英雄　91
金田利子　91, 92
金子龍太郎　82
金子保　82
金政祐司　236, 247
狩野素朗　119
Kaplan, B.　136, 137
Kaplan, H. B.　271
Karmiloff-Smith, A.（カーミロフ-スミス）　154
柏木惠子　276, 309, 310
加須屋裕子　53, 54
加藤邦子　53
加藤道代　312
加藤元一郎　153
加藤奈美　115
加藤司　182
勝間理沙　191
Katz, L. F.　223
川口孝泰　141
川井栄治　271
川井尚　84
川合伸幸　166
川上清文　84
川野健治　143
川島亜紀子　195
川内敬介　108, 109
香山リカ　130
Kaye, K.　4, 19
数井みゆき　94, 228–234, 236, 238
Keen, S. M.　36
Keiley, M.（ケイリー）　195
Keller, H.　42, 266
Kendler, K. S.　26
Kenny, D. A.　95
Kerns, K. A.（カーンズ）　63
Kerpelman, J. L.（カーペルマン）　287, 289, 291
Kienbaum, J.　96
菊池哲平　219
菊池知美　139
菊島勝也　117
Killen, M.（キーレン）　162, 166
Kim, J.　269
木村文香　128
木下孝司　151, 155, 156, 265, 266
Kirsh, S. J.　125, 131
北村琴美　70, 312
北山忍（Kitayama, S.）　259, 270, 276, 278, 279, 281
Kivett, V. R.　73
Kivnick, H. Q.（キヴニック）　72, 73
清永賢二　197
Klimstra, T. A.　288, 289
Knight, B. G.　75
Kobak, R.　235
小林久美子　130
小林亮　270
Kochanska, G.　209
小平さち子　127
古賀紀江　144
古川雅文　140
Kohlberg, L.（コールバーグ）　316
小泉令三　139, 143

小嶋秀夫　308
小島康生（Kojima, Y.）　53
古城建一　108, 109
小松孝至　265
駒谷真美　127
近藤清美　53
近藤薫樹　91, 94
越良子　111
子安増生　97
Kroger, J.　288, 290, 294
Kruger, A. C.（クルーガー）　19
久保ゆかり　20, 216-218, 224
鯨岡峻　136
熊谷高幸　156
Kunnen, E. S.（クンネン）　289
黒田実郎　91, 92
黒田俊夫　70
楠見幸子　119
Kutner, L.　128

【L】

La Voie, L.　95
Labov, W.（ラボフ）　266
Ladd, G. W.　270
Lagattuta, K. H.　165
Laible, D.　267
Lamb, M. E.　90, 93
Lamborn, S. D.（ランボーン）　61
Lamke, L. K.　289
Lannegrand-Willems, L.　291, 292
Laursen, B.　61
Lave, J.（レイブ）　18, 258
Lea, S. E.（リー）　171
Leach, E.（リーチ）　14
Lee, G. R.　72
Legerstee, M.　208
Leiser, D.（ロゼ）　171, 177
Lemerise, E. A.　163
Lent, R. W.（レント）　299-303
Leslie, A. M.（レスリー）　151, 166
Leuwerke, W. C.　302
LeVine, R. A.　283
Lewin, K.（レヴィン）　21
Lewis, C. C.（ルイス）　98
Lewis, M.（ルイス）　50, 84, 206, 209, 265, 266, 283
Lewontin, R. C.　36
Lickliter, R.　38
Lindley, L. D.　301

Linebarger, D. L.　128
Liu, D.　52
Loeb, S.　98
Longstreth, M.　248
Lorenz, K.　49
Love, J. M.（ラブ）　93, 98
Luescher, K.　71
Lund, R.　197
Luyckx, K.（ラックス）　288, 289
Lydon, J. E.　118
Lynch, J. H.　61
Lytton, H.（リットン）　318

【M】

Maccoby, E. E.（マカビー）　35, 95, 98, 318
MacIver, D.　256
Madson, L.　280
Magai, C.　235
Mahler, M. S.（マーラー）　60
Mak, T.　319
Malatesta, C. Z.　206
Mallinckrodt, B.　118
Malti, T.（マルチ）　185
真中陽子　116, 117
Marcia, J. E.（マーシア）　62
Markova, G.　208
Markus, H. R.（マーカス）　259, 270, 278, 279
Marshall, S. K.（マーシャル）　287, 291, 293
Martin, G. B.　207
Martin, N. G.（マーティン）　208
Martire, L. M.　74
丸野俊一　106, 107
Marvin, R. S.　51
正高信男　52
Maslin-Cole, C.／Maslin, C.　254
Mastropieri, D.　207
松原茂樹　144
松田道雄　16
松井豊　241, 243, 244, 321
松森直美　142
松本学　64
松中玲子　209
松尾剛　106, 107
松尾直博　193
松岡弥玲　311
松下姫歌　242
松沢哲郎　153
Mauss, M.（モース）　10, 16

McCoy, K.（マッコイ） 221
McCoy, M. L. 36
McDougall, P. 242
McLuhan, M.（マクルーハン） 124
McNeal, J. U.（マクニール） 175, 176
Mead, M.（ミード） 27, 59
Meadows, S. 257
Meerum Terwogt, M. 219
Meeus, W. 289
Meins, E.（マインズ） 50
Melhuish, E. C. 98
Meltzoff, A. N. 151, 254
Menon, M. 271
Mercer, N. 106
Messer, D. 253
Meyer, S. 220
Meyer-Bahlburg, H. F. 28
Michaels, S. 107
Miller, P. J.（ミラー） 268
南博文（Minami, H.） 135, 136, 138, 140, 141, 145
Minsky, M.（ミンスキー） 20
御園生直美 308
Mitchell-Copeland, J. 94
三井宏隆 322
三浦麻子 127, 129, 130, 133
三浦研 144
三浦正江 116, 117
宮本美沙子 258
宮本常一 18, 19
宮下一博 241
溝上慎一 294
溝川藍 219
Money, J.（マネー） 27, 28
Moore, D. S. 40
Moore, S. G. 95
森健 130
森川貞夫 111
森川早苗 312
森永康子 319
森下正康 116, 186
森下葉子 309
森田展彰 82
森田洋司 197
Morrow, S. L. 301
Moschis, G. P.（モスキス） 174
Moscovici, S.（モスコヴィッチ） 277
本島優子 307
Mueller, E. 95

Mullis, R. L.（マリス） 61
村山祐一 98
Murcus, G. 34
Music, G. 40
無藤清子 288, 294
無藤隆 70, 116, 193, 312
Myers, B. J. 51, 53

【N】

長沼恭子 243
中川敦子 219
中井久夫 145
中森千佳子 174, 175
中村佳子 247
中尾達馬 231, 234
中谷素之 192
中谷奈美子 192
中山勘次郎 116
直井道子 67
楢原真也 86
奈須正裕 258
Neisser, U. 156
Nelson, K.（ネルソン） 265, 266, 277
Newcombe, R. 267
Newman, B. M. 61
Newman, P. R. 61
Ng, S. H.（エング） 174
二宮克美 161, 181, 187
楡木満生 195
Nisbett, R. 36, 42
西平直喜 59
西島央 110
西澤哲 82, 84
丹羽さがの 216
丹羽智美 141
Nurius, P. 259

【O】

Oberman, Y. 313
小保方晶子 193
落合良行 59, 60, 242, 243
O'Connor, M. C. 107
小倉千加子 322
及川卓 320
岡田涼 243, 247
岡田努 242, 243
岡本依子 307
岡本祐子 294, 309, 311

人名索引 **331**

岡村清子　69, 76
岡山久代　312
岡安孝弘　105, 106, 116
小此木啓吾　320
Olson, C. K.　128
尾見康博　116, 117
Onishi, K. H.（オオニシ）　152
小野寺敦子　310
大原天青　195
大家まゆみ　259
大間知篤三　16
大宮勇雄　96, 98
大西彩子　192
大野久　288
大谷宗啓　242
大藤ゆき　17
大関健道　106
Oppenheim, D.　267
Osofsky, M. J.（オソフスキー）　192
Owens, T. J.　271

【P】

Padilla-Walker, L. M.　164
Palfrey, J.　126
Panfile, T.　267
Papousek, H.　253
Paris, S. G.（パリス）　258
Parker, J. G.　95
Parker, K. C. H.　236
Parkes, C. M.　135
Pasupathi, M.　167, 267
Pellegrini, A. D.　26, 52
Pelphrey, K. A.　154
Pelton, J.（ペルトン）　193
Pepper, S.　137
Perner, J.　152
Peterson, B. E.（ピーターソン）　75
Petrill, S. A.　25, 33
Phillips, D. I. W.　41
Phinney, J. S.　291, 292
Piaget, J.（ピアジェ）　170, 317
Pianta, R. C.　115
Pierce, T.　118
Pillemer, K.　71
Pinker, Steven　26
Pinker, Susan　28
Piotrowski, C. C.　51
Pittman, J. F.　291

Pliner, P.　176
Plomin, R.　25, 26, 30, 33
Pons, F.（ポンズ）　216, 219
Pope-Davis, D. B.　301
Posada, R.　163
Povinelli, D. J.（ポヴィネリ）　265
Premack, D.（プレマック）　150, 152
Preston-Shreck, C.　319
Prins, K. S.（プリンス）　119
Prior, V.　228, 233
Procidano, M. E.　118
Putney, N. M.　73, 74

【R】

Raeff, C.　280
樂木章子　82
Ramey, C. T.　253
Reddacliff, C. A.（ラダクリフ）　64
Reder, P.　307
Reese, E.　267
Reiner, W. G.　28
Renken, B.　234
Repacholi, B. M.　151, 217
Rholes, W. S.　247
Richardson, K.　26
Ridley, M.　34, 40
Rivers, I.（リバース）　197
Robertson, D.　166
Rogoff, B.（ロゴフ）　4, 10, 11, 17, 276
Roisman, G. I.　37
Roker, D.　291
Romney, D. A.（ロムニィ）　318
Rosenberg, M.　270
Rosenthal, C. J.　74
Rothbaum, F.（ロスバウム）　51, 280
Rottinghaus, P. J.　301
Rovee-Collier, C.　253, 254
Rovine, M. J.　92
Rubenstein, J.（ルーベンシュテイン）　96
Rubenstein, T. S.（ルーベンシュテイン）　95
Rubin, K. H.　95, 96
Ruble, D. N.　256, 270
Ruffman, T.　52, 152
Ruopp, R.　92
Rusbult, C. E.　248
Rutter, M.（ラター）　26, 40, 82
Ryan, R. M.（リアン）　61, 255

【S】

Saarni, C.（サーニ） 204-207, 209, 214, 215, 218, 225
左高美鈴 82
相良順子 319
Sagi, A. 93
齋藤路子 189, 195
坂晴己子 116, 117
坂上裕子 209, 313
坂井明子 194, 195
坂井克之 153
坂井誠 116
境泉洋 189
阪本英二 143
坂本美紀 115
坂田桐子 248
Saks, A. M. 302
佐久間（保崎）路子 270
櫻庭隆浩 320
Salovey, P.（サロベイ） 214, 215
Sameroff, A. 276
佐々木裕之 38
佐々木和義 105, 107
佐藤政枝 141, 142
佐藤正二 104, 194
佐藤よしみ 82
佐藤容子 104
佐藤有耕 59, 60, 242, 243
Savickas, M. L.（サビカス） 303, 304
Sax, L. 28
Scarr, S.（スカー） 33, 36
Schachter, E. P.（シャクター） 291-294
Schaffer, H. R. 55
Schneider-Rosen, K. 51
Schrödinger, E.（シュレディンガー） 145
Schweinhart, L. J.（シュヴァインハート） 97
Seamans, E. 266
関澤敬子 111
Seltzer, M. 64
千田茂博 118
千住淳 155
Shaffer, D. R. 61
Sharp, C.（シャープ） 222
Shaver, P. R.（シェイバー） 228, 230, 233, 245, 247
Shaw, A. 128
Shaw, L. A. 162
Sherer, K. R. 214
柴橋祐子 243
嶋信宏 116-118

嶋田洋徳 115
清水秀規（Shimizu, H.） 280
清水紀子（Shimizu, N.） 68, 291, 294, 295
下斗米淳 247
篠原郁子 50, 222
白井利明 295
庄司順一 80-85, 308
Shumaker, S. A. 114
Shute, R. 117
首藤敏元 161, 185, 186
Shweder, R. A. 276
Siegler, R. S. 135
Sigmundson, H. K. 27
Signorella, M. L. 319
Silva, P. A. 39
Silverberg, S. B.（シルバーバーグ） 61
Silverstein, M. 72
Simpson, J. A. 118, 245, 246
新村出 1
Slater, A. 253
Smetana, J. G. 61, 163, 166
Smith, E. 94
Smith, R. S. 83
Smith, S. L.（スミス） 287
Somary, K.（ソマリー） 73
Sorce, J. F. 208
相馬敏彦 248
Sparling, J. 82
Sperber, D.（スペルベル） 277
Spieker, S. J. 254
Spiro, M. 280
Spitz, R.（スピッツ） 82
Spitze, G. 74, 75
Sprecher, S. 120
Sroufe, L. A. 228, 234, 237, 270
Stegge, H.（ステッジ） 219
Steinberg, L. D.（スタインバーグ） 61, 92
Stephens, M. A. P.（スティーブンス） 74
Stern, D. N. 4
Sternberg, R. J. 214
Sterrett, E. A. 303
Stevens, K. 28
Stevens, N.（スティーブン） 241
Stewart, R. B. 51
Stipek, D.（スティペック） 256
Stipp, H. H. 175
Stoolmiller, M. 36
Strasburger, V. C. 125

Strauss, A.（ストラウス） 171
Stricker, G. 73
菅原ますみ（Sugawara, M.） 93
杉江修治 106
杉村和美（Sugimura, K.） 288, 291, 292, 295, 312
杉山佳菜子 72
角谷詩織 110
須永美紀 84
Surra, C. A. 248
須藤邦彦 186
Sutton, J.（サットン） 193, 218
Sutton, R.（サットン） 171
諏訪きぬ 96
諏澤宏恵 144
鈴木淳子 320
鈴木健二 144
鈴木隆子 185
鈴木祐子 82
Swan, T. 84
Szinovacz, M. E. 73

【T】

多川則子 248
多賀谷智子 105, 107
Tajfel, H. 270
高濱裕子 12, 220
高橋惠子（Takahashi, K.） 84, 276, 280, 283
高橋真理 312
高崎真規子 320
高田利武 256, 270
高櫻綾子 95
武田（六角）洋子 195
竹村明子 110
竹中一平 242
竹下秀子 49
田丸尚美 312
田中宏二（Tanaka, K.） 114, 120
田中道治 271
谷冬彦 288
谷口篤 82
谷口弘一（Taniguchi, H.） 117, 119, 120, 182
淡野将太 191
Tasopoulos-Chan, M. 164
立脇洋介 248
Taylor, K. M.（テイラー） 301
Teo, A. 235
Thomas, P. 176
Thompson, R. A. 220

Thompson, S.（トムソン） 84
Thorin, E.（トラン） 64
Thyssen, S.（ティッセン） 96
Tisak, J. 115
戸田有一（Toda, Y.） 193, 194
戸ヶ崎泰子 115
徳田治子 313
徳山美知代 82
都丸十九一 18
Tomasello, M.（トマセロ） 19, 151, 152, 265, 266
Tomkins, S.（トムキンス） 203
友永雅己 153
Tong, L. 94
Tooby, J. 26
藤後悦子 308
豊田史代 311
Tran, S. 246
Travis, J. 42
Tremblay, R. E. 193
Trevarthen, C. 151
Triandis, H. C. 280
Troll, L. E. 73
Tronick, E. Z. 207
Troop-Gordon, W. 270
塚田（城）みちる 86
塚脇涼子 187
恒次欽也 84
都築郁子 224
Tucker, P. 27
Tully, E. C. 38
Turiel, E.（チュリエル） 160-162, 164, 165, 281
Turkewitz, G. 207
Turkheimer, E. 36
Twenge, J. 316
Twigg, R. 84

【U】

内海和雄 110
内山伊知郎 215
上淵寿 256
上田淑子 224
上村佳代子 53, 54
氏家達夫 12, 311
梅田聡 153
浦光博（Ura, M.） 114, 117, 119, 247, 248

【V】

Vaish, A. 218

Van Hecke, A. V.　266
van IJzendoorn, M. H.　37, 40, 51, 55, 94, 232, 236
Vandell, D. L.　95, 98
VandenBos, G. R.　160
Vaughn, B. E.　231
Ventura, J. J.（ヴェンチュラ）293
Vick, S.-J.　211
Villalobos, M.　163
Vleioras, G.　290
Vortuba-Drzal, E.　98
Vygotsky, L. S.（ヴィゴツキー）10, 20, 51

Whiten, A.（ホワイトゥン）153
Whitson, M. L.　302
Wilkie, W. L.（ウィルキー）174
Wills, T. A.　114
Wilson, E. O.（ウィルソン）2
Wilson, K. S.　95
Wimmer, H.　152
Witherington, D. C.　207
Wood, D.　20, 51
Woodruff, G.（ウッドラフ）150
Wright, H. F.（ライト）17, 18

【W】
和田実　118, 242
Wadhwa, P. D.　41
Wagner, R. K.　214
Wainryb, C.（ワインリブ）161-164, 167, 267
若松素子　309, 310
Waletzky, J.（ワレツキー）266
Walster, E.（ウォルスター）118, 120
Wang, Q.　270
Wanger, M.　64
Wapner, S.（ワップナー／ワプナー）135-139, 142, 143
Ward, S.（ウォード）171
Warneken, F.　152
Warren, J. S.（ウォーレン）115
Waterman, A. S.　288
Waterman, C. K.　288
Waters, E.　62, 228, 233, 234
Watson, J. S.　253
Webley, P.（ウェブリー）171
Wei, M.　118
Weikart, D. P.（ワイカート）97
Weinfield, N. S.　230, 234, 237
Wellman, H. M.　52, 152
Wenger, E.（ウェンガー）18, 258
Wentzel, K. R.（ウェンツェル）247, 258
Werner, E. E.　83
Werner, H.（ウェルナー）135-137
Westlund, K.　224
Whaley, K. L.（ウェイリー）95
Whitbourne, S. K.　293
White, R. W.　253

【Y】
八重樫牧子　53
山田裕之（Yamada, H.）161
山口豊一　115
山口陽子　96
山本愛子　95
山本光雄　11
山本里花　294
山本誠一　60
山本多喜司（Yamamoto, T.）135-137, 139
山崎勝之　191, 194, 195
山崎晃　191
厳爽（Yan Shuang）144
Yau, J.　61
Yee, M. D.　256
依田明　51
Yoder, A. E.（ヨーダー）292
横山浩司　17
米沢普子　86
吉田芙悠紀　242
吉田俊和　192, 248
吉村斉　110, 111
吉岡和子　243
吉澤寛之　192
湯川隆子　316

【Z】
Zeanah, C.　49
Zeifman, D.　235
Zhan, H. J.　75
Zikica, J.　302
Zollo, P.（ゾロ）175

事項索引

【アルファベット】

AAI　233, 234, 236
CMC　126, 128-131
CSST　104, 105, 107
DSA　207
EC　219, 220
FACS　203
FtF　126, 128, 130, 131
GR　106, 107
identity agents　293
IWM　233, 236, 238
LGBT心理学　322
MAX　203
mind-mindedness　50, 222
MTF　321
PDM　140, 142
SCCT　299-301, 304
SNS　129, 283
SSP　230, 233, 234, 236
YouTube　129

【あ行】

愛着　141, 228
　　児童期における——研究　63
アイデンティティ　258, 286
　　——・コントロール・セオリー　289
　　——・ステイタス　62, 288, 294
　　　　——・アプローチ　293
　　——研究　288, 292
　　——発達のプロセス　288
　　育児期女性の——発達　312
　　関係性に基づく——　311
　　個としての——　311
　　周縁的——　130
　　心理・社会的——　286
　　多元的・流動的——　132
　　母親（の）——　68, 311
足場作り　20, 51, 151, 156, 257, 277
アタッチメント　3, 20, 37, 62, 81, 93, 228, 269
　　——関係　51
　　——スタイル　118
　　——（の）対象　84, 235, 238
　　——の安定性　230, 267
　　——の個人差　37, 230, 231, 234
　　——の生涯発達モデル　237

　　——の世代間伝達　236
　　——の発達　92
　　——分類　230
　　人生初期の——　229
　　成人——面接　233
　　成人の——理論　245
　　青年・成人期の——スタイル　246
　　保育者への——　94
　　マターナル・——　308
　　ロマンチック・——　245
集まり　13
アンカーポイント　141-143
　　——仮説　139, 142
安全基地　228
安定型　230-232, 235
アンビヴァレント型　230-232
育児性　308
育児への否定的感情　310
移行　138, 139
移行課題　140
いざこざ　108, 224
いじめ　162, 189, 193, 270
　　——研究　190
　　——の正当化　192
　　——の目撃　197
　　ネット——　191
異性愛　321
　　強制——社会　321
遺伝子型の差異　39
遺伝と環境　3, 34, 81
遺伝発生学　26
遺伝率　30, 35-37
意図の共有　151
意図の理解　151
インターネット　125, 127, 131, 247
　　——依存　131
　　——世代　126
　　——俗語　132
インプリンティング　234
ウェルビーイング　114
生まれ（遺伝）　34
　　——か育ちか　25
　　——と育ち　26, 30, 35, 36, 38, 42
エクソシステム　4
エピジェネティクス（後成遺伝学）　38, 40

336

エフォートフル・コントロール　219
援助交際　321
お金に関する知識　172
お金の源泉　172
お金の入手のしかた　176
「思いやり」行動　181
親：
　　──意識の形成　307
　　──子葛藤　163
　　──子関係　12, 48, 49
　　　成人期（以降）の──　70, 71
　　──子間コミュニケーション　286
　　　──とアイデンティティ形成　286
　　──としての成長　311
　　──の自己概念　310
　　「──の発達」尺度　309
　　──へのサポート　72
　　──への準備性　308

【か行】
カード・ソート法　303
外在化問題　182, 189, 195
　　──傾向　219
階層社会　164, 167
回避型　230-232, 234
確実な避難所　228
学童保育　108
仮説推論　162
家族関係　62
家族システム　58
家族社会学　67
学校：
　　──裏サイト　131
　　──環境　291, 292
　　──システムの段差　139
　　──不適応への予防　106
　　──臨床的課題　189
家庭保育　91
空の巣症候群　68
環境　136
　　──移行　135, 136, 139, 142-144
　　　危機的な──　138, 145
　　──的要因　31
　　──の中の人　135, 136
関係性に基づくアイデンティティ　311
関係内攻撃　194
関係発達論　136
関係不安　246

関係満足度　247
慣習領域　161, 162
感情的相互作用　257
寛容さ　162, 182
関与的参加　258
機械論的世界仮説　137
気質　48, 231
絆　228, 308
機能主義的見解　203, 204, 206, 207, 210
基本情動　253
　　──理論　203, 204, 206, 210
客我　264
虐待　39, 79, 83, 196
　　──を受けた子　83
　　──を受けた子どもの自己　269
キャリア・コンストラクション理論　299
キャリア形成力　304
キャリア発達理論　299
共感　215
　　──性　184, 194
　　──的痛み　194
　　──的苦痛　185
　　──的な保育　96
　　──的な理解　218
　　──の発達　218
教室談話　106
教室での仲間関係　106
強制異性愛社会　321
きょうだい関係　52, 53, 83
協調的な相互コミュニケーション　2
協同学習　107
共同注意　151, 265, 266
興味　253
銀行の仕組みの理解　173
金融教育　178
クイア研究　322
グラウンド・ルール　106
グローバル化　124
経済学教育　178
経済的社会化　170, 171
　　──研究　170
経済リテラシー　175, 177, 178
携帯電話　129, 244, 247
ゲーム　128
結果期待　302
原始的情動　253
言論の自由　162
交換志向性　119

攻撃行動　163, 193
攻撃性　96, 189, 194, 195
　　子どもの――　192
向社会的行動　181, 182, 184
向社会的道徳判断　183, 186
構造発達的見解　206
行動遺伝学　35, 36
　　人間――　26, 30
　　発達的――　32, 33
行動主義　25
高度情報化社会　124
衡平理論　118, 120
心の柔軟性　281
心の理解　150
心の理論　42, 52, 150, 165, 222
　　――モジュール　155
　　――課題　193
　　――に関する課題　267
個人　10
個人主義・集団主義　280
個人的ネットワーク　140
誤信念課題　152, 156
個人領域　161
個としてのアイデンティティ　311
子との同居願望　69
子ども同士のやりとり　224
子どもの攻撃性　192
子どものジェンダー化　318, 319
子ども文化　21
個別情動　253
個別的衡平性　120
子への介護期待　71
コミュニケーション　2, 12, 126
　　――メディア　129
　　協調的な相互――　2
　　参照的――　208
コミュニティ　11, 12, 16-19, 258, 277
　　ネット――　129-131

【さ行】
里親　308
　　――家庭　86
　　――家庭の実子　84
　　――養育　79
サポート期待　115, 116, 118
サポート受領　115
サポートの互恵性　118, 119
『サモアの思春期』　59

サリーとアンの課題　152
三項関係　208
参照的コミュニケーション　208
サンドイッチ世代　74
ジェネレーション・アイ　126
ジェンダー　316
　　――・スキーマ理論　316, 317
　　――・ステレオタイプ　316
　　――研究　316
　　――・フリー思想　27
　　――役割　316, 319
　　子どもの――化　318, 319
自我　10, 16, 264
視覚的断崖実験　204
自己　264, 275
　　――意識　42
　　――的情動　206, 209, 257
　　――概念　264, 275, 310
　　――の発達　268
　　――鏡映像の認知　265
　　――決定感　255
　　――効力　301
　　――制御学習　258
　　――投影　154
　　――と文化　275
　　――の確立　155
　　――評価　275
　　――的情動　206
　　――表象　268
　　――理解　264
　　――の発達　265
　　時間的に拡張された――　156
　　自律的－関係的――　281
　　相互協調的――　259
　　相互独立的――　259
自殺念慮　196
施設養護　80
自然主義　277
しつけ　18, 19
実験心理学　276
自伝的記憶　42, 264, 267, 277
　　――の構成　266
自伝的物語　267
児童養護施設　80
自閉症　155
自閉症の「心の理論欠損説」　151
社会　1, 4, 11
　　――・認知的キャリア理論　299

―――階級　172, 174
―――構成主義　277, 299
―――性の発達　39
『―――生物学』　2
―――的アイデンティティ理論　270
―――的学習理論　316
―――的関係　2, 48
―――的基準　160
―――的規範　160
―――的構築主義　322
―――的コンピテンス　235
―――的情報処理モデル　192
―――的情報処理理論　163
―――的スキル　104, 193, 194
　　―――の訓練　106
―――的相互作用　107
―――的知性仮説　153
―――的直感論者モデル　166
―――的認知　299
　　―――理論　317
―――的ネットワーク　20, 50, 74, 141
　　―――理論　84
―――的比較評価　256
―――的微笑　202
―――的養護　79, 81, 308
―――的ルール　160, 192
―――脳　275
　　―――仮説　153
　　―――研究　155
周縁的アイデンティティ　130
集団社会化理論　318
集団社会的スキル訓練　104
集団保育　91
主我　264
馴化法　253
小1プロブレム　139
生涯発達研究　67
生涯発達心理学　139
情感　216, 219
状況　13
情緒的結びつき　228
情動：
　　―――革命　202, 203
　　―――群　204, 205
　　―――研究　202, 203
　　―――システム　203
　　―――調整　214, 215, 220
　　　　―――の失敗　224

―――的コミュニケーション　207-209
―――的コンピテンス　214, 221
―――的知性　214, 215, 218, 220, 221, 224, 225
―――伝染　207, 215, 218
―――の知　215
―――（の）発達　202, 205, 206
―――表出の調整　218
―――表出の文化差　210
―――理解　214, 215
　　―――の発達　216, 217
　　基本　253
　　原始的―――　253
　　個別―――　253
　　自己意識的―――　206, 209, 257
　　他者意識的―――　209
　　ネガティブな―――　220-222, 224, 267
　　ポジティブな―――　220
　　メタ―――（の）研究　222, 223
消費者教育　175
消費者社会化　170, 171, 174
女性の役割葛藤　74
自律性　61
　　―――の獲得　60, 61, 286
　　病気・障害をもつ子どもの―――　64
自律的－関係的自己　281
進化（発達）心理学　26
新奇性の選好　253
神経構成主義　154
神経生理学的研究　166
真実告知　86
新道徳性心理学　167
親密性回避　246
親密な関係　241
心理化　222
心理・社会的アイデンティティ　286
心理的距離地図　140, 142
心理的離乳　59, 60
スキャフォールド　257
ストレンジ・シチュエーション法　92, 230, 245, 254
『すばらしい新世界』　190
スマートフォン　132
性：
　　―――行動の経験率　244
　　―――差心理学　316
　　―――差　29
　　―――差の発達　28
　　―――自認　30, 319, 321

——的指向性　30, 320, 321
　　——的社会化　28, 29
　　——的マイノリティ　322
　　——同一性　317, 319
　　　　——障害　319-322
　　——に関する意識　320
　　——の型づけ　27
　　——の恒常性　317
　　——の再割り当て実験　27
　　——の二重基準　321
　　——の発達　26
『政治学』　11
成人アタッチメント面接　233
成人期（以降）の親子関係　70, 71
成人期の長期化　67, 68
成人のアタッチメント理論　245
精神分析　25
正統的周辺参加　18, 258
生得的モジュール説　154
青年期　241
青年・成人期のアタッチメントスタイル　246
生物学（的要因）　3, 31, 152, 182
生物学的本質主義　322
セクシュアリティ　319
　　——の多様性　322
世間　13
　　——のごたごた　12-14
　　——の習い　13
世代間関係　67
　　——の重層化　68
世代継承性　72, 75
セックス　316, 320, 321
全体的衡平性　120
選択的非活性化　192
先輩・後輩関係　110
相互協調的自己　259
　　——観　270, 278, 279, 282
相互交流　143
相互独立的自己　259
　　——観　270, 278, 279
ソーシャルサポート　114
ソーシャルスキル教育　193
ソーシャル・ネットワーキング・サービス　283
ソーシャルメディア　133
　　——世代　133
育ち（環境）　34
祖父母　53
　　——になる体験　72

祖母仮説　53
素朴心理学　277

【た行】
胎内環境　41
ダイナミカル・システムズ・アプローチ　207
第二の個性化過程　60
代理母の実験　234
多元的・流動的アイデンティティ　132
他者意識的情動　209
他者への温かい関心　218
達成動機づけ　255, 258
タブレット端末　132
遅延自己映像の認知　265
地球村　124
父親　52
中1ギャップ　139
中核性同一性　319-321
長期縦断研究　233
ツイッター　129, 132
抵抗型　230
デジタル世代　126
デジタルネイティブ世代　126, 132
テレビ　127
動機づけ　185, 252
　　——と愛着　254
　　達成——　255, 258
　　内発的——　253, 255
ドゥシェンヌ・スマイル　210
同情　185
同性愛　320-322
同性愛恐怖　322
同性集団　318
動的平衡　136, 138, 145
道徳：
　　——的主体　167
　　——的判断　165
　　——発達　160
　　——不活性　192, 193
　　——領域　161, 162
　　向社会的——判断　183, 186
　　新——性心理学　167
特別養子制度　81
友だち関係　95, 96
　　幼児期の——　127
トランザクション・モデル　289

340

【な行】

ナーチュランス 308
内在化問題 182, 189, 194, 195
　　——傾向 219
内的作業モデル 233, 245
内発的動機づけ 253, 255
仲間 291
仲間関係 84, 258
　　教室での—— 106
　　児童期の—— 109
ナナメの関係 51
乳児院 80
乳児図式 49
乳児保育 91
人間-環境システム 138
人間行動遺伝学 26, 30
人間発達 135
妊娠期 307
　　——の子どもイメージ 49
認知的構成主義 160
認知の歪み 191, 192
認知発達理論 316, 317
ぬくもり希求 321
ネオダーウィン派 203
ネガティブな情動 220-222, 224, 267
ネット:
　　——いじめ 191
　　——炎上 131
　　——コミュニティ 129-131
　　——世代の若者文化 131
脳機能イメージング研究 153
脳の進化 153

【は行】

パーソナリティ 286
発達精神病理学 40
発達的行動遺伝学 32, 33
発達の最近接領域 20, 257
発達の生物学的要素 25
ハッピーな加害者 165
母親 52
　　——(の)アイデンティティ 68, 311
　　——になる経験 313
母娘関係 71
ピア関係 94
比較文化(的)研究 21, 177, 268
比較文化心理学 276
比較文化的発達研究 259

ビジネスのエトス 174
非標準的影響 32
病気・障害をもつ子どもの自律性 64
標準年齢的影響 32
標準歴史的影響 32
表情 203
不安定型 230, 231, 235
夫婦間葛藤 195
フェイスブック 129, 133
フォークサイコロジー 277
部活動 110
フリン効果 42
文化 3, 21, 276, 277
　　——心理学 276
　　——的価値観 223
　　——的自己観 278, 280, 281
　　大人たちの—— 21
　　子ども—— 21
分子遺伝学 26
分与行動 185, 186
分離不安 80, 202
保育 90
　　——園の「文化」 96
　　——研究 90
　　——時間の長さ 98
　　——者へのアタッチメント 94
　　——所保育 91
　　——の質 93, 96
　　学童—— 108
　　家庭—— 91
　　集団—— 91
ポジティブな情動 220
母子分離 91
ホスピタリズム 82, 91
母性神話 90
母性的養育の剥奪(マターナル・デプリベーション) 82

【ま行】

マイクロシステム 2, 4
マインドリーディング 150
マクロシステム 5
マスタリーモチベーション 252-255
マスメディア 319
マターナル・アタッチメント 308
マターナル・デプリベーション 91, 234
学び合い学習 106
ミクシィ 129

ミネソタ縦断研究　234
民族アイデンティティ　295
　──研究　292
無秩序型　230, 234
無秩序・無方向型　231, 232
メール　129, 247
メゾシステム　4
メタ情動（の）研究　222, 223
メディア社会　124
メディア接触　125
メンタライジング　150
目標志向性　253, 254
目標修正的協調性　229
目標修正的パートナーシップ　62, 63
モデリング研究　186
物語　16, 266
　──実践　268
　　自伝的──　267

【や行】

有機体発達論　145
「有機体論」的視点（世界仮説）　137
友情の早期構築　95
友人関係　241, 247
　──の希薄化　242
　──のコミュニケーション　247
　──の発達的変化　243

ユーストリーム　129, 132
ユビキタス社会　132
ゆるし　181
養育者の発達研究　306
養育者の敏感性　231, 232, 236
養育ネットワーク　54, 55
養護性　308
養子縁組　81
幼児期の友だち関係　127
要保護児童　79
抑うつ　38, 189, 194-197
ヨコの関係　51

【ら行】

ライフストーリー　267
　──ワーク　85
リヴォイシング　107
離家規範　69
利潤の理解　173
領域概念　161, 163
領域調整　162, 163, 166
レジリエンス　40, 83
恋愛関係　235, 243, 245, 248
恋愛行動の進展　243, 244
老年社会学　67
ロマンチック・アタッチメント　245

●シリーズ編者
日本発達心理学会
出版企画委員会（2010年12月まで）
委員長　田島信元
委　員　岩立志津夫・子安増生・無藤　隆

●編著者紹介
氏家達夫（うじいえ　たつお）【序章・第1章担当】
北海道大学大学院博士後期課程中退。博士（教育学）。現在，名古屋大学大学院教育発達科学研究科教授。主要著書『親子関係の生涯発達心理学』（共編著）風間書房，2011年　他。

遠藤利彦（えんどう　としひこ）【第2章担当】
東京大学大学院教育学研究科博士課程単位取得退学。現在，東京大学大学院教育学研究科准教授。主要著書『読む目・読まれる目——視線理解の進化と発達の心理学』（編著）東京大学出版会，2005年　他。

●執筆者紹介（執筆順，【　】内は担当章）
篠原郁子（しのはら　いくこ）【第3章】
京都大学大学院教育学研究科博士後期課程学修認定退学。博士（教育学）。現在，愛知淑徳大学心理学部講師。主要著書『発達心理学』（分担執筆）学文社，2008年　他。

松本　学（まつもと　まなぶ）【第4章】
京都大学大学院教育学研究科博士後期課程学修認定退学。現在，共愛学園前橋国際大学国際社会学部准教授。主要論文「口唇裂口蓋裂者の自己の意味づけの特徴」発達心理学研究　第20巻3号　pp.234-242，2009年　他。

野村晴夫（のむら　はるお）【第5章】
東京大学大学院博士課程単位取得退学。博士（教育学）。現在，大阪大学大学院人間科学研究科准教授。主要著書『発達心理学の新しいかたち』（分担執筆）誠信書房，2005年　他。

庄司順一（しょうじ　じゅんいち）【第6章】
早稲田大学大学院文学研究科心理学専攻修士課程修了。青山学院大学文学部教育学科教授（執筆時），2011年逝去。主要著書『フォスターケア——里親制度と里親養育』明石書店，2003年　他。

服部敬子（はっとり　けいこ）【第7章】
京都大学大学院教育学研究科博士後期課程学修認定退学。現在，京都府立大学公共政策学部福祉社会学科准教授。主要著書『人と生きる力を育てる——乳児期からの集団づくり』（共編著）新読書社，2006年　他。

藤田　文（ふじた　あや）【第8章】
九州大学大学院教育学研究科博士後期課程単位取得退学。現在，大分県立芸術文化短期大学准教授。主要著書『発達・学習の心理学』（分担執筆）ナカニシヤ出版，2002年。

谷口弘一（たにぐち　ひろかず）【第9章】
広島大学大学院博士課程修了。博士（学術）。現在，長崎大学教育学部准教授。主要著書『対人関係と適応の心理学——ストレス対処の理論と実践』（共編著）北大路書房，2006年　他。

駒谷真美（こまや　まみ）【第 10 章】
お茶の水女子大学大学院博士課程単位取得退学。博士（学術）。現在，昭和女子大学人間社会学部初等教育学科准教授。主要著書『わくわくメディア探検——子どものメディアリテラシー』同文書院，2012年　他。

南　博文（みなみ　ひろふみ）【第 11 章】
クラーク大学大学院博士課程修了。Ph.D.。現在，九州大学大学院人間環境学研究院教授。主要著書『環境心理学の新しいかたち』（編著）誠信書房，2006 年　他。

木下孝司（きのした　たかし）【第 12 章】
京都大学大学院博士課程学修認定退学。博士（教育学）。現在，神戸大学大学院人間発達環境学研究科教授。主要著書『乳幼児期における自己と「心の理解」の発達』ナカニシヤ出版，2008 年　他。

首藤敏元（しゅとう　としもと）【第 13 章】
筑波大学大学院博士課程心理学研究科中退。博士（心理学）。現在，埼玉大学教育学部教授。主要著書『子どもの道徳的自律の発達』（共著）風間書房，2003 年　他。

安藤明人（あんどう　あきひと）【第 14 章】
大阪大学大学院人間科学研究科博士後期課程単位取得退学。現在，武庫川女子大学文学部心理・社会福祉学科教授。主要著書『経済心理学のすすめ』（分担執筆），有斐閣，2007 年　他。

二宮克美（にのみや　かつみ）【第 15 章】
名古屋大学大学院博士後期課程満期退学。教育学博士。現在，愛知学院大学総合政策学部教授。主要著書『子どもの道徳的自律の発達』（共著）風間書房，2003 年　他。

戸田有一（とだ　ゆういち）【第 16 章】
東京大学大学院博士課程単位取得退学。現在，大阪教育大学教授。主要著書『保育における感情労働——保育者の専門性を考える視点として』（共編著）北大路書房，2011 年　他。

坂上裕子（さかがみ　ひろこ）【第 17 章】
東京大学大学院博士課程単位取得退学。博士（教育学）。現在，青山学院大学教育人間科学部准教授。主要著書『子どもの反抗期における母親の発達——歩行開始期の母子の共変化過程』風間書房，2005年　他。

久保ゆかり（くぼ　ゆかり）【第 18 章】
東京大学大学院博士課程単位取得退学。現在，東洋大学社会学部教授。主要著書『子どもの社会的発達』（共編著）東京大学出版会，1997 年　他。

中尾達馬（なかお　たつま）【第 19 章】
九州大学大学院人間環境学研究府博士課程単位取得退学。博士（心理学）。現在，琉球大学教育学部准教授。主要著書『成人のアタッチメント——愛着スタイルと行動パターン』ナカニシヤ出版，2012 年　他。

金政祐司（かねまさ　ゆうじ）【第 20 章】
大阪大学大学院人間科学研究科博士後期課程退学。博士（人間科学）。現在，追手門学院大学心理学部准教授。主要著書『健康とくらしに役立つ心理学』（共編著）北樹出版，2009 年　他。

上淵　寿（うえぶち　ひさし）【第 21 章】
東京大学大学院博士後期課程教育学研究科単位取得退学。博士（教育学）。現在，東京学芸大学教育学部准教授。主要著書『感情と動機づけの発達心理学』（編著）ナカニシヤ出版，2008 年　他。

小松孝至（こまつ　こうじ）【第 22 章】
東京大学大学院教育学研究科博士課程単位取得退学。博士（教育学）。現在，大阪教育大学教育学部准教授。主要著書『子どもへの発達支援のエッセンス　第 1 巻　生きたことばの力とコミュニケーションの回復』（分担執筆）金子書房，2010 年　他。

平井美佳（ひらい　みか）【第 23 章】
聖心女子大学大学院博士後期課程単位取得退学。博士（心理学）。現在，東京女学館大学国際教養学部専任講師。主要著書『自己－他者間の葛藤における調整——"個人主義・集団主義"概念の再検討』風間書房，2006 年　他。

杉村和美（すぎむら　かずみ）【第 24 章】
名古屋大学大学院教育学研究科博士課程中退。博士（教育心理学）。現在，広島大学大学院教育学研究科准教授。主要著書『女子青年のアイデンティティ探求——関係性の観点から見た 2 年間の縦断研究』風間書房，2005 年　他。

安達智子（あだち　ともこ）【第 25 章】
早稲田大学大学院博士後期課程修了。博士（教育学）。現在，大阪教育大学人間科学講座准教授。主要著書『フリーターの心理学』（共著）世界思想社，2009 年　他。

徳田治子（とくだ　はるこ）【第 26 章】
お茶の水女子大学大学院博士後期課程単位取得退学。現在，高千穂大学人間科学部准教授。主要著書『乳幼児のこころ——子育ち・子育ての発達心理学』（共著）有斐閣，2011 年　他。

伊藤裕子（いとう　ゆうこ）【第 27 章】
筑波大学大学院心理学研究科博士課程単位取得退学。博士（心理学）。現在，文京学院大学人間学部教授。主要著書『ジェンダーの発達心理学』（編著）ミネルヴァ書房，2000 年　他。

発達科学ハンドブック 第5巻
社会・文化に生きる人間

初版第1刷発行　2012年3月14日 ©

編　者	氏家達夫・遠藤利彦
シリーズ編者	日本発達心理学会
発行者	塩浦　暲
発行所	株式会社新曜社

〒101-0051　東京都千代田区神田神保町2-10
電話(03)3264-4973(代)・Fax(03)3239-2958
E-mail: info@shin-yo-sha.co.jp
URL http://www.shin-yo-sha.co.jp/

印刷　亜細亜印刷
製本　イマヰ製本所

Printed in Japan

ISBN978-4-7885-1277-1　C1011

日本発達心理学会 編
発達科学ハンドブック

いまや発達心理学は，隣接の学問分野から影響を受けつつその領域を広げ，発達的視点を中核においた「発達科学」として発展しつつある。1989年の日本発達心理学会発足以降およそ20年間の研究の動向を展望し，今後の新たな研究への足がかりとなるシリーズを目指す。読者対象は卒論執筆者から大学院生，研究者，専門的実践家まで。(A5判上製・各巻約300頁)

第1巻　**発達心理学と隣接領域の理論・方法論**
　　　　田島信元・南 徹弘　責任編集

＊第2巻　**研究法と尺度**
　　　　岩立志津夫・西野泰広　責任編集　　　344頁／本体3600円

＊第3巻　**時間と人間**
　　　　子安増生・白井利明　責任編集　　　336頁／本体3600円

第4巻　**発達の基盤：身体，認知，情動**
　　　　根ヶ山光一・仲真紀子　責任編集

＊第5巻　**社会・文化に生きる人間**
　　　　氏家達夫・遠藤利彦　責任編集　　　360頁／本体3800円

第6巻　**発達と支援**
　　　　無藤　隆・長崎　勤　責任編集

＊は既刊

(表示価格は税別です)